Peter Dausend/Horand Knaup

»Alleiner
kannst du gar
nicht sein«

**Unsere Volksvertreter zwischen
Macht, Sucht und Angst**

FÜR
KERSTIN, HEDDA UND SIRI

UND FÜR
CHRISTINE, MANJA, JASCHA UND NORINA

Ausführliche Informationen über
unsere Autorinnen und Autoren und ihre Bücher
finden Sie unter www.dtv.de

Dieses Buch ist auch als eBook erhältlich.

2. Auflage 2021
© 2020 dtv Verlagsgesellschaft mbH & Co. KG, München
Das Werk ist urheberrechtlich geschützt.
Jede Verwertung ist nur mit Zustimmung des Verlags zulässig.
Das gilt insbesondere für Vervielfältigungen, Übersetzungen und die
Einspeicherung und Verarbeitung in elektronischen Systemen.
Für Inhalte von Webseiten Dritter, auf die in diesem Werk verwiesen wird,
ist stets der jeweilige Anbieter oder Betreiber verantwortlich,
wir übernehmen dafür keine Gewähr. Rechtswidrige Inhalte waren
zum Zeitpunkt der Verlinkungen nicht erkennbar.
Satz: C.H.Beck.Media.Solutions, Nördlingen
Druck und Bindung: CPI books GmbH, Leck
Printed in Germany · ISBN 978-3-423-28249-9

»Manchmal denke ich, ich halte das alles nicht mehr aus«, sagt Claudia Roth von den Grünen, wenn ihr per Mail wieder einmal angekündigt wird, sie zu vergewaltigen, sie niederzustechen, sie hinzurichten. Wenn sie liest: »Ich fick' dich zu Tode«, dann fragt sie sich: »Was macht das mit dir? Wie gehst du mit diesem Hass um?«

»Wer ganz nach oben will, der braucht diesen berühmten Willen zur Macht«, sagt Otto Fricke von der FDP. »Man braucht ihn nicht nur, um dorthin zu kommen, sondern auch, um dort zu bleiben. Denn du musst dann jeden Angriff, jeden Widerspruch aushalten – und der Wille zur Macht ermöglicht dir das.«

»Einen Augenblick kam es mir vor, als ob es mich nicht mehr geben würde«, sagt Nina Hauer von der SPD über den Morgen, nachdem sie aus dem Bundestag gewählt worden ist. »Nicht liegen bleiben, nicht heulen, nicht jammern – nur geradeaus gehen!« Aber wohin? Im Alter von 41 Jahren das Ende eines Lebenstraums.

»Recherchieren Sie eigentlich auch über Affären? Über Sex und Politik?«, fragt ein Abgeordneter und erzählt dann: Seit Jahren führe er ein Parallelleben, die Frau zu Hause, die Freundin in Berlin. Er sei da bei Weitem nicht der Einzige. Ein Mix aus Macht, Einsamkeit und günstiger Gelegenheit befördere das Fremdgehen.

»Ist Druck der richtige Begriff?«, fragt Jan Korte von den Linken. Angst, so meint er, sei viel passender für das Gefühl, das viele Kollegen verspürten. Angst vor dem Versagen, Angst vor der Bloßstellung, Angst vor dem Aus bei der nächsten Wahl. »Kann ich bestehen? Kriege ich das hin? Angst ist das Hauptproblem vieler Abgeordneter.«

»Im Wahlkreis ist die Währung einmal Tagesschau, acht Sekunden«, sagt Ralph Brinkhaus von der CDU. Wer an der Basis wahrgenommen werden will, müsse in den Medien vorkommen. Dabei helfe eine verbreitete Eigenschaft: »Niemand ist in der Politik ohne eine gewisse Portion Eitelkeit.«

»Und dann guckst du in die Gesichter von Merkel, Roth und Trittin, von Leuten, die du vorher schon als deine Gegner ausgemacht hast – und du erkennst, dass sie die tektonische Veränderung spüren, die da gerade stattfindet.« Bernd Baumann über den Moment nach seiner Rede am 24. Oktober 2017, der ersten eines AfD-Politikers im Bundestag.

Vorwort

An ganz gewöhnlichen Tagen treffen die Abgeordneten des Deutschen Bundestages Menschen, die für gewöhnliche Menschen sehr ungewöhnlich sind. Die Kanzlerin, den Außenminister, den Bundestagspräsidenten.

An diesen ganz gewöhnlichen Tagen streiten die Abgeordneten über den Abzug amerikanischer Atomwaffen aus Deutschland, sie gewähren Milliardenhilfen für Großunternehmen und Soloselbstständige, sie debattieren darüber, welche Auswirkungen die Coronakrise auf die Psyche der Älteren und auf die Menschenrechte in Russland hat. Sie müssen an diesen gewöhnlichen Tagen zur Fraktionssitzung, zu einer Anhörung im Ausschuss, ihre Landesgruppe tagt. Der Deutschlandfunk hätte gern am nächsten Morgen um 6:20 Uhr ein Interview, das *Mittagsmagazin* jetzt gleich ein Statement, die Heimatzeitung etwas Persönliches für zu Hause. Bei Besprechungen mit den Mitarbeitern im Abgeordnetenbüro kann jederzeit eine Klingel läuten – dann geht's schon mal rasch zwei Etagen runter, 400 Meter durch unterirdische Gänge rüber zum Reichstagsgebäude, dort wieder zwei Etagen hoch, rein in den Plenarsaal – zu einer namentlichen Abstimmung. Kärtchen in die Urne und schon wieder zurück. E-Mails wollen beantwortet, Unterschriftenmappen durchgearbeitet, Termine verschoben werden. Zwischendurch WhatsApp, Twitter, Facebook, Instagram. Wenn in Berlin oder der Welt was los ist, muss man sofort reagieren – sonst punkten die anderen.

Das Leben der Bundestagsabgeordneten ist vollgestopft mit Außergewöhnlichem. Alles interessant und oft auch nervenaufreibend. Dazu gehört auch, dass man jede Gelegenheit nutzen muss, um sich zu vernetzen. Als Einzelgänger ist noch niemand nach oben gekommen. Deshalb klingt so mancher stressreiche Arbeitstag bei »Ossi« aus, der Kneipe neben dem Bundestag. Dass dort nur

Abgeordnete und ihre Mitarbeiter hineindürfen, hat einen entscheidenden Vorteil für alle, die noch etwas werden wollen in der Politik: Die Öffentlichkeit ist weit weg, wenn hier Karrieren geplant und Intrigen gesponnen werden.

Spätabends kommt für viele Abgeordnete dann die schwierigste Zeit des Tages: Wenn sie ihre Wohnungstür aufschließen, mündet der volle Arbeitstag in ein menschenleeres Privatleben. Zu Hause ist für die meisten Abgeordneten mehrere Hundert Kilometer weg. »Brutal einsam« könne das Dasein als Abgeordneter sein, sagt einer. Einige von den Einsamen fangen an zu trinken, andere suchen Affären oder zahlen für Sex. Wenn man nicht aufpasst, fängt dieses Dasein irgendwann an, einen Menschen zu deformieren.

Das Leben von Bundestagsabgeordneten weist eine weitere Besonderheit auf: Es funktioniert binär. Null und Eins. Sieg und Niederlage, Wahlkreis und Hauptstadt, Macht und Ohnmacht, Teamgeist und Einsamkeit, Führungsposten und Hinterbank, Gewissensentscheidung und Fraktionsdisziplin, Regierung und Opposition, Aufstieg und Fall. Doch so brav aufgereiht, so hübsch geordnet, dass man all das nacheinander erleben und erleiden kann, präsentieren sich die Dinge im parlamentarischen Alltag nie. Der Sieg einer Partei kann mit einer persönlichen Niederlage verbunden sein, im Wahlkreis ist man mit dem Kopf in Berlin und in Berlin mit dem Herzen im Wahlkreis, wer am Morgen im Parlament noch führt, kann am Abend schon ganz nah am Ausgang sitzen. Diese Gleichzeitigkeit des Gegensätzlichen erzeugt eine ungeheure Spannung. Und die Ungewissheit, die mit jeder Wahl und jeder Abstimmung verbunden ist, erhöht sie.

Die Terminkalender sind proppenvoll, die Herausforderungen groß, die Medien omnipräsent und die Erwartungen kaum zu erfüllen – auch die eigenen nicht. Die Abgeordneten hetzen durch einen Alltag, der immer komplexer wird, in einem politischen Betrieb, der sich permanent beschleunigt. Zeit zur Selbstreflexion bleibt da kaum.

Der Erste, der es sagte, war Otto Fricke, der Liberale mit 20 Jahren Parlamentserfahrung, ihm folgten andere. Und bei den vielen Übrigen, die zu Gesprächen für dieses Buch bereit waren, spürte man Ähnliches: »Ein tolles Projekt – es gibt mir endlich mal die Gelegenheit, darüber nachzudenken, was ich hier eigentlich mache.«

Viele, wahrscheinlich fast alle Abgeordnete sind so sehr Gefangene ihrer Betriebsamkeit und der eingeübten Abläufe, dass sie kaum danach fragen, warum das so ist. Warum sie dieser Gefangenschaft nicht entfliehen können. Und auch nicht danach, weshalb der politische Betrieb so funktioniert, wie er funktioniert, ob das noch zeitgemäß ist und was man ändern könnte.

Wenn Hauptstadtkorrespondenten Politiker zu Gesprächen treffen, zu Interviews oder zu einem vertraulichen Austausch, läuft das nach einem feststehenden Muster ab. Die Politiker sagen manchmal das, was sie wissen, öfter ein bisschen weniger davon, zuweilen deutlich weniger und manchmal verschließen sie sich. Ein Frage-Antwort-Schema mit wechselndem Ertrag.

Die Gespräche zu diesem Buch verliefen anders. Natürlich gab es auch da Situationen, in denen es hieß »dazu möchte ich lieber nichts sagen« (dabei ging es oft um Sex und Politik) oder »schalten Sie mal das Band aus, dann sag' ich Ihnen was dazu (dabei ging es oft um Urteile über andere Politiker, in aller Regel Parteifreunde). Doch das übliche Muster durchbrachen diese Gespräche oft, sie verliefen dann forschender, auch diskursiver als solche im politischen Alltag. Und der Ertrag war auch größer.

»Woher kommt eigentlich der Druck, den ich so oft verspüre, der mich nachts aus dem Schlaf reißt?«, fragte sich ein Abgeordneter mit Führungsaufgaben. »Warum werde ich mit den Jahren im Bundestag nicht gelassener? Wie lange will ich das noch mitmachen? Und was passiert, wenn ich raus bin – werde ich das nicht vermissen, den Stress, die Medien, dieses Getriebensein, die Bedeutung?«

»Was macht das alles mit mir?«, sinnierten andere. »Was macht es mit meinen Freundschaften, was mit meiner Ehe, mit meiner Beziehung?«, »Bin ich inzwischen der Politiker geworden, der ich nie sein wollte?«, »Du redest hier nicht zu deinen Wählern – komm mal runter!«, bekam ein Abgeordneter von seiner Frau zu hören, als er am Ende einer Sitzungswoche nach Hause kam. Von gescheiterten Ehen und kriselnden Beziehungen war in unseren Recherchegesprächen immer wieder die Rede. Und davon, dass nicht wenige Abgeordnete ihre Familien oder Partner nach Berlin holten, um Ehen und Beziehungen zu retten. Nicht immer gelingt das.

Rund 50 Abgeordnete ließen sich für dieses Buch interviewen, manche von ihnen mehrfach. Aktive wie ehemalige, direkt gewählte wie über die Landeslisten eingezogene Mitglieder des Deutschen Bundestags, Frauen wie Männer, quer durch alle Fraktionen und quer durch alle Altersgruppen. Vom Parlamentsneuling bis zum Fraktionsfaktotum. Und vom Hinterbänkler bis zum Bundestagspräsidenten.

Darunter war der Sozialdemokrat, der meinte, mit Kompetenz allein sei im Bundestag noch nie jemand etwas geworden. Der Liberale, der nach China floh, nachdem er samt seiner Partei 2013 aus dem Bundestag geflogen war – und mit der Wahl 2017 ins Parlament zurückkehrte. Der Grüne, der nach dem Aufwachen darüber nachdenkt, mit welchen drei Tweets er an diesem Tag die engen Grenzen seiner Zuständigkeit wieder einmal sprengen kann. Der ehemalige AfD-Abgeordnete und nun fraktionslose Parlamentarier, der prophezeite, weitere würden die AfD-Fraktion verlassen, um sich »im Abklingbecken zu entgiften«, was dann auch geschah.

Und unter unseren Gesprächspartnern war der junge Familienvater, der sich bei einer Veranstaltung in seinem Wahlkreis am Wochenende nach zwei Stunden verabschieden wollte, um seinen Sohn noch ins Bett bringen zu können, und dann zu hören bekam: »Ha was, hend Sie dafür koi Frau dohoim?«

Zwei Abgeordnete bilden gleichsam die Pole des politischen Betriebs: Der fraktionslose Marco Bülow, ein gefallener Sozialdemokrat, und der Vorsitzende der CDU/CSU-Bundestagsfraktion, Ralph Brinkhaus, ein aufstrebender Unions-Mann.

Als Bülow 2002 in den Bundestag kommt, gerät er rasch in eine der schärfsten Konfrontationen in der Geschichte der SPD-Bundestagsfraktion: den Streit um die Agenda 2010. Er erlebt am eigenen Leib, wie hart und brutal Skeptiker und Abweichler auf Linie gezwängt, wie sie aus den eigenen Reihen heraus attackiert werden: Sie sollten ihre Fraktionsämter niederlegen, ja gar ihr Mandat zurückgeben; sie sollten die Klappe halten und mit Ja stimmen.

Geboren 1971 in Dortmund, Großvater Stahlarbeiter, Vater OP-Pfleger, Mutter Krankenschwester. Bülow ist ein Mann mit sozialdemokratischem Stallgeruch, der mit der naiven Hoffnung in den Bundestag eingezogen ist, grundsätzlich etwas verändern zu können, sagt er. Doch nicht er verändert die Verhältnisse oder auch nur den Bundestag, die Verhältnisse und der Bundestag verändern ihn. Marco Bülow wird über die Jahre härter, unversöhnlicher.

Als Umweltpolitiker legt er sich mit den Energiekonzernen und deren Freunden in der eigenen Fraktion an. Als Parteilinker wundert er sich, warum die Kollegen, die er am meisten schätzt, nichts werden in der Fraktion. Und als Sturkopf weist er Ratschläge von Genossen, die es gut mit ihm meinen, entschieden zurück. Etwa dass er sich in den Medien nicht als der letzte aufrechte Sozialdemokrat inszenieren solle, das schade ihm. Doch Bülow will sich nicht einfügen, für ihn ist die eigene Überzeugung maßgeblich. Zahlreiche Genossen werfen ihm vor, dass er sich ausschließlich sich selbst verpflichtet fühle. Wären alle so, würde nicht nur keine Fraktion mehr funktionieren. Die Politik insgesamt wäre dann nicht mehr politikfähig.

Der Dortmunder Sozialdemokrat Marco Bülow entwickelt sich mit der Zeit zu einem der schärfsten Kritiker der immer mächtiger werdenden Lobbygruppen rund um den Bundestag und all jener seiner Kollegen, die das noch befeuern. Als er 2010 sein Buch »Wir Abnicker – Über Macht und Ohnmacht der Volksvertreter« veröffentlicht, ist der innere Bruch bereits vollzogen. Die Abgeordneten, insbesondere die aus seiner eigenen Fraktion, fühlen sich von ihrem Kollegen und Genossen als stumpfe Jasager verhöhnt – und gehen auf Konfrontationskurs. Bülow ist da längst unterwegs in die innere Emigration. Der zähe Scheidungsprozess zwischen der SPD-Bundestagsfraktion und ihrem Mitglied Marco Bülow zieht sich über acht Jahre hin. Im November 2018 tritt er aus der SPD aus und sitzt seitdem als parteiloser Abgeordneter im Parlament. Zur Bundestagswahl 2021 wird er noch einmal antreten. Als parteiloser Direktkandidat. Ein Rebell, der die Hoffnung nicht aufgegeben hat, das System grundlegend zu verändern.

Ralph Brinkhaus geht einen anderen Weg als Marco Bülow. Als der Diplom-Ökonom 2009, sieben Jahre nach dem Sozialdemokraten, als direkt gewählter Kandidat des Wahlkreises Gütersloh I erstmals für die CDU in den Bundestag einzieht, sucht er nicht die Profilierung gegen den politischen Betrieb Bundestag, sondern er sucht sie in ihm. Brinkhaus erwirbt sich rasch einen Ruf als herausragender Experte in der Finanzpolitik, einem der zentralen Kompetenzfelder der Union. Das zahlt sich aus. Braucht die CDU einen Vorsitzenden für die Arbeitsgruppe Finanzmarktregulierung, wird es Brinkhaus. Sucht der CDU-Bezirksverband Ostwestfalen-Lippe einen neuen Chef, findet er Brinkhaus. Möchte die Bundestagsfraktion nach der Wahl 2013 einen neuen stellvertretenden Vorsitzenden für die Bereiche Haushalt und Finanzen, wählt sie Brinkhaus. In vier Jahren vom Novizen zum Fraktionsvize – ein außergewöhnlich rascher Aufstieg.

Doch Brinkhaus denkt nicht nur als Finanzfachmann. Interessiert nimmt er wahr, dass mit jedem Jahr in den Unionsreihen der Unmut über den Vorsitzenden Volker Kauder wächst. Dieser setze nur um, was die Kanzlerin wolle, lasse den Abgeordneten zu wenig Raum, eigene Ideen einzubringen, habe die Fraktion nicht zu einem eigenen Machtfaktor gemacht, das Schoßhündchen der Kanzlerin – so lauten die Vorwürfe. Sie verhallen, solange die Kanzlerin stark ist. Doch im Spätsommer 2018 ist sie das nicht mehr. Eine Reihe von Niederlagen bei Landtagswahlen und allgemeiner Unmut über ihre Politik haben sie geschwächt. Brinkhaus hat sich da längst verbündet. Etwa mit Jens Spahn, dem Hoffnungsträger der Konservativen in der Union. Und mit Carsten Linnemann, dem Vorsitzenden der Mittelstandsunion, dem einflussreichen Wirtschaftsflügel der CDU. Als im September die Wahlen zum Fraktionsvorstand anstehen, tritt Brinkhaus gegen Kauder an – und gewinnt. Ein Coup.

In den folgenden Monaten macht Brinkhaus zwei Dinge: der Kanzlerin deutlich, dass die Fraktion nicht weiterhin alles unverändert durchwinken wird, was sie mit der SPD in der Regierung vereinbart. Und seinen Abgeordneten klar, dass nichts so bleiben muss, wie es immer war.

Fraktionen sind traditionell spiegelbildlich zu den Ministerien aufgestellt. So gibt es Arbeitsgruppen, Sprecher und Fraktionsvizes etwa für Bildung, Familie, Inneres, Umwelt und Finanzen. Brinkhaus bricht diese starre Ordnung auf und stellt Projektgruppen zusammen, in denen sich etwa Haushalts-, Bau-, Justiz- und Familienexperten für einen bestimmten Zeitraum mit dem Problem stark steigender Wohnungs- und Mietpreise in Ballungszentren beschäftigen. Wo Bülow gegen das System rebelliert hat, um es aufzubrechen, nutzt Brinkhaus es von innen, um es Schritt für Schritt zu verändern. Bülow ist mit seinem Ansatz gescheitert. Ob Brinkhaus mit seinem erfolgreich sein wird, ist längst nicht entschieden. Aber er hat es persönlich weitergebracht. Brinkhaus sitzt im Bundestag in der ersten Reihe, Bülow in der letzten.

Neben den Begegnungen und Gesprächen mit Abgeordneten aller Fraktionen haben wir viele weitere Gesprächspartner aus dem politischen Komplex Berlin-Mitte getroffen, Pressesprecher, Mitarbeiter, Lobbyisten, Berater, Vertreter von NGOs, Angehörige, Beziehungspartner, Psychotherapeuten, selbst ein Stenograf des Bundestages war darunter. Die Offenheit vieler Gesprächspartnerinnen und Gesprächspartner war essenziell für dieses Projekt. Sie waren angewiesen auf Vertraulichkeit. Um diese zu wahren, sind manche Äußerungen anonymisiert, an wenigen, besonders heiklen Stellen wurden Ort, Zeit und Zugehörigkeit verfremdet. Nirgendwo jedoch verfremdet sind Inhalte und Zitate. Manchen Gesprächspartnern merkte man an, dass sie den Blick hinter die Kulissen nicht wirklich zulassen wollten. Im Ergebnis entspricht die Verteilung der Zitierten nicht zwingend den Fraktionsstärken. Aber uns ging es auch nicht um Proporz, sondern um Erkenntnis.

Eine zentrale Einsicht all der Gespräche mag überraschen: Zahlreiche weibliche Abgeordnete erleben die aktuelle, die 19. Legislaturperiode, als einen Rückfall in längst überwunden geglaubte Zeiten. Der Frauenanteil im Bundestag ist so niedrig wie seit der Kanzlerschaft Helmut Kohls nicht mehr – und die liegt bald ein Vierteljahrhundert zurück. Männer, die zu tuscheln beginnen und sich demonstrativ abwenden, sobald eine Frau im Plenar- oder Fraktionssaal das Wort ergreift. Sexistische Bemerkungen, wenn eine FDP-Abgeordnete in Lederjacke im Plenarsaal erscheint. Die Überzeugung unter vielen Unions-Abgeordneten, dass es nach 16 Jahren Angela Merkel endlich wieder Zeit sei für echte Kerle.

Vom »Vormarsch der Maskulinisten« spricht in diesem Zusammenhang Bundestagsvizepräsidentin Claudia Roth. Die Grünen-Politikerin hält, wie andere, längst nicht für garantiert, was sich die Frauen im Bundestag in den vergangenen Jahrzehnten erkämpft haben. Alles ist fragil, zu glauben, die Gleichberechtigung kenne nur einen Weg, den nach vorn, erweist sich in dieser Legislaturperiode als naiv. Erst die Gespräche mit den Frauen im Parlament haben uns für einen Trend sensibilisiert, worüber bis heute kaum berichtet wird: dass viele Männer in der Politik glauben, sie müssten sich zurückholen, was ihnen gar nicht gehört – die Macht.

Wer nun eine Abrechnung mit »denen da oben« erwartet, hat das falsche Buch in der Hand. Politiker, die persönlich nichts leisten, zu Lasten der Allgemeinheit aber ordentlich abkassieren – dieses Klischee wird hier nicht bedient. Der grundsätzliche Respekt verringert die kritische Distanz, mit der Abgeordnete in diesem Buch betrachtet werden, um keinen Millimeter. Aber er bewahrt vor populistischem Politiker-Bashing.

Wie bringt man Ordnung in das so vielfältige, spannende und zugleich belastende Leben der Abgeordneten? Wie passt der raketenartige Aufstieg eines 27-jährigen Parlamentsneulings der Union, der sich als konservativ bezeichnet, wie ein Elder Statesman redet und dann über eine besonders plumpe Variante von Lobbyismus stolpert, zum Absturz eines erfahrenen innenpolitischen Sprechers der SPD, der Crystal Meth konsumiert, zur Unperson wird und nicht mehr aufgestellt wird? Der eine – noch vor seiner Affäre – wollte im Übrigen kein Gespräch, der andere war bereit. Wie passt die Demut des Einsteigers zur Wehmut der Ehemaligen? Wie die Bedeutung des sympathischen FC Bundestag, der Fußballmannschaft der Parlamentarier, für den Aufstieg einzelner Abgeordneter zur kalkulierten Operation, mit der eine Fraktionsvorsitzende zu Fall gebracht wird? Und wo ist die Verbindung zwischen den Morddrohungen, die Abgeordnete erhalten, zur Frage, ob es in der Politik Freundschaft überhaupt geben kann?

Zur Arbeit an diesem Buch gehörte die Frage, wie man das Dasein von Politikern sinnvoll in Kapitel auffächern kann. Und welche Überschriften dann wohl passen. Zwischenzeitig gab es die Idee, sich an einer Art entschärftem Stieg Larsson zu orientieren. Die Kapitel sollten zwar nicht Verblendung, Verdammnis oder Vergebung heißen – was gar nicht so unpassend gewesen wäre –, aber immerhin *Macht, Sucht* oder *Hass*. Doch am Ende ist es anders gekommen. Nun gliedern die Abgeordneten ihr Dasein mit ihren eigenen Worten.

Genderneutrale Sprache zu verwenden war ebenfalls eine Überlegung. Doch nun liest sich das Buch so, wie sich auch *Die Zeit* und *Der Spiegel* lesen.

Peter Dausend/Horand Knaup

1 »Ich habe gedacht, das ist jetzt ein Traum«

Der Start im Bundestag:
Staunen, Anpassen, Widerstehen

Diese Ansage hat keiner der Angesprochenen vergessen: »Sie haben zwei Möglichkeiten – entweder Sie lassen sich auf die Irrenliste der *Bild*-Zeitung setzen, dann kriegen Sie immer einen Anruf, wenn die was brauchen. Sie werden dann auch schön zitiert, und jemand in Ihrem Wahlkreis freut sich, dass sein Abgeordneter in einer Zeitung steht, die er liest. Oder Sie suchen sich ein Fachgebiet, arbeiten sich richtig gut ein, sodass es heißt: Die Neue da, die kann was. Wenn Sie den Respekt Ihrer Kollegen verdienen wollen, rate ich dringend zu Letzterem.«

Der Mann, der seine Ratschläge gern im Klartext formulierte, war Peter Hintze. Und seine spezifische Warnung vor der Irrenliste richtete sich an jeden Neuankömmling in der CDU/CSU-Bundestagsfraktion. Gewicht besaß diese Ansage nicht nur, weil Hintze, unter Helmut Kohl sechs Jahre lang Generalsekretär der CDU, bis zu seinem Tod 2016 einer der engsten Vertrauten von Angela Merkel war. Sondern auch, weil bis heute aus niemandem etwas geworden ist, der sich nicht an sie gehalten hat. Und das gilt nicht nur für die CDU.

MdB – so lautet das Kürzel, das schlagartig das Leben verändert.

MdB rückt ein Leben ins Scheinwerferlicht der Öffentlichkeit, und es macht jene, denen es verliehen wird, über die Wahlnacht zu

Vertretern von rund 83 Millionen Menschen. Bei jenen, die ankommen, wo so viele hinwollen, steht das Kürzel nun hinter dem Namen, direkt oder durch ein Komma getrennt.

MdB – Mitglied des Deutschen Bundestages. Der Namenszusatz weist einen als Teil der gesetzgebenden Gewalt aus, in der repräsentativen Demokratie zuständig für die Beratung und Verabschiedung von Gesetzen. Viele von denen, die sich in harten politischen Auseinandersetzungen durchgesetzt und dieses Lebensziel erreicht haben, macht das zunächst einmal demütig. Viele, aber nicht alle. Denn in dieser neuen Welt sind alle ehrgeizig, sie wollen etwas werden oder etwas bleiben, und sie arbeiten vom ersten Tag an auf ein Ziel hin, das nicht jeder erreichen wird: in vier Jahren wiedergewählt zu werden.

Jeder der 709 Abgeordneten, die seit der Wahl 2017 im 19. Bundestag sitzen, war mal ein Neuling. Wie war das, neu in den Bundestag zu kommen? Wie lange dauert es, bis man die Abläufe, die Rituale und die geheimen Codes verstanden hat? Worauf muss man besonders achten? Vor allem: Wie fällt man auf, mit wem muss man gut können, wie kommt man weiter nach oben, kurz: Wie gelingt der Einstieg?

Sicher ist, und das gilt in Ergänzung zu Peter Hintzes Verdikt: Nur aufgrund seiner Fachkunde oder rhetorischen Befähigung hat im Bundestag noch niemand Karriere gemacht. Der beste Rat, den man den Neuen im parlamentarischen Betrieb mit auf den Weg geben kann, lautet also: Arbeite hart – und lass dir was einfallen. Aber was? Darauf gibt es viele Antworten. Hier sind sechs aus sechs Fraktionen.

Als Josephine Ortleb 2017 nach Berlin kommt, stürzt eine Welt auf sie ein, was sie zunächst komplett überfordert. Wer sind die, wo stehen die, was wollen die? Die Medien gieren nach den Neuen. 31 Jahre jung, blond, ausgebildete Fachwirtin im Gastgewerbe. Josephine Ortleb hat bei einem miserablen SPD-Ergebnis den Wahl-

kreis 296, Saarbrücken, hauchdünn direkt gewonnen, ein bundes-
politischer Neuling aus Lafontaine-Land – nichts davon ist normal:
Josephine Ortleb ist eine Geschichte und viele wollen sie haben. Sie
lässt sich die Gelegenheit nicht entgehen: In den Medien vorkommen – darum wird es in ihrem neuen Leben auch gehen. Gleichzeitig
muss sie ihr Fachgebiet markieren – sie möchte in den Familienausschuss. Und so trägt sie ihr Interesse daran in ein Formular ein,
das ihr in der ersten Sitzung der neuen Fraktion übergeben wird.

Dass erfahrenere Kollegen da längst ihre Wünsche bei der Fraktionsführung hinterlegt haben, weiß sie nicht. Josephine Ortleb
teilt diese Erfahrung mit fast allen Einsteigern. Am Anfang finden
sie alles wahnsinnig aufregend, sich selbst auch. Die Politik verändern, Teil des Wandels sein, die Welt retten, mindestens. »Du
kannst vor Kraft kaum laufen«, erinnert sich Sören Bartol, SPD, an
seinen Einstieg 2002. »Dann geben dir die älteren Kollegen zu verstehen: So Kleiner, jetzt setz' dich erstmal hinten hin, fang mal von
vorn an.«

Ordentlich zurechtgestutzt werden – das gehört zu den parlamentarischen Initiationsriten. Auch für Josephine Ortleb. Sie erhält einen Anruf aus dem Umfeld der SPD-Fraktionsvorsitzenden:
»Tut uns leid, aber du stehst nicht auf der Liste für den Familienausschuss.« Sie könnte heulen, hat dann aber eine bessere Idee.
Denn in den ersten Tagen ihres neuen Daseins als Abgeordnete des
Deutschen Bundestages hat sie schon was gelernt.

Mit Guido Westerwelle hat er sich schon oft gezofft, die Hauptstadtpresse jagt ihm keinen Schrecken mehr ein, und wenn er die
Kanzlerin sieht, erstarrt er nicht vor Ehrfurcht. Als Johannes Vogel
2009 den Zusatz MdB hinter seinen Namen setzen darf, ist er bereits seit vier Jahren Bundesvorsitzender der Julis, der Nach-
wuchsorganisation der FDP. Der damals 27-Jährige kennt die Spielregeln im politischen Berlin. Streit mit dem Parteichef gehört zu
seiner Rolle als jugendlicher Rebell.

Vogel ist ehrgeizig. Er will nicht weniger, als für die FDP ihre alte Rolle als Bürgerrechtspartei zurückerobern. Mit der Zustimmung zum Großen Lauschangriff hat sie dieses Label in den neunziger Jahren verloren. Rasch nach der Konstituierung des Bundestages übernimmt Johannes Vogel den Vorsitz der »jungen Gruppe«, einer Vereinigung von FDP-Abgeordneten, die bei der Bundestagswahl nicht älter als 40 Jahre sein durften. Sie tragen entscheidend dazu bei, dass die schwarz-gelbe Bundesregierung die Vorratsdatenspeicherung, ein Projekt, das für CDU und CSU hohe Priorität hat, nicht umsetzen kann. Vogel und seine Truppe werden zu einem Machtfaktor in der Fraktion.

Vogel lässt sich noch etwas anderes einfallen. »Mehr Markt, weniger Staat« – auf diese simple Formel soll man den Liberalismus künftig nicht mehr reduzieren können. Also entscheidet er sich für eine Karriere, die für einen FDP-Politiker so passend erscheint wie die Mitgliedschaft von Sahra Wagenknecht bei den Rotariern: Vogel will Sozialpolitiker werden – und in den Ausschuss für Arbeit und Soziales, den Hotspot von SPD und Linkspartei. Um dorthin zu kommen, nimmt Vogel eine Abkürzung: Er spricht direkt mit dem Parteivorsitzenden Guido Westerwelle – und damit ist die Sache durch.

Nach Ansicht von Johannes Vogel funktioniert Aufstieg bei den Liberalen nach drei Prinzipien: Wer kann was? Wer kann das, was er kann, mit einem speziellen liberalen Ansatz verbinden? Und: Wer hat eine Hausmacht? Unter »wer kann was?«, unter Kompetenz, versteht Vogel aber nicht nur Fachwissen. Immer wichtiger werde in der Mediengesellschaft etwas anderes: die Vermarktung. »Was nutzt die klügste Position, wenn man sie den Menschen nicht vermitteln kann?« Je nach Rolle variiere die Bedeutung von Fach- und Vermarktungskompetenz. Ein Experte für Wissenschaftspolitik brauche mehr vom Ersten, ein Fraktionsvorsitzender mehr vom Zweiten. Aber natürlich gelte: »Die mediale Wahrnehmung ist eine Währung in der Politik, die Macht verschafft.«

Zehn Jahre nach seinem Einstieg in den Bundestag sitzt Johannes Vogel im Winter 2019 zum Thema »Armutsrisiko Kinder – heute Eltern, morgen arm?« in Maybrit Illners Talkrunde – allein unter Frauen. Und darum geht es ja immer für Neulinge: erkennbar werden, ein Alleinstellungsmerkmal finden.

Als Josephine Ortleb erfährt, dass sie nicht in den Familienausschuss kommt, zeigt sie, dass sie in ihrer kurzen Zeit schon mitbekommen hat, worauf es im Bundestag ankommt: vernetzt zu sein. Sie ist Mitglied der »Parlamentarischen Linken« (PL), der größten der drei politischen Strömungen innerhalb der SPD-Bundestagsfraktion. Also fragt sie bei der PL-Spitze nach, ob nicht vielleicht doch noch was geht. Und sie spricht mit Elke Ferner, ihrer Vorgängerin im Wahlkreis Saarbrücken. Ferner, mit der Wahl im September 2017 aus dem Bundestag ausgeschieden, hat als ehemalige Vorsitzende der AsF, der »Arbeitsgemeinschaft sozialdemokratischer Frauen«, beste Beziehungen zu Andrea Nahles, der Fraktionsvorsitzenden. Bald schon wird Ortleb einen zweiten Anruf aus dem Umfeld der Fraktionsspitze erhalten, in dem es heißt: Es klappt doch mit dem Familienausschuss.

Josephine Ortleb knüpft nun systematisch ihr Netz. In die ganz klassischen Runden, in denen die Jungs beim Bier zusammensitzen, kommt sie als Frau nur schwer rein. »Bier trinken, quatschen, Ränke schmieden, den nächsten Karriereschritt planen – das ist schon so ein Jungsding«, sagt sie. Und ist man mal dabei, werde man weniger wahrgenommen. Wenn Frauen in solchen Runden was sagen, so Ortlebs Erfahrung, zücken die Männer gern mal ihre Handys, die Nebengeräusche würden automatisch lauter. »Vor allem junge Frauen, parlamentarische Neulinge, haben es da schwer, ernst genommen zu werden.«

Zusammen mit elf weiteren SPD-Abgeordneten »zwischen 28 und 40« gründet Josephine Ortleb eine »Gruppe der 12«. Mit mehreren Thesenpapieren zur »Arbeit von morgen«, zum »Bürgerfreundlichen Staat« und zu »Deutschlands außenpolitischer Rolle« befeuert der parlamentarische Nachwuchs nicht nur die politische Debatte, er bricht auch die Strömungslogik in der Fraktion auf. Und Ortleb, die überzeugte SPD-Linke, stellt fest, wie gut man sich doch mit jungen »Netzwerkern« und »Seeheimern«, den beiden anderen Strömungen in der Fraktion, verstehen kann. Vielleicht braucht man die ja mal.

Als Jan Korte 2005 in den Bundestag einzieht, ist er das bereits: vernetzt. Als Mitglied im Bundesvorstand der PDS, aus der im Juni 2007 Die Linke hervorgehen wird, kennt der 28-Jährige die Parteiprominenz bestens und gilt als enger Vertrauter des Bundesgeschäftsführers Dietmar Bartsch, eine der Galionsfiguren des Reformerflügels. Bartsch hat dem gebürtigen Osnabrücker Korte, der früher mal bei den Grünen war, einen Wahlkreis im Osten besorgt, in Sachsen-Anhalt, rund um Bitterfeld-Wolfen, dem einstigen Zentrum der chemischen Industrie der DDR. Doch auch als Bartsch-Vertrauter muss man sich in der Bundestagsfraktion erst seinen Platz erkämpfen, sich einen Namen machen. Korte verfolgt dabei einen eigenen Ansatz: Er sucht sich eine Nische.

Wer in der Fraktion beeindrucken will, muss beweisen, dass er nach außen wirken kann. Korte weiß, dass man hierfür kein großes Thema braucht. Ein interessantes reicht. Allerdings eins, das in die Gesamtstrategie der Partei und Fraktion passt. »So ein Thema kann eine Türöffnerfunktion haben«, meint Korte.

Kortes Türöffner wird die Rehabilitierung der wegen »Kriegsverrats« im Zweiten Weltkrieg Verurteilten. Wegen dieses Paragrafen verurteilt – in aller Regel zum Tode – wurden im NS-Regime Wehrmachtssoldaten, die Juden halfen, sich gegen Hitler äußerten, einem Kriegsgefangenen ein Stück Brot zusteckten oder sich ähnlicher Vergehen »schuldig« gemacht hatten. Die Urteile bestanden nach 1945 fort. Korte trifft für seine Anliegen regelmäßig Ludwig Baumann, den letzten überlebenden Wehrmachtsdeserteur, und findet in Joachim Gauck einen entschiedenen Fürsprecher seines Vorhabens. Die Medien berichten breit. Kortes politischer Kampf zahlt sich aus: Der Bundestag hebt im September 2009 alle Urteile der NS-Militärjustiz gegen die sogenannten »Kriegsverräter« auf. »Darauf bin ich heute noch stolz«, sagt Korte.

Längst sind die Parteigrößen auf ihn aufmerksam geworden. »Ich bin sehr gefördert worden von Gregor Gysi, Petra Pau und Dietmar Bartsch«, so Korte. »Solche Förderer zu haben ermöglicht einem Optionen, sich weiter zu beweisen. Jeder, der etwas anderes sagt, lässt etwas weg.«

Vielen Einsteigern fällt es schwer, sich und ihrem bisherigen Leben treu zu bleiben. »In dem Moment, in dem du in den Bundestag einziehst, gibst du deine alte Rolle, deine Lebensumstände, dein Verhalten auf«, sagt Angela Marquardt, eine frühere Parteifreundin von Korte, die heute SPD-Mitglied ist. Sie war Studentin, als sie 1998 Abgeordnete wurde. Plötzlich hatte sie ein ordentliches Gehalt, leitete ihr eigenes Büro und war die Chefin ihrer Mitarbeiter, bekam die BahnCard 100, die Fahrbereitschaft stand ihr zur Verfügung. »Natürlich lebte ich von einem Tag auf den anderen nicht mehr das Leben einer Studentin«, sagt Marquardt und nennt ein weiteres Beispiel. Wenn man als Hartz-IV-Empfänger in den Bundestag einziehe, sei man sofort aus dem Teufelskreis Armut raus und damit auch nicht mehr überzeugender Interessenvertreter seines früheren Milieus oder seiner Klientel. »Je jünger du beim Einzug ins Parlament bist, umso mehr findet eine bundestagsspezifische Prägung statt.«

Jan Korte ist heute der Erste Parlamentarische Geschäftsführer, PGF, seiner Fraktion. Unter allen PGFs im Bundestag ist er sicherlich der coolste Typ: Filmplakate an den Bürowänden, dezentes Tattoo am Unterarm, spürbare Selbstironie. Noch cooler ist aber sein Vater. Ein Alt-68er mit Rauschebart, der viel Zeit damit verbringt, Bob Dylan zu hören. Sein Job ist es, seinen Sohn zu erden. Wenn dem mal die Bekannteren und Berühmteren aus dem Bun-

destag zu heftig auf die Schulter klopfen, ermahnt ihn sein alter
Herr, der zu bleiben, der er ist. Dem süßen Gift nicht zu erliegen.
Und dann hört er wieder Dylan. *Like a Rolling Stone* oder *All along
the Watchtower.*

Nicht nur für die Novizin Josephine Ortleb, für ihre gesamte Fraktion ändert sich im November 2017 von einem Tag auf den anderen
die Planung für die Legislaturperiode. Die Jamaika-Verhandlungen
zwischen Union, Liberalen und Grünen sind geplatzt. Union und
SPD nehmen widerwillig Gespräche über eine erneute Große Koalition auf, die dann dritte in vier Legislaturperioden. Und plötzlich
zerfällt die SPD in zwei Lager. Auf der einen Seite stehen diejenigen, die am kategorischen Nein zur GroKo festhalten wollen. Auf
der anderen drängt eine klare Mehrheit auf eine Abkehr davon. Die
Angst zwingt sie zum Ja. Nach einer Neuwahl würden wohl zahlreiche SPD-Abgeordnete nicht wiederkommen. Josephine Ortleb
ist klar auf der Seite der Nein-Sager.

Wenn sie nach Hause, in ihren Wahlkreis, kommt, fühlt sie sich
in eine Parallelwelt versetzt. In Berlin wollen sich immer mehr
Abgeordnete immer entschiedener an einer Großen Koalition beteiligen, und in Saarbrücken fragen die einfachen Parteimitglieder: Was macht ihr da? Was ist das Nein vom Wahlabend noch
wert? Ihr sagt andauernd, die SPD muss Vertrauen zurückgewinnen – und dann macht ihr exakt das Gegenteil von dem, was ihr
versprochen habt. »Diese Spaltung zwischen Berlin und Saarbrücken habe ich fast nicht ausgehalten«, sagt Josephine Ortleb im
Blick zurück.

In den Monaten nach dem Start der neuen Regierung erlebt
sie, schleichend, aber erkennbar, eine Veränderung bei sich selbst.
Eine, die sie verblüfft. Sie spürt, wie die Denk- und Handlungs-
muster des Berliner Politikbetriebes, die Binnenlogik des Systems,
allmählich in sie einsickern. »Ich erwischte mich selbst bei dem
Gedanken, dass wir in der Regierung bleiben sollten«, sagt Ortleb

nach gut drei Jahren im Bundestag. Sie ist fest davon überzeugt, dass genau diese Binnenlogik der Grund dafür ist, dass sich immer mehr Menschen außerhalb des Systems, die Leute in ihrem Wahlkreis etwa, von der Politik abwenden. Sie spürt ihre Veränderung, weiß um deren Gefahren – und kann sich ihr dennoch nicht entziehen. Der Politikbetrieb formt seine Akteure.

Wie tritt man auf, wenn der Mann, auf den man folgen möchte, quasi als Heiland verehrt wurde? Wenn er für viele nicht nur bereits der nächste Kanzler, sondern auch ein Charismatiker war, der (fast) ein ganzes Volk hinter sich zu versammeln vermochte? Eine Lichtgestalt, die in ihren Umfragehöhen allem Irdischen entrückt zu sein schien?

Die Kreisstadt Kulmbach liegt in Oberfranken, sie ist bundesweit bekannt für Bier, Bratwurst, als Heimat der größten Zinnfigurensammlung der Welt – und als Wahlkreis von Karl-Theodor zu Guttenberg. Bei der Bundestagswahl 2009 hatte ihn Guttenberg mit 68,1 Prozent gewonnen, dem damals besten Erststimmenergebnis in ganz Deutschland.

In der CSU dachte man, Kulmbach sei für ewig vergeben. Doch ewig endete am 1. März 2011. Da trat Guttenberg wegen seiner Plagiatsaffäre von allen Ämtern zurück. Und damit war klar: Bei der Bundestagswahl zweieinhalb Jahre später, im Herbst 2013, braucht die CSU einen neuen Kandidaten. Oder eine neue Kandidatin. Emmi Zeulner ist da Mitte zwanzig, eine ausgebildete Krankenschwester, die auf dem zweiten Bildungsweg Abitur gemacht hat, in Bamberg Volkswirtschaftslehre studiert und genau das nun werden will: die neue Kandidatin.

Sie ist schon länger in der Kommunalpolitik aktiv, als Stadt- und Kreisrätin. Als die Nachfolge von Guttenberg geregelt werden muss, erkennt sie: »So eine Chance kommt vielleicht nie wieder.« Soll sie ihr Studium abschließen oder in den Bundestag einsteigen? Sie entscheidet sich für Letzteres.

Die Gesundheitspolitik ist das zentrale Anliegen der Krankenschwester. Da will sie was erreichen, für die Hebammen, die horrend hohe Haftpflichtversicherungen abschließen müssen. Für die mies bezahlten Pflegerinnen und Pfleger, für die niedergelassenen Ärzte. »Und ich wollte natürlich für meinen Wahlkreis etwas bewirken, meine Heimat gestalten. Die Kommunalpolitik nach Berlin tragen – das war mein Ansatz«, erinnert sich Zeulner an diese Zeit. »Ich bin da mit ganz viel Herzblut rein.«

Guttenbergs Traumergebnis, das ist ihr von Anfang an klar, ist zwar eine Hypothek für jeden, der ihm nachfolgen wird. Sie weiß aber auch: Wer für die CSU antritt, holt das Direktmandat. Schließlich ist Kulmbach auch ohne die erloschene Lichtgestalt eine der stabilsten CSU-Hochburgen.

Doch Emmi Zeulner ist gedanklich noch weit weg von Berlin. Sie macht sich keine Gedanken darüber, wie lange es dauern wird, bis sie im Bundestag Abläufe, Rituale und ungeschriebene Codes versteht, worauf sie besonders achten muss und wie sie auffallen kann. Der Einstieg ins Abgeordnetendasein interessiert sie gar nicht, sie hat ein ganz anderes Problem: Wie werde ich Kandidatin?

Die Außenseiterin Emmi Zeulner tritt gegen zwei Männer an, die älter als sie sind, erfahrener, bekannter in der CSU und besser vernetzt. Die junge Frau hat kein Büro, keine Infrastruktur und zunächst noch nicht einmal ein Auto. »Meine Grundausstattung waren ein Smartphone und ganz viel Engagement.« Die Menschen in Kulmbach und Umgebung sind es gewohnt, dass ihr Abgeordneter, Karl-Theodor Freiherr von und zu Guttenberg, mit dem Chauffeur vorgefahren kam. Und jetzt soll ihm eine junge, unbekannte Frau nachfolgen, die sich die Hacken abläuft? Für viele CSU-Anhänger – und in Kulmbach gibt es eine Menge davon – ist das ein Kulturschock.

Emmi Zeulner setzt ganz auf Nahkampf, besucht Bürgermeister und Ortsvorsitzende, führt zahllose Gespräche mit CSU-Mitgliedern. Als dann der Tag der Kandidatenaufstellung, also der Entscheidung, kommt, taucht die Außenseiterin bereits eine Stunde vor Beginn am Veranstaltungsort auf, deutlich vor ihren Konkurrenten. Sie möchte jeden einzelnen Delegierten persönlich per Handschlag begrüßen. Sympathie kann am Ende entscheidend sein. Und womöglich ist sie es an diesem Tag auch. Als ausgezählt wird, liegt Emmie Zeulner vorn – mit drei Stimmen.

Danach denkt sie immer noch nicht an Berlin und wie sie dort Karriere machen könnte. Sie geht stattdessen erneut auf Tour. Nach einem so langen Wahlkampf mit so knappem Ausgang gibt es natürlich Wunden. Und bevor Emmi Zeulner Bundestagsabgeordnete werden kann, muss sie noch einmal als Krankenschwester ran – bei den Anhängern ihrer Konkurrenten im eigenen Wahlkreis.

Für Fraktionssitzungen, egal von welcher Partei, gelten einige informelle Regeln, an die man sich halten sollte, wenn man weiterkommen will. Die wichtigste davon lautet: Melde dich nicht andauernd! Wer sich bei jedem Thema meldet und sagt, was er glaubt, sagen zu müssen, nervt schnell.

Eine zweite Regel besagt: Sei als Neuling nicht zu vorlaut! Fraktionsübergreifend sehen alteingesessene Parlamentarier einen bestimmten Typus die Fraktionsreihen erobern: den Nassforschen. Dieser betrachtet das Abgeordnetendasein nicht als Ziel seiner Reise, sondern lediglich als Zwischenstopp auf seinem Weg zum Behördenleiter, Staatssekretär oder Minister. Hatte früher ein Neuling im Parlament etwas auszusetzen an der Politik von Kanzler Kohl oder der Kanzlerin Merkel, so nutzte er die regelmäßigen Treffen der Landesgruppe – die Meetings aller Abgeordneten einer Fraktion aus dem gleichen Bundesland –, um mal Dampf abzulassen. Heute stellen sich die Frischlinge in Fraktionssitzungen offen hin und sagen: »Frau Bundeskanzlerin, so geht das nicht!« Man kann das für erfrischend halten, die Erfahreneren finden das anmaßend – und die noch Erfahreneren respektlos.

Die dritte Regel ist die vielleicht wichtigste: Unterschätze nie den Gemeinsinn der Fraktion! Wer bei einem strittigen Thema gegen die Mehrheit der eigenen Abgeordneten abstimmt, wer sich auf sein Gewissen beruft und alle Fraktionsdisziplin fahren lässt, sollte nicht in jedes Mikrofon beißen und sich von der Basis für seine abweichende Meinung feiern lassen. Als »der letzte Sozialdemokrat in der SPD«, als »der Einzige in der CDU, dem das C im Parteinamen noch was wert ist«, als »ein Liberaler, den man noch wählen kann«. Abzuweichen, um sich über sie zu erheben, kommt bei den Kollegen nicht gut an.

Josephine Ortleb gehört nicht zu den Nassforschen in der SPD-Fraktion und meldet sich wohl dosiert in den Sitzungen, aber wenn sie es tut, dann punktet sie, vor allem, wenn es um die Familienpolitik geht. Und mit noch etwas fällt sie auf. Heute steht den Abgeordneten eine Palette an Selbstvermarktungsinstrumenten offen, von denen frühere Werber in eigener Sache nur träumen konnten: Twitter, Facebook, Instagram, Xing, LinkedIn, YouTube. Wenn ein Neuling in den sozialen Netzwerken für Aufmerksamkeit sorgen kann, dann schaut die Fraktionsführung schon genauer hin.

Bei Ortleb sind es vor allem ihr Facebook- und ihr Instagram-Auftritt, die für Aufmerksamkeit sorgen. Bald schon gehört Ortleb zu den SPD-Abgeordneten mit den meisten »Freunden« und »Followern«, ungewöhnlich für einen Neuling. In der Fraktion wird sie zu jeder Runde eingeladen, bei der es um soziale Netzwerke geht, ihre Mitarbeiter werden angerufen und um Expertise gebeten.

Die Fraktionsspitze wird auf sie aufmerksam. Die Saarbrückerin landet auf der Liste hoffnungsvoller, aufstrebender junger Frauen, die man fördern sollte. Physisch existiert diese Liste nicht, sie ist im Kopf von Fraktionschefin Andrea Nahles abgelegt.

Es läuft gut für die Neue im Parlament – bis der Bundestag im Februar 2019 über die Neufassung des Paragrafen 219a des Strafgesetzbuches abstimmt. Darin geht es um das Werbeverbot für Abtreibungen. In den Koalitionsgesprächen hat die Union durchgesetzt, dass Ärzte weiterhin weder im Internet noch in Broschüren detailliert über Abtreibungen informieren dürfen.

Zahlreiche SPD-Abgeordnete lehnen diese Regelung zwar ab, fügen sich aber dem GroKo-Kompromiss. Josephine Ortleb nicht. Sie meldet, wie es Brauch ist, ihre abweichende Meinung bei der Fraktionsführung an. Am Montag vor der Abstimmung sitzt sie im Büro von Andrea Nahles, morgens um halb sieben. Sie solle doch noch mal überlegen, wie sie abstimmen wolle. Sie möchte doch sicherlich ihren Platz im Familienausschuss behalten. Ortleb stimmt trotzdem gegen die Fraktion. Nahles setzt ihre Drohung zwar nicht um, spricht fortan aber nicht mehr mit ihr. Von der Liste der Frauen, die sie fördern will, streicht sie den Namen Ortleb. In der Fraktion bekommt die nun einiges zu hören: »Du stehst wohl noch unter dem Einfluss der Jusos.« – »Das wirst du aber noch lernen müssen.« – »Werde erst mal wieder vernünftig.« Klassenkeile.

Als Kerstin Andreae im Herbst 2002 zum ersten Mal in Berlin-Tempelhof landet – damals ist der Flughafen mitten in der Hauptstadt noch geöffnet –, kennt die frisch gewählte Abgeordnete der Grünen den Fahrdienst des Bundestages noch nicht. Der Berliner Korrespondent der *Badischen Zeitung* holt sie ab, gemeinsam fahren sie in Andreaes Zukunft, ins Regierungsviertel. »Damals kam mir das unglaublich weit vor, dabei ist es für Berlin eine lächerliche Entfernung«, erinnert sie sich 18 Jahre später.

Andreae stammt aus Schramberg, einem 20 000-Einwohner-Städtchen im mittleren Schwarzwald, rund 50 Kilometer nordöstlich von Freiburg. Demut, Respekt, Ehrfurcht – solche Begriffe fallen, wenn sie von ihren ersten Tagen als Abgeordnete in Berlin spricht: »Ich war sehr aufgeregt.«

Es geht ihr so, wie es sieben Jahre später Ralph Brinkhaus von der CDU gehen wird. »Als ich in den Bundestag kam, habe ich die ersten Wochen im Plenarsaal gesessen, den großen Adler hinter dem Präsidium angestarrt und gedacht: Das ist jetzt ein Traum.«

Aber sie wundert sich auch über das, was in diesem beruflichen Traum alles fehlt: die Hausführung durch das Reichstagsgebäude, die vernünftige Einweisung, wie man die Parlamentsbibliothek benutzt, die von der Verwaltung organisierte Unterrichtung darüber, welche Rechte ein Parlamentarier besitzt. Immerhin informiert die Fraktionsführung die neuen Abgeordneten darüber, wohin sie künftig wann und zu welchen Konditionen fliegen dürfen, wie sich das mit der Aufwandsentschädigung für die Abgeordneten verhält und wann und wofür sie die Fahrbereitschaft des Bundestages in Anspruch nehmen können.

In der Fraktion verortet sich Kerstin Andreae bei den Realos. Obwohl sie den Ratschlag von Peter Hintze, der grauen Eminenz der CDU – Fachgebiet suchen und intensiv einarbeiten – nicht kennt, handelt sie danach. Als Mitglied des Finanzausschusses kniet sie sich so tief in die Steuergesetze hinein, dass sich bald schon viele Hilfe suchend nach ihr umdrehen, wenn vom Progressionsvorbehalt, dem Gewerbesteuerhebesatz oder der Pigou-Steuer die Rede ist. Die erste Legislaturperiode entspreche einem Studium, sagt ihr Joachim Poss, der Steuerexperte der SPD-Fraktion, einmal. Doch Andreae sieht das ein wenig anders. Natürlich solle man als Abgeordneter, der seine Aufgabe ernst nimmt, etwas können und idealerweise auch viel wissen. Aber sie macht das Können und Wissen nicht an einem akademischen Abschluss fest, sondern an einer Charaktereigenschaft: »Du musst ein Mensch sein, der etwas will.«

Und sie will etwas. Doch um zu erreichen, was sie will, muss sie erst einmal auffallen. Für eine diplomierte Volkswirtin aus Baden-Württemberg ist das nicht so schwer, da es wenige Abgeordnete bei den Grünen gibt, die in der Wirtschaft nicht zuerst den Gegner, sondern den Verhandlungspartner sehen. Andreae profiliert sich auf einem allenfalls zartgrünen Feld. Damit gewinnt man wohl Respekt, aber nur schwer die Herzen.

Nach ihrem Einzug in den Bundestag möchte Emmi Zeulner für ihre Partei in den Gesundheitsausschuss. Das ist nicht schwierig, da der Gesundheitsausschuss in der Unions-Fraktion längst nicht so umkämpft ist, wie es die Guttenberg-Nachfolge im Wahlkreis war. Doch sie macht nun eine neue Erfahrung. Denn Emmi Zeulner möchte sich nicht abhängig machen, sich nicht mit anderen verbünden, sich nicht in ein Netz einknüpfen lassen, in dem es heißt: treu bis in den Abgrund. »Seilschaften sind nicht mein Ding«, sagt sie dazu lapidar.

Sie setzt ganz auf ihre Anliegen, auch wenn diese in der Union selbst umstritten sind, wie etwa die Akademisierung der Hebammenausbildung. Auch im Gesundheitsausschuss merkt sie, dass sie anders tickt als die meisten. Mit ihrem beruflichen Hintergrund denkt sie praxisorientiert. Die reden mir viel zu viel um den heißen Brei rum, sagt sie sich oft, dieses Gewese um Strategien und Konzepte, anstatt einfach mal anzupacken: »Wenn die Krankenhäuser besser ausgestattet werden sollen – ja, dann machen wir's doch! Warum kriegen wir das nicht schnell umgesetzt?«

Und wie alle Abgeordneten will auch Emmi Zeulner ihre Heimat mitgestalten, für den Wahlkreis was erreichen: Umgehungsstraßen, Anbindung an die nächste Autobahn, ein Verkehrstunnel, Elektrifizierung der Schiene, barrierefreie Bahnhöfe. Und wenn sie das will, geht sie zu allen in der Fraktion, die sie dafür braucht: die Verkehrsexperten, die Mitglieder des Wirtschaftsausschusses, die Haushälter. Immer wieder, sie lässt nicht locker. Die sind manchmal genervt, fragen: Muss das jetzt sein? »Die haben keinen Bock auf eine, die immer drängt, immer was will.« Ältere Kollegen haben dann gern mal einen Tipp: »Sei mal ein bisschen anders.« – Und meinen: sei ein bisschen angepasster, ein bisschen geschmeidiger. Will sie aber gar nicht sein: »Ich glaube, dass man in der Politik erfolgreich sein kann, wenn man sich selbst und seinen Themen gegenüber treu bleibt.«

Dabei fühlt sich sich aber nicht als Außenseiterin: »Ich habe unter den Abgeordneten echte Freunde, das ist aber keine politische Seilschaft.« Mit Kollegen aus der jungen Gruppe der Fraktion unternimmt sie auch privat viel. Da kann man zwar schon mal wegen der Doppelverbeitragung bei den Betriebsrenten aneinandergeraten – aber so ist das halt, wenn sich Parlamentarier einen netten Abend machen. Dass sie keinem Bündnis angehört, das heimlich daran arbeitet, den Landesgruppenchef zu stürzen, um mehr Einfluss zu bekommen und sich gegenseitig in Posten zu hieven, ist zwar menschlich sehr sympathisch. Aber dafür zahlt Emmi Zeulner auch einen Preis. Als sie in der Fraktion die Zuständigkeit für das Thema Pflege übernehmen will, kann sie noch nicht einmal Interesse anmelden. In einer Kungelrunde war längst entschieden worden, wer das machen soll. Die Abgeordnete Zeulner jedenfalls nicht.

Emmi Zeulner kann zwar minutenlang aufzählen, was in der Gesundheitspolitik alles passiert ist, an dem sie ihren Anteil hatte. Und sie weiß, dass ihre Fachkompetenz in der Fraktion – bei allem Widerstand – durchaus geschätzt wird. Aber eines ist ihr ebenfalls bewusst: Es interessiert im Wahlkreis kaum jemanden, was sie in Berlin für das Land macht. Dass sie Gesundheitspolitikerin ist und für Hebammen streitet, wissen nur die allerwenigsten. An der Basis zählt, was für Kulmbach und Umgebung herauskommt.

Und so ist Zeulner in den lokalen Medien präsent, wenn es um Straßenprojekte, sanierte Bahnhöfe und Rathäuser geht. Die Nachfolgerin von Karl-Theodor zu Guttenberg hat sich in gewisser Weise zu dessen Gegenmodell entwickelt. Guttenberg war der große Welterklärer, der eloquent über die USA, China und die Straße von Hormus sprach – und Zeulner ist die Kämpferin für Breitengüßbach, Gundelsheim und Litzendorf. 2017 wird sie wiedergewählt. Mit 55,4 Prozent und dem besten Erststimmenergebnis der CSU.

Sie ist die Kraft, die alles verändern wird, die Atmosphäre, die Themen, die Umgangsformen, die politische Kommunikation. Seit dem Einzug der Grünen in den Deutschen Bundestag 1983 hat sich das Parlament nicht mehr so grundlegend verändert wie nach der Bundestagswahl 2017.

Als die AfD in den Bundestag einzieht, ist zwar auch Bernd Baumann ein Neuling, aber einer, der gleich oben einsteigt, als Erster Parlamentarischer Geschäftsführer, als Fraktionsmanager. Gleich zu Beginn steht er vor einer doppelten Herausforderung: Baumann muss sich rasend schnell in die Geschäftsordnung des Bundestages einarbeiten und gleichzeitig die 94 Abgeordneten seiner Fraktion – 83 von ihnen ohne jegliche Parlamentserfahrung – so organisieren, dass es losgehen kann.

Er selbst formuliert das ein bisschen anders: »Mit einer vollkommen unerfahrenen Truppe musste ich in kürzester Zeit die volle Gefechtsfähigkeit herstellen.« Angetreten um das »links-grüne Establishment« zu jagen, jagen die Neuen zunächst etwas anderes: Stifte, Blöcke, Computer, Büroräume – es fehlt an allem.

Es ist Baumann, der die erste Rede eines AfD-Abgeordneten im Bundestag hält. Offiziell geht es um die Geschäftsordnung. In der konstituierenden Sitzung am 24. Oktober 2017 müsste eigentlich die AfD den Alterspräsidenten stellen, doch die übrigen Fraktionen ändern kurz zuvor die Regelung, sodass der dienstälteste, nicht der älteste Abgeordnete die erste Sitzung leitet – Wolfgang Schäuble. »Ein Taschenspielertrick« nennt Baumann das Manöver. Es ist ein Manöver mit Folgen: »Das hat unsere Fraktion zusammengeschweißt.« In seiner Rede attackiert er das Vorgehen scharf, und am Ende jubeln die 94 AfDler euphorisch. »Und dann guckst du in die Gesichter von Merkel, Roth und Trittin, von Leuten, die du vorher schon als deine Gegner ausgemacht hast – und du erkennst, dass sie die tektonische Veränderung spüren, die da gerade stattfindet«, sagt Baumann zweieinhalb Jahre später.

Bereits in den ersten Wochen prägt ein aggressiver, unversöhnlicher Ton die Debatten. Während die Abgeordneten der anderen Fraktionen sowie nahezu alle Medien in der AfD den Urheber hierfür sehen, kommt Baumann zu einem ganz anderen Schluss. Die AfD stelle für viele Berufspolitiker eine existenzielle Bedrohung dar. Knapp 100 Abgeordnete der anderen Parteien hätten für die AfD-Neulinge weichen müssen, darunter viele, die Schwierigkeiten hätten, ins Berufsleben außerhalb des Parlaments zurückzufinden. Zudem seien 500 bis 600 Mitarbeiter entlassen worden. »Das führt zu einer Kampfaufstellung, die weit über das Weltanschaulich-Politische hinausgeht – und weit ins Persönlich-Existenzielle hineinragt. Und deshalb werden wir so hart bekämpft.« Ergo: »Die Verhärtung im parlamentarischen Miteinander geht nicht von uns aus – sie ist von den anderen ausgegangen.« Wir sind das Opfer – ein zentrales Erzählmuster ihres Alltags im Parlament zeichnet die AfD gleich zu Beginn.

Diese ersten Wochen und Monate im Bundestag sind Bernd Baumanns anstrengendste Zeit seines Lebens. Nachts kann er nie vor ein oder zwei Uhr einschlafen, spürt drei ungelöste Probleme auf der Seele, von denen zwei ihn »am nächsten Tag umbringen können«. In diesen Tagen versteht er, was Helmut Schmidt, der SPD-Kanzler, einst gemeint hat, als er sagte: »Politik ist ein Kampfsport.« Nicht das Redenhalten, nicht die politischen Alltagsschlachten und auch nicht den Druck: »Es geht um die schiere Physis«, so Baumann. Aushalten, was auf einen einstürzt. Tag für Tag.

Baumann und seine Männerriege – unter den 94 AfD-Abgeordneten gibt es gerade mal elf Frauen – wollen zu Beginn eine klare Botschaft senden: Die sollen merken, dass etwas anderes da ist. Die Botschaft richtet sich aber nicht an die parlamentarische Konkurrenz, sondern an die Menschen draußen. Die AfD sorgt im Bundestag für Zoff – und die Wähler sollen hinschauen. Sollen sehen, wie die AfD die »links-grün-versiffte Republik aufmischt« und dem »links-grünen Mainstream« mit seinen Multikulti-Träumen die Reinheit der nationalen Gesinnung entgegensetzt. Was eignet sich dafür besser als das Flüchtlings- und Migrationsthema? Also sorgen die AfD-Abgeordneten immer wieder für Zoff – und immer

wieder schauen alle hin. So lange, bis Baumann am Ende der Anfangszeit zufrieden Zwischenbilanz ziehen kann: »Die Überheblichkeit, uns nicht ernst nehmen zu wollen, ist verschwunden.«

Am Anfang, in ihren ersten Tagen im Bundestag, war Josephine
Ortleb am meisten davon überrascht, wie unkompliziert der Umgang unter den Abgeordneten war. Als Neuling traf sie auf viele
Poliker, die sie bis dato nur aus dem Fernseher kannte, darunter absolute Autoritäten für sie. Doch die begegneten ihr unverkrampft,
offen, gar nicht abgehoben, wie sie das erwartet hatte. Selbst über
Parteigrenzen hinweg. Es kam vor, dass sie plötzlich begeistert war
von Kolleginnen und Kollegen, die sie bis dahin über die Medien
ganz anders wahrgenommen hatte.

Gut zweieinhalb Jahre später überrascht sie nichts mehr. »Wie
ich mir Politik wünsche, das funktioniert hier noch nicht«, bilan-
ziert sie ihren Einstig in den Bundestag, in den Politikbetrieb Berlin-
Mitte. Jeder ist für sich unterwegs, alles muss auf das eigene Konto
einzahlen, die Führung gibt autoritär die Linie vor. Sie sieht die
Machtspiele so verfestigt, dass man sie kaum noch aufbrechen
kann. »Ganz am Anfang habe ich gedacht: Das kann man easy
ändern – aber alleine geht das nicht.«

2 »Und dann wird dir erzählt, wie scheiße du bist ...«

Vom Oben, vom Unten und von politischer Führung

Als Joschka Fischer zum ersten Mal das Flugzeug sieht, mit dem er als frisch gekürter Außenminister der Bundesrepublik Deutschland künftig durch die Welt fliegen wird, sagt er: »Alles meins.« Als junger Mann hat Fischer mal bei Opel in Rüsselsheim gejobbt, um Arbeiter für die Revolution zu mobilisieren, jetzt mobilisiert er einen Airbus.

Als sich Gerhard Schröder gegen Ende seiner Kanzlerschaft noch einmal seiner Beinfreiheit erfreuen möchte, sagt er zu einem Mitarbeiter, der ihm im Regierungsairbus gegenübersitzt: »Steh mal auf.« Dann legt er seine Füße auf den Sitz. Schröder war in seiner Jugend ein linker Sponti, der »make love, not war« für ein hinreichendes politisches Programm hielt.

Als Wolfgang Schäuble 2011 bei einer Pressekonferenz im Finanzministerium feststellt, dass sein Sprecher es versäumt hat, eine Erklärung mit aktuellen Zahlen verteilen zu lassen, sagt er zu ihm vor laufenden Kameras: »Herr Offer, reden Sie nicht, sondern sorgen Sie dafür, dass die Zahlen jetzt verteilt werden.« – Dann verlässt er den Raum. Nach 20 Minuten kehrt er zurück: »Kann mir mal einer den Offer herholen, er soll den Scherbenhaufen schon selber genießen.« Michael Offer, unter Journalisten sehr geschätzt, tritt zwei Tage später zurück.

»Man kann Machterfahrung als einen Vorgang beschreiben, bei dem jemand einem den Schädel öffnet und den Teil rausnimmt, der besonders wichtig für Empathie und sozial angemessenes Verhalten ist«, sagt Dacher Keltner, Professor für Psychologe an der Berkeley University. Menschen mit Macht verhalten sich demnach tendenziell wie Menschen mit einem Hirnschaden. Und auch für das unangemessene soziale Verhalten, laut Keltner ein Indiz für voranschreitenden Machtschaden, gibt es zahlreiche Beispiele, hier ein besonders befremdliches:

Auf dem FDP-Parteitag 2001 in Düsseldorf kommt es zum Showdown. Jürgen W. Möllemann, Landeschef der NRW-FDP und seiner Meinung nach der beste Mann bei den Liberalen, möchte sich zum Kanzlerkandidaten küren lassen – Parteichef Guido Westerwelle will das verhindern. Beide halten kämpferische, von ihrer jeweiligen Gefolgschaft umjubelte Reden, Westerwelle endet mit dem berühmt gewordenen Satz: »Auf jedem Schiff, das dampft und segelt, gibt's einen, der die Sache regelt – und das bin ich.« Er ist's dann auch, gewinnt die Abstimmung, kurz danach steht Möllemann mit einer Handvoll Journalisten zusammen. »Kennen Sie die Variante von Westerwelles Spruch?«, fragt er. »Auf jedem Schiff, das dampft und segelt, gibt's einen, den die Mannschaft vögelt – und das ist Guido.« Zu dem Zeitpunkt ist Westerwelles Homosexualität zwar ein Tuschelthema, aber offen schwul ist er nicht. Möllemann schüttet sich aus vor Lachen.

Dacher Keltner steht nicht allein mit seiner Auffassung vom Hirnschaden der Mächtigen. Sein Kollege von der Stanford University, Professor Philip Zimbardo, sieht das ähnlich. »Wenn Sie in eine Position mit Macht kommen, dann kommen Sie in eine neue Situation. Sie sind nicht mehr der alte Mensch.« Zimbardo sagt zwar, prinzipiell könne sich jeder auch zum Guten verändern, die Praxis zeige aber etwas anderes: »Die Zahl derer, die negative Eigenschaften entwickeln, überwiegt deutlich.«

Sigmar Gabriel hatte beides drauf, die Veränderung zum Positiven wie zum Negativen, nachdem er SPD-Vorsitzender geworden war. Beides in Extremform. »Bei Gabriel gab es immer nur schwarz oder weiß, nie grau«, berichtet jemand, der ihn oft, auch im täglichen Nahkampf, erlebt hat. »Entweder bin ich abends nach Hause gegangen in dem Gefühl, am liebsten würde ich den Knuddelbär knutschen, weil er mal wieder was Geniales gemacht hatte oder der allerherzensliebste Mensch gewesen war. Oder ich bin mit dem Wunsch aus dem Büro raus, dieses Arschloch umgehend mit einem One-Way-Ticket auf den Mond zu schießen, weil er mal wieder irgendwelche Leute angeblafft und fertiggemacht hatte.«

In seiner Zeit als Politiker war Gabriel stets ein Getriebener. Und auch das ist eine Erkenntnis aus der Psychologie Keltners: Da ein starker innerer Impuls die Voraussetzung für Machterwerb ist, können sich Menschen, die mächtig werden, vor ihrer eigenen Veränderung zum herrischen Chef selbst kaum schützen.

Bei diesen Beispielen fällt eines auf: Es sind nur Männer, die sich mit der Macht – um bei Keltner zu bleiben – einen Hirnschaden einfangen. Frauen fehlen. Dafür kann man einen Grund nennen und eine Vermutung haben. Der Grund lautet: Es gibt – trotz Angela Merkel – viel weniger mächtige Frauen. Und die Vermutung: Vielleicht sind Frauen weniger anfällig.

Alphatiere

Macht ist in der klassischen Definition des Soziologen Max Weber »die Möglichkeit, den eigenen Willen auch gegen Widerstreben durchzusetzen«. Für viele Menschen ist Macht deshalb negativ besetzt. Doch ohne Macht kann niemand Ziele erreichen, die über die eigene Kraft hinausweisen. Auch nicht die gesellschaftlich weitgehend akzeptierten.

Macht gibt es überall, in jedem sozialen Gefüge, doch nirgends sonst – auch nicht in der Wirtschaft – ist sie von so zentraler Bedeutung wie in der Politik. Ob links oder rechts, liberal oder illiberal, ob umweltschonend oder ressourcenvernichtend, ob in der Westminster-Demokratie oder in der Einparteiendiktatur: In der Politik gibt es immer zwei Triebfedern, die alles andere bestimmen. Die erste heißt: nach oben kommen. Und die zweite: oben bleiben.

Es gehört zum Wesen der Macht, dass sie von dem Moment an, da man sie erobert, gefährdet ist. Die Politiker selbst sehen das so. »Wer ganz nach oben will, braucht diesen berühmten Willen zur Macht. Du brauchst diesen Willen nicht nur, um dorthin zu kommen, sondern auch, um dortzubleiben. Denn du musst dann jeden Angriff, jeden Widerspruch aushalten – und der Wille zur Macht ermöglicht dir das«, sagt der FDP-Politiker Otto Fricke stellvertretend für viele andere Bundestagsabgeordnete, die sich ähnlich äußern.

Wer die Macht hat, muss alles in den Griff kriegen: die Coronakrise, den Klimawandel, die Digitalisierung der Arbeitswelt, das aufstrebende China, die fehlende Umgehungsstraße in Kleinblittersdorf. Die Menschen erwarten das. Man kann aber nicht alles in den Griff kriegen. Man kann nur so tun, als könnte man es. Um nach ganz oben zu kommen oder ganz oben zu bleiben, braucht man neben dem besonderen Willen daher auch noch eine besondere Gabe: Man muss die Illusionskunst beherrschen.

Wer gestalten will, braucht Macht. Und wer zerstören will, auch. Und dann gibt es noch jene, denen es um die Macht selbst geht. Sie wollen weder gestalten noch zerstören, sie wollen mächtig sein. Das Gefühl der Bedeutsamkeit spüren, wenn sich alle Eisenspäne im Raum nach dir ausrichten müssen, dem Magneten. Die Erotik der Macht genießen. Es kommt nicht selten vor, dass bei Politikern, die gestalten wollen und mächtig werden, das Mächtigsein den Gestaltungswillen mit der Zeit immer mehr verdrängt, bis er ganz verschwunden ist. Bis es nur noch darum geht, mächtig zu bleiben. Bis die Macht zur Sucht geworden ist.

So wie es bei Helmut Kohl war. Nach 16 Jahren Kanzlerschaft hielt er sich immer noch für so unverzichtbar, dass er bei miserablen Umfragewerten eine fünfte Amtszeit anstrebte. Und scheiterte.

Oder, in milderer Form, bei Gerhard Schröder. Noch am Wahlabend, als seine Niederlage bei der Bundestagswahl 2005 längst
feststand, rief er die Fernsehmoderatoren, die Kanzlerkandidatin
der Union und ganz Deutschland dazu auf, »die Kirche im Dorf«
zu lassen. Seine Partei werde niemals ein Bündnis mit Frau Merkel
eingehen. Was sie bald darauf tat. Nur ohne Schröder.

Die Grundtorheit des Politikers sei der Kult um die Macht, sagt
Max Weber. Und in der Tat: Der reine Machtpolitiker wirkt zwar
oft stark und tritt entschieden selbstbewusst auf, tatsächlich aber
wirkt er ins Leere und Sinnlose. Wem es nur um die Macht geht,
braucht sich um Inhalte kaum zu kümmern. Wichtiger ist, dass
man schnell versteht, was gerade nützt und was gerade schadet. Die
Anbetung der Macht als solche nennt Weber »die verderblichste
Verzerrung der Politik«.

Die Grenze zwischen der Gestaltungsmacht und der Macht als
Selbstzweck verläuft fließend, genau wie die zwischen einem hilf-
reichen Maß an Narzissmus und abgehobener Selbstherrlichkeit.
Ein Führungspolitiker wird Widerstände gegen das, was er erreichen möchte, eher überwinden können, wenn er sich selbst für
großartig hält als wenn er permanent an sich zweifelt. Problematisch wird es erst dann, wenn er sich nicht nur für ziemlich großartig, sondern für einzigartig hält, als den Einzigen sieht, der erreichen kann, was alle in seiner Partei wollen. Anders gesagt: wenn
ihm der Erfolg zu Kopf steigt.

Wer oben angekommen ist, läuft Gefahr, sich rasch von den vielen abzukoppeln, die das nicht sind. Ein großes Büro im Herzen
der Hauptstadt, hoch qualifizierte, aber abhängige Mitarbeiter,
Treffen mit Menschen, die mindestens ähnlich wichtig sind wie
man jetzt selbst, Presseanfragen, Auslandsreisen, Talkshows. Unkompliziert an Termine mit dem Chef kommen dann nur noch
Personen, die dieser zu seinem inneren Zirkel zählt und die seine
Macht stützen. Zu den Veränderungen, die die Macht mit sich
bringt, gehört ein wachsendes Misstrauen. Wer selbst zuerst gezielt

darauf hingearbeitet und dann auf den günstigsten Moment gelauert hat, um ganz oben anzukommen, der weiß, dass viele andere das Gleiche im Sinn haben und lauern.

Andrea Nahles wusste es. Als Konsequenz daraus schottete sie sich als SPD-Partei- und Fraktionsvorsitzende ab und umgab sich mit einem engen Kreis weniger Vertrauter. Mit fatalen Folgen. Selbst jene Abgeordneten in der Fraktion, die sie unterstützten, kamen kaum noch an sie heran. Jede sachliche Kritik wertete Nahles in der Spätphase ihrer politischen Karriere als den Versuch der Demontage. Die einen in der Fraktion irritierte das – und die anderen waren massiv verärgert. Der Widerstand gegen sie wuchs. Das Misstrauen, das die Macht in Nahles wenn nicht geweckt, so doch massiv verstärkt hatte, war einer der Gründe dafür, dass sie nicht mächtig bleiben konnte. Ihr Scheitern war in ihrem letzten Erfolg bereits angelegt.

Wer an der Macht ist oder sie besitzt, gehört für Erich Witte, Professor für Sozialpsychologie an der Universität Hamburg, zu einer Gruppe von Hochgefährdeten: »Nur in den seltensten Fällen kann jemand Machtmissbrauch widerstehen.« Wenn ein Mensch erst einmal Macht bekomme, falle es äußerst schwer, sie nicht zum eigenen Vorteil einzusetzen. Die deutsche Wirtschaftsgeschichte der letzten Jahrzehnte kennt dafür prominente Beispiele. Bei der Deutschen Telekom und der Deutschen Bahn ließen Spitzenmanager einst Konkurrenten bespitzeln. Bei Siemens, MAN und VW halfen Manager ihrem Erfolg mit Schmiergeldzahlungen nach. Und natürlich korrumpiert die Macht auch in der Politik. Sie spinnt Intrigen, sie zerstört Karrieren, sie kreiert Skandale. Jeder, der Macht hat, weiß: Sie bleibt nur so lange, wie Erfolg da ist. Bleibt der Erfolg aus, verschwindet die Macht. Also muss man alles tun, um das zu verhindern. Alles.

Neben der Flick-Affäre in den achtziger Jahren wurde der wohl größte Skandal 1999 publik, die CDU-Spendenaffäre. In der Ära Kohl hatte die CDU, wie sich herausstellte »schwarze Konten« geführt, um illegale Parteispenden zu verschleiern. Helmut Kohl räumte ein, selbst 2,1 Millionen D-Mark verdeckter Spenden an den Büchern der CDU vorbei angenommen zu haben. Er habe den Spendern sein »Ehrenwort« gegeben, ihre Namen nicht zu nennen. Auf Druck der CDU-Spitze trat er einige Tage später vom Amt des Ehrenvorsitzenden zurück. Aus dem verzweigten System geheimer Kassen, das seine Mitarbeiter bereits seit den siebziger Jahren betrieben, hatte sich Kohl nach Bedarf bedient – nicht zur eigenen Bereicherung, soweit man weiß, aber zu seinem politischen Vorteil. Selbst ranghöchste CDU-Politiker wie Angela Merkel und Wolfgang Schäuble glauben Kohls Ehrenwort-Darstellung bis heute nicht.

Kohl hatte Macht bekommen, sie zum Vorteil seiner Partei eingesetzt und sich dabei über Recht und Gesetz erhoben. Frei nach dem Motto: Ich, Helmut Kohl, CDU-Chef und Einheitskanzler – mir kann keiner was. Ein Paradebeispiel sowohl für Machtdeformation als auch für Machtmissbrauch.

Aber ist heute nicht alles anders? Haben nicht vier Kanzlerschaften von Angela Merkel, der ersten Regierungschefin in der Geschichte der Republik, das Testosteron und das Breitbeinige aus den Behausungen der Macht vertrieben? Wird mit der Macht, um Keltners These noch mal aufzugreifen, der Hirnschaden immer noch frei Haus mitgeliefert? Wirken die Schröders und Kohls, die Straußens und Wehners, die Lafontaines und Fischers aus heutiger Sicht nicht wie politische Dinosaurier, mit denen man folglich entsprechend umgeht: Man bestaunt sie wie Fossile einer längst untergegangenen Welt? Ist mit Sigmar Gabriel nicht gerade erst der Vorletzte ihrer Art verschwunden? Und wirkt der Letzte, Friedrich Merz, nicht merkwürdig aus der Zeit gefallen? Will man etwas an ihm bewundern, dann ist das nicht sein ungebrochener Wille zur Macht, seine unerschütterliche Sehnsucht nach dem Kanzleramt, sondern seine Fähigkeit zur politischen Selbstreanimation.

Es scheint, als habe sich der Typ des mehrheitsfähigen Politikers geändert. In Deutschland zumindest. Der Prototyp des modernen Politikers ist Robert Habeck. Nicht Allwissenheit und Entschiedenheit vortäuschen, sondern Fragen und Zweifel zulassen, nicht den einsamen Entscheider mimen, sondern gemeinsam mit einer Frau im Team nach Lösungen suchen, nicht Kritik abbügeln, sondern sie einfordern. »Institutionalisierte Transparenz und Offenheit, regelmäßig eingefordertes Feedback auf allen Ebenen« – nach Aussagen des Stanford-Psychologen Philip Zimbardo sind das die Leitlinien für Erfolg versprechenden Machtgebrauch. Habeck orientiert sich daran – und ist damit vorübergehend zum beliebtesten Politiker Deutschlands aufgestiegen. Neidvoll schauten Vertreter anderer Parteien, vor allem aus FDP und SPD, auf den Grünen-Chef. Er schien zu haben, was ihnen allen fehlte – bis die Krise kam.

Als es ernst wurde in der Corona-Pandemie, im Frühjahr 2020, stürzte Habeck, den manche schon im Kanzleramt sahen, in den Beliebtheitsumfragen ab – und die Grünen-Partei mit ihm. Das Weiche, der kooperative Führungsstil, das Unbossige am Boss, scheinen nur so lange zu tragen, wie die Zeiten nicht hart sind. Als Deutschland erstarrte, war plötzlich das Gegenmodell zu Habeck gefragt: Markus Söder. Mit kerniger Entschiedenheitsrhetorik, der Miene eines Tatortreinigers und einem umfassenden Maßnahmenkatalog präsentierte sich der CSU-Chef als Deutschlands entschlossenster Anti-Corona-Kämpfer. Söder hielt sich an ein Motto, das viele bereits für entsorgt hielten, endverstaut zwischen dem Neoliberalismus und dem Regierungsprogramm von Martin Schulz:

Macht muss man nicht nur haben, man muss sie auch ausstrahlen.

Vielleicht ist das politische Alphatier doch nicht so ausgestorben, wie man dachte, vielleicht hat es sich nur eine Zeit lang irgendwo versteckt oder, wie Söder, sich kurz mal als halber Habeck verkleidet und kehrt nun zurück, selbstsicher wie eh und je.

Bleibt noch die Frau, mit der – scheinbar – alles anders wurde, bleibt noch die Kanzlerin. Als Angela Merkel 2005 das Amt von Gerhard Schröder übernahm, erbte sie den stellvertretenden Regierungssprecher, Thomas Steg. Die SPD blieb ja am Kabinettstisch sitzen, nur halt nun als Juniorpartner. Merkel ließ sich von Steg erläutern, wie Schröder das früher gemacht hatte – und machte es dann ganz anders. Wo Schröder sich zur Schau gestellt hatte, nahm Merkel sich zurück. Wo er Machtworte gesprochen hatte, suchte sie das Gespräch. Wo er laut geworden war, blieb sie leise.

Das war sicher auch typbedingt, aber Merkel setzte ihr Anderssein sehr bewusst ein. Dem Image von Schröder als Machtmensch, der sich als solcher selbst gefällt, stellte sie das Bild von der auf dem Boden gebliebenen Kanzlerin entgegen. Wo sich Schröder im Brioni-Anzug inszenierte, trug Merkel in Bayreuth zweimal dasselbe Abendkleid. Eine Regierungschefin, die bescheiden und uneitel bleibt, selbst wenn das US-Magazin *Forbes* sie zur »mächtigsten Frau der Welt« kürt. Und so setzte sich allmählich die Erzählung vom »weiblichen Führungsstil« durch: kooperativ, mitnehmend, die Dinge sich entwickeln lassend und dann mit größerer Gewissheit entscheiden, statt impulsiv den großen Entscheider mimen. »Vom Ende her denken« erklärten die Medien zur großen politischen Kunst; es wurde zum Markenzeichen Merkel'schen Regierens erklärt. Als würde nicht jeder Jugendtrainer im Fußball so denken, nämlich vom Ende her, wenn er sich fragt: Wie gewinnen wir heute das Spiel?

Doch in zwei der zahlreichen Krisen, die auf die Kanzlerin Merkel einstürzten, wurde eine andere Regierungschefin erkennbar. Eine, an der die Macht auch nicht spurlos vorbeigegangen war. In der Weltfinanzkrise bezeichnete Merkel gleich mehrere Maßnahmen ihrer Regierung unduldsam als »alternativlos«. Wenn Schröder meinte, nur er habe die Lösung, nur er wisse, was richtig und was falsch sei, sagte er »Basta«, was oft als Ausdruck eines herrischen, autoritären Führungsstils gewertet wurde. »Basta« hieß aber nichts anderes als: »Das ist alternativlos.«

In der Coronakrise bügelte Merkel Debatten darüber, wie man den Lockdown des Landes beenden könne, brüsk als »Öffnungs-diskussionsorgien« ab. Also Schluss damit! Basta! Auf Merkel'sche Weise eben. Dass die Läden geschlossen bleiben, ist alternativlos. Kooperativ, mitnehmend, weiblich? Nicht das wurde da sichtbar, sondern etwas anderes: der eiserne Wille zur Macht.

Dieser zeigt sich in sehr unterschiedlichen Ausprägungen: Gerhard Schröder ließ er einst am Zaun des Bonner Kanzleramts rütteln und »Ich will hier rein« in den Nachthimmel rufen. Bei Angela Merkel verbirgt er sich bis heute hinter dem Image der stets abwägenden, auf dem Boden gebliebenen Kanzlerin, die am Wochenende, so verriet sie einst, wenn sie in ihrem Haus in der Uckermark in der Kartoffelsuppe rührt, nicht permanent denken müsse: »Die Kanzlerin rührt jetzt in der Kartoffelsuppe.«

Den Machtwillen kann man also ins Schaufenster stellen oder ihn unter der Ladentheke verschwinden lassen. Aber er muss existieren. Tut er das nicht oder nicht in hinreichendem Maße, ergeht es einem so, wie es Philipp Rösler ergangen ist. Kaum war er 2011 im Alter von 38 Jahren zum FDP-Vorsitzenden gewählt und zum Vizekanzler aufgestiegen, verkündete er, mit der Politik Schluss machen zu wollen, sobald er das 45. Lebensjahr erreicht habe. Schluss war dann für ihn bereits mit 40. Im Herbst 2013 kippte die FDP aus dem Bundestag und suchte sich einen neuen Chef. Auch, weil Rösler nicht ausstrahlte, was FDP-Anhänger erwarteten: den unbedingten Willen, an der Macht zu bleiben.

Es reicht nicht, der Macht mit offenen Armen entgegenzutreten. Man muss sie dann auch fest umarmen. Oder wie es der französische Schriftsteller André Malraux formuliert hat: »Mit der Macht kann man nicht flirten, man muss sie heiraten.«

Treffen mehrere Menschen mit ausgeprägtem Machtwillen aufeinander, geht es oft zur Sache. In Wahlkämpfen ist das ritualisiert und schmerzt nicht weiter. Es gehört in Deutschland mit zum demokratischen Prozess, dass Rivalen unterschiedlicher Parteien sich gegenseitig attackieren, auch hart, solange es nicht in persönliche Diffamierung ausartet. Härte kann Klarheit schaffen.

Unversöhnlicher, persönlich verletzender und brutaler sind aber die innerparteilichen Auseinandersetzungen, die Machtkämpfe unter Freunden, sorry, unter Parteifreunden, das ist etwas anderes. Christdemokrat gegen Christdemokrat, Sozi gegen Sozi, Liberaler gegen Liberalen; Grüner gegen Grünen. Man kann ganze Regale füllen mit den Büchern über die großen Rivalen der Republik und deren Machtkämpfe: die wechselseitige Verachtung in der vermeintlichen sozialdemokratischen Helden-Troika Brandt-Wehner-Schmidt, das Kohl-Geißler-Schisma in der CDU, der Bruch zwischen Oskar Lafontaine und Gerhard Schröder, die Merkel-Merz-Feindschaft, die Stoiber-Waigel-Intrige, die Trittin-Fischer-Fehde, der Seehofer-Söder-Zoff; die Gabriel-Nahles-Entzweiung und das Wagenknecht-Kipping-Melodram »Wenn Frauen hassen«.

Besonders heftig flogen lange Zeit bei den Linken die Fetzen – Oskar Lafontaine gegen Gregor Gysi, Pragmatiker aus dem Osten gegen Sektierer aus dem Westen, Sahra Wagenknecht gegen Katja Kipping, Dieter Dehm gegen alle. Richtungsstreit mündete in persönlicher Feindschaft und persönliche Feindschaft in Richtungsstreit. In diesem Teufelskreis waren alle Gefangene des selbst erzeugten Irrsinns, jeder Einzelne musste sich verorten und bekennen, die Fraktion erstarrte im verbalen Stellungskrieg. »Ich habe diesen Zoff abends mit ins Bett genommen, konnte kaum schlafen«, berichtet Jan Korte aus dieser Zeit; heute ist er Erster Parlamentarischer Geschäftsführer der Linken-Fraktion. Wird mir das gefährlich? Wer plant da was gegen mich? Wer redet wie über einen? – All das sei ihm andauernd durch den Kopf geschossen. Er habe lernen müssen, das zu verdrängen, auszuschalten in seinem Hirn, sobald er sein Büro verließ. »Sonst werden deine Kinder irre davon.« Und wer keine Familie in Berlin habe und abends allein in seine Bude komme, der könne schnell »brutal einsam« werden.

Einige Abgeordnete – auch anderer Fraktionen – hat Korte »kaputtgehen sehen«, wie er sagt. Zerstört hätten sie nicht die politischen Gegner, nicht »der Riesenapparat hier«, nicht bösartige Artikel oder Kommentare. »Es war diese unfassbare Härte im internen Streit.«

Regieren ist die Blütezeit der Macht. Jeder Posten ist dann wichtig. Man braucht Menschen, die einem folgen. Man braucht die richtigen Personen auf den richtigen Posten. Man braucht Fraktionsdisziplin – und jemanden, der dafür sorgt.

Im Cockpit

Mit dem Führen einer Fraktion, sagt Ralph Brinkhaus, der 2018 ins Amt gewählte Fraktionsvorsitzende von CDU/CSU, sei es ein bisschen wie mit dem Hubschrauberfliegen. »Nichts ist stabil, permanent muss man alles ausbalancieren.« Man sei zwar Pilot, müsse aber mit dem Steuerknüppel in jedem Moment neu justieren. »Das Ding reagiert auch nicht immer so, wie man das möchte.« Mal sei es die Luft, mal der Wind, mal der Regen, der Probleme bereite. Übersetzt heißt das: Mal ist es ein Gesetz, mal ein Abgeordneter, mal eine Abstimmung. Oder auch: mal der Koalitionspartner, mal ein Minister, mal die Kanzlerin. »Wer glaubt, der Fraktionsvorsitzende ist der Bestimmer, liegt falsch«, meint Brinkhaus. »Sie sind derjenige, der versuchen muss, eine Fraktion geschlossen in eine Richtung zu führen; eine Richtung, die einem im besten Fall auch selbst gut gefällt – und das läuft nur mit Überzeugungskraft.«

Ihm falle immer wieder auf, dass Unternehmer das nicht verstünden und sich beschwerten. Wenn sie ihr Unternehmen so führen würden wie Angela Merkel die Bundesrepublik, so klagen sie, wären sie binnen eines halben Jahres pleite. Brinkhaus pflegt dann zu entgegnen: »Wenn die Kanzlerin das Land so führen würde wie Sie Ihr Unternehmen, dann hätten wir in einem halben Jahr Anarchie und Chaos.«

Die Führung der CDU/CSU-Fraktion im Bundestag ist eine

Machtposition. Nachdem man sich nur ein paar Minuten mit Ralph Brinkhaus unterhalten hat, spürt man: Das Hubschrauberfliegen macht ihm großen Spaß.

Führen ist in der Politik immer ein heikles Geschäft. Immer ein Tanz auf dem Seil, immer nahe am Absturz. Wer führt, macht sich manchmal Freunde, viel häufiger Feinde. Besonders anspruchsvoll ist die Aufgabe für Fraktionsvorsitzende. Vor allem, wenn sie eine Regierung stützen und somit Mehrheiten organisieren müssen. Ihre Alltagsaufgaben stehen dann weiter an: den Kurs vorgeben, Stimmungen unter den Abgeordneten kennen und aufnehmen, Kontroversen schlichten, Übereifrige bremsen, Zurückhaltendere motivieren, Talente entdecken und fördern. Fraktionschefs bleiben also Schlüsselfiguren der Legislative, der gesetzgebenden Gewalt.

Wenn die eigene Partei den Regierungschef stellt, kommt noch etwas hinzu. Der Fraktionschef agiert dann auch als erster Umsetzer des Willens der Kanzlerin oder des Kanzlers, also der Exekutive. Diese Gewaltenverschränkung ist das erste Spannungsfeld, in dem er sich fortan bewegt. Und das zweite ist: Jeder Regierungschef erwartet Loyalität von seiner Fraktion; er muss sie auch erwarten können, sonst wäre Regieren unmöglich. Jede Fraktion erwartet ihrerseits aber auch etwas, nämlich als eigenständige politische Kraft wahrgenommen zu werden, nicht als Kanzlerwahlverein. Diese unterschiedlichen Erwartungen voll zu erfüllen ist zwar unmöglich, aber ein Fraktionsvorsitzender, der es bleiben möchte, muss den Anschein erwecken, er bekäme das hin. Illusionskunst. Gelingt das, dann ist ein Fraktionsvorsitzender nach dem Kanzler oder der Kanzlerin der mächtigste politische Akteur seiner Partei. Wichtiger als jeder Minister und wichtiger als der Parteichef – sofern er das nicht selbst ist. Gelingt das nicht oder nicht mehr, muss er gehen. So wie Volker Kauder, Brinkhaus' Vorgänger, den die Fraktion abgewählt hat.

Die Geschichte des Bundestages kennt sehr verschiedene Typen von Fraktionsvorsitzenden: den autoritären, der von vorne führt, eigenen Gestaltungsanspruch einbringt und eisern auf Disziplin achtet. Herbert Wehner, Franz Müntefering, Andrea Nahles, alle SPD, Alfred Dregger und Wolfgang Schäuble, beide CDU, gehören in diese Kategorie. Unter ihnen sind Abgeordnete schon mal tobend, zuweilen weinend aus dem Chefbüro gestürzt. »Du wirst frühmorgens vorgeladen, musst da hinkommen, und dann wird dir erzählt, wie scheiße du bist. Ich habe mich schon gefragt, woher dieser Führungsstil kommt und wer denn eigentlich glaubt, dass das in unserer Zeit noch funktionieren soll …«, erzählt eine Sozialdemokratin. Bei welchem ihrer diversen Chefs sie das erlebte, möchte sie lieber für sich behalten.

Ein zweiter Typus ist der Milde, ein Mehrheitsbeschaffer mit menschlichem Antlitz, wie es früher Wolfgang Mischnick für die FDP war und Rolf Mützenich für die SPD ist. Der Milde führt kooperativ, stets darauf bedacht, den einzelnen Abgeordneten in der Masse nicht untergehen zu lassen. »Man kann Autorität sehr unterschiedlich leben«, sagt Mützenich dazu. Er sei jedenfalls überzeugt, »dass das Führen von vorne, mit strenger Ansage, Liebesentzug und Drohungen heute so nicht mehr funktioniert.« Führung habe auch mit Überzeugung und Inhalten zu tun, »manchmal auch mit Anstand und Moral.« Diese Milden sind vor allem deshalb sehr beliebt, weil vorher in aller Regel eher autoritäre Charaktere – im Fall von Mützenich Andrea Nahles – herrschten. Wer die Erregungswellen glättet und die Wunden verarztet, ist dann immer der Richtige. Bis die ersten Abgeordneten zu nörgeln anfangen. Jetzt sei es auch mal gut mit dieser ganzen Versöhnerei. Man bräuchte an der Spitze mal wieder jemanden mit mehr Durchschlagskraft. Einen mit mehr Machtwillen.

Einen Sondertypus stellte Peter Struck dar. Der Sozialdemokrat konnte sowohl sehr warmherzig als auch sehr ruppig sein, er war also Mützenich und Wehner in einer Person, wenngleich mehr vom Ersten. »Er war einerseits der beliebte Onkel, den man mögen muss«, sagt Matthias Miersch, über die Jahre zum SPD-Fraktionsvize aufgestiegen. »Er konnte aber auch knallhart sein und maximalen emotionalen Druck ausüben.«

Ein anderer Parlamentarier berichtet von kurzen, aber eindrücklichen Gesprächen in Strucks Büro im vierten Stock des Jakob-Kaisers-Hauses, wenn es um entscheidende Abstimmungen ging. »Mensch, du willst doch nicht über den Scheiß stürzen! Ich weiß ja, dass ich auf dich zählen kann. Du wirst mich schon nicht hängen lassen – aber ich hab' jetzt keine Zeit mehr, draußen wartet schon der Nächste.« Druck ausüben durch Vertraulichkeit – auch eine Methode. Und ein Dritter zieht einen interessanten Vergleich: »Er wusste genau, wie man die Leute treffen kann, wo der wunde Punkt ist. Das zeugte von großer Menschenkenntnis«, meint der langjährige Abgeordnete. »Sigmar Gabriel holte als Parteivorsitzender immer nur den Holzhammer raus. Damit löste er bei mir – aber auch vielen anderen – nur das Gegenteil dessen aus, was er auslösen wollte.« Gabriel war zwar nie Fraktionschef, aber Machtwille und Führungsstil waren parteiintern immer Gegenstand misstrauischer Betrachtungen.

Und dann gibt es unter den Fraktionsvorsitzenden in der Geschichte des Deutschen Bundestags noch den Typus Volker Kauder, CDU.

Der badische Schwabe hatte von Anfang an das Problem, dass seine eigenen Vorstellungen kaum erkennbar wurden und er regelmäßig vergaß, die der Fraktion ins Spiel zu bringen. Seine Idee einer guten Fraktionsführung erschöpfte sich in dem Bestreben, absolut loyal zur Kanzlerin zu sein. »Wenn Kauder ›wir‹ sagte, hatte er nicht die Fraktion im Sinn, sondern Merkel«, sagt ein Abgeordneter »›Wir müssen doch …‹, ›Wir sind in Regierungsverantwortung …‹ – das ging am Kollektivgefühl der Fraktion völlig vorbei.« Kauder hatte es frühzeitig versäumt, sich auch mal gegen die Kanzlerin zu positionieren, um den Abgeordneten das Gefühl zu vermitteln, sie seien mehr als die Befehlsempfänger der Regierung. Solange Merkel der Union Wahlsiege garantierte und somit ihre Macht absicherte, konnte dem Merkel-Mann Kauder wenig passieren. Als die Kanzlerin infolge der Flüchtlingskrise immer mehr schwächelte, war Kauder abschussreif. Wäre seine Macht keine rein von der Kanzlerin verliehene geblieben, hätte er sie durch eigenständiges Handeln in eine selbst erworbene verwandelt, wäre er bei der Vorstandswahl der Fraktion 2018 kaum abgewählt worden. Denn es war ja Merkels Krise, nicht die von Kauder. So aber musste er gehen, um sie zu treffen.

Unterwegs nach oben

Ob »Ossi« nun tot ist oder nicht, darüber gibt es unter den Abgeordneten unterschiedliche Auffassungen, jedenfalls schenkt er schon lange nicht mehr aus, hier unten im »Kommunikationszentrum«, der Bundestagskneipe. Im Keller des alten Reichspräsidentenpalais, der einstigen Residenz von Hermann Göring, findet man sie, direkt neben dem Bundestag. Allerdings darf nicht jeder, der sie findet, auch rein. Nur Abgeordneten und ihren Mitarbeitern ist das erlaubt. Niemand sagt aber »Kommunikationszentrum«, man trifft sich »bei Ossi«.

Ossi, das ist – oder war – Osvaldo Cempellin, der legendäre Barkeeper, der bereits im Bundeshaus in Bonn eingeschenkt, zugehört und noch besser geschwiegen hat. Die Karte bei Ossi offeriert, als sei die Zeit bereits 20 Jahre vor dem Bundestagsumzug 1999 eingefroren, Strammer Max, drei Spiegeleier mit Bratkartoffeln, Schweinskotelett, Schweizer Wurstsalat, Solei. Wie bei Großmuttern. Beliebt bei den Abgeordneten sei die Kneipe vor allem deshalb, weil sie so anders sei als dieses schicke, oft überkandidelte Berlin-Mitte um sie herum, meint einer, der oft hier ist. Bei Ossi gebe es für viele Abgeordnete »Heimatgefühle gratis«. Das viele Bier, das sie beim Auskosten dieser Gefühle trinken, müssen sie allerdings bezahlen.

An einem milden Januarabend 2020 schwanken ein sehr gut vernetzter SPD-Parlamentarier sowie zwei Journalisten, die er bei

Ossi eingeschleust hat, noch zwischen dem Strammen Max und dem Kotelett, als ein Genosse zum Stehtisch seines Kollegen eilt: »Ich möchte am Freitag in der Aktuellen Stunde unbedingt reden. Kannst du mir da helfen?«, fragt er. Wenige Tage zuvor hat eine Linke bei einem Strategiekongress davon gesprochen, Reiche zu erschießen – ein Paradebeispiel für missglückte Ironie. Linke-Chef Bernd Riexinger meinte daraufhin – ähnlich missglückt –, es sei besser, Reiche für nützliche Arbeit einzusetzen. Anlass genug für die FDP, »Das Verhältnis der Partei Die Linke zur freiheitlich-demokratischen Grundordnung« auf die Tagesordnung des Bundestages zu setzen.

»Klar kann ich das. Aber was willst du da sagen?« – »Ich habe dahinten mit zwei Kollegen der Linken zusammengesessen. Die wollen unbedingt, dass jemand von uns in der Debatte den Rücktritt von Riexinger fordert. Und das würde ich gern tun.« – »Na, dann mach mal.« So wird es zwei Tage später auch kommen. Zwei Linke, die mit einem Sozialdemokraten verabreden, den eigenen Parteivorsitzenden im Bundestag sturmreif schießen zu lassen – das ist bemerkenswert. Noch interessanter aber ist: Wieso kann ein Abgeordneter einem anderen Redezeit im Bundestag verschaffen?

Fraktionen haben einen klaren hierarchischen Aufbau mit vielen Posten: Vorsitzender, Stellvertreter, Parlamentarische Geschäftsführer, Landesgruppenchefs, Ausschussvorsitzende, Sprecher, Berichterstatter, Ombudsleute, Leiter von Arbeitsgruppen und andere mehr. Das ist die Machtarchitektur. Wichtig für das interne Machtgefüge sind auch die unterschiedlichen politischen Strömungen, also die Zusammenschlüsse von Abgeordneten, die innerhalb einer Fraktion eine bestimmte politische Richtung vertreten. Etwa der »Parlamentskreis Mittelstand« (PKM), die »Werte-Union« und die »Union der Mitte« bei CDU/CSU, Realos und Fundis bei den Grünen, »Schaumburger Kreis« (konservative Liberale) und »Freiburger Kreis« (sozialliberal) bei der FDP, das reformorientierte, pragmatische »Forum Demokratischer Sozialismus« und die »Antikapitalistische Linke« bei den Linken.

Über Jahre und Jahrzehnte hinweg waren Strömungen oder Flügel der zentrale Machtfaktor bei der internen Postenvergabe. Doch ihr Einfluss ist geschrumpft. Bei den Liberalen haben sich Schaumburger und Freiburger Kreis aufgelöst. Bei der Linken schlossen sich 2015 die Galionsfiguren des Reformer- und antikapitalistischen Flügels, Dietmar Bartsch und Sahra Wagenknecht, zum »Hufeisenbündnis« zusammen und übernahmen gemeinsam den Fraktionsvorsitz. Bei den Grünen ist die Chefrolle im Parlament im Jahr 2020 zwar noch klar zwischen einer Reala, Katrin Göring-Eckardt, und einem dezidiert Linken, Toni Hofreiter, aufgeteilt. Doch seitdem mit Robert Habeck und Annalena Baerbock erstmals zwei Realos die Partei führen, schwindet das Flügelschlagen auch in der Fraktion immer mehr. Auch bei der SPD ist der Einfluss der Strömungen nicht mehr so stark, wie er mal war, aber immer noch stärker als bei den anderen. Wenn Posten zu vergeben sind, wird immer noch streng durchgezählt: Wie viele besetzen die Parlamentarische Linke, wie viele die Seeheimer, wie viele die Netzwerker – und wer ist jetzt dran?

Neben der Strömungszugehörigkeit gibt es – in allen Fraktionen – noch andere Proporzregeln, vorweg Gender und Region. Mit Qualifikation und Bestenauslese hat das wenig zu tun. Für die innere Machtarchitektur und den Machterhalt der Führenden ist es lebenswichtig. Es kann also sein, dass man für einen frei gewordenen Posten, etwa den des entwicklungspolitischen Sprechers, noch zwingend eine Frau aus Hessen braucht, die zu den Seeheimern gehört. Ob diese hessische Seeheimerin Ahnung von Entwicklungspolitik hat, ist dann zwar auch ein Kriterium. Aber im Zweifel nicht das entscheidende.

Doch auch das ist noch nicht die gesamte Machtarithmetik des Bundestages.

»Wenn man ganz neu ist, muss man erst hineinfinden«, sagt

jemand, der längst hineingefunden hat und andere beim Hineinfinden nun steuert. »Nur die Nummer Landesgruppe plus Strömung
reicht nicht, um weiterzukommen.« Man müsse zwar danach streben, einen der wichtigeren Ausschüsse zu besetzen, Haushalt, Verkehr, Arbeit und Soziales, jedenfalls einen, bei dem es um Geld
geht, das zu verteilen ist. »Wichtiger ist aber, welcher Typ du bist.«
Stehe man alleine bei einem Empfang von E.ON herum und rede
nur mit anderen Fachreferenten über Windkraft, bringe das nichts.
»Du brauchst eine Runde, wo fünf, zehn, 15 Abgeordnete sich regelmäßig auf ein Bier treffen.« Hilfreich sei auch, Mitglied in einem
Abgeordneten-Fanclub zu werden: Bayern, Dortmund, Schalke.
»Wenn du einmal pro Woche zusammen Fußball guckst, entwickeln sich eine ganz andere Gruppendynamik und Nähe, da werden am Rande und nach dem Spiel die informellen Gespräche geführt, durch die ein Netzwerk entsteht oder sich verbreitet.« Es
müsse ja nicht unbedingt der Fußball sein. Man könnte auch dem
Gebetsfrühstückskreis beitreten, zu dem sich Parlamentarier in Sitzungswochen immer freitags zwischen 7:45 Uhr und 8:45 treffen.
Sozial passiere da Ähnliches. Wie auch in der Gruppe der jungen
Abgeordneten.

Die vielen SPD-Parlamentarier, die regelmäßig in den Ausschuss
für Arbeit und Soziales streben, weil sie sich eins fühlen möchten
mit sich selbst und ihrer Partei, hält ein Abgeordneter für reichlich naive Kollegen. Getrieben von Gefühlsduselei. Alles Quatsch.
»Verkehr ist praktisch und konkret.« Neue Bahnlinie, neuer Tun-
nel, neue Autobahnanbindung – wer dafür sorgt, weiß, wie es geht.
»Der kann dann im Wahlkreis die Aktion ›Held‹ durchziehen:
Alles nur da, weil ihr mich nach Berlin geschickt habt. Nirgendwo
hat man das so gut verstanden wie in der Unionsfraktion.«

Eine Fraktion ist ein Bienenschwarm, wie eine Schulklasse, in
der der Aufmerksamkeitspegel sinkt oder steigt, je nachdem, wer
gerade spricht. Ergreift in der SPD-Fraktion etwa Nina Scheer das
Wort, summt es gewaltig. Alle wissen, was kommt: Klimawandel,

Ökologie, die SPD muss grüner werden. Stöhnen quer durch die Reihen. So ist es auch bei Hilde Mattheis: sozial ungerecht, die Schwachen, raus aus der Großen Koalition. Oder eine Zeit lang bei Martin Schulz: Ich und Jean-Claude Juncker, Barroso, mein Freund, Europa ist die Antwort.

In den Fraktionen gelten besondere Regeln: Sie sind informell und zugleich eisern. Wer gegen sie verstößt, hat ein Problem. Parlamentsneulinge haben demütig zu sein und sich hinten anzustellen, so heißt eine dieser Regeln. Machen sie dabei nichts falsch, bekommen sie eine Profilierungschance, nutzen sie diese, dürfen sie in ihrer zweiten Legislaturperiode den Finger heben, wenn die Sprecher- oder gefragte Berichterstatterposten zu besetzen sind.

Im Jahre sechs ihres Abgeordnetendaseins hat Saskia Esken den Finger gehoben. Aber nicht etwa, um Vizechefin der Arbeitsgruppe Digitalpolitik zu werden, was man in der Fraktion für angemessen gehalten hätte. Sondern um als Vorsitzende die älteste und stolzeste Partei Deutschlands zu führen. August Bebel, Friedrich Ebert, Kurt Schumacher, Willy Brandt, Saskia Esken. Welch eine Ungeheuerlichkeit! Welch eine Frechheit! Eine Hinterbänklerin, die auf Platz 15 der Landesliste der SPD Baden-Württemberg so gerade eben noch in den Bundestag gerutscht war. Eine Außenseiterin, die niemand wirklich ernst nahm. »Was maßt die sich an?«, wurde hinter ihrem Rücken getuschelt. »Ausgerechnet die!« Eine Kollegin, die auffallend oft gegen das Mehrheitsvotum der Fraktion gestimmt hat.

Doch Esken hat nicht nur kandidiert, sie hat auch noch gewonnen. Seitdem tuscheln die Fraktionskollegen nicht mehr, sondern ätzen offen untereinander. Was da läuft, bekommt Esken natürlich mit, und die Botschaft an sie ist klar: Du bis zwar jetzt Parteivorsitzende, aber zu sagen hast du hier nichts.

Natürlich kann man Parteivorsitzende in der Fraktion auch stützen. Ein Abgeordneter, der das öfter getan hat, erklärt, wie es geht: Da alle wussten, dass er ein Kumpel seines Vorsitzenden war, konnte er ihm nie direkt zur Seite springen. Wenn der Parteichef einen nörgelnden Kollegen in einer Fraktionssitzung mal wieder so zerlegt hatte, dass sich andere schon in Stellung brachten, um ihrerseits den Vorsitzenden zu attackieren, meldete sich der Kumpel schnell zu Wort und zündete eine Nebelkerze: »Was sich gerade im Innenausschuss ereignet hat, ist eine Schweinerei, und das müssen wir jetzt dringend klären.« Und dann beschimpfte er noch einen Kollegen von der Konkurrenz. Kollektiv regten sich die Abgeordneten über den Phantomgegner auf. Und der Chef war aus der Schusslinie.

Auch Achim Post, stellvertretender Vorsitzender der SPD-Fraktion und Chef der einflussreichen NRW-Landesgruppe, gehört zu jenen, die das Spiel kennen, die Kniffs und Tricks, die geheimen Codes und die unausgesprochenen Botschaften. Im Januar 2019 sandte er eine solche Botschaft. Zusammen mit seinem Kollegen Johann Saathoff, dem Landesgruppenvorsitzenden von Niedersachsen, lud er die Abgeordneten aus beiden Bundesländern zu einer gemeinsamen Klausurtagung nach Osnabrück ein. Zwei Tage, bevor die gesamte SPD-Fraktion in Klausur gehen wollte. Das war die erste Provokation der Fraktionsvorsitzenden Nahles. Die zweite war, dass Post und Saathoff ihr Treffen für die Presse öffneten. Die unausgesprochene Botschaft des Doppelpacks lautete: Liebe Andrea, wir geben jetzt den Ton an, du kannst schon mal packen. Eine Machtdemonstration – und letztlich der Anfang vom Ende. Fünf Monate später warf Nahles hin.

Sind die Landesgruppenchefs also die heimlichen Machthaber in den Fraktionen? Für die SPD mag das stimmen, für die Union weniger.

Die Teppichhändlerrunde. So nannten sie bei CDU und CSU lange das regelmäßige Treffen der Landesgruppenvorsitzenden. Hier wird verhandelt, wer was in der Fraktion werden und wer was bleiben soll. Nicht dass etwas passiert, was nicht passieren darf. Sonst geht die Balance verloren. Wenn bei der Besetzung von Posten etwa der Landesgruppenchef von Nordrhein-Westfalen zweimal ins Gras beißen müsste, wäre das nicht nur ein Problem für diesen, das sorgte dann auch für Ärger bei der größten Parlamentariergruppe. In Landesgruppen herrscht noch am ehesten das Motto der drei Musketiere: Alle für einen, einer für alle.

Der Einfluss der Landesgruppenchefs sei aber nicht mehr so groß wie 2009, als er in den Bundestag kam, meint ein ranghohes Fraktionsmitglied der Union. In Sitzungswochen, montagabends, hätten damals diverse Landesgruppenchefs per Telefon ins Kanzleramt signalisiert, was man mittragen wolle und was nicht. Das sei anders geworden. »Viele Abgeordnete gehen heute viel offensiver mit der eigenen Meinung und der eigenen Befindlichkeit um.« Früher habe man beides in die Landesgruppe eingespeist – »heute haut man das über die sozialen Medien raus.« Mancher Newcomer stelle sich in der Fraktion hin und sage: »Frau Bundeskanzlerin, so geht das nicht!« Vor wenigen Jahren erst sei das »völlig undenkbar« gewesen.

Ein Fraktionsvorsitzender, seine Stellvertreter und die Parlamentarischen Geschäftsführer verfügen über einen Werkzeugkasten an Möglichkeiten, um diese Unkontrollierbaren einigermaßen in den Griff zu bekommen. Neben den Posten und Pöstchen gibt es auch kleinere und größere Büros, es gibt solche, die nah am Machtzentrum liegen, und weiter entfernt gelegene. Es gibt auch Reisen, die man genehmigen und Veranstaltungen, die man verhindern kann. Es gibt natürlich auch einen schnellen Termin für ein Gespräch oder einen erst nach längerer Wartezeit. Oder auch gar keinen.

Die lästigen Dinge, die schlechten Botschaften, überlassen die Chefs gerne ihren Stellvertretern oder den Parlamentarischen Geschäftsführern. Einer von ihnen hat für das Abwälzen unangenehmer Arbeit auf andere eine originelle Erklärung parat: »Natürlich muss man delegieren«, sagt er. »Wenn du das immer selber machst, hast du zum Schluss nur noch Feinde.«

Die Feinde haben die Leute, die von den Fraktionschefs losgeschickt werden, gleich zu Beginn: »Es ist ätzend, und du wirst nicht geliebt dafür«, sagt Jan Korte über seine Anfangszeit als Botschafter für schlechte Nachrichten. Dazu gehört auch, Fachpolitikern zu offenbaren, dass ihr Thema nicht in der Kernzeit auf die Tagesordnung des Bundestages kommt. Und wenn es dann doch drauf ist, dass nicht sie zu ihrem Thema reden werden, sondern der oder die Fraktionsvorsitzende. Korte: »Das ist allein schon deshalb nicht schön, weil alle 709 Abgeordnete glauben, sie seien bedeutend.«

Korte kennt das Spiel auch von der anderen Seite. »Als ich noch Fachpolitiker war, habe ich mich viel mit Datenschutz beschäftigt – und ich habe Uli Maurer, den damaligen PGF, dafür verflucht, dass er mein Thema nie auf die Tagesordnung setzen wollte.« Bringt uns nichts, sei die Begründung gewesen. Das zahle nur bei den Grünen und der FDP ein. Heute versteht Korte Maurer zwar immer noch nicht so ganz, aber seine Zwänge schon.

Ist man etwas geworden in der Fraktion, ist es nicht anders als bei den Merkels und Schröders, den Fischers und Kohls: Man muss umgehend anfangen, seine Macht abzusichern. Wie man das macht, weiß der einstige Chef der Fraktion der Sozialdemokraten und Sozialisten im Europaparlament. »In Brüssel habe ich immer ein gutes Verhältnis zu den Kollegen gepflegt, über die nie jemand schreibt und deren Arbeit oft nicht respektiert wird«, erzählt Martin Schulz, also zu jenen Kollegen ohne übergroßen Ehrgeiz, aber mit einer gewissen Reichweite und Einfluss: »Die haben mich angerufen, die haben mich eingeladen, sie bekamen bei mir immer sofort Termine, mit denen bin ich essen gegangen. Man kann seine Macht auch absichern, indem man anständig ist.«

Jeder Posten in jeder Fraktion ist umkämpft. Alle wollen ein bisschen mehr Macht, damit sie dann noch ein bisschen mehr bekommen können, Schritt für Schritt. Selbst der Vorsitz der vielen, aber nicht besonders wichtigen interfraktionellen Parlamentariergruppen – etwa der deutsch-italienischen, der deutsch-argentinischen oder der deutsch-kanadischen – ist bisweilen hart um-

kämpft. Es ist die Spielwiese der Hinterbänkler und all derer, die
diesen Status nie verlassen werden. Und auf Spielwiesen wird ge-
rauft. »Mein größtes Problem war einmal der Posten eines stellvertretenden Vorsitzenden einer Parlamentariergruppe«, berichtet ein
Parlamentarischer Geschäftsführer. »Den Posten habe ich gezogen
für einen Kollegen, der hier nichts mehr wird, aber stabil mitmacht.
Der darf dann einmal in vier Jahren nach Mexiko fliegen, Wimpel
überreichen und ist glücklich damit.«

Wer neu ins Parlament kommt, ist am Stabilmitmachen nicht so
interessiert – und am Nichtswerden schon gar nicht. Im Gegenteil:
»Abgeordneter zu sein reicht den Allermeisten, die in den Bundestag kommen, nicht mehr.« So die Beobachtung des erfahrenen
FDP-Parlamentariers Otto Fricke. Auch deshalb nicht, weil sich die
Medien, wie Fricke sagt, nur noch auf die ganz oben fixierten. In
den neunziger Jahren, als er als Mitarbeiter der FDP-Fraktion erste
Erfahrungen sammelte, damals noch in Bonn, sei das ganz anders
gewesen. Da tauchten die Fachsprecher der Fraktionen regelmäßig
in den Medien auf, heute wollten die Journalisten nur noch die
Chefs: der Parteien, der Fraktion, der Ministerien – notfalls noch
die Staatssekretäre.

Wer heute noch wahrgenommen werden will, hat gar keine
Wahl: Er muss ganz nach oben. Man sieht nur die Macht, nicht
aber die Machtschattengewächse.

Und wer war jetzt der ominöse Mann, der seinem Kollegen zwischen Strammem Max und dem nächsten Pils einen Redeauftritt
im Bundestag beschert hat und den Rücktritt des Linken-Chefs
fordern durfte? Nun, es ist der Mann, der im Bundestag immer in
den hinteren Reihen sitzt und nur bei dem Thema nach vorn, in die
erste oder zweite Reihe, rückt, für das er verantwortlich ist. Sitzen
dürfte er da öfter, will er aber gar nicht. Weiter hinten gefällt es ihm
besser, da kommen alle, die was wollen, um unbeobachtet neben
ihm Platz zu nehmen. Es kommen auch viele Neulinge, die sagen dann: Kannst du mir nicht helfen? Ich will in Ausschuss A

oder in B. Manchmal geht was, manchmal aber auch nicht. Er sagt dann immer offen, ob die Chance bei zehn oder bei 90 Prozent liegt. Wenn er gar keine Chance sieht, dann sagt er das auch. Das wird dann akzeptiert, weil es ehrlich ist, wie er meint. Aber an einer Stelle nimmt er es mit der Wahrheit doch nicht so genau. Wenn jemand kommt, den er für einen Idioten hält, sagt er nicht: »Ich mache da nix, weil du ein Idiot bist«, sondern: »Ganz ehrlich, die Chancen sind nicht so toll.«

Es ist ein Mann, der im nächsten Bundestag wieder dabei ist. Garantiert.

Der Club der kleinen Könige

Die Macht hat in Berlin verschiedene Adressen. Willy-Brandt-Straße 1, Platz der Republik 1, Leipziger Straße 3–4. Kanzleramt, Bundestag, Bundesrat. Der heimlichste Ort der Macht, eine Stätte, von der die Außenstehende kaum etwas wissen, ist ein unscheinbarer Sitzungssaal, direkt vis-à-vis des Bundeskanzleramtes. Paul-Löbe-Haus, Nordflügel, zweite Etage, Raum Nummer 2.400. Die Abgeordneten, die hier zusammenkommen, sind sehr selbstbewusst, betrachten sich als die Elite des Parlamentsbetriebes. Manche von ihnen sagen: »Hier schlägt das Herz der Republik.« Menschen, die sich hier nicht treffen, würden eher sagen: »Da tagt der Haushaltsausschuss.« Oder kürzer: Treffpunkt der Haushälter.

Wie es sich für einen Ort der Macht gehört, ist die Anordnung hierarchisch. Ein runder Saal, hinter einer runden Glasfront eine Art Stuhlkreis für mehr als 40 Abgeordnete, die zuletzt dazugestoßenen müssen in die Mitte, in einer zweiten Reihe und auf der Balustrade die Mitarbeiter, Sachverständigen, Ministerialen.

Der Haushaltsausschuss des Deutschen Bundestages ist in der Tat eines der mächtigsten Gremien des Landes. Aber kaum einer weiß es.

Dem Biberacher Abgeordneten Martin Gerster, SPD, begegnet es bei Empfängen oder in kleinen Runden immer wieder: »Die

Menschen, auch durchaus einflussreiche, haben teilweise abstruse Vorstellungen: Für die macht Frau Merkel alles. Und alles ganz allein. Und dann hat sie im Kabinett ein paar Assistenten, die um sie herumsitzen.« So weit das Wissen der Unwissenden. Gerster klärt dann gerne auf: Allein die Abgeordneten in Raum 2.400 entscheiden über den Haushalt. Und der Bundestag übernimmt immer deren Vorlage eins zu eins. Anders gesagt: Nur die Haushälter bestimmen, wer wofür wie viel Geld bekommt.

Die Kanzlerin kann beschließen, was sie will. Die Ministerien können Gesetzesvorlagen ausarbeiten. Die Parteien können sich einig sein. Aber sobald es um Zahlen und Ausgaben geht, kommt am Haushaltsausschuss niemand vorbei. Dort werden die großen Richtungen beschlossen, es wird beschleunigt und abgebremst, es wird wenig gestritten und viel gedealt, es gibt Gewinner und Verlierer; kein Minister und nicht einmal die Kanzlerin ist befugt, hier steuernd einzugreifen.

In Saal 2.400 werden die großen Linien des Landes verhandelt, Brückenbauten und Bildungspläne, Autobahnkilometer und Forschungsprojekte, das Gesundheitswesen und Aufbaugelder für Haiti. Es gibt so gut wie kein Thema, das nicht irgendwann im Haushaltsausschuss landet.

Der Haushaltsausschuss ist eine Besonderheit im politischen Berlin. Er darf als einziger der 24 ständigen Ausschüsse (der 19. Wahlperiode) Mitglieder in die übrigen Ausschüsse entsenden. Weshalb er, um Überschneidungen zu vermeiden, als einziger immer mittwochnachmittags um 14 Uhr tagt. Und er darf, auch das eine Besonderheit, sämtliche Minister vorladen. Die wiederum tun gut daran, den Einladungen Folge zu leisten. Und, wichtig für das Binnenklima der Runde: Der Ausschuss verfügt über einen unerschöpflichen, stets gut gefüllten Getränkekühlschrank im Hinterzimmer – natürlich als einziger.

»Klub der kleinen Könige«, hat der Berliner Tagesspiegel das Gremium einmal genannt. »Könige des Bundestages«, titelte der

Spiegel. Lange Zeit war das anders. In den vielen Jahren, als Geld knapp und die Schulden hoch waren. »Haushälter waren in allen Fraktionen die Schmuddelkinder, weil sie nur ein Ziel hatten: möglichst das Geld zusammenzuhalten«, sagt einer, der lange dabei war. Das schweißte zusammen und stärkte den Korpsgeist. Dazu trug auch das Feierabendbier bei, das die Haushälter aller Fraktionen nach ihren Sitzungen regelmäßig tranken. Sparen macht durstig.

Kein Ausschuss trägt deshalb auch so viel Selbstbewusstsein vor sich her. »Unser Selbstverständnis war, Korrektiv zur Regierung zu sein«, bekennt ein ehemaliger Haushälter. Das waren sie immer und lebten die Rolle – etwa zur Zeit der Finanzkrise 2008/2009 – auch kraftstrotzend aus. »Da haben wir die Minister und ihre Beamten strammstehen lassen«, sagt der Ehemalige.

Respekt vor den Ministerialen haben die Haushälter nicht. Sie haben nahezu unbeschränkten Zugang, bekommen rasch Termine bei Ministern und Staatssekretären, bei Abteilungsleitern noch schneller: »Jeder seift dir den Hintern ein«, sagt einer, »du bist einfach der Typ mit der Kohle.« Und tatsächlich, egal ob als Abgeordneter oder als Minister, mit den Haushältern legt man sich besser nicht an.

In allen anderen Gremien dürfen die Ressortchefs, also die Minister, bestimmt, erhaben und souverän auftreten, um den Abgeordneten klarzumachen, wer noch ein bisschen wichtiger ist als sie. Vor dem Haushaltsausschuss empfiehlt sich eine andere Haltung – demütig, bescheiden, manchmal fast devot. Denn nirgendwo wird ein schlechter Eindruck so streng bestraft: »Wenn Minister kommen, die nicht wissen, was sich gehört, bleibt das in der Regel nicht ohne Folgen«, sagt ein langjähriger Mitarbeiter.

Und Folgen gibt es viele: Die Kürzung eines wichtigen Projektes oder einer für das Ministerium bedeutsamen Planstelle. Positionen mit Sperrvermerken, die der Ausschuss erst später aufhebt, das Projekt also auf die lange Bank schiebt. Oder die Finanzierung von

Personalstellen, die mit einem »kw-Vermerk« versehen sind. Soll heißen: künftig wegfallend, kann weg.

Kw ist einer der Codes, die von den gewöhnlichen Abgeordneten, die mit Wünschen für ihr Fachgebiet oder ihren Wahlkreis kommen, noch einigermaßen verständlich sind. Es gibt andere, die das Haushaltswissen zu einer Art parlamentarischer Geheimwissenschaft machen: Verpflichtungsermächtigungen, Maßgabebeschlüsse, Deckungsfähigkeit, Baransätze. Wenn es ernst wird, wirbelt der Haushälter mit den Fachtermini so virtuos umher, dass der Antragsteller schnell erkennt: Wird nix – und zieht ergebnislos von dannen.

Doch auch die Kassenhüter selbst ringen nicht selten miteinander. Am heftigsten umkämpft ist traditionsgemäß der Verkehrshaushalt. Autobahnabschnitte, Ortsumgehungen, Unterführungen – und immer soll der Minister persönlich helfen. Vom Frühjahr an, wenn der Haushaltsentwurf des Finanzministers für das nachfolgende Jahr vorliegt, feilschen und fordern die Abgeordneten. Alle Abgeordneten. Es geht um ihre Projekte zu Hause, damit auch ums Renommee und die Chancen auf eine Wiederwahl.

Die Zahl der ungeschriebenen Regeln in dem Gremium ist so hoch wie nirgendwo sonst: etwa, dass sich die Haushälter aus der Fraktion, die den Finanzminister stellen, in ihren Ansprüchen etwas zurückhalten. Oder dass nicht nur Minister einer Partei strenger abgefertigt werden. Auch beim Abwaschen soll es gerecht zugehen.

Gebettelt und gefeilscht wird exakt bis zu jenem Donnerstag im November, meistens in der zweiten Monatshälfte, an dem die sogenannte Bereinigungssitzung stattfindet, »die Nacht der langen Messer«. In dieser Nacht wird der Etat, werden alle Projekte für das Folgejahr endgültig beschlossen. Das eine oder andere Vorhaben ist dazugekommen, andere sind weggefallen, die neueste Steuerschätzung liegt vor, die Fraktionen stellen letzte Änderungsanträge.

Am frühen Nachmittag tritt der Ausschuss zusammen, alle Minister müssen nacheinander antreten und ihre Vorhaben und Pläne präsentieren – bis 13 oder 14 Stunden später am frühen nächsten Morgen der Hammer fällt. Die Abstimmung im Parlament am gleichen Tag ist dann nur noch Formsache.

Für Minister kann die Bereinigungssitzung zur Tortur werden. Ist es häufig auch – wenn der Ausschuss die Reihenfolge spontan ändert und sie stundenlang warten lässt. Was Entwicklungsministerin Heidemarie Wieczorek-Zeul, SPD, bisweilen widerfuhr, wenn sie wiederholt und zu forsch mehr Mittel für ihre multilateralen Organisationen verlangte. Es kam vor, dass sie um 16 Uhr erschien, aber erst um 2 Uhr nachts hereingebeten wurde, um ihren Etat zu erklären.

Ähnliches widerfuhr der im Parlament wenig beliebten Ursula von der Leyen, CDU, oder auch ihrem CSU-Kollegen Gerd Müller, nachdem auch er ein bisschen zu laut und penetrant nach mehr Geld gerufen hatte. Schlechte Karten hat, wer zu spät kommt oder schlecht vorbereitet ist. Wenig zu erwarten hat auch, wer sich bei der Spende für die Kaffeekasse – 200 Euro gelten als Untergrenze – knausrig zeigt.

Damit werden Catering und Getränke der Nacht bezahlt und auch die eine oder andere Flasche aus dem Kühlschrank, der in der sogenannten Papierkneipe steht, einer kleinen Küchenzeile direkt neben dem Sitzungssaal, in dem früher meterweise Akten auf ihren Einsatz warteten. Heute stehen um den Tisch nur noch Barhocker, aber die großen Kühlschränke mit ihren unerschöpflichen Vorräten im benachbarten Raucherraum gibt es immer noch.

Wer sich als Minister bei der Bereinigungssitzung nicht mit der gebotenen Zurückhaltung präsentiert, hat manchmal ein ganzes Jahr lang Gelegenheit, sich über seinen missratenen Auftritt zu ärgern. Umgekehrt entwickeln die Abgeordneten eine klammheimliche Freude daran, Ressortchefs auflaufen zu lassen. Ein langjähriger Haushälter formuliert es so: »Und dann machst du irgendwo eine Sperre rein – und wenn du sie nicht aufhebst, ärgert das den Minister das ganze Jahr über.«

Sigmar Gabriel, damals Umweltminister, wäre ums Haar genau das widerfahren. Es war zu Beginn seiner Amtszeit, schon früh hatte er ein Projekt angekündigt. Zu spät hatten ihn seine Leute darauf hingewiesen, dass er vorab besser die Haushälter einbezogen hätte. Ungewöhnlich kleinlaut erschien er zur Bereinigungssitzung: »Das war eine Panne ...« Generös spendete er zudem kommentarlos ein Mehrfaches des Üblichen fürs Buffet. Solche Demut gefällt den Haushältern. Gabriel bekam sein Projekt – mit einem kleinen pädagogischen Abschlag.

Schlimmer erging es Gesundheitsminister Herrmann Gröhe, CDU, als er im März 2015 ein Gesetz zum Ausbau der Hospiz- und Palliativstationen auf den Weg brachte. Sein Fehler: Auch er hatte die mutmaßlichen Zusatzkosten von 150 bis 200 Millionen Euro nicht vorher mit den Haushältern abgestimmt. Ablehnen konnten sie das Ansinnen nicht, dafür war der öffentliche Druck zu hoch, das Projekt zu populär.

Also zahlten sie es Gröhe anders heim, ließen ihn in der Bereinigungssitzung bis spät in die Nacht schmoren und strichen ihm dann auch noch die Bewirtungspauschale für sein Ministerium. Ein paar Zehntausend Euro nur, eine Winzigkeit im Vergleich zum Gesamtetat, »aber extrem schmerzhaft«, wie ein Zeuge berichtete. Kaffee, Säfte und Kekse gab es im Gesundheitsministerium im Folgejahr nämlich nur reduziert, »es muss ein karges Jahr für Gröhe gewesen sein«, spotteten die Haushälter später.

Auch Thomas de Maizière, CDU, damals Innenminister, wurde einst in die Knie gezwungen. Bettina Hagedorn, SPD, und Kollege Norbert Brackmann, CDU, wollten drei Zollschiffe anschaffen. Der Minister hielt die Boote für überflüssig, strich sie im Etatentwurf seines Hauses, wollte seinerseits aber Millionenmittel für den Ausbau des digitalen Polizeifunks sowie die Hoheit über die IT-Netze des Bundes. Die Haushälter nahmen den Wunsch des Ministers zwar in ihre Liste auf, versahen ihn aber mit einem Sperrvermerk. Zugleich bekam de Maizière übermittelt, die Sperre werde erst aufgehoben, wenn auch die Schiffe die Zustimmung des Ministers erhielten. Kurze Zeit später war das Geld für Schiffe und Polizeifunk bewilligt und de Maizière bekam die Verantwortung für die IT-Netze.

Die absoluten Könige des Verfahrens sind die Haushaltssprecher der jeweiligen Regierungsfraktionen. Steffen Kampeter war es jahrelang auf Unionsseite, Carsten Schneider aufseiten der SPD, ihnen sind Eckhardt Rehberg und der inzwischen ebenfalls ausgeschiedene Johannes Kahrs nachgefolgt. Viele Projekte in den Wahlkreisen des Quartetts haben von der ungekrönten Stellung der Chefhaushälter profitiert. Kampeter sponserte einst die Sonderausstellungen zur Varusschlacht in seinem Wahlkreis Minden mit siebenstelligen Beträgen, Kahrs pumpte Millionen in das Hamburger Reeperbahnfestival, das noch wenige Jahre zuvor mit 200 000 Euro jährlich an Bundesmitteln zufrieden war. Der Thüringer Schneider holte Fraunhofer-Institute nach Erfurt und Jena und verhalf der Stiftung Buchenwald zu einem gedeihlichen Überleben.

So ist es meistens. Wenn sich die Regierungshaushälter einig sind, wie etwa Bettina Hagedorn, SPD, und Norbert Brackmann, CDU, im Bereich Verkehr, springt für ihre Regionen eine Menge raus. Mal ist es der Schiffbau, mal der Ausbau des Nord-Ostsee-Kanals, die üppig gefördert werden oder überhaupt die überproportionale Mittelausstattung für Schleswig-Holstein. In Lauenburg waren es das Wissenschaftszentrum Geesthacht, ein Raddampfer oder Hospize, die einen warmen Geldsegen erfuhren.

»Wenn sich die Berichterstatter gut abstimmen, ist es extrem effektiv – auch auf Kosten des jeweiligen Ministers«, sagt ein langjähriger Haushaltsmitarbeiter. Und wenn zwei Haushälter auch noch aus dem gleichen Wahlkreis kommen, wie in Biberach/Riß Martin Gerster, SPD, und Josef Rief, CDU, kann naturgemäß eine ganze Region vom Zusammenspiel profitieren.

Nicht allen Kollegen gefällt die Dominanz der Haushälter. Sie ballen die Faust in der Tasche. Zumal fast jeder schon mal gescheitert ist an der Phalanx der Geldverwalter. »Manche Menschen sind mächtig, andere sind mächtiger«, knurrt ein Abgeordneter. »Manchmal hat der Ausschuss auch Elemente des Vordemokratischen.« Von einer »Unkultur in diesem Ausschuss« spricht eine Oppositionskollegin, »was die sich an Getränken bestellen für diese langen Nächte. Sie finden das cool und sind auch noch stolz darauf«.

Gerechtigkeitshalber muss man erwähnen, dass der Haushaltsausschuss nicht nur Geld ausgibt und verteilt, sondern auch einspart. Er überprüft jährlich, ob Mittel auch abgeflossen sind, die behaupteten Ziele erreicht wurden oder ob es nicht auch preiswerter gegangen wäre. Dafür hat er ein scharfes Schwert zur Hand: den Bundesrechnungshof, der fast alle Großprojekte mit Bundesbeteiligung irgendwann einmal prüft, sich aber auch zahllose kleinere Ausgabenposten vornimmt. Die Konzeptlosigkeit des Bundesverwaltungsamtes, der – geplante und gestoppte – Austausch energieeffizienter Kühlschränke, die Bonn-Berlin-Pendelei, Rüstungsvorhaben oder aberwitzige Subventionen: Die Bonner Prüfer haben schon auf so manchen Unsinn hingewiesen, ihn abgekürzt, ganz beendet oder zumindest eine intensive Diskussion angestoßen.

Weil sie unabhängig bleiben sollen, dürfen sie Weisungen und Anträge formal nicht entgegennehmen. Weil aber immer ein Prüfer an den Sitzungen der Haushälter teilnimmt und der Rechnungshof seine »Bemerkungen« zu einem Thema zuerst beim Rechnungsprüfungsausschuss hinterlegt, einer Unterabteilung des Haushaltsausschusses, sind die Verbindungen zwischen Haushältern und Prüfern eng. Was also den Haushältern auffällt, wird über kurz oder lang auch gründlicher geprüft werden.

So ballt sich eine Menge Macht in und um Saal 2.400. Wer mit so viel Potenz und Selbstbewusstsein ausgestattet ist, hat den Drang, dies gelegentlich auch auszuleben. Und sei es weit weg vom Reichstag. Gelegenheiten dazu gibt es reichlich. Denn weil aus dem Bundeshaushalt auch Mittel in die ganze Welt fließen, an Deutsche Botschaften und Schulen in Lateinamerika, Bundeswehrcamps in Mali und Afghanistan oder Entwicklungsprojekte im Sahel, und auch diese Projekte gelegentlich begutachtet werden müssen, müssen die Haushälter reisen. Was sie mit einem gewissen Eifer auch tun. In früheren Jahren häufiger als selbst die Mitglieder des Auswärtigen Ausschusses. Ganz so reisefreudig sind sie heute nicht mehr, aber wer sollte sie auch stoppen, da sie sich die Mittel ja selbst zuweisen?

Was dazu führt, dass bei einer sogenannten Standortbesichtigungsreise auch mal ein Trip in die Serengeti (Tansania), zur Golden Gate Bridge oder zur Tempelanlage von Angkor Wat in Kambodscha abfällt. Reise-Beifang sozusagen. Biswilen erweisen sich die Besucher aus Berlin dabei als überaus trinkfreudig. Als vor einigen Jahren in einem afrikanischen Edelhotel spätabends der Hammer fiel, die Hotelbar schloss und das Personal abzog, ließen sich die deutschen Gäste die Laune nicht nehmen. Sie kletterten kurzerhand über den Tresen und gingen zum Selfservice über. Die nicht unbeträchtliche Rechnung landete Tage später bei der Botschaft, die die Summe geräuschlos beglich. Weder Botschaft noch Auswärtiges Amt meldeten sich jemals bei der Bundestagsverwaltung – mit den kleinen Königen will es sich niemand verscherzen.

Machtgebaren

Tauscht man sich mit Abgeordneten über Macht und deren Auswüchse aus, so hört man mehrfach – und aus unterschiedlichen Fraktionen – die Geschichte von Herbert Wehner, Karl Wienand und dem unterdrückten Gang zum Klo. Sie ist nicht nur legendär, sie war auch stilbildend, und sie geht so:

Nach der Bundestagswahl 1969 will der knorrige und zugleich eisenharte SPD-Fraktionsvorsitzende Herbert Wehner den Abgeordneten Karl Wienand zum Ersten Parlamentarischen Geschäftsführer und damit zu seinem wichtigsten Mitarbeiter machen. In einer Fraktionssitzung tippt Wehner Wienand auf die Schulter:

»Passt heute Abend um sechs?« Zum verabredeten Zeitpunkt ist Wienand spät dran, Wehner aber, immer und überall, ein Mann, den man nicht warten lässt. Also verzichtet Wienand auf den nötigen Gang zur Toilette, zehn, maximal 15 Minuten, länger wird es ja kaum dauern, denkt er.

»Tee oder Kaffee«, fragt Wehner, lässt Tee servieren, schickt die Sekretärin nach Hause, zündet sich eine Pfeife an – und schaut dann aus dem Fenster. Schweigend. Wienand denkt, es sei unhöflich, selbst das Gespräch zu eröffnen, da ja Wehner darum gebeten habe. Doch Wehner schweigt weiter, gießt irgendwann Tee nach, zündet sich eine zweite Pfeife an und schaut dann wieder aus dem Fenster. Der Tee war ein Fehler, denkt Wienand, als sein Problem immer dringlicher wird. Er hält es kaum noch aus, weiß aber, wenn er jetzt aufsteht, dann war's das mit seinem Aufstieg. Also bleibt er sitzen. Nach etwa drei Stunden, draußen leuchten längst die Straßenlaternen, steht Wehner auf und sagt: »Nun haben wir ja alles besprochen, dann wollen wir das ab morgen mal miteinander versuchen.«

Knapp 30 Jahre später wiederholt sich das Ritual in anderer Besetzung. Als Nina Hauer aus dem hessischen Friedberg 1998 mit dem großen Schröder-Triumph in den Bundestag einzieht, will sie gleich in den Finanzausschuss. Der macht nicht Folklore, sondern harte Gesetze, denkt sie. Hauer meldet ihren Wunsch an und bekommt von Wolf-Michael Catenhusen, in der Fraktionsführung zuständig für die Besetzung der Gremien, Saures: »Finanzausschuss? Geht's noch? Du stellst dich mal schön hinten an! Wir können dir Petitionen anbieten, und dann kriegst du noch was mit Forschung oder so.« Daraufhin Hauer: »Ich will aber in den Finanzausschuss.« Catenhusen bestellt sie für 14 Uhr in sein Büro.

Langer Gang, grauer Teppich, zwei graue Stühle, niemand da vor Catenhusens Büro außer Hauer. Graue Abgeordnete vor grauem Hintergrund, denkt sie. Sie sitzt nun da – und wartet und wartet. Und als sie daran denkt, aufzuhören mit dem Warten, wartet sie noch ein bisschen länger. Irgendwann geht die Tür auf, und eine Sekretärin reicht ihr ein Glas Wasser. Dann wartet sie weiter. Und weiter. Hauer überlegt, in ihr Büro zu rennen, um sich was zu lesen zu holen. Dumm nur, wenn Catenhusen sie ausgerechnet dann sehen möchte, also bleibt sie sitzen – und wartet. Irgendwann steht Catenhusen tatsächlich vor ihr: »Es dauert noch ein bisschen.« Und dann dauert es noch ein bisschen und nach dem bisschen noch einmal ein bisschen. Nina Hauer wartet sieben Stunden lang. Um 21 Uhr bittet Catenhusen sie in sein Büro: »Ok, wenn du das aushältst, kannst du auch in den Finanzausschuss.«

Diese Wehner-Attitüde erlebt Nina Hauer noch einmal, in kürzerer, verschärfter Form – und nicht als Härtetest, sondern als Strafaktion. Ein paar Jahre später ist sie zu einer der vier Parlamentarischen Geschäftsführer (PGF) aufgestiegen, die unter der Leitung des Ersten PGF die internen Fraktionsabläufe regeln und in überfraktionellen Absprachen die Plenardebatten vorbereiten. Und sie ist mittlerweile Sprecherin der Netzwerker, der Strömung der jungen Aufstiegswilligen in der Fraktion. Franz Müntefering, der Fraktionsvorsitzende, lässt sie eines Tages zu sich kommen. Bei mehreren internen Kampfabstimmungen um Posten waren zuletzt stets die Leute erfolgreich, die Müntefering nicht wollte – und »Münte« macht Nina Hauer dafür verantwortlich. Als sie sein Büro betritt, macht Müntefering den Wehner: Er dreht sich auf seinem Stuhl um, schaut zum Fenster raus – und schweigt. Anders als Wienand vor Jahren schweigt Nina Hauer nicht zurück, sie spricht ihren Chef an. Doch der rührt sich nicht. Schaut stur zum Fenster raus, sagt kein Wort. Bis sie irgendwann geht. Diesmal ist sie ihren Job los.

In der Wirtschaft wäre ein solches Verhalten unvorstellbar. Wahrscheinlich ist die Politik der letzte Ort, an dem archaische Machtgesten noch zum Alltag gehören. Neben der Bundeswehr und dem Profifußball natürlich. Doch nicht jeder lässt das mit sich machen.

Einen Wolfgang Kubicki schweigt man nicht an – und einen Wolfgang Kubicki lässt man schon gar nicht warten. Denkt Wolfgang Kubicki. Als der Jurist mit dem großen Ego 1990 zum ersten Mal in den Bundestag gewählt wird, ruft ihn der Fraktionsvorsitzende Herrmann Otto Solms zu sich – und lässt ihn vor seinem Büro warten. Nach wenigen Minuten bereits kürzt Kubicki die Sache ab: »Schönen Gruß an Herrn Solms, ich gehe jetzt. Wenn er was will, soll er mich anrufen«, ruft er der Sekretärin zu. »Ach nee, das müssen Sie nicht, er ist gerade frei geworden.«

Kubicki darf sich hinsetzen und sich lange Ausführungen zur Bedeutung der Fraktion anhören. Es gebe da eine Einladung nach Budapest, sagt Solms schließlich, und sie würden ihn gern dorthin schicken, das ginge aber nur, wenn er dort die Meinung der Fraktion vertrete. »Wissen Sie, Herr Solms«, antwortet Kubicki, »wenn ich nach Budapest will, rufe ich mein Anwaltsbüro an und bestelle mir ein Flugticket. Da brauche ich die Fraktion nicht.« Kubicki steht auf und geht. »Damit waren die Fronten zwischen uns geklärt«, sagt Kubicki drei Jahrzehnte später. So etwas würden die Jungparlamentarier von heute nicht mehr wagen, meint er, weil sie in aller Regel diese Unabhängigkeit nicht hätten. »Und weil sie vielleicht auch nicht so charakterlich verbogen sind, wie ich es war«, sagt Kubicki. »Druck löst bei mir stets Widerstand aus.«

Machtflucht

Das »schönste Amt neben Papst« hat Franz Müntefering 2005 den Vorsitz der SPD genannt. 14 Jahre später titelt die *taz:* »Scheißjob zu vergeben«.

Das lange Siechtum der SPD hat im Sommer 2019 die kritische Phase erreicht: Mit 15 Prozent bei der Europawahl und weiter sinkenden Umfragewerten droht ihr der Exitus. Sie sucht, mal wieder, einen neuen Vorsitzenden und hat ein Findungsproblem: Wer will schon als Chefin oder Chef das Willy-Brandt-Haus, die Parteizentrale, abschließen, wenn dort alle Lichter ausgegangen sind?

Manuela Schwesig will es nicht, weil sie als Ministerpräsidentin von Mecklenburg-Vorpommern die Demokratie in Ostdeutschland verteidigen muss, wie sie sagt. Thorsten Schäfer-Gümbel nicht, weil er vom hessischen Parteivorsitz in die Entwicklungspolitik wechselt. Malu Dreyer nicht, weil sie an Multipler Sklerose leidet. Lars Klingbeil nicht, weil er lieber SPD-Generalsekretär ist. Franziska Giffey nicht, weil Plagiatsjäger gerade ihre Doktorarbeit auseinandernehmen. Stephan Weil würde eventuell können wollen, verspürt aber momentan »keine Ambitionen« – und Juso-Chef Kevin Kühnert darf nicht, weil er noch Kapuzenpullis trägt und zu oft »Sozialismus« sagt.

Gute Gründe, allesamt. Trotzdem wirkt die Massenabsage sozialdemokratischer Frontrunner wie eine Flucht derjenigen aus der Macht, die sie eigentlich ausüben sollen. Und das hat nicht nur mit dem Niedergang der SPD zu tun.

Die Abkehr ist Ausweis einer tiefen Vertrauens- und Sinnkrise, die das Zentrum der deutschen Politik erfasst hat. Viele Politiker, etwa die frühere NRW-Ministerpräsidentin Hannelore Kraft, schildern das politische Berlin als einen Ort, den meiden muss, wer anständig bleiben will: lebensvergessen, nur mit sich selbst beschäftigt, eine in sich geschlossene Blase mit eigenen Regeln und Gesetzen, die die Wirklichkeit ausblendet. Auf diesem Planeten Berlin will kaum noch jemand landen. Doch wenn schon Politiker die Spitzenjobs in ihren Parteien oder einer Regierung nicht wollen – wer will dann noch in die Politik?

Je verworrener die Lage erscheint, desto hektischer sucht ein Teil der Öffentlichkeit nach dem starken Einzelnen, der Erlöserfigur. Zeitungscover der vergangenen Jahre zeigten Martin Schulz (SPD) als Sankt Martin, Friedrich Merz (CDU) als Friedrich den Großen, Robert Habeck (Grüne) als nächsten Kanzler und Juso-Chef Kühnert als »Einmannsprengkommando«. Gesucht werden Heilsbringer – oder, wie in Kühnerts Fall, wenigstens Typen, die den Laden in die Luft jagen könnten. Dabei werden alle größer gemacht, als sie sein können. Jeder Politiker, der zum Ziel dieser Sehnsüchte wird, ahnt, dass er sie kaum erfüllen kann, und jeder Politiker reagiert darauf unterschiedlich.

Friedrich Merz mit abgestandener Selbstgewissheit. Christian Lindner (FDP) mit Überinszenierung. Martin Schulz mit verwirrender Hektik.

Die Politprominenz aller Parteien sieht sich mit einer paradoxen Situation konfrontiert: Die Einzelnen werden in der Politik zugleich wichtiger und ohnmächtiger. Die Erwartungen an sie wachsen – und ihre Gestaltungsmöglichkeiten schrumpfen. In der Regierung werden die immer komplexeren Entscheidungen an Expertenkommissionen delegiert, es steigt die Zahl der Interessenvertreter, die in jedem Verfahren angehört und deren Anliegen mitbedacht werden müssen. Viele Probleme aber, vom Klimawandel bis zur Besteuerung von IT-Giganten, sind allein im nationalen Rahmen nicht zu lösen.

Hinzu kommt ein zweites Paradoxon: Die Bedingungen, unter denen Politik heute entsteht, sind eigentlich nicht mehr Basta-tauglich, was gleichzeitig zu einer wachsenden Sehnsucht danach führt. Steht dann, wie es bei Andrea Nahles der Fall war, eine Person ganz oben, die autoritär agiert, wird umgehend losgejammert: immer nur von oben herab, zu wenig kommunikativ, zu sehr alte Welt. Wie soll man da als Politiker eine innere Mitte finden, wenn die Wähler von Pol zu Pol springen?

All das führt dazu, dass die Hypes kürzer werden, die Stürze umso tiefer. Martin Schulz hat lange damit gehadert, wie er, zumindest in seiner Wahrnehmung, erst hoch- und dann abgeschrieben wurde. Und Andrea Nahles, die erste Frau an der SPD-Spitze, hat nicht nur Partei- und Fraktionssitz niedergelegt – sie hat die Politik gleich ganz verlassen.

Überschießende Erwartungen bei schwindendem Einfluss und Abstürze vom Himmelhohen ins Bodenlose – beides trägt wesentlich dazu bei, dass sich nicht nur Sozialdemokraten verstärkt fragen: Warum tut man sich das an? Gleichzeitig wirkt der dauernde Wechsel von Aufwallung und Ernüchterung wie ein Schrumpfprogramm für das Vertrauen in die Politik.

Je höher man steigt, desto größer werden die Zwänge. Als SPD-Chefin stehe sie »blank« da, hat Nahles einmal gesagt. Alles werde beobachtet, analysiert, interpretiert, bewertet; nichts bleibe verborgen. Das auszuhalten sei »brutal«.

Ein Sozialdemokrat, der für führende Positionen gehandelt wurde, winkte ab. Aus zwei Gründen. Zum einen möchte er nicht aushalten müssen, was andere erlebt haben. Die Häme der Medien, die Illoyalität der Parteifreunde, die Unverschämtheiten hinter vorgehaltener Hand, das Genöle und Gemeckere, die Zermürbungstaktik der Gegner, das Warten auf das Ende. All das bleibe nicht im Büro und auch nicht im Willy-Brandt-Haus, man trage es mit nach Hause, wo es »das Private verseucht«. Und zum anderen möchte er nicht so werden, wie man werden müsse, wenn man an der Spitze überleben wolle: Man müsse selbst brutal sein.

Das Amt formt den Menschen mehr als der Mensch das Amt, heißt es. Zuweilen deformiert das Amt den Menschen auch.

Doch es sind nicht nur Sozialdemokraten, die sich die Härten des politischen Geschäfts nicht mehr antun wollen. Die Linke fand lange Zeit partout keine Nachfolgerin für Sahra Wagenknecht als Fraktionschefin. Und als die Union vor wenigen Jahren nach einem Nachfolger für den ins Verteidigungsressort wechselnden Innenminister Thomas de Maizière suchte, wollte über Monate niemand den Job haben, bis schließlich der CSU-Mann Hans-Peter Friedrich zwangsverpflichtet wurde. In der Politik gebe es kein Vakuum, hieß es früher. Heute produzieren Politiker das Vakuum selbst.

In der Union flüchtete auch jemand von der Spitze, Annegret Kramp-Karrenbauer, genannt AKK, aus ähnlichen Gründen wie Nahles. Spätestens mit der Übernahme des CDU-Chefrolle von Angela Merkel galt AKK als ausgemachte Kanzlerin. Hätte es keine

Coronakrise gegeben, wäre bereits im Mai 2020 ihr Nachfolger gewählt worden.

Dazwischen lagen verunglückte Auftritte, verstammelte Statements und einstürzende Beliebtheitswerte. Die Parteivorsitzende wurde daraufhin noch unsicherer, und ihre Kritiker wurden mutiger, manche auch unverschämter. Bei Nahles dauerte die Selbst- und Fremddemontage im Amt noch ein gutes Jahr, AKK schaffte man schneller. Und wie bei der SPD stellt sich auch bei der Union die Frage, ob die strukturellen Probleme der Partei nicht so groß sind, dass Vorsitzende zwar Hoffnungen tragen, aber letztlich bloß den Niedergang verwalten.

»Verhärtung ist die größte Gefahr«, sagt ein Minister im Gespräch. Die Arbeit in der Politik zeichne sich dadurch aus, dass man mit Menschen, die »einem Übelstes nachsagen oder sogar antun, am nächsten Tag wieder zusammenarbeiten muss«. Das schulde jeder Politiker dem Dienst an der Demokratie. Es führe aber zu einer Art Gefühlspanzerung. Der beste Schutz gegen diese Verhärtung, sagt der Minister, sei »größenwahnsinniges Selbstbewusstsein der Marke Lafontaine«. Ansonsten müsse man versuchen, die Dinge abperlen zu lassen. Franz Müntefering erzählte gern die Anekdote von seinem ersten Gespräch mit dem sagenumrankten Herbert Wehner, seinem ersten Fraktionschef. Als der Neuabgeordnete Müntefering dargelegt hatte, was er so vorhabe, sagte Wehner: »Dann mach mal. Pass aber auf, dass du nicht austrocknest.«

Die Gefahr auszutrocknen oder zu verhärten hat es also schon vor 40 Jahren gegeben. Halten Politiker einfach nur weniger aus als früher? Sind das heute alles Weicheier? Noch einmal der Minister: Vor 40 Jahren habe man auch schon mitbekommen, wenn andere gelästert hatten. »Heute vertausendfacht sich das aber sofort in den sozialen Medien – und das macht es noch brutaler.«

Verändert hat sich auch das Arbeitsethos. Der Erlöserdruck bei gleichzeitiger Unerlösbarkeit und die strukturelle kommunikative Überforderung treffen heute auf eine andere Politikergeneration.

Das soldatische Ethos, das die de Maizières und Münteferings noch verströmten, verdunstet allmählich aus dem Regierungsviertel. Die heute Dreißig- bis Fünfzgjährigen sind achtsamer und absprungbereiter.

Sichtbar wurde diese Entwicklung erstmals mit der Generation »Kann-gerade-nicht«. Als 2008 die Grünen neue Vorsitzende suchten, sagte eine ganze Reihe von Parteiprominenten ab, darunter der Hesse Tarek al-Wazir und der Schwabe Cem Özdemir. Aus familiären Gründen. Dass Politikern die Work-Life-Balance wichtiger ist, als das größte parteiinterne Ziel, der Vorsitz, war neu. Politiker gehen auf im Beruf, klammern sich an ihr Amt: Das war die Öffentlichkeit gewohnt. Doch für viele jüngere Politiker gilt wie für ihre Altersgenossen in anderen Jobs auch: Der Beruf ist nicht alles. Sie bewahren sich eine innere Distanz zu der Maschine, in die man jeden Morgen hineinsteigt, um abends ziemlich zerbeult und mit schmerzenden Knochen wieder herauszukriechen. Sie bewahren sich damit auch eine Distanz zur Macht.

Konstantin Kuhle gilt als einer der kommenden Männer in der Lindner-FDP. Als Bundestagsneuling hat sich der Dreißigjährige als innenpolitischer Sprecher ein fachliches Ansehen erworben, von dem manch altgedienter Abgeordneter träumt. Die *Tagesschau* sendet seine Statements, und mit einer Attacke auf die AfD gelang ihm sogar das Kunststück, aus einer Bundestagsrede einen viralen Hit zu machen.

Wenn man mit Kuhle über sein erstes Jahr im Bundestag spricht, kann er begeistert von den guten Momenten erzählen. Von den gelungenen Anträgen, dem Teamgeist in der Fraktion. Aber er erzählt auch vom Verschleiß, den er an sich selbst bemerkt. In Sitzungswochen, sagt Kuhle, fühle er sich wie früher, wenn er als Kind zu warm angezogen in ein Kaufhaus ging. Ein schwitziger Film liege auf seiner Haut, während er zu den Terminen hetze, Ausschuss, Interview, Hintergrundgespräch, Plenum, anschließend sitze er bis tief in die Nacht am Schreibtisch. Nach einer solchen Woche sei er

zuletzt eigentlich immer krank geworden. Er sagt, er habe sich vor-
genommen, gelassener zu werden. Vor einiger Zeit hat er sich eine
Meditations-App auf sein Handy geladen. Aber häufiger als zweimal im Monat hat er bislang noch nicht meditiert.

Kuhle sagt, er wolle sich nicht beklagen. Doch wenn man ihn
fragt, ob er sich vorstellen könne, die nächsten 20 Jahre im Bundestag zu sitzen, zuckt er mit den Schultern und sagt: »Ich stelle mir
das rein physisch schwierig vor.«

Vielleicht ist das ja eine Methode, wie man der Macht den Nachwuchs sichert: Man brennt sie durch Stress so aus, dass sie gar nicht
erst vor ihr fliehen können.

3 »Du musst zuhören – auch wenn es dir gerade nicht passt«

Eine unterschätzte Herausforderung – die Arbeit im Wahlkreis

Hauptbahnhof Berlin, Freitag, 14:50 Uhr. Helge Lindh, SPD, ist pünktlich. Der ICE ist es auch. Eine Besuchergruppe hat abgesagt, deshalb ist Lindh früher ans Gleis gekommen. Ende einer Sitzungswoche, und Lindh will zurück in seinen Wahlkreis. Zurück nach Wuppertal. Einer von 709 Bundestagsabgeordneten, die am Ende jeder Sitzungswoche quer durch die Republik nach Hause streben.

Am Sonntag davor war Lindh angereist, eine anstrengende Woche wie häufig, diesmal allerdings war er zwischendurch kurz zurück in Wuppertal, um an einer Livesendung des WDR zum Thema »Ehrenamt und Politik« teilzunehmen. In der selben Nacht im Bummel-ICE zurück nach Berlin, Ankunft am frühen Donnerstagmorgen, am späten Vormittag eine Rede im Bundestag zum Islamismus in Deutschland. Die AfD hatte einen Antrag hierzu eingebracht, Lindh sprach allerdings nicht über Islamismus, sondern über seinen Respekt vor den Muslimen in Deutschland. Es gab viel Beifall, aber nicht von der AfD.

Freitagnachmittag also, der Zug hat Spandau verlassen, Lindh, 43 Jahre alt, seit 2017 im Bundestag, erzählt über die Woche, die Fernsehsendung, seinen Auftritt im Bundestag, über den Umgang mit den Migranten, die Arbeit im Wahlkreis, auch über die Konflikte mit der eigenen Partei, denen Lindh nicht aus dem Weg geht.

Schon als Juso legte er sich mit den Genossen an, wenn er es für nötig hielt. Minden rauscht vorbei, die Dunkelheit senkt sich über die Landschaft, Lindh fällt in einen kurzen Dämmerschlaf.

Pünktlich um 18:38 Uhr Ankunft in Wuppertal, ein Mitarbeiter sammelt Koffer und Taschen ein, Helge Lindh eilt in sein Wahlkreisbüro im Luisenviertel – dort ist die Vernissage eines Wuppertaler Malers mit brasilianischen Wurzeln. Es ist dasselbe Büro, auf das acht Wochen später ein Anschlag verübt werden wird. Mutmaßlich von Linksextremisten, die laut Lindh »ein bisschen den Druck erhöhen wollen« auf ihn und die Bundesregierung. Ausgerechnet auf Lindh. Es gibt wenige Abgeordnete, die sich offensiver für eine humanere Innenpolitik, für Muslime und die Aufnahme von Flüchtlingskindern einsetzen.

Im Wahlkreisbüro selbst und in einer kleinen Galerie gegenüber sind 30 Bilder ausgestellt, 50 Freunde sind zusammengekommen, Künstler, Sammler, die lokale Kulturszene. Lindh ist hellwach: »Nach einer Woche, nach der ich mal wieder mit geschundener Seele nach Hause komme, einer Woche, in der ich wieder viel Menschenfeindlichkeit erfahren habe …« Er spielt an auf seinen Auftritt im Bundestag und die Zwischenrufe der AfD. Ein Termin, halb Job, halb Bekanntenpflege. Am Ende einer langen Woche wird es ein langer Abend für den Abgeordneten.

Am kommenden Morgen um 8 Uhr der nächste Auftritt: Sozialstation der Diakonie in der Wuppertaler Nordstadt, es geht um Armut und Obdachlosigkeit, um Bildungsverlierer und immer mehr um körperlich Behinderte, die bei der Diakonie vorsprechen. Nach zwei Stunden eilt Helge Lindh weiter zu einem »Demokratischen Frühstück« in einem Café. An die 100 Besucher sind gekommen, Thema sind Engagement und Ehrenamt, Lindh plaudert auf einem Sofa mit dem ehemaligen Präsidenten des Deutschen Feuerwehrverbandes – es ist ein Heimspiel für ihn.

Anschließend gibt er der Lokalpresse ein Interview und macht Selfies mit Besuchern, darüber gerät der Zeitplan in Verzug, ein

Mitarbeiter drängt. Ein Taxi bringt Lindh mit gehöriger Verspätung zu einer Moschee. Anderer Ort, anderes Thema, aber Lindh hat mental den Schalter längst umgelegt: Die Muslime der Region sind verunsichert, manche haben Angst. Lindh hört zu, mahnt Wachsamkeit an, verspricht Hilfe, wo immer möglich. Es ist die Woche vor dem Anschlag in Hanau, bei dem ein Rechtsextremist zehn Menschen und schließlich sich selbst erschießt.

Es ist nicht der letzte Termin von Helge Lindh an diesem Samstag. Und er bildet keine Ausnahme; so wie er durch seinen Wahlkreis hetzt, sind viele seiner Abgeordnetenkollegen unterwegs. Von Wuppertal nach Berlin und wieder zurück, zwei Welten, Hektik, Bühnenwechsel, Doppelleben – kaum haben sie Berlin verlassen, saugt sie der Wahlkreis auf. Es ist ein Rund-um-die-Uhr-Job. Freizeit? Kaum daran zu denken. Freunde? Viele verloren. Freies Wochenende? Das haben andere.

Und doch ist hier die Zelle, aus der sie stammen. Hier wurden sie von Kreisverband oder Unterbezirk nominiert, von Partei und Wählern nach Berlin geschickt. Hier droht aber auch alle vier Jahre aufs Neue Gefahr. Gibt es die Unterstützer noch? Bauen sich Kontrahenten auf? Und haben er oder sie genug getan, um die Wähler zu überzeugen – für die Partei und ein ansprechendes Erststimmenergebnis?

Bundestagsabgeordnete haben eine Doppelaufgabe. Sie sollen in Berlin an Gesetzen arbeiten und ihre Regionen vertreten. Dafür sollen sie im Wahlkreis Stimmen und Stimmungen, Bedürfnisse und Befürchtungen aufnehmen und in die Hauptstadt transportieren. Umgekehrt sollen sie im Wahlkreis Berliner Politik erklären. Deshalb auch die Arbeitsteilung: Rund 23 Wochen pro Jahr in Berlin, es sind die Sitzungswochen, den Rest der Zeit verbringen die Abgeordneten im Wahlkreis.

Vielfältiger und bunter als im Wahlkreis kann die Arbeit von Bundestagsabgeordneten kaum sein. Sie sind bei der Eröffnung von Kindergärten und Sportplätzen dabei, besuchen Altennachmittage, Flüchtlingsunterkünfte, Polizeidienststellen und Krankenhäuser, treffen auf Hebammen und Müllwerker, auf Unternehmer und Kulturschaffende, haben mit Gewinnern und Verlierern zu tun. Sie halten Sprechstunden ab und stehen in der Fußgängerzone, kurz, zu Hause begegnen sie einem Leben, das mit dem selbstreferentiellen Gekreisel in der Berliner Blase wenig zu tun hat.

Hier sind sie gewählt, hier müssen sie Rechenschaft ablegen. Vor allem jene, die die Regierung tragen. »Für alles, was wir in Berlin entscheiden, müssen wir uns in den sitzungsfreien Wochen im Wahlkreis rechtfertigen«, stöhnt Sören Bartol, langjähriger SPD-Abgeordneter aus Marburg. »Ohne Gnade, egal, wie schwierig der Kompromiss war. Ob wir das Gute-Kita-Gesetz oder eine längere Betreuung in der Ganztagsschule beschließen – danach laufen die Telefone heiß.« Bürgermeister und Kommunalpolitiker laden ihren Frust ab. Wann kommt das Geld, wie ist das mit dem Personal, warum wird es nicht direkt durchgeleitet? »Die rufen ja nicht den Minister an, nein, sie rufen den Abgeordneten an, sie kommen zu uns in die Sprechstunde oder schicken böse Briefe.«

So umweht die Abgeordneten, wenn sie aus der Hauptstadt zurückkehren, im Wahlkreis eine Aura des Bedeutsamen. Er oder sie hätten im fernen Berlin mit den vermeintlichen Steuerleuten des Landes zu tun, so der verbreitete Glaube, mit Kanzlerin, Ministerinnen und Ministern und all den anderen Kollegen. »Zu dir wird aufgeschaut, weil du aus Berlin kommst und Wissen mitbringst«, sagt ein langjähriger Begleiter von Abgeordneten. »Und natürlich fühlst du dich überlegen, weil du Herrschaftswissen hast und kluge Argumente einstreuen kannst.«

Doch die Bedeutung ist eine zwiespältige. »Im besten Fall bist du ›unser Mann‹ in Berlin, im schlechteren Fall heißt es, oh ›Mister Wichtig‹ kommt. Aber selbst zu Mister Wichtig wird noch aufgeschaut, du wirst hofiert, du kriegst Einladungen, nicht weil die Leute dich haben oder hören, sondern weil sie sich mit dir schmücken wollen.« Das ist ein kleiner Unterschied, den nicht alle Abgeordneten für sich erkennen.

Zumal gerade im Wahlkreis, an der Front zu Hause, der Ton rauer und der Gegenwind schärfer geworden ist. »Es ist mühsam geworden«, klagt die frühere Freiburger Abgeordnete Kerstin Andreae, die für die Grünen 17 Jahre im Parlament saß, bevor sie zum Bundesverband der Energie- und Wasserwirtschaft (BDEW) wechselte. Die Leute seien viel besser informiert als vor Jahren noch. Bürgerinitiativen und Interessengruppen aller Art – gegen Stromtrassen und Flüchtlingsheime, gegen Bahnlinien und Windräder – sind so gut organisiert wie selten zuvor. Und sie setzen die Abgeordneten unter Druck. Andreae: »Die kommen mit Wissen und Hintergrund zu dir. Die Impfgegner haben WHO-Studien in der Tasche, die sie dir um die Ohren hauen. Die Windkraftgegner haben hochinformierte Leute in ihren Reihen – und sie haben obendrein Zeit.«

»Eine sehr unterschätzte Aufgabe, sie kostet richtig Kraft«, nennt auch Gernot Erler, SPD, die Herausforderung an der Heimatfront, wie Andreae kommt er aus dem Wahlkreis Freiburg. In seinem Fall kostete es auch physische Kraft. Erler war nicht nur viele Jahre lang Bundestagsabgeordneter, sondern auch Staatsminister im Auswärtigen Amt. »Als Staatsminister hatte ich meist eine 80-Stunden-Woche in Berlin, und dann hast du am Wochenende noch im Wahlkreis geackert, um die eigenen Leute bei Laune zu halten.« Die Erwartungen der Menschen, der Wähler und Parteimitglieder, seien enorm. »Sie kommen in dem Glauben ›Dieser mächtige Abgeordnete muss mir doch helfen können.‹«

Kann er manchmal, aber häufig auch nicht. »Die Bereitschaft, Druck auszuüben und verbal zuzulangen, hat eindeutig zugenommen. Der Umgang ist rabiater geworden.« Erler ist gewiss kein rhetorischer Krawallbruder, aber manchmal »brauchst du Helfer am Stand, um dich abzuschirmen. Diese Leute können dir die ganze Stimmung versauen.«

Eines der Kernprobleme aus Erlers Sicht: die Entwicklung des Diskurses hin zu dem jeweils einen Thema einer speziellen Zielgruppe. »Den Leuten geht es nur noch um eines, um ihr Thema, der Rest ist egal. Konsenssuche, Kompromisse, Gemeinwohl – das sind für diese Leute Fremdworte.«

Erler ist nicht allein mit seiner Wahrnehmung. Viele Abgeordnete berichten von einer deutlich gesteigerten Grundaggressivität gegenüber allem Politischen. Und es sind längst nicht nur die vermeintlich schwierigen Milieus. Dietmar Nietan, SPD-Abgeordneter aus Düren: »Die Individualisierung, die allgemeine Verunsicherung, die Konstanten von gestern, die nicht mehr tragen, machen die Leute aggressiver. Sie brauchen ein Feindbild. Für die einen sind es die Ausländer, für die anderen die Politiker oder ganz allgemein ›Die da oben‹.« Und besonders verrückt findet Nietan: »Der Herr Professor und die Frau Zahnärztin zählen selbst zu den kulturellen und ökonomischen Eliten ihrer Kommune, ihrer Society. Sie zählen sich aber nicht dazu, wenn sie selbst kräftig über die vermeintlichen Eliten in Berlin schimpfen.«

Martin Gerster, ebenfalls SPD, der Mann aus Biberach/Riß, hat einen Gewerkschaftstermin Ende 2019 nicht vergessen, 30 Besucher, der CDU-Abgeordnete war da, die Grünen-Kandidatin der zurückliegenden Bundestagswahl und er selbst. »Da stand einer auf und maulte: ›Ach, es gibt eh zu viele Politiker. Nur halb so viele von euch – und wir hätten eine anständige Rente.‹« Und 80 Prozent des Saals hätten applaudiert. Gerster, der nun schon einige Jahre auf dem Parlamentsbuckel hat, sagt: »Wo früher der Respekt war, wenn du Erste-Hand-Informationen aus Berlin mitgebracht hast, hast du heute erst mal alle Hände voll zu tun, Falschinformationen richtigzustellen.«

Auf die unterschwellig und manchmal auch ganz offen vorgetragene Aggression reagieren viele Politiker zunehmend gereizt. Vor allem jene, die schon länger dabei sind. Immer die gleichen Anwürfe, »Die Politiker sind alle korrupt und faul« und »Ihr seid doch alle bestochen«, berichtet der Marburger Sören Bartol, SPD. »Wenn du das zum 3000. Mal hörst, ist irgendwann gut. Heute reagiere ich viel schneller als früher und sage, hören Sie zu, ich bin nicht Ihre Fußmatte. Putzen Sie Ihre Füße woanders ab!«

Exakt die gleichen Erfahrungen hat SPD-Kollegin Ute Vogt aus Stuttgart gemacht: »Heute kippen dir die Leute den ganzen Müll vor die Füße, inhaltlich und verbal. Das war früher anders. Sie kommen zu dir, in die Sprechstunde oder an den Stand, und kotzen sich aus.« Vogt versucht es mit Höflichkeit und Argumenten. Wenn das nicht hilft, wird sie inzwischen genauso deutlich wie Bartol. »Ich lasse mir das nicht mehr gefallen. Ich sage ihnen dann: ›Und ich bin nicht Ihr Fußabtreter!‹«

Respekt? Anerkennung? Wertschätzung? Das war einmal. Auch Wolfgang Bosbach, CDU, der fast 20 Jahre lang Abgeordneter des Bergischen Kreises war, kennt diesen abfälligen Tonfall. »Ihr kennt euch doch! Ihr seid doch Brüder im Geiste – da genügt doch wohl ein Anruf, um mein Problem zu lösen!« Bosbach reagiert inzwischen rigide: »Solche Gespräche dauern bei mir dann noch maximal 30 Sekunden.« Außerdem ist ihm aufgefallen: »Jeder empört sich über Mauscheleien und Kungeleien zwischen Politikern – es sei denn, man hat als Bürger einen Vorteil davon. Dann soll der Politiker ruhig so agieren.«

Auch die Drohung mit Stimmentzug gehört inzwischen zum Alltag des Abgeordneten. »Permanent begegnet dir inzwischen die Drohung ›Dann wähl' ich halt die AfD‹«, berichtet der Reutlinger Michael Hennrich, CDU. Er lasse sich davon nicht mehr beeindrucken: »Ja, dann mach doch!« Er streckt das Kreuz durch: »Ich katzbuckle nicht mehr vor jedem, damit der nicht AfD wählt.« Zugleich ist Hennrich klar: »Bestimmte Leute erreiche ich nicht mehr.«

Selbst Freundschaften gehen ob der aufgeheizten Grundstimmung zu Bruch. Ende des Jahres 2019 erreichte ihn das Schreiben eines ihm gut bekannten Unternehmers: »Erinnern Sie sich eigentlich an Ihren Amtseid? Nämlich dem deutschen Volk zu dienen?« Der Unternehmer beklagte sich über die angeblich zu hohe Zahl von Migranten im Land. Hennrich schrieb einen »freundlich-deutlichen Brief« zurück – »und seither ist unsere Freundschaft beendet«.

Hennrich bekennt offen, dass ihm das Engagement im Wahlkreis zunehmend zu schaffen macht, »weil du nicht mehr durchdringst, Politik nicht mehr erklären kannst«. Nur noch selten fährt er nach einem Abend im Wahlkreis mit einem entspannten Gefühl nach Hause. »Man ist schon froh, wenn die Leute einen nicht verdroschen haben. Wenn man einigermaßen normal behandelt und fair mit einem umgegangen wird.« Ein weiterer Unionsmann stimmt zu: »Manchmal nervt es dann ungemein, wenn du weißt, du musst heute wieder zu einer Parteiveranstaltung, wo nicht mehr die Leute sitzen, mit denen du dich auf einer Welle bewegst, sondern wo vor allem gemeckert und genölt wird.«

Hinzu kommt: Von der Anonymität, die die Abgeordneten in Berlin umgibt, kann in der Heimat keine Rede sein. Zu Hause sind viele, nachdem ihr Porträt im Wahlkampf wochenlang hundertfach an den Laternen und Plakatständern hingen, bekannt wie ein bunter Hund. Es ist eine bisweilen anstrengende Prominenz. Sören Bartol berichtet, und viele andere bestätigen es, dass die Haut dünner wird. »Ich dachte immer, dass sie dicker wird. Aber du bist heute viel schneller ungeduldig, wo du früher ganz entspannt geblieben bist.«

Die Erwartungen, der Zorn, der Druck – sie kosten Kraft. Nirgendwo ist der Abgeordnete sicher vor der Ansprache, und nicht immer ist sie freundlich. »Du wirst im Supermarkt, an der Ampel, an der Tankstelle angesprochen«, sagt Bartol, »eigentlich überall. Es klingt abgedroschen, aber du musst zuhören, du musst interagieren können – auch wenn es dir gerade nicht passt.« Denn sie wissen alle: Stimmen und Wahlen werden nicht alle vier Jahre während des Wahlkampfs gewonnen, sondern in der Zeit dazwischen.

Ähnlich empfindet es Otto Fricke, Freidemokrat, und ebenfalls (mit einer Unterbrechung von 2013 bis 2017) langjähriger Parlamentarier. »Wenn ich beim Hockeyspiel meiner Kinder bin und angesprochen werde, kann ich nicht sagen: Ich bin jetzt privat hier, leider nein.« Wegducken sei nicht möglich: »Du musst auf jeden Fall stehen, sonst giltst du als Lusche. Nicht auszuweichen, wenn mich einer anmacht, gehört zu meinem Job.«

Der Hannoveraner Abgeordnete Matthias Miersch, SPD, hat für sich die Konsequenzen gezogen. Um die Sauna in seinem Wahlkreis, die er früher regelmäßig besucht hat, macht er inzwischen nicht nur aus Zeitmangel einen Bogen. »Weil mich die Leute auch dort angesprochen haben, es ist teilweise gnadenlos. Während du auf der Saunabank entspannen willst, werden politische Grundsatzdiskussionen begonnen und was man da und dort tun müsste.« Miersch aber ist zu Hause und in der Freizeit nicht immer nach Gesprächen über die allgemeine Lage zumute.

Und das sind ja nur die harmlosen Varianten der Annäherung. Hasstiraden in den Sozialen Medien, Schüsse wie Anfang 2020 auf das Büro des Abgeordneten Karamba Diaby (SPD) in Halle, Farbbeutelattacken auf Wahlkreisbüros, eingeschlagene Scheiben und gesprühte Schmähschriften an den Schulen der Kinder von Abgeordneten – die Aggressivität ist zur ständigen Begleiterin geworden. Niemand wird bestreiten, dass etwas zurückbleibt. Auch wenn Helge Lindh nach dem Anschlag auf sein Büro den Krawallbrüdern trotzig erwiderte: »Ihr kriegt mich nicht klein. Ihr seid eine Schande für die Demokratie, für Wuppertal und für dieses Land!«

René Röspel aus Hagen/Westfalen ist das, was man einen aufrechten Sozialdemokraten nennt. Einer, der lieber auf die Fahrbereitschaft in Berlin verzichtet, als sie in Anspruch zu nehmen, und der frei nach Kant nach der Maxime lebt: Was du von anderen erwartest, solltest du auch selbst in der Lage sein zu leisten. Röspel, immer den Wahlkreis direkt gewonnen, meistens mit der Fraktion gestimmt, außer manchmal gegen Kriegseinsätze im Kosovo oder später in Mali, nachdem er selbst den Kriegsdienst nachträglich verweigert hat. Weitgehend sich selbst treu geblieben, die Balance gehalten zwischen Gewissen und Fraktionsdisziplin und deshalb geschätzt unter den Kollegen. Er konnte sich treu bleiben, weil er nie, wie die meisten seiner Kollegen, nach Höherem gestrebt hatte, nach einem Sprecherposten, nach einem Staatssekretärsamt oder der Führung einer Landesgruppe.

Röspel ist ein besonderer Fall, auch weil er eine tragische Geschichte mit sich trägt. Er war gerade ein gutes Jahr im Bundestag, es war Dezember 1999, seine Frau hatte ihn zum ersten Mal mit dem gemeinsamen 15 Monate alten Sohn in Berlin besucht – mit Steffen, dem ersten Kind des Ehepaars. Sie wohnten in der sogenannten Schlange, einem neuen Wohnkomplex unweit des Bundestages, insbesondere für Abgeordnete und Mitarbeiter errichtet. Röspel, damals 35 Jahre alt, war gerade auf dem Weg zum SPD-Bundesparteitag in Berlin-Neukölln, seine Frau hatte ein Fenster offen stehen lassen, Steffen kletterte hinauf – und stürzte in die Tiefe.

Röspel sagt von sich, er sei »ein Familienmensch«. »Seither«, sagt er, »begleitet mich immer dieser Zwiespalt, nicht genug zu Hause zu sein und gleichzeitig meine Pflichten als Abgeordneter ordentlich wahrzunehmen.« Heute ist Röspel Vater von drei später geborenen Kindern, aber wenn man ihn nach der Zahl seiner Kinder fragt, sagt Röspel: »Vier!« Steffen ist immer dabei.

Auch als sein Schwiegervater im Januar 2020 starb, war Röspel in Berlin. Sitzungswoche, er musste eine Rede halten und hatte nur kurz davor die Nachricht vom Tod erhalten. Und er dachte, warum bist du eigentlich gefahren? Deine Frau und Schwiegermutter hätten dich vielleicht gebrauchen können? »Genau diese Dichotomie, dieses Hin- und Hergerissensein – das ist der ständige Zwiespalt, mit dem ich seit 20 Jahren kämpfe und vor allem seit Steffens Tod.«

Röspel ist ein leidenschaftlicher Abgeordneter, und den Wahlkreis empfindet er als seine Heimat. Aber manchmal sei er, nach 21 Jahren im Bundestag, doch »wählerverdrossen«, wie er bekennt. »Weil die Ansprüche auf allen Ebenen so groß und egoistisch geworden sind.« Was ihm nicht selten in der Bürgersprechstunde begegnet: »Manchmal denke ich da, wenn die syrische Frau kommt, die sich in höchster Verzweiflung um ihre Nichten in der Türkei kümmern muss, weil deren Eltern tot sind, und dann kommt einer, der sich beschwert, dass der Nachbar die Hecke nicht schneidet – was ist eigentlich in dieser Gesellschaft los?«

Und dann spricht er von der »Ermüdungskomponente« und dem teilweise maßlos gesteigerten Anspruchsdenken um ihn herum. Wie an jenem Heiligabend, als Freiwillige in Hagen für 120 benachteiligte Kinder Tüten mit kleinen Geschenken gepackt und verteilt hatten. Als nach Ende der Verteilung noch zwei osteuropäische Männer vorgefahren kamen und sich beschwerten, dass sie keine Tüten bekommen hätten. Dass die Geschenke für Kinder gedacht waren, dass Ehrenamtliche ihre Freizeit geopfert hatten, beeindruckte das Duo nicht. Sie drohten: »Wir fotografieren euch, wir melden das der Presse.« Röspel ist auch Monate später noch fassungslos: »Diese Haltung, ›ich habe doch ein Recht auf Kindergeschenke‹. Und andere opfern ihre Freizeit, um das Zeug hübsch zu verpacken …« Röspel entfährt ein tiefer Seufzer: »Es ist kompliziert geworden, durch alle Schichten hindurch.«

Eine zusätzliche Herausforderung im Wahlkreis, die sich in Berlin zumeist nicht stellt: Den Beruf und das Privatleben in Übereinstimmung zu bringen. Die Ehefrau, der Partner, die Kinder – sie alle haben Ansprüche und Erwartungen, die wenig mit den Aufgaben und Pflichten des Abgeordneten zu tun haben. Nicht wenige scheitern daran. Und wenn sich der Abgeordnete, insbesondere abends und an Wochenenden, mal Rücksicht aufs Privatleben erbittet, kann es ihm gehen wie Martin Gerster, SPD, der sich von der Adventsfeier einer Seniorengruppe nach zwei Stunden freundlich verabschieden wollte.

Es sei ja sehr nett gewesen, aber er habe auch einen kleinen Sohn und wolle den noch ins Bett bringen. Da fragte der Veranstalter ungläubig: »Ha was, hend Sie dafür koi Frau dohoim?« Gerster nimmt sich inzwischen die Freiheit heraus, vornehmlich an Wochenenden, Einladungen mit Verweis auf sein Privatleben auch mal abzusagen. Der Veranstalter solle bei der Begrüßung ruhig auf Absage und Begründung hinweisen. Das Verständnis dafür, sagt Gerster, nehme zu: »Vor allem Frauen finden das gut und loben, dass ich nicht nur davon rede, sondern es auch mache.«

Bei allem Gemaule, es gibt auch die Erfolgserlebnisse im Wahlkreis. Die Feuerwehreinsätze, wie Bartol sie nennt. Wenn es um Abschiebungen, Visagesuche oder auch um Leben und Tod geht. Wie bei dem jungen Pärchen aus Afghanistan, für das – nach Landessitte – eigentlich andere Ehepartner ausgewählt worden waren und das dennoch abgeschoben werden sollte. Die Verwandten in der Heimat arbeiteten für einen Warlord, berichtet Bartol, »wären die zurückgeschickt worden, hätte man sie wahrscheinlich ermordet«. Das Problem: Der Sachbearbeiter im Bundesamt für Migration und Flüchtlinge (BAMF) glaubte die Geschichte nicht. Bartol blieb hartnäckig und erreichte zumindest eine Duldung für das Pärchen.

Stolz ist Bartol auch auf den Komplettumbau des Marburger Bahnhofs, der 2015 obendrein als Bahnhof des Jahres prämiert wurde: »Es hat Jahre gedauert, es gab unendlich viel zu organisieren – aber es hat sich echt gelohnt.«

Der Mainzer SPD-Mann Michael Hartmann, 2017 aus dem Bundestag ausgeschieden, berichtet: »Die größten Erfolge hatte ich immer im Wahlkreis. Einem arbeitslosen alleinerziehenden Vater mit Alkoholproblem und fünf Kindern eine Wohnung zu vermitteln – das hat mich glücklich gemacht.« Der Vater habe mit dem Trinken aufgehört und dann auch noch eine Stelle bekommen, »das war ein richtig beglückender Moment«.

Ähnlich empfindet Kai Whittaker, CDU, die Arbeit in seinem Wahlkreis in Baden-Baden: »Oft ist es eine persönliche Bereicherung, die konkreten Sorgen der Menschen, ihre Nöte und auch Anregungen aufzunehmen. Und manchmal, wenn wir bei Notfällen helfen können, ist es ein ganz besonderes Gefühl.«

Und dann sind da aber auch die Fälle, in denen guter Wille und alles Kümmern nicht reichen. Etwa wenn sich eine mutmaßlich ungerechtfertigte Abschiebung doch nicht verhindern lässt, weil es Ausländeramt und Bundesamt für Migration anders wollen. Oder wie bei Kerstin Andreae, bei der sich eine Studentin meldete. Sie hatte den Mord an ihrer Mutter live miterlebt, stand vor einer wichtigen Prüfung in ihrem Medizinfach, die ausgerechnet am Tag der Beerdigung stattfinden sollte. Eine Möglichkeit zur Nachprüfung gab es nicht.

Der Studentin war die Beisetzung der Mutter wichtiger, sie fiel durch – und damit aus der Förderung heraus. »Ich konnte ihr nicht helfen«, berichtete Andreae, »wir saßen beide da und haben geheult.« Der Fall beschäftigte sie noch wochenlang. »Es war am Ende für mich nicht lösbar. Es gibt Grenzen für dich, auch als Abgeordnete.«

Gibt es einen Unterschied zwischen direkt gewählten und über die Liste entsandten Abgeordneten in ihrer Arbeit für den Wahlkreis? Natürlich ist für den direkt gewählten Parlamentarier der Wähler im Wahlkreis quasi seine Homebase, seine Rückversicherung. Zumal er häufig nicht über einen guten Listenplatz abgesichert ist. Schon allein deshalb wird er sich besonders intensiv um seinen Wahlkreis kümmern.

Otto Fricke allerdings will eine Unterscheidung zwischen Direkt- und Listenkandidaten nicht gelten lassen. Wenn er in seinem Krefelder Wahlkreis abends auf ein Bier um die Ecke gehe, bekomme auch er zu hören: »Hör mal, Otto, was habt ihr denn da mit Griechenland wieder für einen Blödsinn gemacht!« Es war zu Zeiten der Eurokrise, die FDP war Teil der Bundesregierung. Und Fricke merkte: Verdammte Hacke – du kannst es denen nicht verständlich erklären. Wer seine Schulden nicht begleichen kann, muss dafür büßen – »gegen diese Grundhaltung kommst du kaum an«.

Fricke versuchte es: »Auch wenn das ganze Sozialsystem dort zusammenbricht?«

Antwort: »Sind die Griechen selber schuld, die haben die Regierung doch gewählt.«

Fricke war ernüchtert und sagt: »Da bekomme ich den gleichen Druck ab wie jeder direkt gewählte Abgeordnete.«

Fricke hat insofern recht: Auf lokaler Ebene löst ein Brief mit dem Bundesadler im Briefkopf bisweilen Probleme, die sich zuvor völlig verknotet darboten. Er öffnet Türen, die zuvor unpassierbar erschienen. Die Abgeordnete einer Regierungsfraktion kann Hürden anders senken, manchmal auch umfassender, als eine Oppositionsvertreterin. Und noch einen Unterschied gibt es – den zwischen den direkt gewählten und den über die Liste eingezogenen Parlamentariern. Natürlich setzt der direkt gewählte Abgeordnete, der sein Mandat verteidigen will, in seiner Arbeit andere Prioritäten als die Kollegin, die über die Landesliste ins Parlament gerutscht ist.

Kaum bemerkt von der Öffentlichkeit beginnen sich in diesem Zusammenhang die Dinge zu verändern. Denn mehr denn je stehen Abgeordnete, vor allem von CDU und SPD, vor einer schwierigen strategischen Entscheidung. Wahlkreise, die sich verlässlich direkt gewinnen lassen, gibt es durch das Erstarken von Grünen und AfD nur noch wenige. Selbst für die CSU in Bayern ist die Lage unübersichtlicher geworden. Was früher ein felsensicheres Direktmandat war, wie Gelsenkirchen oder Oberhausen für die SPD oder Heidelberg und Karlsruhe für die CDU, ist längst nicht mehr sicher.

Viele Landesverbände neigen jedoch seit Langem dazu, Kandidaten, die eine realistische Chance aufs Direktmandat haben, nicht mit einem vorderen Platz auf der Landesliste abzusichern. Immer mit dem Hinweis: »Du kannst ja direkt gewinnen.« Weshalb sich Kandidaten wie Helge Lindh, SPD, in Wuppertal, Wiebke Esdar, SPD, in Bielefeld oder Matern von Marschall, CDU, in Freiburg ihre Strategie gut überlegen müssen. Alle drei haben ihre Wahlkreise 2017 direkt gewonnen. Aber die Konkurrenz sitzt ihnen im Nacken. Und so wie ihnen geht es vielen: Sollen sie sich da, wo es künftig voraussehbar knapp zugehen wird, auf den Wahlkreis konzentrieren? Oder sich mehr in der Region und im Landesverband engagieren, um so die Chance auf einen guten Listenplatz zu erhöhen?

Die strategischen Erwägungen und der Hader der Wählerinnen und Wähler sind das eine. Darüber hinaus gibt es indes noch eine Komponente, die den Abgeordneten mindestens ebenso viel Kraft und Aufmerksamkeit abverlangt: Die eigene Partei im Wahlkreis. Die Auseinandersetzungen mit den Mitgliedern, das Erklären, das Verteidigen, das Überzeugen zehren an den Bundestagsabgeordneten, insbesondere an jenen von Union und SPD. Die Jahre der Großen Koalition haben ihre Spuren hinterlassen, auch im Verhältnis der Abgeordneten zu ihren örtlichen Parteimitgliedern. Regelrecht wund gerieben sind manche Parlamentarier, und es hat viel zu tun mit den parteibezogenen Konflikten zu Hause. »Eine klassische Ortsvereinssitzung läuft heute so, dass einem die Leute nur noch sagen, was wir für eine Scheiße in Berlin machen«, stöhnt ein altgedienter Sozialdemokrat.

Von einer »intensiven Vorwurfskulisse« spricht auch Helge Lindh. »Im Wahlkreis geht es immer auch um die Posten und die Erwartungshaltung deiner Leute.« Lindh hat das Spannungsfeld zwischen Berlin und Wahlkreis einmal anschaulich beschrieben. In Wuppertal, seinem Wahlkreis, leben so viele Menschen mit Migrationshintergrund wie sonst nur in wenigen Städten Deutschlands. Deshalb ist er in Migrationsfragen ein eher liberaler Sozialdemokrat: »Die unterschiedlichen Interessen der Partei als solcher, der Partei vor Ort und der Leute im Wahlkreis auszutarieren ist manchmal wahnsinnig schwierig. In Sitzungswochen werde ich von Montag bis Freitag von der AfD wegen meiner Position bekämpft. Samstag und Sonntag beschimpft mich ein Teil meiner Parteilinken oder derer, die meinen, sie wären wirklich links. Für die ist meine Haltung Verrat.«

Die Entfremdung hat nahezu unbeobachtet, aber gefährlich zugenommen. Die Rückbindung in den Wahlkreis funktioniert nur noch unzureichend. Es gebe nicht wenige Kollegen, »die sagen ganz offen, dass sie sich nicht mehr trauen, ihrer Basis dieses oder jenes zu erklären«, berichtet Ute Vogt. »Manche von denen fahren richtig mit Angst in den Wahlkreis zurück.« Auch sie selbst musste sich wiederholt des Vorwurfs erwehren: »Wie konntest du da nur zustimmen?« Untermalt von dem Hinweis: »Ich bin enttäuscht!«

In der CDU ist es kaum anders. Kai Whittaker aus Baden-Baden hatte 2015 gegen die erste Verlängerung des Griechenland-Rettungspakets gestimmt und 2017 für die Ehe für alle. Dafür gab es von den eigenen Leuten im Wahlkreis nicht nur Streicheleinheiten. »Da war viel Erklärungsbedarf«, sagt er heute. So viel, dass er zum Thema Griechenland allen Mitgliedern einen erläuternden Brief schrieb.

Der Wahlkreisvertreter im permanenten Rechtfertigungsmodus, das war einmal grundlegend anders. »Früher kam der Abgeordnete aus Bonn dienstagabends nach der Fraktionssitzung in seinen Wahlkreis nach Düren und erklärte seinen Leuten die politische Welt. Da dachten viele, Mensch, der erzählt uns Interna und Dinge, die wir sonst niemals erfahren hätten.« So hat Dietmar Nietan, SPD, noch seinen Vorgänger Jupp Vosen erlebt. »Und am nächsten Tag sagten die Leute, ›Mensch, Jupp, das waren gestern wieder Dinge, die hab ich in der *Tagesschau* gar nicht erfahren.‹ Und Jupp sagte: ›Stimmt, konntest du auch gar nicht erfahren, das haben wir ja unter uns in der Fraktion besprochen.‹«

Früher, so sagt Nietan, hatte der Abgeordnete Autorität durch Exklusivwissen, durch die vermeintliche Nähe zur Macht. Heute ist die Welt eine andere: »Früher hieß es, oh, unser Abgeordneter kennt den Wirtschaftsminister. Heute werfen sie einem, der Zugang zum Wirtschaftsminister hat, vor, er sei Teil des Systems. Früher war das System positiv besetzt, die Nähe zur Macht nötigte Respekt ab. Heute schlägt dir erst mal Misstrauen, nicht selten gar Verachtung entgegen, wenn du dich zu nahe an der Macht bewegst.«

Mitunter treiben so die eigenen Genossen sogar den zurückhaltenden Nietan in den Zustand des heiligen Zorns. »Wenn sich meine Leute darüber aufregen, dass Andrea Nahles beim Mindestlohn drei Ausnahmen zulassen musste, anstatt sie dafür zu loben, dass sie ein zentrales sozialdemokratisches Projekt durchgesetzt hat, kann ich schon mal gereizt reagieren.«

Nietan hat noch ein zusätzliches Handicap: Er ist Fachmann für Außenpolitik, sitzt im Auswärtigen Ausschuss. Keine Kompetenz, die im Wahlkreis sonderlich geschätzt wird. Kollege Rolf Mützenich beschreibt die Herausforderung so: »Als die bei mir in Köln damals hörten, jetzt ist dieser Kerl aus Nippes auch noch im Auswärtigen Ausschuss, sind die schier wahnsinnig geworden, weil sie dachten, jetzt fährt der auch noch in der Weltgeschichte rum.« Sie hätten ihren Rolf lieber im Verkehrs- oder im Haushaltsausschuss gesehen, um dort für neue Autobahnspuren oder die Mittel für ein neues Forschungszentrum zu kämpfen.

Dass die eigene Partei ihre Abgeordneten auf Trab hält, hat auch Ralph Brinkhaus, der Chef der CDU-Abgeordneten, registriert. Abgeordnete, die ihre Zeit »absitzen« und sich ansonsten ihrer Anwaltskanzlei oder einem anderen Haupterwerb zuwenden, seien zur Ausnahme geworden. »Die Honoratioren, die das Abgeordnetendasein als Nebenerwerb verstehen, sterben aus. Auch weil die Parteimitglieder in den Wahlkreisen sehr genau darauf achten, ob sich jemand engagiert oder nicht.« Brinkhaus sagt es nicht ohne eine gewisse Genugtuung: »Wer sich nicht reinhängt, wird nicht mehr als Direktkandidat aufgestellt.«

So ist das Verhältnis zwischen den Abgeordneten und ihren Parteigängern im Wahlkreis über die Jahre oft ein recht fragiles geworden. Auch deshalb haben nicht wenige Parlamentarier im Wahlkreis noch Zusatzämter übernommen, Ortsvorsitzender, Kreisvorsitzende oder Unterbezirkschefin. Kann es nie genug sein, fragt man sich? Nun, das Postensammeln ist weniger dem Streben nach Macht und nach möglichst vielen Ämtern geschuldet. Hinter der Ämterakkumulation stecken immer auch taktisches Kalkül und die Sorge um die eigene Zukunft: Die Posten sollen helfen, Stimmungen einzuschätzen und Unruhe frühzeitig zu erspüren. Helge Lindh: »Die Posten, die du als MdB zu Hause übernimmst, dienen immer auch der Absicherung des eigenen Hinterlands. Verzichtest du auf diese Posten, machst du dich – meistens faktisch, manchmal nur gefühlt – angreifbarer.«

All das wären schon genug Herausforderungen im Wahlkreis. Eine weitere ist seit einiger Zeit dazugekommen: Das Füttern der sozialen Medien. »Samstag und Sonntag hatte man immer schon Termine«, stöhnt Sascha Raabe, SPD-Abgeordneter aus dem hessischen Hanau, »aber jetzt hast du nach den Veranstaltungen auch noch die Nachbereitung auf Facebook. Der Termin ist zu Ende, aber ich muss mir noch überlegen, welches Foto und welchen Text lade ich hoch, und dann muss man es auch noch administrieren.« Weitere Stunden, die er investieren muss, auch am späten Abend und am Wochenende. Verzichte er auf den Social-Media-Auftritt, sei er gegenüber der Konkurrenz schnell im Nachteil.

So geht es vielen, der Social-Media-Wettbewerb ist längst entbrannt, und wer nicht mitmacht, sieht sich schnell dem Genörgel der Parteifreunde ausgesetzt: »Warum postest du denn nichts zu der Veranstaltung?« Auch Ute Vogt kennt diese Fragen der Genossen. »Und wenn ich dann sage, dass ich einen anderen Kommunikationsstil habe, wird das kaum akzeptiert.«

Nicht mehr sakrosankt an der Heimatfront und unter Druck von den eigenen Leuten: Abgeordnete haben heutzutage ausgerechnet dort oft ihre größten Probleme, wo sie besonders schmerzen – zu Hause.

Die Liste

Es gibt wohl kaum eine Internetseite, die, je näher der Wahltag rückt, unter Bundestagsabgeordneten gleichermaßen beliebt und gefürchtet ist wie www.mandatsrechner.de. Beruhigend wirkt die Seite nur auf jene, die in politisch festbetonierten Machtverhältnissen antreten. Sie wissen, der Wahlkreis ist eine sichere Bank – oder direkt nie und nimmer zu gewinnen und deshalb ein sicherer Listenplatz die einzige Option, in den Bundestag zu gelangen.

Sichere Wahlkreise jedoch sind in politisch volatilen Zeiten immer weniger geworden, sodass das Portal regelmäßig den einen den Schweiß auf die Stirn treibt, bei den anderen Hoffnung keimen lässt. Die Seite rechnet Abgeordneten und Anwärtern aufgrund der letzten Meinungsumfragen vor, wie viele Kandidatinnen und Kandidaten von welchen Parteien aus jedem Bundesland eine reelle Chance haben, in den nächsten Bundestag einzuziehen.

Für viele Abgeordnete und Kandidaten, weil bis auf den einzelnen Wahlkreis heruntergebrochen, ist dies ein Seismograf für die möglichen Chancen bei der nächsten Wahl. Die Seite listet in fiktiver Präzision auf, wer welchen Wahlkreis direkt gewinnen kann und bis zu welchem Listenplatz noch eine Chance auf Erfolg besteht.

Bei Bundestagswahlen wird bekanntlich die eine Hälfte der Abgeordneten direkt über die Stimmenmehrheit in den Wahlkreisen gewählt. Die andere Hälfte, plus Überhang- und Ausgleichsmandate, zieht über die Landeslisten in den Bundestag ein. Der Kampf ums Direktmandat im Wahlkreis ist einfach zu verstehen und vergleichsweise übersichtlich: Mehrere Kandidaten treten in jedem Wahlkreis gegeneinander an. Der Kandidat mit den absolut meisten Stimmen fährt nach Berlin.

Für die Fraktionsvorsitzenden in der Hauptstadt sind die direkt gewählten Abgeordneten eine ambivalente Sache. Zum einen haben Wahlkreissieger ihr Ohr mehrheitlich nah am Puls der Wähler und neigen deshalb zu einem eher pragmatischen Stimmverhalten. Zum andern sind sie auch freier in ihrem politischen Auftritt und zudem mit einer gehörigen Portion Selbstbewusstsein ausgestattet. Das erleichtert die Steuerung und Koordination nicht unbedingt.

Politische Freidenker wie Wolfgang Bosbach (CDU), Karl Lauterbach (SPD) und Marco Bülow (Ex-SPD) können und konnten sich ihre ungezwungenen Überlegungen immer nur erlauben, weil sie nicht vom Wohl und Wehe eigener Parteifunktionäre, sondern nur vom Votum ihrer Wählerinnen und Wähler im Wahlkreis abhängig sind oder waren. Diese Kollegen und Kolleginnen auf Linie zu halten ist nicht immer eine leichte Aufgabe für Fraktionsführungen.

Viel diskreter als der direkte und transparente Kampf ums Direktmandat findet in allen Parteien und in allen Bundesländern die Auseinandersetzung um die Listenplätze statt. Präziser: um die halbwegs sicheren Listenplätze, diejenigen also, die mit einer gewissen Wahrscheinlichkeit für den Einzug ins Parlament ausreichen. Es ist ein Kampf, der lange vor dem eigentlichen Wahlkampf beginnt. Das Prinzip ist föderal, die Bundesparteien haben formal nicht mitzureden (wenngleich es informell doch immer wieder geschieht).

Weil die Listenplätze am Wahlabend immer pro Bundesland errechnet und vergeben werden, ist für jeden Landesvorstand die Erstellung der Landesliste – mehrere Monate vor dem Wahltermin – eine der heikelsten Aufgaben der gesamten Legislaturperiode. Wer bekommt die besten Plätze? Wer muss sich weiter unten auf der Liste einreihen? Wer bekommt einen Bonus? Wer hat Potenzial? Die Kriterien für den Vorstandsvorschlag sind teilweise bekannt, bisweilen aber auch undurchsichtig.

Einen gehörigen Startvorteil haben immer Abgeordnete, die schon Mitglied des Bundestages sind. In allen Fraktionen und Landesverbänden nehmen sie die vorderen Plätze ein, Parteiprominente und Minister ganz zuoberst. Doch dann wird es unübersichtlich. Der Geschlechterproporz spielt eine Rolle, die verschiedenen Regionen eines Bundeslandes sollen Berücksichtigung finden, Jüngere und Ältere sollen eine Chance haben, inzwischen kann auch ein migrantischer Hintergrund von Vorteil sein. In der Regel legt also die Führung eines Landesverbandes einen Vorschlag vor, über den dann ein Parteitag zu beschließen hat. Kampfkandidaturen sind in der Regel möglich, kommen auch immer wieder vor, wobei die vorderen Plätze zumeist unangetastet bleiben. Besonders umkämpft waren in der Vergangenheit Listenparteitage der Grünen – Cem Özdemir verpasste so 2009 den Einzug in den Bundestag.

Nachdem sich das Parteienspektrum verändert und die Zahl der vermeintlich sicheren Wahlkreise weiter abgenommen hat, zeichnet sich ab, dass das Gerangel um aussichtsreiche Listenplätze in Zukunft noch verbissener wird. Denn wo sich früher Union und SPD, bis auf einige Wahlkreise in Berlin, sämtliche Direktmandate teilten, kämpfen heute Grüne, Linkspartei und AfD munter um die Erststimmen mit. Das hat Folgen: Wenn die Gefahr zunimmt, ein Direktmandat zu verlieren oder es nicht erobern zu können, beginnen Abgeordnete ihre Strategie zu verändern.

Nicht mehr der Wahlkreis wird zum Referenzpunkt, sondern der jeweilige Landesverband und der dazugehörige Führungskreis der Partei. Die Abgeordneten nehmen intensiven Kontakt zum Landesvorstand auf, um sich dort nachhaltig in Erinnerung zu rufen. Sie fangen frühzeitig an, sich in der Region umzuschauen, um dort Allianzen zu schmieden, die bei der Landesliste hilfreich sein könnten. Oder ganz konkret: Sie lassen sich in den Landesvorstand wählen, fahren die Wahlkreisarbeit dezent zurück und widmen sich stattdessen Bündnissen vielfältiger (auch außerparlamentarischer) Art, alles nur mit dem einen Ziel: einen sicheren Listenplatz zu erringen.

Eine paradoxe Besonderheit kommt hinzu: Häufig werden in ihrer Region durchaus populäre Abgeordnete mit der Chance auf ein Direktmandat gerade nicht über die Liste abgesichert. Sie bekommen das Argument zu hören: Du hast ja die Chance, das Direktmandat zu gewinnen. So wie Axel Berg oder Nina Hauer (beide SPD) im Jahr 2009. Beide hatten vorher ihre Wahlbezirke in München-Nord und der hessischen Wetterau dreimal direkt gewonnen, beide waren nur schlecht abgesichert, die SPD fuhr ein für damalige Verhältnisse miserables Ergebnis ein, beide mussten den Bundestag verlassen.

Es ist ein Mechanismus, der nicht allen einleuchtet. »Wenn du gut warst, das Direktmandat holst und hart in deinem Wahlkreis arbeitest, ist das ein Nachteil«, hat auch Helge Lindh registriert, der 2017 in Wuppertal auf Anhieb direkt gewählt wurde. »Es ist verrückt, aber es ist so.« Und weil er in Nordrhein-Westfalen in harter Konkurrenz zu manch anderen direkt gewählten SPD-Abgeordneten steht, wird er mutmaßlich auch 2021 seinen Wahlkreis direkt gewinnen müssen – oder er kehrt nicht in den Bundestag zurück.

Zumal die SPD in Nordrhein-Westfalen bisher an ihrem Regelwerk streng festgehalten hat. »Es gibt einen strikten Regionenproporz, das Geschlecht spielt eine Rolle, es gibt das Reißverschlussverfahren, alles ist genau ausgeklügelt. Es sind einfach viele Faktoren, die mit der Performance des Einzelnen überhaupt nichts zu tun haben«, seufzt Lindh.

Auch Sascha Raabe, Lindhs Genosse aus Hanau, hat in seinen ersten Berlin-Jahren seine Erfahrungen gemacht mit dem Gerangel um die Listenaufstellung. Raabe war Bürgermeister, bevor er 2002 in den Bundestag wechselte, weiß also, wie man Menschen anspricht und Wähler gewinnt. Das Denken in festgezurrten Kategorien war ihm seit jeher eher fremd, »als Bürgermeister erkennst du auch gute Ideen von anderen an, weil es für die Menschen wichtig ist«. Sein Handicap: Der hessische Landesverband war zu jener Zeit tief gespalten. Nordhessen und Südhessen, die Pragmatiker da, die Parteilinken dort.

Raabe schloss sich in Berlin den jungen Netzwerkern an, einer Gruppe undogmatischer Sozialdemokraten, für Raabe »junge Leute, die was machen wollten, was nicht nach Schubladen sortiert war«. Das aber passte nicht ins damalige hessisch-sozialdemokratische Rechts-Links-Schema. Raabe hatte 2002 und 2005 seinen Wahlkreis direkt gewonnen: »2002 und 2005 hatten Sören Bartol und ich in Hessen mit die besten Erststimmenergebnisse. Auch weil wir mit den Leuten klarkamen. Andere in unserem Landesverband haben vornehmlich so geredet, dass sie auf den Listenparteitagen weit vorne platziert wurden.« Was bei der SPD in der Regel heißt:

für linke Positionen werben und die reine sozialdemokratische Lehre lobpreisen.

Auch weil Raabe sich immer in der Entwicklungspolitik engagiert hatte, in Sicherheitsfragen aber einen eher konservativen Kurs befürwortete, passte er nicht in die üblichen Raster. Das geriet ihm zum Nachteil. »Ich war Netzwerk – und fertig. Es war schlimm, als Neoliberaler beschimpft zu werden. Es war ganz krass.«

Bei einem Listenparteitag saß er gerade auf der Toilette, als er unfreiwillig mithörte, wie sich honorige Genossen beim Händewaschen über ihn austauschten: »Ja, der Raabe ist doch Netzwerker. Nee, der geht gar nicht …!« Raabe war entsetzt: »Die haben geredet, als sei ich ein Feind. Es war einfach widerlich. Ich dachte für mich, ein Teil der Linken in dieser Partei ist nicht politisch links, sondern charakterlich link.«

Gegen Ende seiner ersten Legislaturperiode hat Helge Lindh ein sehr pragmatisches Verhältnis zur Erstellung der Landeslisten entwickelt: »Wenn die Liste zum Maß der Dinge wird, müsste ich mein Verhalten so ausgestalten, dass ich bei denen gut dastehe, die die Liste erstellen. Ich müsste also Zeit in Bündnisse investieren, Deals machen. Jedenfalls viel Zeit investieren, um mir auf der Liste einen guten Platz zu sichern. Zeit, die für die dringend notwendige Vermittlung von Politik und fürs Sichkümmern dann fehlte.« So werden es bei den nächsten Wahlen viele Sozialdemokraten halten. Auch in der Union werden sich viele Kandidaten neu ausrichten, wenn die Partei sich dauerhaft bei der 30-Prozent-Marke einpendeln sollte.

Dass Listenabgeordnete ihren Wahlkreis weniger engagiert betreuen, will CDU-Fraktionschef Ralph Brinkhaus allerdings nicht stehen lassen: »Es gibt Listenabgeordnete, die leiden wie ein Hund, dass sie nicht direkt gewählt wurden, obwohl sie den Wahlkreis durchgeackert haben.«

Und doch bleibt es bei dem eigentümlichen Umstand, dass für SPD-Kandidatinnen und Kandidaten, etwa in Bayern, Baden-

Württemberg oder Thüringen, wo die Partei seit über zehn Jahren keine Direktmandate mehr gewinnen kann, die Listenaufstellung Monate vor der Wahl wichtiger ist als die Bundestagswahl selbst. Im Grunde wird mit der Erstellung und Verabschiedung der Liste die politische Zukunft der Kandidaten entschieden – lange bevor die Wahl selbst stattfindet.

Zugleich hat der innerparteiliche Druck auf die Abgeordneten zugenommen. Ein Druck, für den Listenabgeordnete anfälliger scheinen als direkt gewählte Abgeordnete. Carsten Schneider, Parlamentarischer Geschäftsführer der SPD-Fraktion, kennt »Kollegen, die öffentlich gegen die Große Koalition gewettert und heimlich ihr Kreuzchen für die Koalition gemacht haben«. Ein Grund sei die dominante Rolle sozialer Medien: »Das geht ganz schnell, dass die Kollegen via Facebook oder Twitter an die Wand gemalt werden und Ärger kriegen nach dem Motto ›Arbeiterverräter‹. Dann reagieren sie vorauseilend.« Und orientierten sich am vermutlichen Common Sense der Landesführung. Wenn der Landesverband jedoch zum Magneten für die Kompassnadel werde, falle ein Teil der Bundestagsfraktion als stabilisierende Instanz aus. Schneider: »Sie haben Schiss, nicht mehr aufgestellt zu werden.«

Auch in der Linkspartei ist die Führung wenig glücklich über die Listenfixierung vieler ihrer Kandidatinnen und Kandidaten. Fünf Direktmandate eroberte die Linkspartei bei der Wahl 2017 – und 64 Listenplätze. »Wenn Abgeordnete öffentlich reden, tun sie das oftmals zu den Delegierten und der Basis der Partei. Aber nicht immer ist das Interesse unserer Mitgliedschaft übereinstimmend mit dem der Wählerinnen und Wähler«, hat Jan Korte, Parlamentarischer Geschäftsführer der Fraktion beobachtet. »Auf Parteiveranstaltungen genauso wie im Bundestag, da gibt es keinen Unterschied. Im Bundestag kann man übrigens wunderbar beobachten, ob wir die eigenen Leute ansprechen oder ob man versucht, noch eine Botschaft für die 83 Millionen Menschen außerhalb dieses Kreises zu haben.« Sein Fraktionsvorsitzender Dietmar Bartsch sieht das sehr ähnlich. Fragt man ihn, wann seine Abgeordneten eher die eigene Parteibasis ansprechen als die Wähler, antwortet er: »Fast immer.« Und der Klassiker sei, einmal im Monat den Austritt aus der Nato zu fordern.

Ein knappes Jahr vor der Bundestagswahl, wenn die Listenparteitage anstehen, häufen sich bei der Fraktionsführung die Anfragen von Kollegen mit der Bitte um Redezeit im Bundestag. Thema? Ganz egal, Hauptsache reden. Am liebsten, wenn das Fernsehen noch überträgt. »Denen wird dann gesagt: Du bist zwar als Experte für dieses Thema bisher nicht aufgefallen – aber warum nicht?«, sagt Korte. Es ist der Versuch der Abgeordneten, sich kurz vor der Listenaufstellung noch einmal nachhaltig in Erinnerung zu bringen.

Auch Bartsch spürt, dass nach der Hälfte der Legislaturperiode regelmäßig die Nervosität seiner Abgeordneten wächst. Jede weitere Landtagswahl ist eine neue Wasserstandsmeldung, wird auf prozentuale Zuwächse und Verluste abgeprüft und in Mandate und Bundestagssitze umgerechnet. Regelmäßig ausreichend Grund für zahlreiche Abgeordnete, durchzuatmen oder den Sorgenpuls weiter ansteigen zu lassen.

Ein Sozialdemokrat benennt das Defizit für seine Partei – freilich ohne Namensnennung – sehr offen: »Die Qualität der Abgeordneten leidet darunter, dass zu viele über die Liste kommen. Die halten sich stramm an Parteitagsbeschlüsse und nicht daran, was Bürgerinnen und Bürger wollen. Und das ist ein Problem.« Noch deutlicher sagt es Kollege Helge Lindh: »Wenn man komplett auf Listen setzt und die direkt Gewählten schwächen will, stärkt man den Autismus von Parteiapparaten und das Strippenziehen dahinter.«

Und schwächt damit die Demokratie. Die Zustimmung zu ihr sinkt ohnehin.

4 »Wochenlang bin ich schweißgebadet aufgewacht«

Zwischen Fraktion, Wahlkreis und Gewissen: Abgeordnete unter Druck

Ein solcher Konflikt begegnete ihm nie wieder. Und er hat das innere Ringen nie vergessen. War es die richtige Entscheidung? Hatte er es sich zu leicht gemacht? Hätte er nicht doch dagegen stimmen sollen?

Nicht lange zuvor war er in den Bundestag gewählt worden. Und eine der ersten Entscheidungen, die er zu treffen hatte, war eine über Krieg und Frieden, über Leben und Tod. Er hatte dem Nato-Einsatz der Bundeswehr auf dem Balkan zugestimmt, dem ersten Kampfeinsatz deutscher Soldaten nach dem Zweiten Weltkrieg, obgleich er als Jurist wusste: Es ist ein völkerrechtswidriger Krieg. »Wochenlang bin ich schweißgebadet aufgewacht und nicht mehr eingeschlafen, nachts Bettwäsche wechseln – das volle Programm. So hat es in mir rumort.« So beschreibt der ehemalige Abgeordnete Axel Berg, SPD, Jahre später seinen Seelenzustand in jenen dramatischen Tagen des Februar 1999.

Nicht in jeder Parlamentswoche sind Bundestagsabgeordnete solchen Entscheidungen ausgesetzt. Nicht immer geht es um existenzielle Fragen und bohrende Gewissensentscheidungen. Und doch, die Zwänge für Abgeordnete sind enorm, die Interessen vielfältig und nur selten so zu erfüllen, dass im Wahlkreis und in Berlin alle zufrieden sind. Abgeordnete spüren den Druck, er bedrängt, er lähmt, er kostet Kraft. Er ist permanent da. Und er schlägt durch auf die Gesundheit.

Die Erwartungen an die Frauen und Männer im Bundestag sind höchst unterschiedlich – und sie kommen von verschiedenen Seiten. In Berlin setzt die Fraktionsführung ein einheitliches Abstimmungsverhalten sowie ein geschmeidiges Einordnen in über Jahrzehnte gewachsene Abläufe und Rituale voraus. Darauf legen insbesondere die Regierungsfraktionen wert. Die Mehrheit muss schließlich in jeder Sitzungswoche aufs Neue stehen. Und eine Fraktionsspitze, die keine sicheren Mehrheiten garantieren kann, ist schnell keine Fraktionsspitze mehr.

Und die Gewissensfreiheit? Ist es wirklich so, dass die Abgeordneten des Deutschen Bundestages »an Aufträge und Weisungen nicht gebunden und nur ihrem Gewissen unterworfen« sind, wie es in Artikel 38, Grundgesetz heißt? Eher nicht, die Realität ist eine andere: Vor einer Entscheidung im Bundestag stimmen in der Regel die Fraktionen intern ab. Und in der Regel halten sich die Abgeordneten auch an dieses Ergebnis. Diese Fraktionsdisziplin garantiert die Arbeitsfähigkeit, insbesondere einer Fraktion, die die Regierung stützt. Ungemütlich wird es, wenn Abgeordnete von der vereinbarten Linie abweichen.

Ganz anders sind die Erwartungen im Wahlkreis. Es gibt dort keine Chefs, es gibt keine Kollegen, die die Linie vorgeben, es gibt keinen Fraktionszwang – aber es gibt zornige Wähler, und es gibt unduldsame Parteimitglieder. Und beide Gruppen, die Kollegen in Berlin und die Wähler im Wahlkreis, sind in der Lage, den Abgeordneten das Leben auf ihre Weise zu erschweren. Oder seine und ihre Karriere zu beenden.

Die härteste Panzerung müssen sich diejenigen Abgeordneten zulegen, die in ein Ministeramt aufsteigen. Der Druck ist höher, die Erwartungen sind vielfältiger. Kanzlerin oder Kanzler erwarten eine pannenfreie Umsetzung von Gesetzesvorhaben, die in aller Regel auf Kompromissen basieren. Die Parteien der Koalition möchten aber zugleich im Regierungshandeln sich selbst wieder erkennen – und zwar möglichst viel davon. Lobbygruppen reden mit, die Fraktionen bestimmen mit. Und die Medien leuchten dort hinein, wo erste Risse auftreten, und weiten sie zu Gräben. Fairness dürfen Minister weder von ihnen noch vom politischen Gegner erwarten – und von den eigenen Leuten auch nicht. Weil jede Gruppe danach strebt, ihre eigenen Interessen durchzusetzen.

Der Druck fängt bei Äußerlichkeiten an. »Wenn du prominent bist, sitzt du bei den Leuten permanent im Wohnzimmer«, erinnert sich die frühere Gesundheitsministerin Ulla Schmidt, SPD, »natürlich macht das was mit dir«. Im Urlaub ist sie nicht mehr in Schlappen und Pluderhose an den Pool gegangen wie einst als unbekannte Abgeordnete. Stets darüber nachdenken zu müssen, wie man wo auftritt, belastet den inneren Seelenfrieden, doch deutlich schlimmer wirkt die permanente öffentliche Beurteilung. Alles, was man im Ministeramt macht, wird begutachtet und kritisiert. Und jeder hat seine Meinung dazu.

Die Gesundheitspolitik war in den Schröder-Jahren ein umkämpftes Feld. Schmidts Pläne zur Begrenzung der Arzneimittelkosten, zur Reform des Preissystems der Krankenhäuser und zur Betreuung chronisch Kranker stießen auf erbitterte Widerstände. Die Milliardendefizite der gesetzlichen Krankenkassen stiegen, die Beitragssätze auch. Die lange angemahnte Großreform des Gesundheitssystems ließ bis zum Ende der ersten Amtszeit von Gerhard Schröder auf sich warten. Der Kanzler selbst trat auf die Bremse, wünschte vor der Bundestagswahl 2002 kein Risiko. Doch die Kritik am Verschleppen der Reform bekam nicht der Regierungschef ab. »Ich war stellvertretend das Opfer«, sagt Schmidt.

Als Konsequenz daraus kapselte sie sich ab, versuchte sich zu immunisieren gegen die feindliche Medienwelt: »Es gab Zeiten, da hab ich eine ganze Woche keine Zeitung gelesen.« Man müsse sich »abschotten gegen die Ungerechtigkeiten beziehungsweise was du dafür hältst und offen bleiben für berechtigte Kritik«. Schmidt be-

schreibt diese Gratwanderung zwischen unbegründeten Schmä-
hungen und durchaus nachvollziehbaren Mängelanzeigen als die
eigentliche Herausforderung des Jobs.

Das Trommelfeuer der Medien kostete zwar Kraft, wie Ulla
Schmidt sich erinnert. Deutlich schlimmer waren für sie aber die
Attacken aus den eigenen Reihen. Vor allem, wenn sie anonym vorgetragen wurden. Kritische Debatten in den eigenen Reihen seien
normaler parlamentarischer Alltag. Aber: »Was ich als verletzend
empfunden habe, war die Kritik von Leuten, die ihre Namen nicht
nannten, sondern als sogenannte ›Kreise‹ auftraten. Das macht
eine faire Auseinandersetzung unmöglich, vor allem dann, wenn es
Leute aus der eigenen Partei waren.«

Ulla Schmidt stammt aus Aachen, dem Klischeebild von der le-
bensfrohen Rheinländerin kommt sie recht nahe: Sie ist ein offener
Mensch, es fällt ihr leicht, auf Leute zuzugehen, sie lacht gern, Ver-
bissenheit liegt ihr fern. In der Politik hat sie gelernt, misstrauisch
zu sein. »Als Politiker hast du immer eine Hemmschwelle, offen zu
reden«, sagt sie. »Du musst immer damit rechnen, dass etwas gegen dich verwendet wird.« Also umgibt man sich mit wenigen Vertrauten – und bleibt ansonsten am besten auf Distanz. »Das hat
nichts mit Abschottung zu tun«, meint Schmidt. »Es geht gar nicht
anders.«

Der Druck, unter dem sie stand, hat Ulla Schmidt äußerlich
verändert. »Auf Bildern sah ich oft hart aus, obwohl ich das nie
war.« Ganz losgeworden ist sie diesen Druck lange nicht: »Ich
zuckte noch Monate nach meinem Ausscheiden als Ministerin
zusammen, wenn im Radio das Thema Gesundheit aufgerufen
wurde.«

Ist das aber nicht mehr als Druck, geht das, was Abgeordnete
erleben und aushalten müssen, nicht tiefer? »Ist Druck der richtige
Begriff?«, fragt Jan Korte von den Linken – und gibt die Antwort
gleich selbst. Angst, so meint er, sei viel passender für das Gefühl,
das viele Kollegen verspürten. Die Angst vor dem Versagen, die

Angst vor der Bloßstellung, die Angst vor dem Aus bei der nächsten Wahl. Kann ich bestehen? Kriege ich das hin? Angst sei das Hauptproblem vieler Abgeordneter.

In der Fraktion

Wer in den Bundestag einzieht, versteht schnell: Ohne Fraktionsdisziplin funktioniert der Laden nicht, auch wenn das die eigene Unabhängigkeit einschränken mag. Weil er selbst auf den wenigsten Themenfeldern Experte sein kann, muss sich der einzelne Abgeordnete auf seine Fachkollegen und deren Expertise verlassen. Und die Fachleute geben in der Regel die Fraktionsmeinung vor.

Eine Bundestagsfraktion ist ein besonderer Sozialverband. Kollegialität, Korpsgeist und Konkurrenz liegen eng beieinander, die soziale Kontrolle ist hoch. Und deshalb schauen die Fraktionsmitglieder untereinander genau hin: Wer weicht von der Fraktionslinie ab? Wie oft? Mit welchen Begründungen? Wer springt dann doch über seinen Schatten? Ist es echte Überzeugung, oder spielen auch taktische Momente eine Rolle? Wer stimmt am Ende im Parlament auch tatsächlich gegen die Vorgabe der Führung?

Einmal kann man sich ein abweichendes Abstimmungsverhalten erlauben. Vielleicht auch zweimal. Wer sich in der Bundestagsfraktion aber häufiger von der eigenen Truppe entfernt und anders abstimmt, als es die Führung erwartet und von der Mehrheit beschlossen wurde, gerät schnell unter die Räder. Die Arbeitsgruppe stellt Fragen, Kollegen gehen auf Distanz, Einladungen kommen seltener. Vor allem aber: Die Chancen auf einen Aufstieg, auf einen reizvollen Posten mit Entwicklungsmöglichkeiten sinken mit jeder Gegenstimme.

Für Abgeordnete, die von der Fraktionslinie abweichen wollen, gibt es in allen Fraktionen klare Vorgaben: Weil die Abstimmungen in den Sitzungswochen in der Regel auf Donnerstag und Freitag terminiert sind, müssen potenzielle Neinsager sich bis Mittwochmittag bei der Fraktionsführung melden und ihre Haltung begründen. Es ist dann ein bisschen wie im Beichtstuhl: Der Abgeordnete trägt seinen Drang zur Sünde vor – und die Fraktionsführung mahnt, ihn zu unterdrücken. Wer sich selten querstellt, seine Renitenz schlüssig begründen kann und mit seinem Abweichen das große Ganze, die Regierung, nicht gefährdet, ist schnell wieder raus aus dem Büro des Fraktionschefs oder des Parlamentarischen Geschäftsführers. Schwieriger wird es, wenn sich die Fälle von Verweigerung häufen. Oder wenn eine Abstimmung eng zu werden droht, wenn gar die Regierungsmehrheit gefährdet ist. Dann tritt ein fein abgestimmter Katalog von Sanktionen in Kraft.

Für sozialdemokratische Abgeordnete sind Kriegseinsätze seit jeher ein schwieriges Kapitel, sehen sie sich doch als Vertreter einer Friedenspartei. Seit 1998 hat sich bei ihnen ein ganzes Sortiment von Sanktionsinstrumenten für Verweigerer herauskristallisiert. Wenige Monate nach der Regierungsübernahme, im Frühjahr 1999, muss Rot-Grün entscheiden, ob sich die Bundeswehr mit Kampfflugzeugen an der Nato-Operation »Allied Force« beteiligt. Mit Luftschlägen gegen militärische Ziele der Serben sollen deren systematische Menschenrechtsverletzungen im Kosovo beendet werden. Kanzler, Außen- und Verteidigungsminister sind für eine Beteiligung – doch entscheiden muss der Bundestag, da nur das Parlament Auslandseinsätze deutscher Soldaten beschließen darf. Vielen roten und grünen Parlamentariern geht es in diesen Tagen und Wochen wie Axel Berg: Gedankenschwere, Gewissenszweifel, Seelenplagen.

Auch René Röspel, SPD-Abgeordneter aus Hagen, hadert im Frühjahr 1999 mit dem Kriegseintritt. Auch er bekommt den Druck zu spüren. Kurz vor einer der Abstimmungen bittet ihn Franz Müntefering im Plenum auf eine der hinteren Bänke: »Du kannst hier nicht gegen Fraktion und Partei stimmen«, sagt er. Röspel weist Müntefering, den amtierenden SPD-Generalsekretär, auf die Parteitagsbeschlüsse hin, die den Kriegseinsatz nicht deckten.

»Dann müssen wir künftig bei der Listenaufstellung schauen, was wir machen«, antwortet Müntefering. Die Drohung lässt Röspel kalt: Auf der NRW-Landesliste stand er ohnehin auf einem der aussichtslosen letzten Plätze, seinen Wahlkreis hat er direkt gewonnen.

Aber so wie Röspel ergeht es vielen in den für Rot-Grün heiklen Regierungsjahren. Die Führungsleute, ob Peter Struck, Franz Müntefering, Ludwig Stiegler und später auch Andrea Nahles, müssen ständig Druck ausüben, um die oft widerspenstigen Truppen beieinanderzuhalten.

Richtig zur Sache geht es im November 2001. Gerhard Schröder will die deutsche Kriegsbeteiligung in Afghanistan mit einer Vertrauensabstimmung verknüpfen. Am Montag vor der Entscheidung finden sich 40 Genossen bei Schröder im Kanzleramt ein, um einen Ausweg aus dem Dilemma zu erörtern. Am Tag danach, in der Fraktionssitzung, stellt Peter Struck klar, es werde eine Vertrauensabstimmung geben – und bei fehlender Mehrheit voraussichtlich eine Neuwahl. Jeder, der mit Nein stimme, habe 24 Stunden Zeit, sich bei der Fraktionsführung zu erklären – und gleichzeitig sein Mandat abzugeben. Im Klartext: Wer mit Nein stimmt, kann seinen Rücktritt einreichen.

Damit wollen Schröder, Müntefering und Struck die Abgeordneten auf Linie bringen. Wer nicht mitgehen will, soll sofort durch Nachrücker über die Landeslisten ersetzt werden. Schröder und Müntefering wissen genau: Listenabgeordnete sind, weil von einem aussichtsreichen Platz abhängig, deutlich anpassungsbereiter als direkt gewählte Abgeordnete. Röspel und viele andere beugen sich schließlich dem Diktat, weil sie die deutsche Beteiligung letztlich ohnehin nicht verhindern können. Vor allem aber, weil sie Rot-Grün nicht vorzeitig beenden wollen.

Auch in der Union geht es bisweilen wenig zimperlich zu. Als Wolfgang Bosbach im Jahr 2010 als Vorsitzender des Innenausschusses gegen weitere Hilfen für Griechenland stimmen will, erlebt er eine Art Bearbeitungsmarathon. Als Erster kommt Fraktionschef Volker Kauder auf ihn zu: Das mit der Gewissensentscheidung sei ja schön und gut, und es sei auch okay, dass er sich als direkt gewählter Abgeordneter seinen Wählern besonders verpflichtet fühle. »Aber du hast als Ausschussvorsitzender eine Führungsfunktion, die verdankst du der Fraktion, und die erwartet Loyalität.« Bosbach bietet an, den Vorsitz niederzulegen, einknicken kommt für ihn nicht infrage.

Auf Kauder folgen die Kollegen aus der Fraktion. Sie könnten ihn in der Sache ja verstehen. Aber sie hätten im Wahlkreis Riesenärger, weil die Leute sagten: »Warum machst du es nicht wie der Bosbach und sagst Nein? Der Bosbach traut sich was!« Friede kehre erst ein, wenn Bosbach einlenke. Als er stur bleibt, fordert ein CDU-Staatssekretär ihn dazu auf, sein Bundestagsmandat niederzulegen. Vergebens. Als Nächstes darf sich Peter Altmaier versuchen, der Parlamentarische Geschäftsführer. Bosbach fragt: »Peter, glaubst du, das hat Zweck?« Altmaier: »Nicht wirklich.«

Da Bosbach aber um Altmaiers Nöte weiß, schlägt er ihm einen Deal vor: Man könne gern eine Tasse Kaffee trinken, so, dass sie gesehen würden. Altmaier solle dabei wild gestikulieren, er, Bosbach, höre dann demütig zu, nicke ab und zu mit dem Kopf – und bleibe im Übrigen bei seinem Nein. So geschieht es. Bosbach und Altmaier trinken ihren Kaffee auf der Plenarsaalebene im Bundestagsrestaurant – es hat eine große Fensterfront –, Altmaier gestikuliert, Bosbach hört zu, nickt. Und bleibt beim Nein.

Dann wird es ernst. Volker Kauder bittet erneut zum Gespräch, dieses Mal in seinem Büro: »Wie kommen wir jetzt raus aus der Nummer? Du bringst die Regierung in größte Verlegenheit. Das geht so nicht! Wenn wir keine eigene Mehrheit zustande bringen, ist es vorbei!« Warum er, Bosbach, denn so offensiv sein müsse? Warum er in Talkshows und Interviews ständig die Regierungslinie unterlaufe? Bosbach bietet einen Deal an: Keine weiteren Interviews mehr zu dem Thema, aber bei seiner Meinung werde er bleiben. Kauder stimmt zu. Aber damit ist es noch nicht vorbei.

Drei Tage später tagt die CDU-Landesgruppe Nordrhein-Westfalen. Bei einer Probeabstimmung zu den Griechenland-Hilfen werden drei Neinstimmen gezählt. Kanzleramtsminister Ronald Pofalla, erkennbar genervt von der Debatte, sitzt dummerweise zwischen zwei Neinsagern, Wolfgang Bosbach und Carsten Linnemann, dem heutigen Vorsitzenden der Mittelstands- und Wirtschaftsunion von CDU/CSU. Beim Rausgehen legt sich Pofalla mit dem damaligen Parlamentsneuling Linnemann an. »Lass doch mal den Carsten in Ruhe, was fällt dir ein, den hier so anzumachen? Das ist seine Meinung, das ist seine Überzeugung, das ist sein gutes Recht«, ruft Bosbach in Richtung Pofalla. Der kontert mit einer vollen Breitseite: »Ich kann deine Fresse nicht mehr sehen.«

Am Tag danach besucht Bosbach das Kanzleramt, versöhnt sich mit Pofalla und trifft Angela Merkel. Das Treffen verläuft wie die zweite Begegnung mit Volker Kauder: nicht laut, nicht drohend, eher werbend für die eigene Position. Nutzt aber auch nichts. Als Letzter darf dann Wolfgang Schäuble, den Bosbach überaus schätzt, sein Glück versuchen. Und Schäuble ist dann auch der Einzige, der den Unerschütterbaren ins Wanken bringt: »Wenn Griechenland aus der Währungsunion ausscheiden muss, darf Deutschland nicht schuld sein«, argumentiert Schäuble – und Bosbach ist beeindruckt. Aber nicht genug. Am Ende stimmt er mit Nein. Warum?

»Für mich war immer wichtiger, was die Leute im Wahlkreis denken, als das, was die Leute im Kanzleramt für richtig halten«, sagt Bosbach Jahre später. »Denn schließlich war es gerade die Union, die den Menschen bei der Einführung des Euro versprochen hatte: ›Handlung und Haftung bleiben zusammen! Kein Land haftet für die Schulden eines anderen Landes!‹« Auf das Vertrauen seiner Wähler sei er immer angewiesen gewesen. 1998, dem Glanzjahr von Rot-Grün, war Bosbach in seinem Wahlkreis von sieben

SPD-Direktkandidaten umzingelt. Den Rheinisch-Bergischen Kreis hat er insgesamt sechs Mal direkt gewonnen, auch 1998.

Wie schnell man unter die Räder kommen kann, erfährt auch Bosbachs Fraktionskollege Kai Whittaker. Neu im Parlament verfasst er 2014 zusammen mit anderen ein Positionspapier zum Thema Hartz IV, das Prämien für besonders arbeitswillige Langzeitarbeitslose sowie das Ende der Ein-Euro-Jobs vorsieht. Die Chiffre »Hartz IV« ist vermintes Terrain, Whittaker ist Berichterstatter für das Thema. Die Zusammenlegung der Arbeitslosen- und der Sozialhilfe war Teil jenes grundlegenden Reformwerks, der Agenda 2010, mit der die Regierung Schröder von 2003 an den Sozialstaat neu justierte – und den Niedergang der SPD einleitete. CDU und CSU hatten die Reform damals zunächst als zu wenig ambitioniert kritisiert. Und dann jahrelang geschwiegen, als sie sahen, wie verheerend die Auswirkungen für die SPD waren. Bei Hartz IV ist also Vorsicht geboten. Whittaker ist nicht vorsichtig genug.

Über Umwege und ohne sein Zutun gerät Whittakers Papier in die Zeitung. Als er ahnungslos und gut gelaunt in die nächste Sitzung der CDU-Arbeitsgruppe marschiert, wartet dort schon deren Sprecher. »Er wurde ohne Vorgespräch vor 60 Leuten rasiert«, erzählt ein Teilnehmer. »Er kam gar nicht dazu, sich zu verteidigen.« Der Sprecher entzieht Whittaker die Zuständigkeit für Hartz IV. Whittaker sagt dazu nur: »Es war kein schöner Tag.«

Vier Wochen später hat Whittaker seine Zuständigkeit wieder, doch der Vorgang ist lehrreich für ihn. Beim nächsten Mal werde er sofort den Mund aufmachen und um seinen Posten kämpfen. Und eines werde ihm gewiss nicht mehr passieren: ohne Verbündete dazustehen. Denn jetzt weiß er: Ohne Mitstreiter ist in der Politik kein Kampf zu gewinnen.

Jeder Fraktionschef hat seinen eigenen Instrumentenkasten. Und bei Bedarf wird er vorgezeigt: zum Beispiel der Hinweis, dass bei nächster Gelegenheit der Posten als Ausschussvorsitzender oder Arbeitsgruppensprecher leider nicht mehr garantiert werden könne. Es sind diese Posten, die mediale Präsenz ermöglichen und deshalb gefragt sind bei den Parlamentariern. Ein Abgeordneter sagt es ganz offen: »Dann heißt es: Wenn du nicht mit der Fraktion stimmst, wirst du nichts mehr. Oder: Dann verlierst du deinen Ausschussplatz.«

Einer, der sich selbst treu bleiben wollte und sich damit immer weiter von seiner Fraktion entfernte, ist Marco Bülow. 2002 gewann er den Wahlkreis Dortmund I erstmals direkt, danach vier weitere Male. Wiederholt stimmte er bei Sozialgesetzen oder Bundeswehreinsätzen gegen die Fraktion, wiederholt hatte er Vier-Augen-Audienzen bei seinen Fraktionschefs. Einordnen ließ er sich nie. Lieber gab er seinen Posten als Sprecher der AG Umwelt auf. »In den Sprecherrunden der Fraktion wirst du auf einen Kurs festgenagelt, da kannst du im Ausschuss dann nicht dagegenstimmen.« Er wollte aber dagegenstimmen, wenn er die Fraktionsentscheidung für falsch oder unzureichend hielt.

Die Fraktionsführung versetzte ihn in eine andere Arbeitsgruppe, es wurde nicht besser. Stattdessen wurden irgendwann auch Dienstreisen nicht mehr genehmigt. Hannelore Kraft und Mike Groschek, Vorsitzende und Generalsekretär seines Landesverbandes, nahmen ihn zur Seite, »gute Freunde« wurden vorgeschickt, um mit ihm zu reden. Mitglieder der Landesgruppe stellten ihn zur Rede. »Natürlich wirst du unter Druck gesetzt«, sagt Bülow. »Es gab die klare Ansage: Du wirst nichts mehr, wenn du so weitermachst.« Er machte so weiter, nur die Drohung, ihn auf der Landesliste noch weiter hinten zu platzieren, unterblieb. Weil er ohnehin immer als Direktkandidat in den Bundestag gewählt worden war, hatte er die Liste nie gebraucht.

Als das alles nichts nutzte, trat 2013 in Bülows Dortmunder Wahlkreis ein Gegenkandidat an, um ihm die Kandidatur abspenstig zu machen. »So ein sicherer Wahlkreis ist natürlich begehrt«, sagt Bülow, »den möchte man haben, und wenn du Fehler machst oder die Politik insgesamt schlecht läuft, musst du immer damit rechnen, dass ein anderer antritt.« Der andere hatte in diesem Fall allerdings keine Chance. Er bekam keine 20 Prozent, »und damit war die Sache geklärt«.

Es ist ein robustes Geschäft, Zweifler auf Linie zu halten. Auch Franz Müntefering, zweimal Fraktionschef, erinnert sich: »Stimmt schon, wir sind manchmal nicht zimperlich miteinander umgegangen.« Es seien unter Rot-Grün schwierige Zeiten und die Mehrheiten häufig knapp gewesen. In kritischen Fällen sei den Kollegen durchaus klargemacht worden: »Wir müssen mal mit deinem Unterbezirk sprechen.« Denn die Frage liege ja auf der Hand: »Vertrittst du noch die Meinung deines Unterbezirks oder nicht?«

Kein anderer Fraktionsvorsitzender beherrschte die homöopathische Dosierung von Zuckerbrot und Peitsche so geschmeidig wie der verstorbene Peter Struck. Erst die Charmeoffensive: Er sei doch ein großes Talent, beschied Struck einem Neuling in der Fraktion. Er sei doch klüger als der eine oder andere Kollege – und zugleich drauf und dran, seinen Aufstieg zu verbauen. Jetzt würde er den Novizen einmal wirklich brauchen, und dann verweigere der sich. Dann die Daumenschrauben: Bisher habe er, Struck, ihn ja geschont, aber… Auch Struck drohte gelegentlich damit, in die Kandidaten- und Listenaufstellung auf Landes- und Bezirksebene hineinzuregieren. De facto fand es, soweit bekannt, nie statt.

Aber Widerspruch mochte auch Struck nicht. Als ihm der Abgeordnete Michael Hartmann in einer Fraktionssitzung einmal Widerworte gab, kanzelte Struck ihn mit »Arschloch« ab. »Das hat mich wochenlang beschäftigt«, gestand Hartmann später. Der Rüffel hatte seinen Zweck erfüllt, Hartmann war eingeschüchtert. Seinen Respekt vor Struck hat Hartmann, darauf legt er Wert, dennoch nie verloren.

Geschmeidiger geht Carsten Schneider vor, 2017 zum Ersten Parlamentarischen Geschäftsführer der SPD-Bundestagsfraktion gewählt. Wer wiederholt mit Gegenmeinungen auffällt, bekommt einen Gesprächstermin. Dann kann es schon mal heißen: »Mensch, du bist neu in der Fraktion und enthältst dich immer. Was machst du denn da …?« Aber auch Schneider, so wird erzählt, kann deutlicher werden.

Wer weiter hartnäckig den eigenen Ansichten folgt, bekommt die Drohung zu hören, auf eine interne Liste der Abweichler zu geraten, die für die Kollegen der Fraktion zugänglich ist: »Jeder soll zu seinem Ja oder Nein auch stehen können.« Auch das hat wiederholt geholfen, aus Schneiders Sicht jedenfalls: »Da hat der eine oder andere gesagt: Da will ich jetzt nicht drauf. Das merken sich die Kollegen.«

Und dann gibt es etwas, das Schneider und viele seiner Fraktionskollegen besonders auf die Palme bringt: Wenn Genossen mit Nein oder Enthaltung stimmen und sich dann im Wahlkreis und in den sozialen Medien dafür öffentlich selbst belobigen, sich gar feiern. Oder gefeiert werden. Das kommt in jeder Fraktion ganz schlecht an – und sie lässt es die selbst erklärten Helden deutlich spüren. Sozialkontrolle in der Politik, trotz einer grundgesetzlich verbrieften Gewissensfreiheit. Schneider hält das für legitim: »Wenn die Kollegen den Betroffenen Bescheid sagen, da funktioniert der Gemeinsinn noch.«

Die soziale Kontrolle ist, wie im richtigen Leben auch, nicht immer schmerzfrei. Ist es Gemeinsinn? Oder doch eher Mobbing? Letztlich erträgt eine Fraktion anhaltende Minderheitenpositionen nur bedingt. In der SPD wurden die frühere Finanzpolitikerin Sigrid Skarpelis-Sperk oder der Sozialexperte Klaus Barthel immer wieder rüde angegangen. Marco Bülow ereilte in Fraktionssitzungen mehrfach der Zuruf: »Jetzt halt' doch mal die Klappe!« Er hat es nicht vergessen: »Die Fraktion lässt dich das sehr deutlich spüren.« Pofallas ausfälliger Ordnungsruf – »Ich kann deine Fresse nicht mehr sehen!« – gehört auch in diese Kategorie.

Doch manchmal reicht soziale Kontrolle nicht aus. Wie im Fall von Uli Grötsch. Als der SPD-Abgeordnete aus der Oberpfalz im

Herbst 2019 dem »Geordneten-Rückkehr-Gesetz«, das eine schnellere Abschiebung von abgelehnten Asylbewerbern vorsieht, seine Zustimmung verweigert, feiern ihn seine bayerischen Genossen – und viele andere auch – als einen der letzten aufrechten Sozialdemokraten. In der Fraktion aber sind viele sauer. Die Regelung, von ihren Kritikern nur als »Hau-ab-Gesetz« attackiert, ist Teil eines Kompromisses in der Großen Koalition.

Beim Zuwanderungsgesetz – nach 20 Jahren hart erkämpft – sind CDU und CSU der SPD weit entgegengekommen, setzten aber als Gegenleistung dafür härtere Abschiebemaßnahmen durch. Sich mit einem Nein hierzu zu schmücken empfinden zahlreiche SPD-Abgeordnete als unsolidarisch. Und das hat Folgen. Seine Ambition, innenpolitischer Sprecher zu werden, musste Grötsch begraben: Wer als Innenpolitiker in einer so wichtigen Frage wie dem Geordneten-Rückkehr-Gesetz gegen die Mehrheit der Fraktion stimme, so macht ihm die Führung klar, könne die SPD nicht nach außen vertreten.

Wer wenig Ambitionen verspürt aufzusteigen, tut sich leichter damit, auch mal Nein zu sagen. Und wer auch noch die Zahl der Neinauftritte dosiert, erfährt sogar Akzeptanz. So wie der Entwicklungspolitikexperte Sascha Raabe: »Ich konnte meine Punkte auch deshalb durchsetzen, weil ich nie Angst haben musste, es könnte meiner eigenen Karriere schaden, wenn ich mich kritisch gegenüber einem Minister, Fraktions- oder Parteichef äußere.« Denn nichts dergleichen wollte er selbst je werden, sagt er. Es gab keine Druckmittel gegen ihn. »Das hat mich unwahrscheinlich frei gemacht.« Raabes Bilanz nach 18 Jahren Bundestag: »Wenn man sich früh entscheidet, keine Spitzenposition anzustreben, ist der Druck erträglich.«

Im parlamentarischen Alltag

Mitten in seiner Rede fängt Matthias Hauer plötzlich an zu zittern, sackt kurz darauf zusammen. Die Sitzung des Bundestages wird unterbrochen, die Zuschauer müssen den Plenarsaal räumen, Ärzte eilen herbei, der CDU-Abgeordnete wird zur Untersuchung ins Krankenhaus gebracht. Nur wenige Stunden später, als die Sitzung wieder aufgenommen ist, bricht die Linke-Parlamentarierin Simone Barrientos bei einer namentlichen Abstimmung zusammen. Ärzte unter den Abgeordneten wie der Sozialdemokrat Karl Lauterbach leisten Erste Hilfe, ein Sichtschutz wird um Barrientos aufgebaut, die Sitzung wird abermals unterbrochen. Auch Barrientos muss ins Krankenhaus.

Zwei Notfälle im Bundestag an ein und demselben Tag, dem 7. November 2019. Plötzlich interessiert sich die Öffentlichkeit für die Arbeitsbedingungen der Abgeordneten. Eine ganz normale Sitzungswoche bedeutet 60 bis 70 Arbeitsstunden mit höchst unterschiedlichen Terminen an verschiedenen Orten. Zwischendurch Telefonate, Unterschriftenmappen und stets ein schneller Blick aufs Smartphone. Was ist gerade los bei den anderen – und in der Welt. E-Mails, WhatsApp, Twitter, Facebook, Instagram – alles muss beobachtet und beantwortet werden. Jederzeit, jeden Tag.

Dazu kommen Aufgaben im Wahlkreis, Parteiveranstaltungen, Vereinssitzungen oder Diskussionsrunden. Sie finden am Wochenende oder abends statt, wenn Nichtabgeordnete Zeit für Politik haben. Freie Samstage und Sonntage werden dadurch schnell zur Ausnahme. Schließlich findet fast immer irgendwo ein Orts-, Kreis- oder Landesparteitag statt, ist ein Schützenfest, wird gegen Extremismus demonstriert oder eine Ausstellung eröffnet. »Überall soll der Abgeordnete präsent sein, sich zeigen und bürgernah geben«, sagt der FDP-Abgeordnete Otto Fricke. »Tut er es nicht, wird es ihm spätestens bei der nächsten Kandidatenaufstellung vorgehalten.« Nicht zuletzt deshalb verplane sein Büro seine Wochenenden sehr häufig wie normale Arbeitstage. »Möchte ich freihaben, muss ich das frühzeitig deutlich machen.«

Noch am Tag der beiden Notfälle im Bundestag startet die Linke-

Abgeordnete Anke Domscheit-Berg einen elfteiligen Twitter-Thread, in dem sie die Arbeitsbedingungen für Abgeordnete als »unmenschlich« kritisiert. So sei es Parlamentariern nicht erlaubt, im Plenarsaal zu trinken, nicht einmal Wasser, was zur Dehydrierung führen könne. Außerdem hätten die Donnerstage in Sitzungswochen Tagesordnungen, die »von neun Uhr morgens ohne irgendeine Pause bis theoretisch fünf Uhr früh« gingen. In der Praxis sei oft »schon« zwischen zwei und drei Uhr Schluss.

Niemand könne so lange zuhören, schreibt Domscheit-Berg. Und das tue auch keiner, da es parallel unzählige Termine und Verpflichtungen gebe, die man erledige; etwa Abstimmungen mit Kollegen sowie Vorbereitungen für den nächsten Tag. Sie kenne kaum Bundestagsabgeordnete ohne chronischen Schlafmangel: »Man zehrt an der Substanz. Dass man oft für seine Arbeit beschimpft wird, macht es nicht leichter.«

Der fehlende Schlaf mache sich am nächsten Tag bemerkbar. Auch sehe sie selbst ihre Familie in Sitzungswochen überhaupt nicht, da diese nicht in Berlin lebe. Freitag um 19 Uhr sei sie dann zu Hause »wie durch den Wolf gedreht«. Zweimal habe man in dieser Legislatur im Bundestag »viel zu früh verstorbener Kollegen« gedacht. Burnout, Schwächeanfälle am Pult: »Politik ist wirklich harte Arbeit, und die Rahmenbedingungen sind unschön.« Deshalb: »Wenn man gute Politik haben möchte, muss man auch gute Arbeitsbedingungen dafür schaffen.«

In einem *Spiegel*-Interview räumt die 51-Jährige später ein, auch sie habe mit schweren gesundheitlichen Problemen zu kämpfen gehabt: »Nach dem ersten Jahr war ich auch dem Burnout nahe. Ich hatte Herzrhythmusprobleme und Schlafstörungen.« Die Probleme anzusprechen sei ein Tabu. »Kollegen warnen eher davor, solche Dinge anzusprechen – auch aus Furcht vor Shitstorms.«

In den Wochen nach den Zusammenbrüchen der beiden Abgeordneten kommt rasch eine Debatte über eine Reform der Sitzungswoche auf. Plenardebatten sollten künftig nicht mehr bis in die frühen Morgenstunden dauern. Hierfür, so die Idee, müssten die Fragestunde sowie fünf Debattenthemen vom endlos langen Donnerstag auf den Mittwoch verlagert werden. Spätestens um Mitternacht wäre dann Schluss.

Vollgepackte Tagesordnungen mit Sitzungen bis in die frühen Morgenstunden waren auch in der Vergangenheit der Regelfall im Bundestag. Bis zum Einzug der AfD ins Parlament im Herbst 2017 wurde das Problem dadurch gelöst, dass die Abgeordneten ihre vorbereiteten Reden nicht mehr hielten, sondern schriftlich zu Protokoll gaben. Die AfD weigerte sich aber grundsätzlich, ihre Reden zu Protokoll zu geben. Da man den Rechtspopulisten nicht den Plenarsaal überlassen wollte, blieben auch die Abgeordneten der anderen Fraktionen.

Eine Reform der Geschäftsordnung wurde von der AfD im Ältestenrat zunächst blockiert, die übrigen Fraktionen stimmten ihr aber später zu. Mit der Abschaffung der Nachtsitzungen, wie sie Ende 2019 beschlossen wurde, ist der Gesundheit der Abgeordneten aber längst nicht hinreichend gedient. Bereits 2009 veröffentlichte Karl Lauterbach ein medizinisches Ratgeberbuch für Parlamentarier. In »Gesund im kranken System« beschreibt er den Alltag der Abgeordneten als einen unheilvollen Mix aus viel Arbeit, vielen Terminen und wenig Erfolg: »Negativen Dauerstress«.

In begleitenden Interviews diagnostizierte Lauterbach die Kollegen: Viele seien übergewichtig und litten unter Bewegungsmangel, hätten ein gesteigertes Risiko für Schlaganfall und Herzinfarkt, ihr Blutdruck sei oft zu hoch, und die Cholesterinwerte seien es auch. Alkohol sei ein Problem, bei dem auch er die Verlockung spüre: »Ich trinke gern guten Rotwein, und als Politiker haben Sie jeden Abend einen Termin, bei dem Sie dazu Gelegenheit haben.« Lauterbachs Fazit: Abgeordnete leben ungesünder als der Durchschnitt der Bevölkerung – und müssen das aushalten, wenn es nach oben gehen soll: »Um Spitzenpolitiker zu werden, muss man schon recht robust sein. Sonst kommt man nicht so weit.«

Wie sehr der Druck und der Alltagsstress auf die Gesundheit von Politikern schlägt, wurde im Herbst 2019 für alle Welt sichtbar, als Bundeskanzlerin Angela Merkel innerhalb weniger Tage drei öffentliche Zitteranfälle erlitt. Wenige Wochen davor hatte eine andere prominente Politikerin Konsequenzen aus ihrem gesundheitlichen Zustand gezogen: Im August 2019 verkündete Sahra Wagenknecht, die populärste Vertreterin der Linken, dass sie infolge eines Burnouts künftig kürzertreten wolle. Auf Merkel und Wagenknecht bezieht sich Anke Domscheit-Berg explizit, als sie am Ende ihrer Klage über die Arbeitsbedingungen der Abgeordneten zu dem Fazit kommt: »Der Preis ist zu hoch.«

5 »Selbst schuld, dass aus dir nichts geworden ist«

Outlaws oder kritische Köpfe: über Außenseiter in den Fraktionen

Mehr Hinterbänkler kann man gar nicht sein. Vor ihm der gesamte Plenarsaal, hinter ihm kommt nur noch die Wand. Doch das ist nicht alles, was er an parlamentarisch Randständigem erleben muss. Wenn er das Plenum betritt, kommt niemand auf ihn zu, wenn er redet, klatscht keiner – außer er beschimpft seine früheren Fraktionskollegen –, wenn er bei Abstimmungen die Hand hebt, schaut das Bundestagspräsidium nicht hin. Das heißt, ein Mal, ein einziges in eineinhalb Jahren, hieß es bei der Verkündung eines Abstimmungsergebnisses dann doch: »… und mit der Stimme des fraktionslosen Abgeordneten Kamann …« Ihn ärgert das: »Der einzelne Abgeordnete wird dadurch als ›unwichtig‹ oder ›nicht relevant‹ eingestuft – es zählen nur die Fraktionen.« Das sei elementar demokratieschädigend: »Als Fraktionsloser bin ich ein No-Name. Das ist zwar für mich persönlich nicht problematisch. Wenn aber die Stimme eines einzelnen MdB de facto weniger wert ist als andere, ist das ein großes Problem. Man hat die gleichen Pflichten, aber nicht die gleichen Rechte.«

Uwe Kamann ist im Dezember 2018 aus der Bundestagsfraktion der AfD ausgetreten, und auch aus der Partei. Er war der dritte Abgeordnete, der die Reihen der Rechtspopulisten in dieser Legislaturperiode verlassen hat, bis zum Sommer 2020 folgten ihm zwei weitere. Die fünf sitzen nun auf zusätzlich angebrachten Stühlen hinter ihren ehemaligen Parteifreunden, zwar nebeneinander, doch jeder bleibt eher für sich. Schauen sie quer durch den Saal, über die Köpfe der FDP-, der Unions- und der Grünen-Abgeordneten hinweg, sehen sie einen weiteren Stuhl, der da eigentlich nicht hingehört. Es ist der Platz von Marco Bülow. 16 Jahre lang, seit dem September 2002 hat der Dortmunder in den Reihen davor gesessen. Bis er das Leiden an den Genossen, an der Fraktion und seiner eigenen Rolle darin im November 2018 nicht mehr ertragen wollte – und ausstieg. Seitdem ist auch er fraktions- und parteilos.

Die Fraktionslosen sind nicht die einzigen Außenseiter im parlamentarischen Betrieb. Zu ihnen gehören auch die notorischen Abweichler, Abgeordnete, die auffallend oft nicht mit der Fraktionsmehrheit stimmen, sich entweder auf ihr Gewissen, ihre Versprechen aus dem Wahlkampf, auf Besonderheiten ihrer Biografie oder schlicht darauf berufen, dass sie bestimmte Entscheidungen für grundfalsch halten. Eine dritte Gruppe besteht aus jenen, die, oberflächlich betrachtet, im Sinne des parlamentarischen Betriebes zwar reibungslos funktionieren, ihm innerlich aber fremd geblieben sind, sich seinen Gepflogenheiten und informellen Regeln nie ganz anpassen mochten.

Gemeinsam ist ihnen allen, dass sie anders sind als die große Mehrheit der anderen Parlamentarier, dass sie von der Norm abweichen, die gesetzt ist. Und gerade dieses Abweichen macht sie interessant. Für die Medien, aber auch als Typen. Was treibt sie an? Welche Erlebnisse und Erfahrungen als Abgeordnete haben sie so werden lassen, wie sie sind? Warum haben sie ihre Fraktion verlassen, warum sprengen sie öfter als andere die Fraktionsdisziplin, warum fremdeln sie immer noch mit den Herausforderungen und Regeln, denen sie sich mitunter schon vor Jahren verschrieben haben? Von Interesse ist aber auch: Wie gehen die anderen Abgeordneten mit ihnen um, den Outcasts des Bundestages?

Der Heimatlose

»Verräter«, »Mandatsräuber« – Feindseligkeit schlägt Kamann von einem Großteil der AfD-Abgeordneten entgegen, seitdem er die Fraktion verlassen hat. Wenige seiner alten Kollegen verhielten sich »neutral-distanziert«, noch weniger so wie früher. Es mache aber einen Unterschied, so erzählt Kamann, ob er einem einzelnen AfD-Abgeordneten begegne, das sei in der Regel unproblematisch. Oder mehreren, da setze dann stets die Gruppendynamik ein, und die Verräter-Sprüche fielen. Die Ablehnung sei unter den Ost-Abgeordneten besonders groß, da viele von ihnen ähnlich völkisch-nationalistisch, ähnlich radikal strukturiert seien wie der Thüringer AfD-Vorsitzende Björn Höcke: »Und da gibt es dann nur schwarz oder weiß, Freund oder Feind.«

Kamann, Jahrgang 1958, ist ein Unternehmer aus der IT-Branche, wirtschaftlich unabhängig von der Politik, seine Düsseldorfer Firma berät andere Unternehmen bei der Umstellung auf digitale Prozesse. In seiner Zeit als AfD-Abgeordneter leitete er den Arbeitskreis Digitalisierung und war auch Mitglied im entsprechenden Ausschuss. Als Gruppe ist die gesamte AfD-Fraktion ein Außenseiter des Parlamentsbetriebes, da sie sich als Opposition nicht nur zur Regierung und zu allen im Bundestag vertretenen Parteien versteht, sondern auch zum System an sich. Im Digitalausschuss sei sein Verhältnis zu diversen Abgeordneten aus anderen Fraktionen aber »recht gut« gewesen, so Kamann, mit einigen habe er sich sogar geduzt, die kamen vor allem aus den Reihen der Union und der FDP. Mit Anke Domscheit-Berg war es anders, schwierig. Die Digitalexpertin der Linken hat es stets vermieden, auch nur in die Nähe von Kamann zu kommen: »Ich habe dann mal zu ihr gesagt: Gehen Sie immer zuerst, ich stelle mich dann auf die andere Seite, damit Sie sich nicht kompromittiert fühlen müssen.« Als Ausgestoßenen hat Kamann sich im Ausschuss aber nie gesehen: »Das war eine sachorientierte, vernünftige, unpolemische Zusammenarbeit.«

Als er bei der AfD aussteigt, gratulierten ihm viele aus den anderen Fraktionen. Richtig sei das, vernünftig, damit hätten sie ohnehin gerechnet, sagten jene, die ihn ein bisschen besser kennen. »Und Frau Domscheit-Berg ist jetzt ein bisschen weniger distanziert als zuvor«, sagt Kamann und lächelt. Doch für seinen Ausstieg zahlt er einen Preis. Als Fraktionsloser darf er zwar Mitglied im Digitalausschuss bleiben und auch mitdiskutieren – aber nicht mehr abstimmen. Der Abgeordnete Kamann ist – anders als im Plenum – im Ausschuss nur noch beratend tätig, hat kein Stimmrecht mehr.

Dem Nachteil steht aber ein Vorteil gegenüber: Fraktionslose dürfen zu jedem Thema reden, wenn auch nur jeweils zwei Minuten, aber das macht niemand. »Ich würde mich ja lächerlich machen«, meint Kamann. Mit Frauke Petry, der ehemaligen AfD-Vorsitzenden, die der Fraktion zu Beginn der Legislatur schon gar nicht mehr beigetreten ist, stimmt er sich hin und wieder ab, wer wozu reden möchte. Das war es aber schon an Gemeinsamkeit.

Fraktionslose sind Einzelkämpfer. Sie werden es aber nicht erst in dem Moment, in dem sie die Gemeinschaft der Abgeordneten einer Partei verlassen. Sie waren es vorher schon. Manche bereits, als sie in den Bundestag kamen, andere sind es dort geworden, ihre Erlebnisse haben sie dazu geformt. Und die Fraktionslosen sind Abgeordnete mit garantiertem Verfallsdatum. Nach der nächsten Wahl, das ist klar, werden sie nicht zurückkehren. Es sei denn, sie schließen sich einer anderen Partei an und kandidieren erneut. Aber das kommt selten vor. Für den Regelfall gilt: Mit dem Entschluss, die Fraktion zu verlassen, fällt auch die Entscheidung, sein Dasein als Bundestagsabgeordneter zu beenden. Nicht sofort, aber in absehbarer Zeit. Es muss daher viel passieren, damit ein solcher Entschluss reift. Aber was?

Ein erstes ungutes Gefühl mit seiner Partei beschlich Uwe Kamann bereits gut zwei Jahre, bevor er Abgeordneter wurde. 2015 eskalierte der Kampf zwischen Bernd Lucke und Frauke Petry um die Macht in der AfD. Die Härte, mit der die beiden gegeneinander vorgingen, mit der die jeweiligen Lager aufeinander einschlugen, befremdete Kamann. Ebenso, dass die Lucke- wie die Petry-Anhänger mit Bussen zu Veranstaltungen gekarrt wurden, um Mehrheiten zu organisieren. »Das war unterirdisch.« Damals war Kamann nicht so klarsichtig, und das hat einen Grund. »Wenn man von außen so verhauen wird wie die AfD, dann schweißt das nach innen zusammen. Da entsteht eine Wagenburgmentalität. Der Einzelne wird unkritischer, da man sich ja immer stärker in der eigenen Filterblase bewegt.«

Eine echte innere Distanzierung setzte bei ihm erst im Bundestag ein, da aber sehr rasch, bereits im Februar/März 2018. Das Finanzgebaren der Fraktion missfiel ihm. Eine halbe Million Euro an Steuergeldern sei für die IT ausgegeben worden, ohne dass es ein Konzept dafür gegeben habe, so fehlte etwa die Systemsoftware. »Das war ein heilloses Durcheinander – und nie hatte das Konsequenzen.« Die Fraktionsführung habe offensichtliches Fehlverhalten toleriert. Kamann stellte einen Antrag, den Abgeordneten vierteljährlich einen Bericht vorzulegen, der aufzeigen sollte, wofür die Fraktion wie viel Geld ausgegeben hat. »Den anderen war das aber völlig egal. Und deshalb ist bis heute nie ein Bericht erschienen.«

Etwas anderes hat Kamann im Verlauf des Jahres 2018 aber noch mehr gestört: Sacharbeit interessierte die AfD-Führung immer weniger. »Im Plenum sollte sich alles auf die Themen Flüchtlinge und Innere Sicherheit konzentrieren, weil man damit am meisten polarisieren und polemisieren kann«, berichtet er. »Und standen mal andere Themen an, so drehte man sie stets auf die Flüchtlings- und Migrationsfrage.« Kamanns Schwerpunkt, die Digitalisierung, ist dafür kaum geeignet, zu wenig verhetzbar, sie entwickelt zu geringe öffentliche Durchschlagskraft.

Daher fiel das Thema AfD-intern regelmäßig durch den Rost. Setzten andere Fraktionen es auf die Tagesordnung, wurde Kamann aufgefordert, nicht die eingeführten englischen Fachtermini zu verwenden, sondern deutsche. Das Problem: Die gibt es gar nicht.

»Ich hätte sechs deutsche Begriffe aneinanderreihen müssen, um einen englischen Fachterminus zu ersetzen. Aber dann versteht erst recht niemand, wovon ich rede.« Ihn habe es zusehends genervt, dass die Führung immer nur situativ gedacht habe: »Womit erreichen wir in der aktuellen Sitzungswoche am meisten Aufmerksamkeit?«, das sei stets die Leitfrage gewesen. Was man auf lange Sicht politisch erreichen will, habe nie eine Rolle gespielt. Mitte des Jahres 2018 weiß er: »Zu mehr als einer Flüchtlingsgegner-Partei reicht das strategische Denken der AfD und ihrer Fraktionsführung nicht.« Im Ausstiegsprozess des Abgeordneten Kamann ist das eine wichtige Erkenntnis Aber noch nicht der entscheidende Punkt.

Kamann ist in Magdeburg geboren, im Ruhrgebiet aufgewachsen und war mit 16 Jahren Mitglied der Jusos in Oberhausen. Er stammt aus einer Arbeiterfamilie, hat bei der Bundesbahn gelernt, war während seiner Ausbildungszeit Sprecher der Jugendvertretung und Mitglied der Gewerkschaft der Eisenbahner Deutschlands. Der spätere Unternehmer und AfD-Bundestagsabgeordnete stand kurz vor einer Karriere als Genosse und Gewerkschaftssekretär. »Ein Erlebnis der besonderen Art«, wie er das nennt, verhinderte das: Als junger Gewerkschafter unterstützte Kamann in Oberhausen einen Streik der Arbeiter der Gutehoffnungshütte, dem einst größten Maschinen- und Anlagenbauer Europas. Es herrscht Sauwetter, als Kamann mit den anderen vor den Toren Stellung bezieht. Nach Stunden im strömenden Regen kommt ein Gewerkschaftssekretär in seinem Dienstwagen vorgefahren, ein Fahrer steigt aus, läuft um den Wagen, öffnet die Tür und hält dem Gewerkschafter den Schirm hin. Da legt Kamann seine Streikkutte ab, lässt seine Fahne fallen, sagt: »Macht euren Scheiß allein!«, und steigt aus dem Leben aus, das ihm vorgezeichnet war.

Zur AfD kommt er Jahrzehnte später, Finanzkrise, Eurokrise, Griechenland-Krise. Uwe Kamann ist davon überzeugt, dass es nicht klappen kann mit Europa und dem Euro, mit der Währung ohne einheitliche Steuergesetze und mit höchst unterschiedlichen Sozialsystemen. Bernd Lucke denkt das auch. »Zu Beginn der Lucke-AfD waren viele hochkompetente, honorige Leute versammelt, zahlreiche Wirtschaftsprofessoren, keine 08/15-Krawallbrüder wie in der heutigen AfD«, erläutert Kamann. Außerdem habe er damals gedacht: »Ich bin Unternehmer, habe drei Kinder, sie sind alle erwachsen, mir geht es finanziell und gesundheitlich gut. Zeit, dass ich Verantwortung übernehme.« Im Februar 2014 tritt er in die AfD ein und macht erst mal – nichts. Erst neun Monate später geht er zum ersten Mal zu einer Kreisveranstaltung. Doch in der AfD erkennen sie schnell, wie nützlich Kamann sein kann. Ein erfolgreicher Unternehmer mit sozialem Gewissen und Zukunftskompetenz – so sehen AfD-Politiker aus, die das sein können, was die Parteiführung dringend sucht: Brückenbauer ins bürgerliche Lager hinein. Drei Jahre nach seinem Erstbesuch bei einer Veranstaltung der AfD sitzt Kamann für sie im Bundestag. Doch nur vorübergehend.

Schon im Dezember 2017, bei der Wahl des Bundesvorstandes in Hannover, spürt Kamann, dass die Sprache rauer wird. Gewählt wird, wer aggressiv, polarisierend, oft auch verächtlich redet. Die Moderaten fallen durch. Kamann sieht, wie sein zuvor eher zurückhaltender Fraktionskollege Kay Gottschalk dieses Muster erkennt und in seiner Rede dazu aufruft, die Läden der Türken zu boykottieren, weil sie zum größten Teil den angeblichen Islamisten Erdoğan wählten. Kamann empfindet Fremdscham, Gottschalk steigt zum Parteivize auf.

Die verbale Entgrenzung, die Selbstradikalisierung wird im internen Wettbewerb der AfD in den Folgemonaten immer mehr zum Erfolgsrezept. Wer hetzt, kommt weiter. Und wer im Bundestag hetzt, sichert sich seine Existenz. Kamann macht da nicht mit. Nicht nur, weil er auf das Abgeordnetenmandat nicht angewiesen ist. »In meinem Unternehmen sind viele verschiedene Nationalitäten vertreten, auch auf Managementebene – ich ticke da ganz anders als die allermeisten in der AfD-Fraktion. Mich radikalisieren? Das mache ich nicht, das passt nicht zu mir. Ich habe auch eine Verantwortung meinen Kindern gegenüber.«

Bevor Kamann ein Fraktionsloser wurde, war er schon ein Heimatloser geworden.

Im Herbst 2018 reist der Digitalausschuss nach Schweden und Dänemark, Kollegen von der CDU und Saskia Esken von der SPD sprechen Kamann an. Tenor: Du gehörst da gar nicht hin, was willst du denn bei der AfD? Kamann überlegt nun ernsthaft, die Fraktion zu verlassen. Es dauert aber noch mal drei Monate, bis es so weit ist. »Ich hatte ja viel Zeit, viel Aufwand und viel Herzschmerz investiert – und da wirft man nicht so schnell hin«, sagt er dazu. Im Dezember ist es dann aber so weit. MdB Kamann, fraktionslos, heißt es fortan.

Bei einem Treffen ein Jahr später, um den Jahreswechsel 2019/20, prophezeit er, dass noch weitere Abgeordnete aus der AfD-Fraktion ausscheiden würden. Gemäßigtere, jene, die nicht bereit seien, sich zu radikalisieren. Denn davon ist Kamann überzeugt: Bei der nächsten Listenaufstellung werden nur jene Kandidaten vordere Plätze erhalten, die radikale Positionen vertreten. »Die nächste AfD-Fraktion wird deutlich mehr nach Björn Höcke klingen als die jetzige.«

Wer das nicht mitmachen und noch eine Erfolg versprechende berufliche Perspektive nach seinem Ausscheiden aus dem Bundestag haben möchte, müsse nun ins »Abklingbecken«, wie Kamann das nennt. Raus aus der AfD, um sich als Fraktionsloser politisch zu entgiften – das meint er damit. Das Label »AfD-Abgeordneter« wirke bei vielen Arbeitgebern oder Kunden toxisch. Wer beruflich auf andere angewiesen sei, habe es damit schwer. Demonstrativ Abstand zu nehmen sei aber eine Chance. Mit seiner Prognose sollte Kamann recht behalten. In den Wochen nach dem Treffen verlassen zwei weitere Abgeordnete die AfD-Fraktion. Weitere überlegten, hieß es.

Mit der nächsten Wahl war es das mit der großen Politik für Kamann. Natürlich sei das eine aufregende Erfahrung gewesen, aber er werde leichten Herzens gehen. Als Unternehmer sei er darauf geeicht, möglichst schnell Ergebnisse zu erzielen. »Ich zweifle doch sehr, ob die oft sehr langwierigen Prozesse im Bundestag das Richtige für mich sind.«

Marco Bülow, der ehemalige SPD-Abgeordnete, gehört zwar auch zu den Fraktionslosen. Er wurde es aber nicht, weil er – wie Kamann – einen bestimmten politischen Stil nicht mittragen wollte, sondern weil er sich so lange an den Gewohnheiten und Regeln des politischen Betriebes im Allgemeinen und denen seiner Fraktion im Besonderen abgearbeitet hatte, bis er wund gerieben war. Seine Geschichte ist weniger die eines politisch Heimatlosen als die eines notorisch Unangepassten.

Die Abweichler

Als Bülow 2002 Bundestagsabgeordneter wird, brennt in der SPD-Fraktion rasch die Hütte. Ein halbes Jahr nach der Wahl, im März 2003, bricht Gerhard Schröder, Kanzler einer rot-grünen Regierung, mit zentralen Wahlversprechen und verkündet das Reformpaket »Agenda 2010«, den Großumbau des Sozialstaates. In der SPD-Bundestagsfraktion formiert sich eine kleine, überschaubare, bei engen Mehrheitsverhältnissen aber entscheidende Gruppe hartnäckiger Widerständler. In den Medien heißen sie bald nur noch »die Abweichler«.

Im Zentrum der Gruppe steht ein Sextett um den Saarländer Ottmar Schreiner – ein enger Vertrauter Oskar Lafontaines –, den Schröder 1999 aus dem Amt des Bundesgeschäftsführers gekippt hat. Zu größerer Berühmtheit kommt in diesen Tagen auch die bayrische Hinterbänklerin Sigrid Skarpelis-Sperk. Zum Kreis um den harten Kern herum zählen unter anderem die Neuparlamentarier Marco Bülow und Florian Pronold, der spätere Chef der Bayern-SPD.

In den Wochen vor der entscheidenen Abstimmung im Bundestag fährt das SPD-Establishment schärfste Geschütze auf: Der Chef
der NRW-Landesgruppe fordert die Rebellen auf, ihre Fraktionsämter abzugeben. Ein Kollege verlangt, sie sollten ihr Mandat niederlegen. Der nordrhein-westfälische SPD-Chef Harald Schartau
droht: »Wer der gesamten SPD in den Hintern tritt, ist bei der Auf-
stellung für die nächste Wahl nicht mehr dabei.« Fraktionschef
Franz Müntefering wirft den Widerspenstigen vor, sich als Sozial-
helden der SPD aufzuspielen, während die anderen die unbeque-
men, aber notwendigen Entscheidungen mittrügen. Das sei »feige
und kleinkariert«. Und der Kanzler droht mit Rücktritt. Der Druck
ist brutal.

Am Ende steht die von Schröder eingeforderte eigene rot-grüne
Mehrheit. Doch die Abweichler sind nun stigmatisiert. Als Queru-
lanten und Profilsüchtige, die auf ihrem Egotrip den Sturz der Regierung und Neuwahlen, also die Zukunft ihrer Kollegen, riskiert
haben. Sie bleiben Außenseiter. Ottmar Schreiner, ihre Galions-
figur wird sechs Jahre lang im Bundestag nicht mehr sprechen. Weil
die Fraktionsführung ihn nicht ließ, sagen die einen. Weil er genau
diesen Eindruck erwecken wollte, die anderen. Auffallend dabei ist:
Zwei der Abgeordneten, die in den kommenden Jahren ebenfalls
zu Outlaws der SPD-Fraktion werden, entstammen dem engsten
Umfeld Schreiners: Bülow, der Schreiner von Anfang an auffiel.
Und Cansel Kiziltepe. Bevor sie 2013 in den Bundestag kam, arbeitete sie jahrelang als Schreiners Büroleiterin. Fragt man beide,
Bülow wie Kiziltepe, was sie an Schreiner beeindruckt habe, antworten beide: »die klare Haltung«. Schreiner selbst hat das einmal
so beschrieben: Im Laufe seines Daseins als aufrechter Sozialdemokrat sei er mal ein rechter, ein mittiger, ein linker und ein links-
abweichlerischer Genosse gewesen. Geschafft habe er das dadurch,
dass er immer die gleiche Position behalten und immer das Gleiche
gesagt habe. »Bewegt hat sich allein die Partei.«

Bülow ist, so sagt er, mit der »naiven Hoffnung« in den Bundestag eingezogen, »grundsätzlich etwas verändern zu können«. 30 ist er da, da denkt man ohnehin, keiner könne einen aufhalten, ist voller Hoffnung und Engagement. »Das war ein erhabenes Gefühl«, sagt Bülow. Bundestagsabgeordneter. Natürlich sei ihm damals überall Respekt entgegengebracht worden. Mitgeschwommen sei er da am Anfang. »Ich kam gar nicht auf die Idee, mich gegen irgendetwas zu stemmen.«

Die Agenda-Politik ist ein ziemlicher Schock für Bülow. Wegen der Inhalte, mehr aber noch wegen der Brutalität, mit der gegen die Skeptiker und Abweichler in den eigenen Reihen vorgegangen wird. Und er wundert sich, warum die Kollegen, die er am meisten schätzt, die er für ganz besondere hält, nichts werden in der Fraktion. Die Autorität eines Ernst-Ulrich von Weizsäcker, die Standfestigkeit des Ottmar Schreiner – es zählt alles nicht. Auch Hermann Scheer, den sie wegen seines Einsatzes für die Sonnenenergie »Solarpapst« nennen, ein politisches Schlitzohr, Kämpfer und ausgewiesener Experte, der anderswo Regierungen berät, wird kurzgehalten, bekommt keinen Posten. Bülow beeindruckt, dass diese Eigenbrötler nichts beeindruckt, dass sie sich von nichts und niemandem unter Druck setzen lassen. Womit sollte das auch geschehen? Wenn man einem nichts gibt, kann man ihm auch nichts nehmen.

Haltung – das beeindruckt Bülow am meisten, diese klare, selbstgewisse, unerschütterliche Haltung, für das einzustehen, was man für richtig hält.

Bülow wird immer skeptischer. Fügt er sich den Vorgaben der Fraktionsspitze, bleibt alles entspannt. Macht er das nicht, bekommt er Stress. Abgeordnete, Bülow weiß das nur zu gut, müssen sich bei neun von zehn Themen, die im Parlament in Gesetze gegossen werden, auf die jeweiligen Experten ihrer Fraktionen verlassen. Sie können längst nicht alles im Detail wissen, geschweige denn verstehen, was sie beschließen. Wenn die Fachleute in der SPD-Fraktion kritische Nachfragen stellen, Skepsis äußern, wird Bülow stets hellhörig. So ist es etwa bei den Auslandseinsätzen der Bundeswehr. Was bringt das konkret? Wird das die Lage nicht eher eskalieren als befrieden? Gibt es eine Exit-Strategie? Bülow fühlt sich von Regierungsseite oft nicht hinreichend informiert. Als die Pakete für die Griechenland-Rettung zuerst geschnürt und dann im Eiltempo verabschiedet werden, können selbst die Finanzexperten nicht schlüssig erklären, was darinsteht. Wie auch? Sie hatten ja kaum Zeit, die Gesetze zu lesen, die ihnen die Regierung da vorgesetzt hat.

Bis heute ist das oft so. Die Ende 2019 verabschiedete Regelung zur beschleunigten Abschiebung abgelehnter Asylbewerber – »Geordnetes-Rückkehr-Gesetz« für seine Befürworter, »Hau-ab-Gesetz« für seine Kritiker – passiert den Bundestag im Zeitraffer. Insbesondere bei Gesetzen aus dem Innenministerium erlebt Bülow Anhörungen, die ihm wie eine Farce vorkommen. »Da wurden Fachleute eingeladen, obwohl das Gesetz längst geschrieben war und noch in der gleichen Woche durchs Parlament gejagt wurde.«

Irgendwann auf diesem Weg fühlt sich der einst mit großem Elan gestartete Parlamentarier Bülow zum Abnicker für Regierungsvorhaben degradiert. Alles, was die Große Koalition vorgibt, soll umgesetzt werden, eins zu eins. Das berühmte Struck'sche Gesetz, wonach keine Vorlage das Parlament so verlässt, wie sie eingebracht wird, gilt schon lange nicht mehr. Immer öfter macht Bülow das Abnicken nicht mehr mit, weigert sich, so abzustimmen, wie andere es für richtig halten. Sein Abgeordnetendasein wird deutlich ungemütlicher.

Bülow geht immer mehr auf Distanz – und mit jedem Schritt, den er sich entfernt, wächst die Ablehnung der anderen. Wenn er sich in der Fraktion meldet, kommt schon mal der Zwischenruf, er solle doch endlich die Klappe halten. Abgeordnete rumoren, manche lachen zynisch. Bülow erinnert das an die Agenda-Abweichler von 2003, an Sigrid Skarpelis-Sperk und Klaus Barthel, die bei ihren Einwänden attackiert und oft auch verlacht worden waren. Bülow nervt die Fraktion, und die Fraktion nervt Bülow.

Im Laufe seiner Abgeordnetenjahre erlebt und erleidet Bülow die gesamte Palette an Druckmitteln, mit der ein unbotmäßiger Abgeordneter auf Linie gebracht werden soll. »Du wirst nichts mehr, wenn du so weitermachst«, oder: »Du bleibst nicht mehr lange Arbeitsgruppensprecher«, heißt es von der Fraktionsspitze. Bevor es so weit kommt, legt er den Posten selbst nieder.

Bülow war stets ein scharfer Kritiker der Großen Koalition und ein Anhänger eines rot-rot-grünen Bündnisses. Als im März 2018 die nächste GroKo gebildet wird, ist er bereits in der inneren Emigration. Acht Monate später tritt Bülow aus der SPD aus. Seitdem ist er fraktionslos.

Nach 18 Jahren im Bundestag zieht Marco Bülow eine ernüchternde Bilanz. »Ich hätte gerne noch die Hochachtung für den Bundestag, die ich einmal hatte«, sagt er. »Von dem großen Respekt, der anfangs da war, habe ich einiges verloren.« Was aber nicht an der Institution als solcher liege. Hauptgrund dafür sei, dass Abgeordnete einer Regierungsfraktion heutzutage im Bundestag vor allem dafür sorgen sollten, dass Regierungsvorhaben nicht gestört werden – und im Wahlkreis dafür, dass die Basis bei der Stange bleibt. »Das ist entmündigend«, findet Bülow. Fraktionen müssten eine aktivere, gestaltende Funktion einfordern, aber dafür fehlten die politischen Figuren, Typen wie der aufrechte Schreiner, der stachlige Dressler oder der nimmermüde Scheer. Der Bundestag verkaufe sich so, wie er heute ist, unter Wert. Es wäre viel mehr möglich, glaubt Bülow, vor allem mehr Diskurs und mehr leidenschaftliche Debatten. Dafür müsse man aber die Fraktionsgrenzen häufiger aufbrechen und den Zwang zur Geschlossenheit aufheben. »Das geschieht aber nicht. Diese Verkrustung ist aus meiner Sicht ein Nukleus für antidemokratische Umtriebe.«

Anders als Bülow ist Cansel Kiziltepe schon als Außenseiterin eingestiegen in den Bundestag. Schreiners Ziehkind sei nun auch dabei, heißt es in der SPD-Fraktion, als sie 2013 in den Bundestag kommt. Kiziltepe wird von Anfang an als der weibliche Ottmar betrachtet. Sie kommt zwar nicht aus dem Saarland, aber aus einem anderen dezidiert linken Landesverband: Berlin.

In einer der ersten Fraktionssitzungen rasselt sie mit SPD-Chef Sigmar Gabriel zusammen. Bei den Koalitionsverhandlungen gehe es zu viel um Posten und zu wenig um Inhalte, hat sie getwittert. Gabriel ist stinksauer, wütet vor der Fraktion, nennt aber keine Namen. Kiziltepe steht auf und sagt: »Wenn man was zitiert, sollte man auch sagen, wen man zitiert, also mich.« Ein Start, der ganz gut passt zum Bild vom weiblichen Ottmar.

Kiziltepe, Jahrgang 1975, ist in Berlin geboren, ihre Eltern kamen als Gastarbeiter nach Deutschland. Und sie, die Tochter türkischer Einwanderer, schafft den Aufstieg in den deutschen Bundestag, als eine von damals 631 Abgeordneten. »Stolz wie Bolle« sei sie gewesen, sagt sie. Sie habe aber auch umgehend gespürt, dass sie von da an eine Vorbildfunktion innehatte. Als Migrantenkind, als türkischstämmige Frau.

Kiziltepe geht nicht nur voller Elan ans Werk, sondern auch bemerkenswert selbstbewusst. Zwei klare Ziele setzt sie sich: Etwas Konkretes erreichen. Und sich dabei nicht verbiegen.

Die ständig steigenden Mieten einzudämmen gehört zu den konkreten Zielen, die sie sich gesetzt hat. In ihrem Wahlkreis Friedrichshain-Kreuzberg ist das längst schon Thema. Und als Diplom-Volkswirtin möchte sie das wirtschaftspolitische Profil der SPD schärfen. Die Agenda-Politik hält sie für genauso falsch, wie das zehn Jahre zuvor ihr Mentor Schreiner getan hat. Kiziltepe bringt etwas mit, was für Neueinsteiger eher ungewöhnlich ist: ein hochrangig besetztes Netzwerk. Linke Wirtschaftsprofessoren und -experten wie Gustav Horn, Jürgen Kromphardt, Sebastian Dullien und Thomas Fricke gehören dazu. Lauter Leute, die in den Schröder-Jahren bewusst übergangen wurden, seit der Weltfinanzkrise aber durchaus Gehör finden.

Um als Abgeordnete glaubwürdig bleiben zu können, muss das Publikum erst einmal wissen, was man eigentlich will und was nicht. Kiziltepe macht auf dem Landesparteitag der Berliner SPD bereits vor ihrem Einzug in den Bundestag klare Ansagen: keine Zustimmung zu Kampfeinsätzen, keine Zustimmung zu verschärften Abschieberegelungen, schärfere Regulierungen für die Finanzmärkte, Einsatz für Frauenrechte. Am Ende ihrer Rede zitiert sie Ottmar Schreiner: »O Herr, lass mich da stehen, wo die Stürme wehen – und verschone mich nicht.« So wird es kommen.

Kiziltepe wird Mitglied des Finanzausschusses und bleibt glaubwürdig: Bei Auslandseinsätzen der Bundeswehr stimmt sie gegen ihre Fraktion, bei den Asylpaketen auch und bei der umstrittenen Neuregelung des Paragrafen 219 a ebenfalls. Damit kommt sie auf der Abweichlerliste der SPD-Fraktion auf einen Spitzenplatz. Für Kiziltepe selbst sind es alles Gewissensentscheidungen. Sie verweist auf eine Reihe von Finanzgesetzen, die sie weder für gut noch für richtig hielt, ihnen aber trotzdem zugestimmt hat, wie etwa der Erbschaftssteuernovelle. Da habe sie lediglich eine persönliche Erklärung hinterlegt.

»Ich habe an keinem Punkt gegen die Fraktion gestimmt, nur um meinen Widerstand zu dokumentieren«, sagt sie. Aber natürlich weiß sie, dass ihr der Stempel »notorische Abweichlerin« längst aufgedrückt wurde. Manche aus der Fraktion grüßen sie nicht mehr, andere werfen ihr vor, sie lasse sich im Netz oder von linken Basisgenossen für ihre Neinstimmen abfeiern, was sie heftig bestreitet: »Blödsinn! Ich habe noch nie mein Kärtchen auf Facebook gepostet und angekündigt: Ich stimme jetzt dagegen.«

Nach den ersten Neins kommen Fraktionskollegen auf sie zu, die es durchaus gut mit ihr meinen: »Wenn du das jetzt öfter machst, hast du keine Chance mehr, etwas zu bewirken, weil alle gegen dich sind.« Und sie würde dann auch nichts mehr werden in der Fraktion. Sie wird dann auch nichts. Als 2019 die Stelle einer Parlamentarischen Staatssekretärin im Finanzministerium frei wird, ist Kiziltepe, die stellvertretende Sprecherin für Finanzpolitik, eigentlich die erste Wahl: Wissen, Erfahrung, Geschlecht – alles passt. Aufsteigen darf dann aber die bis dahin eher unbekannte Sarah Ryglewski. »Du bis selbst schuld, dass aus dir nichts geworden ist«, meint ein ranghoher Genosse.

Als die Finanzexpertin 2017 wieder in den Ausschuss möchte, in den sie gehört, willigt die Fraktionsführung am Ende ein. Zuvor aber macht ihr Andrea Nahles in einem Vier-Augen-Gespräch noch einmal klar, was es eine Fraktionschefin koste, eine unbotmäßige Abgeordnete aus einem Gremium abzuberufen: genau eine Unterschrift. Aber dann war ja Nahles weg und nicht Kiziltepe.

Nahles' Nachfolger im Fraktionsvorsitz, Rolf Mützenich, hat sich auch schon sein Nein bei der Widerspenstigen aus Kreuzberg abgeholt. Beim Geordnete-Rückkehr-Gesetz. Migranten schneller zurückschicken? »Wie soll ich da zustimmen, bei meiner Biografie?«, fragt Kiziltepe.

Ihre Bilanz nach sieben Jahren im Parlament fällt gemischt aus. In der Fraktion ist sie eine Außenseiterin, wenn auch eine, die längst nicht so distanziert gesehen wird wie Bülow. Selbst viele ihrer Kritiker bekennen, dass sie Kiziltepe menschlich schätzen. Ein Outlaw, den sie mögen. Im Wahlkreis hat sich Kiziltepes Konsequenz nicht ausgezahlt. Alle Versprechen gehalten – doch 2017 liegen Grüne und Linke genauso vor ihr wie bereits 2013.

Sie verweist auf Erfolge an anderen Orten und auf anderen Ebenen. In der Berliner SPD ist sie eine feste Größe geworden. Sie verfügt über enge Kontakte zu Nichtregierungsorganisationen, sie ist die einzige Sozialdemokratin, die bei »#unteilbar« reden darf, und die einzige, die bei Mieterinitiativen willkommen ist. Ihr Thema, Wohnen und Mieten, ist vom Rand ins Zentrum des politischen Diskurses gerückt. Das ist aber nicht der einzige Bereich, in dem Kiziltepe ein bisschen wacher war als ihre Partei. Als sie im Wahlkampf 2013 eine höhere Erbschaftssteuer forderte, bürstete sie der damalige SPD-Kanzlerkandidat Peer Steinbrück brüsk ab. Heute fordert er die Steuer selbst.

Und genau darin liegt die Tragik der Außenseiterin Cansel Kiziltepe: Ihre Themen sind stärker geworden – aber ihre Karriere hat das nicht befördert. Glaubwürdig und authentisch zu bleiben zahlt sich nicht aus, wenn man damit allzu oft von der Parteilinie abweicht.

Ähnliches gilt für den Abgeordneten Klaus-Peter Willsch, kurioserweise ebenfalls Diplom-Volkswirt wie Kiziltepe, ansonsten aber in einem ganz anderen politischen Universum beheimatet als die Berlinerin – im konservativen Kosmos der Hessen-CDU. Bundesweit bekannt wird Willsch, als er im Mai 2010 in der Euro-Rettungspolitik auf Konfrontationskurs zu seiner Kanzlerin geht. Dabei bleibt es nicht. 2011 legt er ein Thesenpapier zur vermeintlich alternativlosen Euro-Rettungspolitik der Regierung vor, 2012 schmiedet er mit mehreren Verbänden und neun weiteren Abgeordneten die »Allianz gegen den ESM«.

In der Fraktion ist Willsch da längst ein Außenseiter. Ein Hinterbänkler, der nach Schlagzeilen giere; ein Ökonom, der in seinen engen Kategorien denke und die komplizierten Gefilde des Politischen nicht überblicke; ein hessischer Kleingeist, der am großen Werk des noch größeren Helmut Kohl, dem Euro, herumnörgele. So etwa sieht ihn ein Teil der Unionsfraktion. Und der andere Teil hält die Klappe.

Besonders mies wird die Stimmung, als Norbert Lammert, der damalige Bundestagspräsident, im September 2011 mit einer eingeübten Parlamentspraxis bricht. Bis dahin haben stets die Fraktionen selbst entschieden, wer im Plenum für sie sprechen soll. Für die Aussprache zur Rettungspolitik ist der Merkel-Kritiker Willsch selbstredend nicht vorgesehen. Lammert findet aber, dass die Argumente der Skeptiker im Bundestag Gehör finden sollen – und gewährt Willsch sowie dem FDP-Abgeordneten Frank Schäffler jeweils fünf Minuten Redezeit. Die Union schäumt über Lammert, den Parteifreund im Parlamentsvorsitz. Und über Willsch schäumt sie natürlich auch. Es nutzt aber nichts. Willsch redet – und plötzlich steht ein Außenseiter dort, wo er sonst nie steht: im Zentrum aller Aufmerksamkeit.

Abgestraft wird Willsch trotzdem.

2013 zieht er mit einem persönlichen Rekordergebnis in seinem Wahlkreis Rheingau-Taunus/Limburg erneut in den Bundestag ein. Willsch möchte natürlich wieder in den Haushaltsausschuss, das Gremium der Einflussreichen und Mächtigen. Die Fraktionsführung lehnt ab. Einflussreich und mächtig soll er möglichst nicht mehr sein.

Die Außenseiter im Bundestag sind in aller Regel jene, die nicht mehr zu ihrer Fraktion gehören wollen, wie Uwe Kamann. Die nicht mehr dazugehören wollen und auch nicht mehr sollen, wie Marco Bülow. Sowie jene, die nicht so abstimmen wollen, wie sie sollen, wie Cansel Kiziltepe oder Klaus-Peter Willsch. Und dann gibt es noch einen ganz anderen Typus Outlaw. Abgeordnete, die im parlamentarischen Betrieb unauffällig funktionieren, ihm innerlich aber fremd bleiben. Sie sind oft jahrelang dabei, bleiben aber auf Distanz. Voll engagiert in der Sache, aber stets auf Abstand zu den Führungspersonen – und auch zur eigenen Partei. Abgeordneter zu sein ist für sie zwar schön und gut, manchmal sogar toll. Aber anders als bei so vielen anderen – nicht ihr Leben.

Das Frontschwein

Und dann rinnen plötzlich doch die Tränen. Die Anspannung. Die Enttäuschung. Die Ermattung. Sechs Monate, einen zehrenden Wahlkampf lang, ach was, eigentlich elf Jahre lang gekämpft, alles gegeben, sich geopfert, verschlissen, aufgerieben – und dann soll innerhalb einer Nacht alles vorbei sein?

Es ist Montagmittag, der 28. September 2009. Axel Berg, SPD, hat am Abend zuvor bei der Bundestagswahl sein Direktmandat im Wahlkreis München-Nord verloren, 1998 war er eingezogen, damals noch ins Bonner Parlament, dreimal hatte er den Wahlkreis geholt, der einzige direkt gewonnene Wahlkreis, den die Sozialdemokraten in Bayern noch besaßen, ein feuerroter Leuchtturm in tiefschwarzer Umgebung.

Und nun ist auch das zu Ende. Hauchdünn. Bei den Erststimmen knapp unterlegen – der CSU-Kandidat hat ihm schon gratuliert –, bis die Briefwähler ausgezählt sind. Der Listenplatz 17 reicht nicht, die bayrische SPD darf nur 16 Abgeordnete entsenden. In Bremen verpasst die SPD um wenige Hundert Stimmen das Überhangmandat, das beim Gesamtausgleich auch für Berg noch einen Sitz bedeutet hätte. Knapper geht es nicht. Ein Reporter der *Süddeutschen Zeitung* sucht ihn an diesem Vormittag in seinem Schwabinger Büro auf – und trifft eine zerstörte Seele: »Axel Berg wankt, dann beginnt er zu weinen. Er wischt sich mit dem Ärmel übers Gesicht, während er weiterzureden versucht: ›Es geht wirklich nicht um mich. Aber ich stehe doch für etwas. Eine neue Politik. Eine nachhaltige Politik. Das ist alles abgeschossen worden.‹«

Erledigt, Deckel drauf, Klappe zu. Dreieinhalb Jahre später nahm Berg nochmal einen Anlauf. Doch dann wollten seine Genossen ihn nicht mehr, den promovierten Juristen, der seinen Wahlkreis durchpflügte wie ein Berserker, dem die Wähler immer wichtiger waren als die Parteifreunde im eigenen Unterbezirk – und die ihm dafür die Quittung präsentierten: Sie stellten ihn für die Bundestagswahl 2013 nicht mehr als Kandidaten auf. »Skandalös« und eine »politische Dummheit« hat der langjährige Münchner Oberbürgermeister Christian Ude diese Praxis der bayrischen SPD schon 2002 genannt. Nun war ihr Axel Berg zum Opfer gefallen.

Der Dokumentarfilm »Über den Berg« ist eine sehr persönliche Nahaufnahme des Abgeordneten aus München. Die Kamera begleitet ihn bei seinen ersten Gehversuchen 1998 in Bonn, ein Jahr später ist sie dabei, als er das politische Leben in der Neuhauptstadt Berlin erforscht.

Berg ist deshalb interessant, weil er in der Politik immer eine eigenwillige Persönlichkeit war. Als Kandidat. Als Abgeordneter. Als Sozialdemokrat. Als Mensch. Nie im politischen Rudel mitmarschieren, immer dem Gewissen folgen und der Verpflichtung gegenüber den Wählern. Es geht nicht um die, die man im Bundestag antrifft. Sondern um die, die einen da hingeschickt haben. So in etwa lautete das politische Glaubensbekenntnis des Abgeordneten Berg.

Es ist Montag, der 26. September 1998. Nach einem der aufregendsten Abende seines Lebens und einer kurzen Nacht besteigt Axel Berg den ICE nach Bonn, um sich den neuen Arbeitsplatz anzuschauen. Er rollt an Stuttgart und Mannheim vorbei und dann den Rhein entlang nach Norden. Gleich nach der Ankunft Fraktionssitzung, Treffen der neuen Abgeordneten, Gespräche mit der Bundestagsverwaltung. Berg liegt die politische Welt zu Füßen. So empfindet er es.

»Ich war euphorisch«, sagt er im Rückblick. »Ich hatte erstens das Superding geschafft, das Direktmandat zu holen, und zweitens überhaupt in den Bundestag zu kommen.«

15 Jahre lang hat zu diesem Zeitpunkt kein Sozialdemokrat mehr den Wahlkreis München-Nord gewonnen. Zuletzt war dies 1983 Hans-Jochen Vogel gelungen, als Kanzlerkandidat.

Ein paar Tage später steht Berg in Bonn im Deutschen Bundestag. Der Bau von Günter Behnisch, erst ein paar Jahre zuvor eingeweiht, ist menschenleer, Berg blickt um sich, ist überwältigt: »Toll, enorm«, sagt er, »ein Jugendtraum ist in Erfüllung gegangen.« Er geht ans Rednerpult. In die Kamera sagt er, und es schwingt viel Zufriedenheit mit: »Jetzt bin ich Abgeordneter, und die Menschen werden mir noch mehr zuhören.«

Axel Berg hat Jura und Politik studiert. Er hat interdisziplinär promoviert. Bewegen wollte er schon immer. Auch wenn er der Partei erst spät beigetreten ist. Jetzt kann er bewegen, denkt er am Wahlabend. Gerhard Schröder und seine SPD, Rot und Grün, haben die zähen Kohl-Jahre beendet, sein Enthusiasmus schwappt über. Die zwölf Monate Ausnahmezustand – Wahlkampf ums Direktmandat mit dem Erfolg am Wahlabend – sind zu Ende. Sein Einsatz, die Entbehrungen, die Nervenschlacht haben sich gelohnt.

Doch bei aller Euphorie scheint da auch schon ein Wesenszug auf, der Berg treu begleiten wird durch sein Abgeordnetendasein, das Grüblerische, stets Zweifelnde: »Vielleicht bin ich zu illusorisch, und es wird ganz anders laufen.«

Noch ein paar Tage darauf, konstituierende Sitzung des Bundestages, zum letzten Mal in Bonn. Die SPD hat 248 Abgeordnete im Plenum, so viele wie nie. Helmut Kohl ist da, Oskar Lafontaine eilt durch die Reihen, Gerhard Schröder sitzt auf seinem Abgeordnetenplatz und mahlt mit dem Unterkiefer. Zuhauf drängen neue, hungrige, gestaltungsfreudige Gesichter in den Saal. Berg hat sich in eine der hinteren Reihen gesetzt, er will die Sache im Blick behalten. Er ist ohnehin keiner, der permanent nach vorne stürmt. »Als Neuling muss ich mich hinten anstellen«, sagt er. »Das ist so üblich.«

Er denkt darüber nach, mit welchen Strategien er sich jetzt in der Masse bemerkbar machen kann, unter lauter neuen, ehrgeizigen SPD-Abgeordneten. »Ich muss jetzt auffallen«, sagt er. Er sagt es mehr zu sich als in die Kamera. Aber wie macht man das, auffallen? Wie schafft er es in den Wirtschaftsausschuss, in den es ihn drängt? »Da stehen sie schon Schlange.«

Mittler will er sein, das Scharnier zwischen dem Raumschiff Bonn, später Berlin, zwischen den blechernen Reden im Bundestag, den schwerfälligen Mechanismen des Regierungsapparates und seinen Wählern in Schwabing und Milbertshofen, Hasenbergl und Moosach. Wenn nicht gerade Sitzungswoche ist, stellt er sich mit seinem »Berg-Bus«, einem alten Chevy-Van, an den Bauernmarkt in Moosach oder Schwabing-West. Als Erklärer, als Servicestation, als Klagemauer. Und die Menschen kommen.

»Wenn es gerauscht hat in der Gesellschaft, standen die Leute Schlange und wollten die Dinge erklärt haben«, berichtet Berg. Den Kosovokonflikt 1999, die Agenda von Gerhard Schröder 2003, die Mehrwertsteuererhöhung 2006, die Finanzkrise 2009. Lauter Themen, mit denen die Schröder-Wähler von 1998 haderten. Berg mag das sehr, mehr wohl als alles andere am Politikerleben, diese Nähe zu den Menschen. Was sie ihm hinschleudern an seinem Bus, an Kritik, Zweifeln und Ratschlägen, transportiert er tapfer in seine Partei hinein. Und wenn die Menschen nicht aufhören wollen mit dem Schleudern, muss die Partei halt warten. »Im Zweifel bin ich abends zu den Leuten und nicht zum Parteitermin.«

Die Partei zu vernachlässigen kann gefährlich werden. Berg weiß das zwar, wähnt sich aber auf der sicheren Seite. Wenn es mal nicht mehr klappen sollte mit seinem Direktmandat, könnte er über einen vorderen Platz auf der Landesliste immer noch in den Bundestag einziehen. Doch dafür möchten die Genossen, die über die Platzierungen entscheiden, gehätschelt und gepäppelt werden. Aber Berg ist weder ein Hätschler noch ein Päppler von Genossen. In einer Partei, die Solidarität und Gemeinschaft, also Nähe, predigt, hält er Distanz zu den Funktionären. Dem Geselligkeitszwang der organisierten Sozialdemokratie entzieht er sich. Das fällt auf. Berg, der sozialdemokratische Volkstribun von München-Nord, bleibt seinen eigenen Genossen merkwürdig fremd.

Als sich die Anfangseuphorie gelegt hat, erlebt Berg die ersten dunklen Stunden als Parlamentarier. Gleich in den ersten Monaten, noch zu Bonner Zeiten, als die rot-grüne Regierung beschließt, an der Seite der Amerikaner mit Tornado-Flugzeugen in den Kosovo-konflikt einzugreifen. Der Bundestag soll zustimmen, auch Axel Berg wirft das Ja-Kärtchen ein, aber es rumort in ihm. Er kann nachts nicht schlafen, sein Gewissen plagt ihn. Und tagsüber bestaunt er »die Vollprofis, die da mit großer innerlicher Distanz rangegangen sind«. Er hat diese Distanz nicht, fühlt sich nicht als Vollprofi. Will er das überhaupt sein? Jemand, an dem alles abperlt? Den selbst Entscheidungen über Krieg und Frieden nicht aufwühlen?

Wenige Wochen später reden sie in der Regierung vom Hufeisenplan. Einer Kriegstaktik, mit der die Serben, von der Nato als Kriegstreiber ausgemacht, angeblich den Kosovo einkreisen wollen.

Joschka Fischer und Rudolf Scharping referieren kenntnisreich. Berg kennt Fischer privat, Scharping schätzt er, weil der stets freundlich auf Neulinge zugeht. Kurz darauf stellt sich allerdings heraus, dass es den Plan nicht gibt, dass Geheimdienste ihn erfunden haben, um die Stimmung gegen die Serben anzuheizen. Nicht nur Berg fühlt sich über den Tisch gezogen: »Die haben uns angelogen!« Und ganz vorne mit dabei: Joschka Fischer. »Ich hatte ihn zehn Jahre lang bewundert«, sagt er, »ich fand den super, den Typen.« Dann nicht mehr so wirklich.

Auch Berg gehört bald zum Umfeld von Herrmann Scheer, strickt am Erneuerbare-Energien-Gesetz mit, betrachtet es als Mission, das Zeitalter der fossilen Energieträger zu beenden. Während Kanzler Schröder die Ökotruppe gewähren lässt, geht Wirtschaftsminister Wolfgang Clement auf Konfrontationskurs. Bis heute hält Berg Clement für einen »knallharten Lobbyisten«, einen Büttel der großen Enegiekonzerne. Einmal habe Clement im Bundestag eine Rede gehalten, so Berg, »da war noch die Faxkennung von RWE drauf – die war im Original von RWE geschrieben«.

Berg gehörte nie zu den Opportunisten im Bundestag, zu den überangepassten Ehrgeizlingen, die sich immer dort durchdrangen, wo der Widerstand am geringsten ist. Er erlaubte sich immer eine eigene Perspektive. Auch am 11. September 2001, dem Tag der Terrorangriffe auf New York und Washington. Als die SPD-Abgeordneten spontan eine Resolution verabschieden wollen, in der von einem »feigen Angriff« auf die New Yorker Zwillingstürme und das Pentagon in Washington die Rede ist, hebt Berg den Arm und stellt den Angriff der Terroristen in einen Zusammenhang mit den Attacken amerikanischer Bomber auf ungeschützte serbische Stellungen im Kosovokonflikt. Das sei nicht weniger feige, er würde in der aktuellen Resolution ein anderes Adjektiv benutzen. Er hat noch nicht ausgesprochen, da fallen die Genossen mit einem kollektiven »Buuh« über ihn her.

Das Schauspiel wiederholt sich, als es in einer Fraktionssitzung um die Zukunft der Kohle geht. Berg meldet sich zu Wort: »Wir wissen doch alle seit Jahrzehnten, dass die Kohle nicht mehr wettbewerbsfähig und auch nicht umweltfreundlich ist.« Die Zukunft liege doch in ganz anderen Energieformen. »Buuh«, schallt es ihm entgegen. Die Kohlefreunde aus Nordrhein-Westfalen, dem Saarland, aus Brandenburg und Sachsen brüllen den Abgeordneten Berg aus München nieder. »Sie fingen richtig an zu schreien, fast wie Tiere«, erinnert er sich. Selbst Kolleginnen und Kollegen, die er eigentlich respektierte, waren darunter. Rudelartig, verletzend, böswillig. »Von der kompletten Fraktion ausgebuht zu werden, wenn dir so die Liebe entzogen wird, das schmerzt – auch wenn du dreimal recht hast.«

Die Reaktionen der Kollegen irritieren Berg, »der revolvierende Wahnsinn«, wie er sagt, hinterlässt Spuren. Er marschiert zu Peter Struck, dem Fraktionsvorsitzenden der SPD in jener Zeit, und schlägt ihm etwas Ungewöhnliches vor: Er möge doch einen Organisationspsychologen einstellen. Einen Experten, der sich die Strukturen der Bundestagsfraktion anschaut, Abläufe, Kommunikatives, den Umgang miteinander, Verkrustetes, Zwischenmenschliches. Einen, der Vorschläge machen, vielleicht auch Ängste vertreiben, Prozesse verschlanken könne.

»Prima Idee«, antwortet Struck, »so was wäre vermutlich auch notwendig.« Aber leider sei sein Vorschlag keinesfalls realisierbar. Sonst stehe in der Zeitung: »›Die SPD ist durchgeknallt. Sie stellt einen eigenen Psychiater ein.« Struck, laut Berg: »Den öffentlichen Druck halten wir nicht aus.« Berg kann die Antwort des Fraktionschefs zwar nachvollziehen. Seinen Vorschlag hält er aber heute noch für richtig.

Trotz der Buhrufe geht Berg seinem Job mit Leidenschaft nach und erarbeitet sich Respekt in Berlin. Er wird Sprecher der Enquetekommission Nachhaltigkeit, Lobbyisten werden auf ihn aufmerksam, er registriert es mit Genugtuung. Er wird ernst genommen, kommt im Ausland rum, der Terminkalender ist prall gefüllt. Ein bisschen Überschwang, ein bisschen Zweifel – in dem Berg-Film entfährt es ihm: »Mein Leben hat das Tempo eines Maschinengewehrs.«

Etwas weniger martialisch zieht er kurz vor dem Ende seiner ersten Legislaturperiode Bilanz: »Ich bin kein Hinterbänkler mehr, ich gehöre zur Führungsebene. Und da werde ich entsprechend anerkannt.« Das mag ein bisschen dick aufgetragen sein. Aber Berg, der das System auf die Couch legen wollte, hat in es hineingefunden. Glaubt er zumindest.

Das Faszinierendste für ihn sind die Begegnungen mit Menschen, denen er wohl nie begegnet wäre, stünde hinter seinem Namen nicht das Kürzel MdB, Mitglied des Bundestages: Konzernchefs, Philosophen, der Dalai Lama, der UN-Generalsekretär – und, eine besondere Erfahrung, Warlords, Herren, denen das Blut noch an den Fingern klebt, »teilweise hochgebildet und blutrünstig«, wie sich Berg erinnert. Schaut er auf diese Begegnungen zurück, wird er fast nostalgisch: »Das Mandat kann einen ungeheuren Reiz haben.«

Und es kann unglaublich nerven. Vor allem, wenn sich seine bayrischen Genossen melden und ihn zur Kasse bitten. »Schweigegelder« nennt er das, Abgaben, die fast alle bezahlen, die im Parlament sitzen: 200 € für den Kreisverband, 200 € an den Bezirk, 200 € an die Landespartei, 200 € an die Bundestagsfraktion, 200 € an die Landesgruppe in Berlin. »Und sicher noch ein, zwei Posten mehr – sonst kriegst du keinen Listenplatz.« Und der ist nicht nur in Bayern überlebenswichtig in einer SPD, die über die Jahre kontinuierlich schwächer wird und immer weniger Direktmandate gewinnt. Diese freiwillig zu leistenden Zwangsspenden kennen alle Abgeordneten, kaum einer redet darüber. »Gigantisch und uferlos«, nennt Berg die Praxis. »Aber wenn du das nicht tust, kannst du Gift darauf nehmen, dass beim nächsten Parteitag der Kassierer aufsteht und sagt, übrigens, der Genosse Berg hat wieder nicht bezahlt, ein Murren geht durch die Reihen, und du wirst nicht mehr aufgestellt.«

Während seiner gesamten Abgeordnetenzeit will sich Berg nicht daran gewöhnen, dass die Partei ihren Tribut einfordert. An Abgaben, an Zeit, an Engagement. Man kann das so sehen, dass es für einen Abgeordneten wichtiger ist, seine eng bemessene Zeit mit potenziellen Wählern zu verbringen als mit anderen Genossen. Man kann es aber auch so sehen wie die anderen Genossen: dass es der Abgeordnete Berg seiner Partei verdankt, dass er nun Abgeordneter ist. Und dass er das ein bisschen vergessen hat als umjubelter Gewinner eines Direktmandats. Wahrscheinlich haben beide Seiten nicht unrecht. Berg aber deutlich mehr recht.

Mehr als 20 Jahre später hält Berg Rückschau. Noch immer blättert er die Gründe durch für den Rausschmiss aus dem Parlament. Dreimal hatte er die Mehrheit in seinem Wahlkreis hinter sich. Als er beim vierten Mal scheitert, gibt es kein fünftes Mal mehr. »Ich habe die Funktionärs- und Genossenseele zu wenig gestreichelt«, sagt er. »Das war vermutlich der Hauptfehler.« Ein populärer Abgeordneter, der an seinem Außenseitertum in der eigenen Partei scheitert. Das findet man auch nicht alle Tage.

Bergs Nachfolger, der 2013 hineinrutschte in den Bundestag, »war bei jedem Vereinsevent da, hat die Tische abgeräumt, hat gut Wetter gemacht, der Abgeordnete Berg war nie dabei«. So sagt es Berg. 2009 hatte sein Nachfolger ihn noch unterstützt. »Ich war immer draußen beim Volk, ich war eher das Frontschwein.« So habe er die Aufgabe verstanden, sagt er, aber womöglich hat er auch etwas missverstanden.

Bergs Ausscheiden hat damals, 2009, Wellen geschlagen. Mehr als 1000 Beiträge seien über ihn erschienen, sagt Berg. Bis hin zu *Le Monde* hätten sie ihm Porträts gewidmet. Er horcht noch einmal in sich hinein, erinnert die schwersten Stunden seines Lebens. »Ich war so zornig und traurig. Ich war so überzeugt von meiner Botschaft und meiner Mission«, sagt er. »Ich dachte, Mensch, ich muss doch die Welt retten, und jetzt bremsen die mich aus.«

Die Bayern-SPD hat damals wenig getan, ihren erfolgreichsten

Wahlkämpfer im Bundestag zu halten. Eigentlich hat sie gar nichts getan. Einen passenderen Titel hätte die *Süddeutsche Zeitung* jedenfalls damals, als sie das Scheitern des Abgeordneten Axel Berg beschrieb, gar nicht finden können:

»Wie man einen Mann versenkt.«

6 »Du bist einfach nicht mehr du«

Entfremdung, Verhärtung, Gefallsucht – wie der Alltag die Politiker verändert

Das Politikerleben ist, was die physische Belastung angeht, wenig gesund. Reisen, wenig Schlaf, 70-Stunden-Wochen, schlechte Ernährung. Es ist psychisch herausfordernd. Konkurrenz, Machtkämpfe, die Angst vor den Medien, Niederlagen, Hassmails, die permanente Öffentlichkeit. Aber auch das Leben in der wattierten Berliner Blase bleibt nicht ohne Folgen – die BahnCard 100, die stets verfügbare Fahrbereitschaft, die Mitarbeiter, die den Kleinkram wegräumen.

Diese wenig normalen Lebensumstände, der Druck, der Drang an die Öffentlichkeit einerseits, die Neugier der Öffentlichkeit andererseits und schließlich die permanente Fürsorge hinterlassen Spuren. Spuren, die sich in vielfältiger Weise in Psyche und Auftreten der Abgeordneten eingraben. Es scheint kein neues Phänomen zu sein. Schon im Jahr 1977 notierte der Schriftsteller und SPD-Abgeordnete Dieter Lattmann: »Kaum ein anderer Beruf setzt die einzelne Person so vielen Anfälligkeiten für Verhärtungen aus wie der politische.«

Dass der Beruf des Politikers besondere charakterliche Eigenheiten herausarbeitet und andere Merkmale dabei eher verwischen, ist unbestritten. Eine gewisse Verkrümmung der Persönlichkeit findet wohl statt, sie ist über die Jahre und mit zunehmender

Lebenserfahrung aber bei vielen Menschen zu beobachten, unter Chirurgen und Managern genauso wie unter Richtern, Lehrern oder Journalisten. Kann man oder muss man deshalb ausgerechnet bei Politikern von Deformation sprechen?

Nicht wenige Politiker ahnen wohl um die Anfälligkeit ausgerechnet ihres Berufsstandes. Selbst Gerhard Schröder, später Bundeskanzler, sorgte sich in seinen frühen Jahren, damals noch als Ministerpräsident von Niedersachsen, um die Gefahren der charakterlichen Verformung: »Starrsinn, Konfliktscheu, Hochmut und Arroganz« seien die bedrohlichen Begleiterscheinungen einer gewissen Sucht nach Aufmerksamkeit. Es war eine weitsichtige Bemerkung des Altkanzlers, selbst wohlmeinende Sozialdemokraten glauben später genau diese Attribute an ihm beobachtet zu haben.

Nun sind Bundestagsabgeordnete keine Ministerpräsidenten oder Bundeskanzler – aber umgekehrt waren auch die mal Abgeordnete. Und das Soziotop, in dem sie sich bewegen, ist exakt dasselbe. Permanent sind sie der Öffentlichkeit ausgesetzt, permanent werden sie gescannt und auf interpretierbare Signale abgesucht. Sind sie souverän oder angespannt? Wirken sie befähigt oder gehetzt? Ist noch ein inneres Feuer erkennbar oder dominiert die Routine?

»Du wirst engagiert für eine bestimmte Spielzeit, und du hast eine Rolle zu spielen«, hat Claudia Roth dem Autor Jürgen Leinemann einmal erzählt. Eine Rolle, die für nicht wenige auch zur Droge wird, wie es Leinemann in seinem Buch »Höhenrausch« eindrücklich beschrieben hat: »Kaum jemand bemerkt selbst, wann die Deformation beginnt, wann die Vorräte an persönlichen Überzeugungen und das Polster an Lebenserfahrung aufgebraucht und abgenutzt sind, das eigene Leben zur Fassade wird.«

Die Sucht nach Anerkennung, nach Scheinwerfern und Interviews, nach Bühnen und Applaus ist die eine Seite, die sichtbare. Auch Eitelkeit und Narzissmus, die vielen Politikern zu eigen sind, schimmern da durch. Es gibt aber auch die andere Seite, die nach innen gekehrte, die den Menschen verändert. Die ihn härtet, panzert, immunisiert, die ihn unaufmerksamer, ungeduldig und manchmal auch herrisch werden lässt, ohne dass es die glamour- und neuigkeitslüsterne Außenwelt mitbekommt.

Nicht alle wollen darüber nachdenken. Und noch weniger wollen darüber sprechen. Aber die, die sich öffnen, lassen die Strapazen erkennen und den Preis, den sie bezahlen. Allen voran diejenigen, die ganz vorne auf der Bühne stehen, deren Entscheidungen die Tagesschau dominieren, die aber auch viel Prügel beziehen – als Minister und Ministerinnen etwa.

Ulla Schmidt aus Aachen, SPD, Gesundheitsministerin von 2001 bis 2009, Ministerin in einem Themenkomplex, der so vermachtet, umkämpft und finanziell unterlegt ist wie kaum ein zweiter in Deutschland. Sie hatte mit leeren Kassen, einer hohen Arbeitslosigkeit, steigenden Kosten und dauerkritischen Medien zu kämpfen und war doch die bisher am längsten amtierende Bundesgesundheitsministerin der Bundesrepublik.

Zehn Jahre später hat sie Abstand gewonnen zu jener Zeit, als sie diffamiert, niedergebrüllt und ihr anonym auch mal eine Patrone ins Ministerium geschickt wurde, vergessen hat sie den Dauerdruck nicht. »Du bist unter permanenter Anspannung. Und natürlich macht das was mit dir«, sagt sie, zum Beispiel wenn gepöbelt oder einer SPD-Rechten wie ihr immer wieder unterstellt wurde, sie wolle den Sozialismus im Gesundheitswesen einführen. »Die Veränderung findet schleichend statt. Du merkst sie selbst gar nicht.«

Auch Dietmar Nietan, SPD, aus Schmidts Nachbarwahlkreis Düren hat die Veränderungen verspürt. 1998 zog er in den Bundestag ein, wurde Berufspolitiker. Anders als Schmidt steht Nietan selten im Mittelpunkt des öffentlichen Interesses, aber er ist neben seinem Abgeordnetendasein Schatzmeister seiner Partei. Ein undankbarer Job in Zeiten sinkender SPD-Prozente und wegschmelzender Finanzen. »Selbst wenn die Politikverdrossenheit in der

Bevölkerung noch auf dem Niveau von damals wäre – sie ist seitdem sehr gewachsen –, wäre ich dünnhäutiger geworden.« Ungeduldiger sei er geworden, gereizter. Weil manche Wochen 100 Arbeitsstunden haben, weil er zuweilen erstaunt nachzählte: 30 Tage Arbeit ohne einen einzigen freien Tag. »Das macht einen auf Dauer mürbe.«

Manchmal auch zum Zyniker. Auch Ralph Brinkhaus, Fraktionschef der CDU/CSU, hat seine Beobachtungen gemacht: »Wer nicht mehr brennt, muss aufhören.« Der Abgeordnete sei nun mal kein normaler Beruf. »Es wird wenig gelobt, und man bekommt ganz viel Kritik ab. Man muss die Menschen schon sehr lieb haben, um manches davon noch ertragen zu können.« Brinkhaus' Rezept gegen den Zynismus: »Ich denke zurück an die ersten Tage unter dem Bundesadler und frage mich dann: Bin ich noch der gleiche Mensch? Habe ich noch die gleiche Leidenschaft, habe ich noch den gleichen Idealismus wie am Anfang?«

Der politische Alltag härtet und panzert seine Akteure. Der Druck, der mediale und, meistens noch schlimmer, der innerparteiliche. Im Vergleich dazu sind die Scharmützel mit dem politischen Gegner Entspannungsübungen. Das bestreitet keiner und keine, die sich im politischen Geschäft behaupten müssen. »Wenn du Verantwortung hast, kannst du sehr oft auf deine persönlichen Gefühle keine Rücksicht nehmen«, sagt Nietan. »Weil du Verantwortung fürs Ganze hast. Und die Verantwortung zwingt dich zu Härten – auch dir selbst gegenüber.« Im Freundeskreis könne man die ablegen, »aber in der Politik geht das nicht«. Nietan ist der frühere NRW-Ministerpräsident Johannes Rau, SPD, nachhaltig in Erinnerung geblieben: »Er konnte einer der nettesten und zugewandtesten Menschen sein, aber seine Linie hat er knallhart durchgezogen.« Für Nietan ist Härte ein Attribut, ohne das sich niemand in einer politischen Spitzenposition halten kann – »aber wenn du es überziehst, bist du auf dem Weg in die Sackgasse«.

Überhaupt stellen sich für die, die in der Fraktionshierarchie aufgestiegen sind, noch einmal ganz andere Fragen. Matthias Miersch, Fraktionsvize der SPD, hat versucht, die Mechanismen zu ergründen: »Das sind die Schlüsselfragen: Wann ist man empathisch und wann zu weich? Wo verläuft die Grenze? Was heißt egoistisch – und was diktatorisch? Welche Mischung braucht man, um ganz nach oben zu kommen und oben zu bleiben? Kann man es sich dennoch erlauben, seine eigene Meinung zu hinterfragen, oder muss man nach außen Unnachgiebigkeit und Härte demonstrieren, immer nach dem Motto: Selbst wenn alle immer mehr auf mich einreden – ich bleibe jetzt dabei? In diesen Fragen die genaue Mischung zu finden ist der Schlüssel zur Macht.«

Doch die Macht hinterlässt Spuren. Die Fotografin Herlinde Koelbl hat diese Spuren vor Jahren in einer Langzeitdokumentation in Wort und Bild nachgezeichnet. Zu ihren Beobachtungen merkte sie an: »Den Preis zahlen sie alle, im Verlust an Spontaneität, Offenheit, Unbefangenheit, Eigenständigkeit, Privatleben, Menschlichkeit. Sie werden zum ›gläsernen Menschen‹, werden misstrauisch, härter. Die gesamte Gesellschaft nimmt teil an den Verletzungen. Man ist sozusagen auf dem öffentlichen Markt.«

Die Unerbittlichkeit des Geschäfts, die Verhärtungen und damit verbundenen Abwehrmechanismen sind das eine. Es gibt aber auch die verführerische Komponente. »Du kommst in den Bundestag – und plötzlich ist da ein Rundumwohlfühlprogramm«, erzählt Angela Marquardt, die 1998 im Alter von 27 Jahren für die PDS in den Bundestag einzog. Freiflüge im Inland, freies Bahnfahren, die Fahrbereitschaft – »Privilegien, die du gar nicht mehr wahrnimmst, weil sie ruck, zuck selbstverständlich sind«.

Marquardt, noch studierend, als sie in Bonn ankam, geriet in Konflikte. Sie war in zwei Leben unterwegs, die sich nicht vertrugen: »In PDS-Kreisen konnte ich nicht viel über das Unileben erzählen, an der Uni nicht viel über mein Politikerleben.« Erst einmal stellte sie Freunde und Bekannte als Mitarbeiter an, »natürlich«, wie sie sagt. Nicht in allen Fällen ging es gut. Freundschaften sind das eine, professionelle, verlässliche Arbeit ist das andere. Ihre Perspektive begann sich zu verändern, sie begann die Mitarbeiter zu schätzen, die die Abläufe kannten, vernetzt waren und etwas von der Sache verstanden.

Marquardt versuchte, ihre alte Welt zu erhalten, Bierzapfen in der Stammkneipe, ihre Kuhfelljeans weiter zu tragen, zu Ende zu studieren. Ratschläge gab es zu jener Zeit viele. Die Fraktion hatte eine Medienberaterin engagiert. »Das Kostüm, das sie uns Frauen angeraten hat, habe ich aber abgelehnt.« Sie wollte sich nicht verbiegen, sie will es bis heute nicht. »Du bewegst dich gar nicht mehr normal. Ich habe mich in der Öffentlichkeit immer anders bewegt, als ich eigentlich wollte. Wenn du aber zu oft ausscherst«, sagt sie, die danach viele Jahre verlässlich für die SPD-Bundestagsfraktion arbeitete, »finden dich die Kollegen doof. Das verändert dich – je jünger du bist, umso mehr.« Nach vier Jahren war sie raus – weil die PDS keine fünf Prozent mehr erzielte. Es fiel ihr nicht schwer, die permanente Öffentlichkeit hatte ihr zu schaffen gemacht. Teilweise hatte sie die Vorlesungen ihrer Universität mit Mütze besucht, nur um nicht aufzufallen. »Ich konnte mit dieser Entprivatisierung nicht gut umgehen. Du stehst einfach immer unter Beobachtung.«

Und doch, die Versuchungen sind verführerisch. »Man kann sich schon an die Dienstleistungen für Abgeordnete gewöhnen«, bekennt auch FDP-Mann Otto Fricke. »Man nimmt sie als Dienstleistung an der eigenen Person wahr und nicht als Dienstleistung am Amt. Das geht ganz schnell.« Fricke hat im Berliner Alltag seine eigenen Feldstudien betrieben: »Wenn fünf Abgeordnete auf einen Wagen warten, kann man prima studieren, welche Typen das sind: Die einen legen Wert darauf, als wichtig wahrgenommen zu werden – und lassen sich die Tür öffnen. Den anderen ist es wichtig, so zu erscheinen, als nähmen sie sich nicht so wichtig. Und die Dritten machen einfach selbst die Tür auf.«

Und dann gibt es jene, die sich in einer ganz anderen Umlaufbahn wähnen. Wie jene süddeutsche Abgeordnete und Staatssekretärin, die immer einen Mitarbeiter an den Eingang des Abgeordnetenhauses beorderte, wenn sie eintraf, um ihm Mappe, Schirm und Mantel in die Hand zu drücken. »Die standen am Eingang, um ihr die Wagentür aufzumachen«, berichtet ein Augenzeuge. Der Trend sei generell zu beobachten: »Du zählst nur was, wenn dich Leute begleiten und deine Tasche tragen.«

Die Gefallsucht, die zur ständigen Begleiterin wird, die Medien, die gleichermaßen gesucht und gefürchtet sind – es verändert die Selbstwahrnehmung. »Alle tanzen um dich herum, Mitarbeiter, Saaldiener, Fahrer, Besuchergruppen«, sagt Fricke. Von Medienleuten und Lobbyisten gar nicht zu reden. »Du musst dich selbst ständig zwingen, dir zu sagen: Hey, heb' nicht ab, bleib' schön am Boden, das ist hier ein Amt auf Zeit!« Nicht immer gelang es ihm. Im Jahr 2013 wurde ihm und seinen liberalen Kollegen der temporäre Charakter des Jobs rüde in Erinnerung gerufen: Die FDP wurde aus dem Bundestag gewählt.

Zu Hause

Und so passiert, was passieren muss: Die Abgeordneten schleppen all die schlechten Gewohnheiten, die Ungeduld, den Kommandoton, die Pascha-Attitüde, die bisweilen in Allüren abgleitet, mit nach Hause. Denn kein Politiker ist in der Lage, den Druck an der Fußmatte vor der Haustür abzustreifen. Der Stress, die Hatz, aber auch die Gewöhnung an die Rundumversorgung schleichen sich mit hinein ins Wohn-, Schlaf- und Kinderzimmer. Und viele leiden mit: Beziehungspartner, Familie, Kinder, Mitarbeiter, Freunde. Wie die Auseinandersetzungen über Kleinigkeiten, die Gereiztheit und die Entfremdung den Alltag zu vergiften beginnen – viele Abgeordnete können viele Episoden darüber erzählen. Fricke berichtet: »Ich bekomme dann schon mal zu hören: Stopp mal, hier dreht sich nicht alles um dich! Wir sind hier nicht deine Mitarbeiter!«

Es mag ein Trost für ihn sein: Er ist längst nicht der Einzige, der den Berliner Feldwebelmodus nur schwer loswird. Der jähe Wechsel vom Plenum in Berlin zurück in die eigenen vier Wände fällt vielen schwer. Auch Dietmar Nietan kann davon berichten: »Zu Hause muss ich mir dann schon mal zu Recht anhören: ›Ich würde mir wünschen, dass du mit uns so geduldig wärst wie mit deinen Wählerinnen und Wählern.‹«

Beziehungen von Abgeordneten sind extrem herausgefordert, die Gefahr der Entfremdung ist eine permanente Begleiterin. Nicht wenige Ehen existieren nur noch auf dem Papier, viele sind zerbrochen. Auch Marco Bülow hat die verschiedenen Lebenswelten als Belastung empfunden. »Du bist zwei Wochen am Stück in Berlin, kommst dann nach Hause und hast eigentlich nur ein Thema, über das du reden willst: Berlin.« Gleichzeitig schwinden das Interesse an alten Freunden und die Energie, sich auf deren Milieus einzulassen. Zeit, sich ihnen zu widmen, sie zu treffen, sei ohnehin nicht vorhanden. »Du bist kräftemäßig auch gar nicht mehr dazu in der Lage.« Bülow hatte seine damalige Ehefrau, die ihn gelegentlich wieder auf den Teppich zurückholte: »Jetzt ist aber mal Schluss mit Berlin!«

Oder der Abgeordnete, der nach Hause kam, die Alltagsfrage seiner 13-jährigen Tochter mit einer kurzen Berliner Floskel beantwortete, worauf die Ehefrau der Tochter erklärte: »Papa muss erst mal ankommen – er ist mit dem Kopf noch in Berlin.« Ähnliches erlebte auch eine alleinerziehende Abgeordnete, deren Sohn während der Sitzungswochen bei den Großeltern bleibt. Ein Satz ihrer Mutter klingt ihr nun immer im Ohr, kurz bevor sie ihren Sohn abholt: »Rede nicht mit mir wie mit einer Angestellten! Ich bin nicht deine Berliner Mitarbeiterin! Ich mache das hier freiwillig – und nicht, weil ich muss.«

Es scheint ein Virus zu sein, gegen den die Immunisierung schwerfällt. Selbst für die jungen, selbstkritischen unter ihnen. Wie schnell auch die nachrückenden Generationen Berliner Modus und Tempo übernehmen, kann die junge CSU-Abgeordnete Emmi

Zeulner bestätigen. 2013 kam die damals 26-jährige Krankenschwester in den Bundestag, unbefangen, neugierig, ehrgeizig. An den Berliner Tonfall gewöhnte sie sich schnell. »Ich lebe im Bundestag, im Plenum, in Ausschüssen – an dem Klischee von der Berliner Blase ist etwas Wahres dran.«

Wenn sie nach einer strapaziösen Woche nach Hause, nach Oberfranken, fährt, reist die Blase mit, vor allem deren Tonfall. Ihr Ehemann ist Landtagsabgeordneter in München, wenn beide Sitzungswochen haben, bleibt die gemeinsame Tochter bei der Schwester von Emmi Zeulner in Kulmbach. Vor der Haustür muss die Heimkehrerin erst einmal tief Luft holen, innehalten und alles abschütteln. Berlin muss jetzt raus aus ihr. Sie macht das ganz bewusst. Der Kommandoton von Berlin soll nicht ins Privatleben einziehen. Meistens gelingt das auch, aber nicht immer.

Auch die heutige Bundestagsvizepräsidentin Claudia Roth ist einen langen Weg gegangen. 1989 kam sie ins Europaparlament, 1998 in den Bundestag. Sie ahnte früh, dass das Politikgeschäft Spuren in der Persönlichkeit hinterlassen könnte, dass sie am Ende womöglich eine andere Claudia sein würde als die, die sie mit 30 war. Sie hat schon in jungen Jahren versucht, Haltelinien einzuziehen, und mit zwei Freunden einen Vertrag geschlossen. Mit der Verpflichtung, dass die zwei ihr die rote Karte zeigen, wenn sie gravierende Veränderungen an ihr wahrnehmen.

Einer der beiden, ein Pianist, machte ihr irgendwann tatsächlich deutliche Ansagen: »Merkst du eigentlich nicht, dass du gar nicht mehr zuhörst? Dass du nicht mehr mitkriegst, wie es mir geht, wenn mein Kind zahnt und ich keine Nacht mehr schlafen kann? Wenn ich nicht weiß, wie wir die Miete bezahlen sollen? Du bist einfach nicht mehr du!« Unmissverständliche Sätze, die Roth wachrüttelten, die Freundschaft hat das nicht belastet, sondern gefestigt.

Aber sie begann, sich Gedanken zu machen, über sich, ihr Umfeld und was die Umstände mit den Menschen in der Politik machen. »Die Deformation kommt bei den meisten«, sagt Roth, »weil viele glauben, sie seien dadurch stark, dass sie auf jede schwierige Frage eine einfache Antwort haben. Es geht darum, handlungsfähig zu wirken, auch wenn es bisweilen für manche Fragen keine schnellen Antworten gibt. Es geht um Stärke und Schwäche. Und natürlich stellst du dir irgendwann die Frage: Wie menschlich darf ich eigentlich noch sein? Was muss ich sagen, um anzukommen?« Roth glaubt für sich eine Antwort gefunden zu haben: »Es ist unfassbar wichtig, diesen Anker nach draußen zu haben, damit du nicht anfängst, dich in dieser Zitadelle der Macht einzumauern.«

Eine schmerzliche Phase durchlebte auch jener Bundestagsabgeordnete, der sieben Jahre Bundestag hinter sich hatte, als die Lebensgefährtin den Moment gekommen sah, sich zu verabschieden. Nach 18 Jahren Beziehung. »Man kann das Testosteron förmlich greifen, wenn du hier freitagabends reinkommst«, hatte sie ihm eines Tages zugerufen, als es mal wieder knisterte zu Hause. Es dauerte eine Zeit lang, bis er die Trennung für sich verarbeitet hatte. Als er danach begann, mit Kollegen darüber zu sprechen, hatte jeder eigene Erfahrungen parat. »Beim Thema Beziehungskrise sprudelte es aus einigen förmlich raus«, berichtete er, »die hatten alle ihre eigene Geschichte dazu.«

Wer zu Hause einen Partner hat, der oder die sich auch für Politik interessiert, sieht sich nicht selten einem weiteren Streitfeld gegenüber: Er und sie müssen ihre politischen Entscheidungen und die ihrer Partei rechtfertigen. Warum nimmt Deutschland nicht mehr Flüchtlingskinder aus Griechenland auf? Sind die Corona-Einschränkungen nicht überzogen? Warum werden die Grenzen nicht rigoroser abgeriegelt? Die Komplexität der großen Welt ist dann schnell auch Thema im kleinen Wohnzimmer. Und das nicht immer konfliktfrei.

»Ich war permanent im Verteidigungsmodus«, berichtet ein SPD-Parlamentarier, der inzwischen ebenfalls getrennt lebt. Allzu oft waren der Job und die Entscheidungen seiner Partei- und Fraktionsführung auch privater Krisenbeschleuniger. Zum Beispiel das vorläufige Festhalten an der Ferkelkastration: Das Argument, dass seine Partei wegen eines Dissenses mit dem Koalitionspartner in dieser Frage kaum die Regierung aufkündigen könne, vermochte die Partnerin nicht zu überzeugen.

Aus Sicht der Angehörigen stellt sich die Veränderung des Menschen, den sie mal geliebt haben und es vielleicht immer noch tun, noch einmal ganz anders dar. Es waren nicht viele bereit, sich zu offenbaren. Die Partnerin eines Bundestagsabgeordneten berichtet:

»Martin hat sich schon verändert. Was ich beobachte: Er ist deutlich empfindlicher geworden. Früher konnte er alle einbinden und gut integrieren, um am Ende eine gemeinsame Lösung hinzukriegen. Das ist schwerer geworden, vielleicht auch, weil er mehr Verantwortung hat. Auch seine Ungeduld hat zugenommen. Vor allem wenn er das Gefühl hat, die Leute wollen nicht verstehen oder sind einfach nur anstrengend.

Auch gegenüber den Medien ist er ungeduldiger geworden. Da verbeißt er sich manchmal schon morgens bei der Zeitungslektüre und mault vor sich hin. Auch mit den Wählern im Wahlkreis geht er unduldsamer um. Bestimmte Gespräche, deren Verlauf er genau absehen kann, weil er sie schon hundertmal geführt hat, blockt er heute frühzeitig ab. Viel schneller als früher. Da kann ich ihn aber auch verstehen.

Ja, es hat sich in den Jahren schon manches verändert. Er ist nicht mehr so reflexionsbereit, wie er das mal war. Er schaut sich die Sachen auch nicht mehr so in Ruhe an, wie es vielleicht das eine oder andere Mal nötig wäre. Er ist ja ohnehin eher ein Pragmatiker und keiner, der die Dinge grundsätzlich angeht – und das hat sich eher verstärkt. Aber vermutlich ist das auch dem Job geschuldet, schnelles Reagieren, schnelle Lösungen finden, die Dinge schnell wegarbeiten. Da bleibt wenig Zeit fürs Grundsätzliche.

Ich persönlich würde ihm manchmal wünschen, dass er da wieder einen Schritt zurück machen könnte. Auch wenn das bei den Rahmenbedingungen schwierig und sicherlich eine Herausforderung ist. Über bestimmte Themen rede ich deshalb auch gar nicht mehr mit ihm. Natürlich kann er nicht abschalten, wenn er nach Hause kommt, geht in seiner Funktion ja auch schlecht.

Seine Gereiztheit ist einfach größer geworden. Wenn er nach Hause kommt und es herrscht gehobene Unordnung im Wohnzimmer, dann meckert er. Wir haben drei Kinder, zwei, fünf und zwölf Jahre alt, zwei Mädchen, ein Junge. Und natürlich sieht's dann nicht immer aus wie bei Schöner Wohnen. Den Kindern macht der Stress auch zu schaffen. Laura, die Zwölfjährige, sagt dann schon mal: ›Du kommst ja nur zum Meckern nach Hause.‹ Ja, er verlangt der Familie schon einiges ab. Auch, weil oft Sitzungen um 7:30 Uhr beginnen oder abends um 19 Uhr. Er macht schon eine ganze Menge zu Hause. Er bringt die Kinder zur Schule oder in die Kita. Aber letztlich sind seine Möglichkeiten einfach begrenzt.

Natürlich verdirbt dieses Bundestagsleben auch. Die Alltagsherausforderungen einer Familie sind dann doch eher meine. Unser Anspruch war eigentlich ein anderer, und manchmal haben wir darüber auch Auseinandersetzungen. Er hat halt auch die Möglichkeiten: Die Fahrbereitschaft des Bundestages, die BahnCard 100, er nimmt das Taxi, fliegt umsonst, all diese Dinge. Ich habe das nicht. Ich versuche hier, möglichst viel mit dem Rad zu erledigen, bringe die Kinder auch mit dem Rad in die Kita. Manche Alltagsprobleme siehst du dann nicht mehr so scharf, wenn man so eingepackt ist wie er.

Seine Mitarbeiter und Mitarbeiterinnen nehmen ihm halt eine Menge ab. Deshalb gibt es, wenn er zu mir sagt, schreib' doch Renate (seine Mitarbeiterin im Büro) eine Mail, schon mal Stress. Dann sag' ich, die schreibst du schön selbst, ich bin nicht deine Sekretärin! Oder er sagt, wenn ich es eilig habe: ›Nimm dir doch ein Taxi!‹ Aber so bin ich nicht, ich sage also Nein, auch wegen der Kinder. Da fährt der schwarze Wagen vor der Wohnung vor und holt ihn ab. Manchmal liefert er dann auf dem Weg ins Büro die Kinder in Kita oder Schule ab. Auch wenn es keine Statusfrage, sondern einfach nur bequem ist, daran sollten sie sich nicht gewöhnen, finde ich.

An den Wochenenden bin ich viel allein. Er ist im Wahlkreis in Norddeutschland, demnächst ist wieder Parteitag, dann folgen Bezirkskonferenzen, Landesparteitag. Ich hätte auch gern mal einen Tag Pause. Eigentlich funktioniert eine Beziehung mit einem Politiker in einer Spitzenfunktion nur, wenn einer zurücksteckt. In unserem Fall bin ich das, stimmt schon. Kein Wunder, dass es kaum junge Frauen mit Kindern im Bundestag gibt. Und schon gar nicht in führenden Positionen.

Was ihn antreibt? Der Kick, Leute zu überzeugen, sie mitzunehmen, Allianzen zu schmieden, Mehrheiten zu erobern, das Kompetitive daran ist ihm schon sehr wichtig. ›Ich könnte nicht verlieren …‹, sagt er manchmal.

Es ist einfach alles so wahnsinnig eng getaktet. Du bist ständig herausgefordert zu reagieren. Es ist extrem anstrengend, medial immer präsent zu sein. Es ist aber schon krass, wie vorsichtig viele Abgeordnete geworden sind. Sie haben alle eine Megaangst vor einem Shitstorm. Es ist die Angst, irgendetwas falsch zu machen und dann darüber zu stolpern.

Ein bisschen sind sich Abgeordnete und Lehrer ähnlich, finde ich. Beide glauben, sie wissen alles ein bisschen besser, und lassen sich deshalb nur wenig sagen. Meine Freundin ist Coach. Lehrer kommen ganz selten zu ihr, Politiker auch nicht. Sie glaubt, beiden Berufsgruppen täte ein bisschen mehr professionelle Begleitung gut. Finde ich auch. Aber das gestehen sich Abgeordnete und Lehrer nicht zu.

Wenn ein Ministerangebot käme? Wahrscheinlich ist das derzeit nicht, dafür ist die Konkurrenz zu groß. Er würde das sicher gerne machen, ich wäre weniger begeistert. Dann wäre er noch viel weniger zu Hause. Er stellt das zwar anders dar. Aber die Realität ist doch so. Als Minister oder auch Staatssekretär bist du einfach wahnsinnig viel unterwegs. Dann würden wir ihn noch seltener zu Hause sehen.«

Ein anderer Abgeordneter, eine andere Partei – die Lebensgefährtin erinnert sich an die Veränderungen ihrer Beziehung so:

»Es ist nun schon ein paar Jahre her. Holger hatte es über die Liste gerade noch geschafft in den Bundestag. Natürlich hat er sich wahnsinnig gefreut, er war am Ziel seiner Träume angekommen. Der Wahlkampf war hart, er hatte alles gegeben. Wir hatten ursprünglich mal andere Pläne. Wir wollten eine Kleinkunstbühne eröffnen, es mit Esskultur verbinden. Wir hatten über das Objekt schon verhandelt und hätten die Finanzierung wohl auch hinbekommen. Es gab ein gemeinsames Ziel, es fühlte sich gut an.
Natürlich war es für ihn anfangs schwierig. Aber Berlin hat ihn schnell völlig in Besitz genommen. Er war angekommen, endlich am richtigen Ort, um die Welt zu retten oder zumindest einen Artikel zu platzieren, in dem über ihn stand, dass er dabei ist, die Welt zu retten. Er war dann nur noch unterwegs. Ich weiß noch, wie ich nach den ersten Wochen sagte, ich würde sein jetziges Leben nicht eine Woche durchhalten. Das wäre mir zu viel des Wahnsinns. Ich dachte auch, er ist in einer Art Überforderungszustand über diesen Neuanfang, sicher auch in einer Art Hypereuphorie mit vielen Emotionen und Herausforderungen auf allen Ebenen. Ich dachte, schauen wir mal, was man gemeinsam daraus machen kann. So schnell gebe ich nicht auf. Ein durchgehendes Pferd lässt man ja auch erst mal einfach laufen.
Aber das Überengagierte war dann bald sein Leben. Wichtigsein war dafür seine Nahrung. Es tat ihm gut, sich als charismatischer, offener, zugewandter Politiker zu fühlen. Ich sah, wie er glücklich in dem neuen Umfeld Bundespolitik agierte. Er war nun genau dort, wo er seinem Empfinden nach hingehörte. Ich sah ihn strahlen bei hochbesetzten Veranstaltungen und im Umgang mit den verschiedensten Menschen. Er zog seine Energie aus diesen Auftritten, wie eine Batterie, die sich auflädt; vor allem in Situationen, in denen er zentral Einfluss nehmen konnte.
Ich würde schon sagen, dass er einen erfolgreichen Start hatte, auch

wenn er nach einigen Wochen schnell überreizt und erschöpft war. Viel Stress und nur noch wenig Sport zeigten Wirkung.

Er war immer schon ein Alphatier, ein Mensch mit vielen Projekten und Vorstellungen dazu. Aber nach einem Jahr Berlin begann er sich zu verändern. Natürlich, da war zunächst diese überreizte Umstellungsphase, damit war zu rechnen. Aber er kehrte nicht mehr zurück in seinen alten Gemütszustand. Aus dem handhabbaren Leitwolf wurde ein herrischer Tyrann, den ich zu fürchten begann. Immer schlecht gelaunt, immer bestimmend, immer rechthabend. Und egomanisch mit einer bis dahin nie da gewesenen Härte anderen gegenüber, mich eingeschlossen.

Auch wenn er im Bundestag am Ziel seiner Träume angekommen war – das Überleben dort bedarf sehr viel Energie. Seine Art darauf zu reagieren war die einer gesteigerten Radikalität mit Verlust von Empathie. Er war dort angekommen, wo sich nicht nur seine Talente optimal einsetzen lassen, sondern auch Persönlichkeitsfacetten gefragt sind, die anderswo eher als pathologische Extreme wegtherapiert würden.

Der Wahlkreis? War ihm nicht wirklich wichtig. Da hatte er ja keine Gegner, da ging es um Inhalte, die lokal sind und nicht den Anschein von globaler Bedeutung und damit Ruhm haben. Den Menschen im Wahlkreis geht es ja eher um greifbares Engagement, um sichtbare Ergebnisse, nicht um Redekünste und Gedankengebäude. Im Wahlkreis machte er seine Shows und Fotos, um Artikel und damit den Anschein von Präsenz zu bekommen. Alles wurde voraus berechnet, wie eine Werbeaktion für ein Shampoo, und die gut gefütterten Journalisten halfen ihm dabei. Er machte das auch durchaus professionell, somit hatte es wohl auch Sinn, aber es war halt berechnend.

Er hat das Handy nicht mehr aus der Hand gelegt. Er kam nie zur Ruhe, alles wurde in Hektik gemacht. Und er war immer dann charismatisch und nett, wenn eine Kamera und Öffentlichkeit in der Nähe waren. Dann konnte er einen Schalter umlegen und war der perfekt zuhörende Gesprächspartner.

Aber die eigentliche Herausforderung war immer der Betrieb im Bundestag. Das war die große, weite Welt. Nur, Berlin hat ihm seine weichen und empathischen Anteile genommen. Er war jetzt entweder schwarz oder weiß, er verlor seine vielen Facetten. Manchmal waren sie noch zu erahnen, irgendwo schimmerten sie durch. Er war auch davor schon eigen und hatte etwas Dominantes; ja, er war auch ungeduldig, aber er hatte nie Türen geschmissen oder mich angeschrien. Das änderte sich alles mit Berlin, nach gut drei Jahren war es dann unerträglich.

Er befand sich irgendwann in einem ständigen Kampfmodus. Und dieser Modus konnte sich auch im Privaten bei jeder Kleinigkeit einschalten. Auffallend war, dass er ab da nicht mehr für eine Sache kämpfte, sondern nur noch für sich. Es ging in seinen Erzählungen nicht mehr darum, Ideen, eine Diskussion, ein Papier oder ein Interview vorangebracht zu haben – es ging nur darum, über einen anderen gesiegt zu haben. Mal Parteifreund, mal politischer Gegner – beide wurden zu formbarem Material. Es ging darum, wer rhetorisch und psychologisch gesiegt hatte, nicht darum, wer die besseren Argumente hatte oder worauf man sich inhaltlich einigen konnte. Alle Gespräche wurden analysiert wie Boxkämpfe. Welche rhetorischen Kniffe, welche Gesten, welche Augensignale, welche verbalen und nonverbalen Finessen der Gegner draufhatte und wer wann Punkte gemacht hatte. Und wer letztendlich gesiegt hatte. Ich erinnere mich an Momente voller Wut und Selbstvorwürfe, wenn der gegnerische Redner besser war als er.

Wenn etwas schiefging, waren dennoch immer die anderen schuld, das Versagen hatte immer irgendwo anders stattgefunden. Daher schwächten ihn Niederlagen auch nicht. Er legte sie einfach weg, ohne sich selbst zu hinterfragen.

Früher hatten wir eine Beziehung auf Augenhöhe. Er achtete mich. Ich hatte ihn im Wahlkampf unterstützt und viel meiner Zeit miteingebracht. Ich hatte mich nie ausgenutzt gefühlt, weil ich uns als Team gesehen hatte. Auch das war nun vorbei. Sein Umgang mit mir wan-

delte sich vom Status der Partnerin in die Rolle der Angestellten. Ich dachte damals, vielleicht muss man so bestimmend und abgrenzend sein, um im Bundestag Erfolg zu haben. Vielleicht ist das, was im Privaten nicht funktioniert, genau das, was im Bundestag überlebenswichtig ist.

Ich wurde sehr einsam, was ihn betraf. Wir haben uns nur noch selten gesehen. Freizeit zusammen gab es nicht mehr. Er wollte die Abende allein verbringen, mit einem Wein und seiner Pfeife und natürlich mit seinem Handy, um keine Nachricht zu verpassen.

Sein Verhalten hat mich im Innersten verunsichert. Weil ich nicht verstehen konnte, wie die guten Persönlichkeitsanteile so schnell verschwinden konnten und die weniger guten sich so breitmachen. Verunsichert hatte mich auch, dass ich anscheinend von ihm als nicht mehr ausreichend oder ebenbürtig angesehen wurde – ich war halt nicht so schick gekleidet und hatte es nicht so mit Statussymbolen und Smalltalk auf den Empfängen. Bis heute nicht.

Das Ende kam in einer Osterpause, der nächste Wahlkampf stand unmittelbar bevor. Ich hatte zwar noch eine Resthoffnung, den Mann wiederzufinden, den ich im Bundestagsgewimmel verloren hatte. Dann meinte er aber, er wolle den Urlaub allein verbringen. Den Menschen, den ich liebte, gab es irgendwann nicht mehr. Das Gemeinsame, das Vertraute ist gestorben in der Zeit. Ich musste es begraben und habe lange um ihn getrauert. Ich habe viel geweint, viel gesucht und lange auf ein Verstandenwerden gehofft. Seit einigen Jahren nun nicht mehr. Seine neue Liebe heißt Bundestag, und zumindest ist sie nicht blond.

Die Schattenseiten

Auch im Umgang mit ihren persönlichen Mitarbeitern zeigen sich die Abgeordneten nicht immer nur von ihrer menschenfreundlichen Seite. Sie haben sich durchgesetzt, machen jetzt Politik in der Hauptstadt, reden im Bundestag, sind plötzlich bedeutsam – haben aber oft keinerlei Personal- oder Führungserfahrung. Wie rekrutiere ich Mitarbeiter? Auf welche persönlichen Besonderheiten meines Personals bin ich bereit Rücksicht zu nehmen? Wie löse ich Konflikte? Was ist zumutbar? Für viele Abgeordneten stellen sich plötzlich ganz neue Fragen.

Zu den Mitarbeitern der Abgeordneten muss man wissen, dass jeder Abgeordnete eine monatliche Pauschale von gut 22 000 Euro für Personal zur Verfügung hat, Personal, das ihn in Berlin und im Wahlkreis unterstützen soll. Ob die Abgeordneten das Geld für Vollzeit-, Teilzeit- oder studentische Hilfskräfte ausgeben, liegt allein in ihrer Entscheidung. Sparen sie am Personal, verbleiben die Mittel bei der Bundestagsverwaltung.

Jedenfalls halten so Tausende von Mitarbeitern allein der Abgeordneten, ohne die Angestellten der Fraktionen und der Bundestagsverwaltung, den Betrieb in Gang. Wie die Angehörigen leiden auch sie unter den Launen von Chef und Chefin, und auch sie schütteln die Strapazen des Alltags nicht beim Verlassen des Büros ab. »Ich kann abends nach Hause fahren und meine Familie mit meinem Kram zuschütten«, klagt einer. »Aber sie kennen die Namen nicht, die Abläufe nicht, eigentlich langweile ich sie fürchterlich. Sie hören mir eine Zeit lang aus Höflichkeit zu, aber irgendwann nicht mehr. Dann schlägt es in Ärger um, und deine Frau sagt: ›Hör auf mit dem Scheiß!‹«

Diese Mitarbeiter haben – auch das im Unterschied zu Fraktionen und Bundestagsverwaltung – nur einen prekären arbeitsrechtlichen Schutz. Sie sollen bedingungslos loyal und belastbar sein, sie haben stets befristete Verträge, die zudem jederzeit kündbar sind, womit sie auf Gedeih und Verderb ihren Chefinnen und Chefs ausgeliefert sind, damit auch deren Launen und bisweilen sehr individuellen Bedürfnissen. Und weil sich das Verhältnis zwischen Abgeordneten und Mitarbeitern in einer juristischen und medialen Dunkelzone abspielt, dringen auch die kleineren und größeren Konflikte nur selten nach draußen.

Aber diese Konflikte sind zahlreich, und bei nicht wenigen Abgeordneten, mitunter auch durchaus prominenten, findet ein munteres Wechselspiel statt, was die Mitarbeiter betrifft. Das Problem beginnt schon mit der Ankunft der Parlamentarier in Berlin. »Sie kommen hierher, haben oft jahrelang darum gekämpft, strotzen vor Selbstbewusstsein«, berichtet Thomas Wierer, seit fast 30 Jahren Mitarbeiter von CDU-Bundestagsabgeordneten und eine Art Kummerkasten für die Mitarbeiter der Unionsparlamentarier. Das Selbstvertrauen ist gerade bei Unionsabgeordneten auch deshalb überproportional ausgeprägt, weil die Fraktion mehrheitlich aus direkt gewählten Abgeordneten besteht. An Stolz fehlt es also nicht, »aber letztlich wissen sie nicht, wie der Hase läuft«, mokiert sich Wierer. »Die finden am Anfang gerade mal den Plenarsaal, mehr nicht.« Er hat viele kommen und gehen sehen. »Jeder ist für sich selbst der Größte. Sie machen keine Fehler, und auch nur jeder Ansatz von Kritik kratzt am Heiligenschein.«

Aber gerade in der Startphase häufen sich die Fehler. Die Abgeordneten stellen Freunde oder Bekannte ein, die ihnen während der Kampagne loyal zur Seite standen. Es hatte doch auch im Wahlkampf gut geklappt, man kennt sich, ist eingespielt. Aber sind das auch die richtigen Begleiter für den Alltagsbetrieb in Berlin? Weiß der Abgeordnete, wie man ein Team führt? Ist er selbst konfliktfähig?

Oft wäre ein dreifaches Nein fällig! Hinzu kommen all die neuen Herausforderungen für die Politikerinnen und Politiker, die Hierarchie, der Druck, die Themenfülle. Wierer: »Sie kommen weder mit der Personalführung noch mit der Situation insgesamt klar.« Dabei sind sie auf Gedeih und Verderb auf die Qualität, Loyalität und Verschwiegenheit ihrer Leute angewiesen. Fehlende Tiefenkenntnis im eigenen Fachgebiet? Schwierige Terminkoordination? Ein Alibi, wenn der Abgeordnete aus privaten Gründen nicht erreichbar ist? Ohne gutes Personal wäre der Abgeordnete verloren. »Wir sind Berater in allen Lebenslagen«, sagt Wierer. Und immer dem Chef oder der Chefin zu Diensten.

Es sei denn, es misslingt etwas. Und es kann vieles misslingen. Die Pressemitteilung, die – entgegen der Sperrfrist – zu früh versandt wurde, um unbedingt als Erster auf dem Markt zu sein, der Termin, der verschludert wurde, weil sich der Abgeordnete nicht entscheiden konnte, der Abschiebeflüchtling, für den sich die Chefin eingesetzt hatte, der aber leider eine kriminelle Vorgeschichte hatte: »Wir exekutieren seine Entscheidungen«, sagt Wierer, »aber wenn's schiefläuft, hat immer der Mitarbeiter die Arschkarte.« Die Folgen sind im harmlosen Fall nur zu oft schlechte Stimmung im Büro, unter unschöneren Umständen cholerische Anfälle und Brüllaktionen.

Das Problem in allen Fraktionen: Es gibt keine präzise Arbeitsplatzbeschreibung. Die Mitarbeiter der Abgeordneten sind freie Verfügungsmasse. Und keine Fraktionsführung hat ein Interesse daran, das Dilemma aufzulösen, denn so bleiben die Mitarbeiter für alle Eventualitäten verfügbar. Nicht zuletzt für Wochenendarbeit, die in Zeiten sozialer Medien enorm an Umfang zugenommen hat. Häufig unentgeltlich, versteht sich.

Aber selbst wenn es sich um eine einvernehmliche, funktionierende Arbeitsbeziehung handelt, sind die Mitarbeiter in besonderer Weise gefordert. »Jedes Mal, wenn der Abgeordnete nach zwei, drei Wochen im Wahlkreis nach Berlin kommt, ist der Montag für die Mitarbeiter erst mal der Horror«, berichtet ein erfahrener MdB-Helfer. »Der Abgeordnete kommt an und stellt erst mal alles infrage: Die Bürgerbriefe sind unverständlich, der Terminplan ist zu voll, da ist der Ärger mit der Fach-Arbeitsgruppe, und auch in der Landesgruppe gibt's Unruhe.«

»Und dann musst du erst mal Stunden investieren«, sagt der Mitarbeiter, »bis du ihn wieder auf Berliner Betriebstemperatur hast. Das klingt witzig, ist aber harte Arbeit. Du musst sie betüteln, ihnen den Lieblingskuchen hinstellen, lauter so 'nen Scheiß. Am besten, du machst abends mit ihnen Party, gehst mit ihnen was trinken, bringst sie so einigermaßen wieder in Stimmung.« Was längst nicht immer klappt, zumal wenn der Abgeordnete entwöhnt ist. »Die fühlen die Blase, fühlen, was alles falsch läuft, und haben so einen Abwehrreflex oder fremdeln einfach. Das wiederum ist für den Mitarbeiter, der ja in der Blase zu Hause ist, der blanke Horror.«

Der Mitarbeiter ist – außer für die gute Laune – für alles zuständig. Fürs Kaffeekochen und Hemden-aus-der-Reinigung-holen sowieso, aber auch die Reinigung der Wohnung des Abgeordneten, eine kurzfristig erbetene Reichstagsführung von Freunden des Abgeordneten während des eigenen freien Tages oder der Transport eines Kühlschranks nach Hause, all das stand schon auf der Wunschliste der Arbeitgeber. Es gab auch den Innenminister, der, nachdem er als Minister ausgeschieden war, seinen Mitarbeiter anrief und ihm auftrug, er möge doch seinen Nachfolger im Amt bitten, dass der ihm weiterhin Sicherheitspersonal gewähre.

Da war die Abgeordnete, die ihre Mitarbeiterin aus dem Urlaub in Südeuropa anrief und klagte, sie müsse im Hotel gemeinsam mit anderen Urlaubern frühstücken. Ein Unding! Das Anliegen: »Ich brauche einen separaten Frühstücksraum – organisiere mir das!« Da war der Ex-Minister, der seiner Mitarbeiterin eine Abmahnung zukommen ließ, weil sie Briefpapier bestellt hatte, ohne es mit ihm abzustimmen. Der gleiche Mann im Übrigen, der vor jedem Toilettengang auf seiner Etage die Örtlichkeit erst mal von seinem Sicherheitspersonal checken ließ.

Kein Wunder, dass Abgeordnete und Mitarbeiter unter diesen Umständen immer mal wieder aneinandergeraten. Die Fraktion der Linkspartei ist die einzige, die den Mitarbeitern einen Betriebsrat zur Seite stellt – sofern ihre Chefs der Abgeordnetengemeinschaft der Fraktion beigetreten sind. Immerhin zwei Drittel der Linken-MdBs können das für sich reklamieren. Die Partei will im Jahr 2021 all ihre Parlamentarier verpflichten, die Arbeitnehmervertretung anzuerkennen.

Im Paul-Löbe-Haus, 7. Etage, Nordseite, hat Oliver Stegemann sein Büro. Der frühere Abgeordnetenmitarbeiter ist Konflikt- und Schlichtungsmanager der SPD-Bundestagsfraktion, Chef der ver.di-Betriebsgruppe und versucht, zwischen Abgeordneten und Mitarbeitern zu vermitteln, wenn sich die Probleme häufen. Zu einem Betriebsrat hat sich die SPD-Fraktion nicht durchringen können; aber sie ist immer noch die einzige, die einen Entgelttarifvertrag zur Grundlage der Mitarbeitervergütung macht.

Auch Stegemann kann eine Menge erzählen von großen Gesten, kleinen Schwächen und tiefen Abgründen der Abgeordneten im Umgang mit ihren Angestellten. Aus eigener Erfahrung, aus den Nachbarbüros, aus anderen Fraktionen. Da gab es den Abgeordneten, der seinem Mitarbeiter in einer privaten Notlage einen fünfstelligen Betrag lieh, damit der sein Häuschen nicht verkaufen musste. Und es gab den Parlamentarier, der den überraschenden Tod seines Mitarbeiters kaum verkraftete und deshalb monatelang keinen Nachfolger einstellte.

Es gibt aber auch die anderen Vorgesetzten. Es sind nicht wenige Bundestagsbüros, in denen schon – in Anfällen von Wut und Jähzorn – Ordner und Tacker geflogen sind, es wird gebrüllt und geweint. Mindestens drei Dutzend Abmahnungen erhielten Mitarbeiter aller Fraktionen allein im Jahr 2019. Beklagt wird alles: angeblich verweigerte Wochenendarbeit, die zu spät abgegebene Arbeitsunfähigkeitsbescheinigung und Ärger gab es auch für den Mitarbeiter, der am Wochenende den Post seines Chefs vom eigenen Facebook-Privataccount aus nicht schnell genug gelikt und damit weiter im Netz verteilt hatte.

Stegemann kennt auch den Fall der Mitarbeiterin, die nach mehrjähriger Beschäftigung bei Abgeordneten die übliche Zulage der Bundestagsverwaltung (»Gruftiprämie«) erhielt. Daraufhin kürzte ihre Chefin das Gehalt exakt um den Betrag der Prämie.

Viele Tränen flossen im Büro einer SPD-Bundestagsabgeordneten, die im Sommer 2016 ausschied, nachdem sich herausgestellt hatte, dass sie weder ein Erstes noch ein Zweites Staatsexamen in

Jura abgelegt hatte. Genau das aber hatte sie immer behauptet. Auch eine Abiturprüfung hatte sie nie bestanden. Zugleich wurde bekannt, wie rüde und teilweise menschenverachtend sie ihre Mitarbeiter behandelt hatte. Von »Gulag« und »Psychoterror« war die Rede.

Es herrschte ein strenges Regime: Von jedem Telefonat war ein Wortprotokoll anzufertigen, Gespräche mit Mitarbeitern anderer Fraktionen waren verboten, wer auf die Toilette musste, hatte sich telefonisch an- und abzumelden, und als ein Mitarbeiter einmal Blut erbrach und auf die Krankenstation kam, rief ihn die Chefin an, um zu fragen, wo die Vorbereitung für den nächsten Termin sei. Das Erstaunliche daran: Viele in der SPD-Bundestagsfraktion wussten von den Zuständen, viele der betroffenen Mitarbeiter hatten ihre Erfahrungen schriftlich abgefasst; kurz bevor alles aufflog, kursierte sogar ein offener Brief, in dem sich Betroffene über die schlechte Behandlung durch ihre Ex-Chefin beklagten.

Doch niemand intervenierte, auch nicht die Fraktionsführung der SPD. Begründung: Es gebe »keine formale Zuständigkeit bei eventuellem Regelungsbedarf«. Natürlich war das ein Extremfall. Aber spätestens hier wurde erkennbar, dass das Prinzip des frei gewählten Volksvertreters, der sich für nichts rechtfertigen und vor niemandem legitimieren muss, der Mitarbeiter wie Leibeigene einstellen und wieder feuern kann, an seine Grenzen gelangt ist.

Der Journalist, der auf Parlamentarier trifft, begegnet zumeist aufgeräumten, gut gelaunten, aufgeweckten Menschen. Menschen, die etwas mitzuteilen haben, die Positionen beziehen, Botschaften verkünden, manchmal auch noch abwägen und nach Antworten suchen. Menschen jedenfalls, mit denen es Spaß macht, sich auszutauschen. Man erlebt Entscheidungsträger, die sich in der Regel von ihrer Schokoladenseite zeigen – sie wollen ja auch medial eine optimale Präsenz sichergestellt wissen.

Doch es gibt auch bei den Abgeordneten die Momente, in denen sie ihr schattiges Gesicht aufsetzen, Situationen, in denen sie sich unbeobachtet fühlen, in denen sie ihre Eitelkeit streicheln, ihren Jähzorn ausleben und manchmal auch ihre Arroganz – und sich auch wenig Mühe geben, ihre Defizite zu verbergen. Jedenfalls solange keine Öffentlichkeit zugegen ist. Wenn Bundestagsmitarbeiter, die Fahrer der Fahrbereitschaft in Berlin, das Sicherheitspersonal oder auch Botschaftsmitarbeiter im Ausland sich unbeschwert offenbaren würden, hätten viele von ihnen eine Menge zu erzählen.

Wie die Mitarbeiter und Chauffeure in Berlin müssen auch die deutschen Diplomaten im Ausland häufig besondere Nehmerqualitäten an den Tag legen. Abgeordnete sind Vielreisende, und wenn sie dienstlich im Ausland unterwegs sind, sind Deutsche Botschaften und Konsulate immer beteiligt. Bei der Organisation von Gesprächspartnern, beim Transport vor Ort, bei der Programmgestaltung. Doch Rücksicht auf die Diplomaten wird selten genommen. Der Service ist selbstverständlich.

Die Sammelrechnung für Kaffee und Kuchen in der Lissabonner Alfalma? Übernimmt doch sicher die Botschaft, oder? Ein schnelles Wasser in der Jerusalemer Altstadt? Kann der begleitende Jungdiplomat doch bestimmt einreichen. Ein vegetarischer Snack im Starbucks in Pretoria? Hätten Sie vielleicht ein paar südafrikanische Rand für mich? Es ist Alltag für die Mitarbeiter der Botschaften. Und weil selbst Staatssekretäre gedankenlos genug sind, sich von ihren Diplomaten aushalten zu lassen, nehmen sich die reisenden Abgeordneten daran gern ein Beispiel.

Dass sich das Reiseprogramm eng an der ursprünglichen Planung orientiert, ist für die Damen und Herren Abgeordneten eine Selbstverständlichkeit. Kurzfristige Änderungen werden nur ungern hingenommen. »Abgeordnete, die im Ausland unterwegs sind, wollen häufig gebauchpinselt werden«, berichtet ein erfahrener Diplomat, »sie sind schon ziemlich eitel.« In größeren Ländern ist der Termin mit den deutschen Journalisten vor Ort ein regelmäßiger Wunsch. Dass die Medienleute in der Regel auch einen engen Terminkalender haben, eine Abgeordnetendelegation für sie nichts

Berichtenswertes darstellt und die Journalisten deshalb nur ein überschaubares Interesse an einem Treffen mit deutschen Parlamentariern haben, ist diesen häufig nur schwer zu vermitteln.

Aber sicher hat dann doch wenigstens der Außenminister des besuchten Landes Zeit für eine Begegnung? »Was, er hat keine Zeit? Warum das denn nicht?« Gerne üben sich die deutschen Gäste auch in der Rolle des Oberlehrers, mit Vorliebe in Ländern des Südens. So gab ein deutscher Rechtspolitiker vor einigen Jahren in Kenia bei einem Pressegespräch einheimischen Journalisten Nachhilfeunterricht zum Thema effiziente Verwaltung: »Und wenn ich das nächste Mal wiederkomme, würde ich mir ein Aktendeckelsystem wie bei uns wünschen, rot für Strafsachen, blau für Verwaltung, grün fürs Zivilrecht.« Die kenianischen Journalisten staunten: Aktendeckel? Farben? Ihr Alltag war eher ein Kampf gegen Korruption und Einflussnahme auf Justiz und Medien als die Frage bunter Aktendeckel. Als ein Diplomat vor Ort einen weiteren reisefreudigen Parlamentarier nicht gleich identifizieren und mit Namen ansprechen konnte, wurde der Mann pampig: Es sei »respektlos«, dass der Botschaftsmitarbeiter ihn nicht kenne.

Natürlich sind Reisen für Parlamentarier notwendig. Und natürlich müssen sie sich austauschen können mit den Kollegen und Kolleginnen in aller Welt. Aber bisweilen spielen vor allem die nicht dienstlichen Aspekte der Trips eine zentrale Rolle. Die Sekretariate der Bundestagsausschüsse, die die Reisen organisieren, tragen den Bedürfnissen gerne Rechnung, weshalb – insbesondere bei größeren Reisegruppen – ein Freizeit- oder Shoppingprogramm eigentlich zum Standard gehört.

In Südafrika zum Beispiel haben erfahrene Diplomaten eine Menge Episoden auf Lager, was die speziellen Bedürfnisse ihrer Besucher angeht: Eine Tour nach Robben Island, der Gefängnisinsel von Nelson Mandela, wäre ja noch nachvollziehbar. Doch gewünscht ist meistens mehr: eine Pinguintour? Selbstverständlich. Wäre es auch möglich, Wale zu beobachten? Aber ja doch. Und haben Sie nicht die Adressen von zwei, drei Weingütern für eine Verkostung? Nichts leichter als das. Und weil auch Länderparlamente das Kap längst als interessantes Reiseziel entdeckt haben, kann selbst eine Landtagspräsidentin schon mal mit Nachdruck einfordern: »Ich muss zum Friseur – können Sie das für mich arrangieren?«

Nur in Ausnahmefällen wird die gehobene Erwartungshaltung der Abgeordneten öffentlich. Für Schlagzeilen sorgte vor Jahren eine Delegation des Gesundheitsausschusses nach Kalifornien. Sie benahm sich so verhaltensauffällig, dass der damalige Generalkonsul in San Francisco nach Abreise der Gruppe einen Brandbrief ans Auswärtige Amt kabelte, aus dem wiederum der *Spiegel* genüsslich zitierte. Die ganze Truppe habe sich »unangemessen bis schikanös« aufgeführt.

Demnach seien die Parlamentarier vor allem an Freizeit interessiert gewesen, notierte der *Spiegel*. Der Sekretär des Ausschusses, auch in diesem Fall zuständig für Programm und Organisation der Reise, habe darum gebeten, »dass das Programm bitte nicht mit inhaltlichen Terminen zu überfrachten sei und genug Zeit zur freien Verfügung bleiben möge«. Zudem habe der Beamte »um eine Zusammenstellung von Theater- und Konzertveranstaltungen und von Einkaufsmöglichkeiten, insbesondere der Schuhgeschäfte, gebeten«. Politische Gesprächstermine seien zugunsten einer zweiten Sightseeingtour abgebrochen worden.

Die Parlamentarier in Berlin tobten – und nahmen für die Veröffentlichung des Wutbriefes auf ihre Weise Rache: Weil das Auswärtige Amt die lästige Publizität nicht verhindert, sie im Gegenteil womöglich gar befördert habe, strich der Haushaltsausschuss dem damaligen Minister Frank-Walter Steinmeier mehrere bereits zugesagte Planstellen in seinem Amt.

Für Aufmerksamkeit sorgte auch eine Reise einer früheren CSU-Abgeordneten, als sie 2012 als Vorsitzende des Bundestagsausschusses für Wirtschaftliche Zusammenarbeit Entwicklungsminister Dirk Niebel, FDP, nach Myanmar und Laos begleitete. Beim offiziellen Abendessen in der laotischen Hauptstadt Vientiane beanspruchte sie den Platz des deutschen Botschafters für sich, was für einige Verstimmung in der deutschen Delegation sorgte. Später soll sich Madame – zusammen mit einer Kollegin der Linken – über fehlende Gastgeschenke auf den Zimmern sowie über mangelnde Shoppingmöglichkeiten beschwert haben. »Elemente des Fremdschämens« empfand jedenfalls der Journalist und Augenzeuge Dieter Wonka in der *Leipziger Volkszeitung*, der *Spiegel* betitelte seinen Reisebericht mit »Shopping mit VIP-Service«.

Die Fälle liegen Jahre zurück, aber im Selbstverständnis so manchen Parlamentariers hat sich nicht viel geändert. Das belegt der Abgeordnete, der sich im Jahr 2018 schon beim Check-in im militärischen Teil von Berlin-Tegel für alle hörbar über den fehlenden Alkoholzugang beschwerte. Auf dem Ministerflug nach Afrika trank er sich dann systematisch in den Schlaf. Da gibt es den hochrangigen Abgeordneten, der im Jahr 2019 allein nach Mexiko flog und an einem Sonntagmorgen um fünf Uhr am Airport empfangen und ins Hotel gebracht werden wollte. Obschon ortskundig ging er wie selbstverständlich davon aus, dass ihn ein Fahrer der deutschen Vertretung abholen würde. Ein Hinweis der Botschaft, dass auch Fahrer nicht unbegrenzt und zu jeder Tages- und Nachtzeit zur Verfügung stehen, irritierte den Mann nicht. Er insistierte so lange, bis ein Diplomat den penetranten Volksvertreter bis zum frühen Nachmittag von Termin zu Termin chauffierte.

Die Psyche

Es bedarf wohl einer spezifischen Charakterstruktur, um sich auf den Weg zum Berufspolitiker zu machen. Eine gewisse Härte im Nehmen scheint zwangsläufig, eine ordentliche Portion Durchsetzungsvermögen, Sendungsbewusstsein, und natürlich ist auch ein Mindestmaß an rhetorischem Rüstzeug hilfreich. Man muss es mögen, im Wahlkampf sein übergroßes Porträt am Laternenmast hängen zu sehen, sich in der Fußgängerzone Kreuzverhören zu stellen, an Haustüren zu klingeln und bei Listenparteitagen die kalte Ablehnung des Konkurrenten und seiner Verbündeten zu erspüren. Die meisten mögen es sogar sehr.

»Du hast einen Hang zum Narzissmus und wohl eine Neigung zur Selbstdarstellung, wenn du dich überhaupt in die Situation einer Bundestagskandidatur begibst«, hat Nina Hauer, SPD, einmal gesagt. Nachdem sie dreimal direkt den Wahlkreis gewonnen hatte und beim vierten Mal aus dem Bundestag hinauskatapultiert wurde, kam sie ins Grübeln. Was sind das eigentlich für Charaktere, die da alle vier Jahre in den Bundestag drängeln? Was ist aus ihr selbst nach elf Jahren Parlament geworden? Hat sie die Zeit ohne Deformation überstanden?

»Im Narzissmus sind wir alle gut«, hat der frühere Grünen-Abgeordnete und -Staatssekretär Rezzo Schlauch einmal eingestanden. Strenger war Erhard Eppler, viele Jahre das politische Gewissen der Sozialdemokratie. Im Jahr 2019 ist er gestorben. Der Narzissmus sei das schlimmste Laster der Politik, hat er Jürgen Leinemann offenbart: »Der eitle Politiker ist davon überzeugt, dass ihm zumindest in der Sparte der Politik, in der er sich hochgearbeitet hat, niemand das Wasser reichen kann.«

Eitelkeit, Gefallsucht, Selbstgefälligkeit und Narzissmus – es gibt viele Zuschreibungen für Politiker, von denen viele nicht wirklich falsch sind, aber letztlich nur zu einer ungefähren Darstellung taugen. Zumal es, was Motivation und Charakter, Profil und Aufrichtigkeit angeht, unter Politikern genauso viele Schattierungen gibt wie in der Gesamtgesellschaft. Es gibt allerdings Muster im Persönlichkeitsprofil von Politikern. Muster, die Fachleuten aus der Nahsicht und der distanzierteren Warte auffallen.

»Es hat viel mit Selbstwert zu tun«, hat Helge Lindh nach nur zwei Jahren im Bundestag erkannt und meint damit wohl den jähen Bedeutungszuwachs nach dem Einzug ins Parlament. Nun ist man Volksvertreter und Hüter der Gesetze und spielt mit den großen Chips der Demokratie. Im Reichstag, den riesengroßen Bundesadler über, das Parlamentspräsidium vor sich, und alles eingefangen von Kameras, die live übertragen – mehr an Geltung und Bedeutsamkeit lässt sich kaum suggerieren. Auch Lindh drängt es regelmäßig ans Rednerpult, wo er seinen Job mit sichtbarer Lust und Leidenschaft verrichtet. »Die größte Droge sind Macht und Einfluss«, sagt er. »Bei manchen gibt es auch so was wie fachgebundene Wichtigkeit, man bestimmt hier das Schicksal in allen Fragen des Landes mit, egal ob es um Bundeswehreinsätze, Migranten, Innere Sicherheit oder Verkehrspolitik geht.«

Es gibt nicht viele Jobs, in denen sich die menschliche Eitelkeit so hemmungslos streicheln lässt wie im politischen Gewerbe. »Natürlich spielt sie eine Rolle«, bekennt Otto Fricke, »niemand ist frei davon. Jeder möchte doch den Satz hören: ›Ich habe dich im Fernsehen gesehen. Ich weiß zwar nicht mehr, was du gesagt hast – aber deine Krawatte sah toll aus.‹« Fricke nimmt in seiner Betrachtung aber auch Einschränkungen vor. »Guckst du dir deine Rede noch mal an und sagst dir, ›Mann, war ich toll, dem habe ich aber schön eine verplättet‹ – dann läuft was falsch.«

Natürlich darf man sich die eigenen Videos anschauen. Für Fricke muss man da aber anders hinschauen als selbstverliebt. »Du brauchst den selbstkritischen Blick: ›Ich wollte mich doch nicht mehr mit beiden Händen am Pult festhalten.‹ Oder: ›Ich wollte mir doch nicht mehr dauernd an die Nase fassen.‹« Nur, nicht allen von Frickes Kolleginnen und Kollegen ist diese Fähigkeit zur kritischen Selbstreflexion gegeben.

Die Eitelkeit dient Abgeordneten – neben der Gefallsucht – auch dazu, sich gegen mögliche seelische Verletzungen zu schützen: »Du brauchst als Politiker eine gewisse Eitelkeit«, so Fricke weiter. »Erstens wäre Scheu, dich zu zeigen, unbedingt hinderlich. Zweitens gibt dir die Eitelkeit Energie. Ohne eine Portion Eitelkeit hältst du die Kritik nämlich nicht aus. Wenn die eigenen Kollegen, der politische Kontrahent oder Otto Normalwähler dich angehen, ist die Eitelkeit ein Schutz. Nach dem Motto: Was will der schon? Der kann mir ohnehin nicht das Wasser reichen.«

Eine etwas andere Perspektive auf das Bedürfnis, in Erscheinung zu treten, hat Michael Hartmann. »Triebfeder ist die Suche nach Anerkennung, das treibt die Leute in dieses Mandat hinein«, glaubt der frühere Innenexperte der SPD. 2014 war er aufgefallen. Drogenfahnder hatten ihn ins Visier genommen, nachdem sie den SMS-Verkehr einer Dealerin ausgewertet hatten. Hartmann räumte ein, sich in einer Kleingartenkolonie Crystal Meth beschafft zu haben, eine Modedroge jener Zeit. »Die fehlende innere Souveränität, dieses Defizit ist stärker als alle rationale Klugheit, über die viele der Kollegen mit Sicherheit verfügen.« Die Eitelkeit führe nicht selten zu spätpubertärer Attitüde: »Die befriedigst du, indem du im Stundentakt nichtige Tweets absetzt oder indem du dich bei Veranstaltungen ins Bild drängst, immer vom Wunsch getrieben: Nehmt mich doch endlich wahr!«

Es sind sehr besondere Konflikte, die sich für Abgeordnete auftun: »Es ist furchtbar, wenn ich für 100 Meter Fußgängerzone 30 Minuten brauche. Es wäre aber noch schlimmer, wenn ich da in fünf Minuten durchgehen könnte. Das ist das Dilemma.« Hartmann will nicht mit der Attitüde des Besserwissers auf die Kollegen von einst zeigen: »Ich rede, wenn ich so rede, immer auch von mir. Ich habe es auch nicht geschafft, angemessen damit umzugehen.«

In Berlin-Pankow hat der Psychologe und Psychoanalytiker Ralf-Raffael Brentano seine Praxis. Neubau, 4. Stock, mit diskretem Ein- und Ausgang. Er hat schon manchen Politiker vor sich auf dem Stuhl gehabt, wahlweise auch auf der Couch. Aber auch die Zielscheiben von Politikern. Mitarbeiter, die zu Opfern von Jähzorn, Kontrollverlust und Empathiedefiziten ihrer Chefs wurden. Er hat die Abgründe gesehen, den Ballast und die multiplen Leben, die die eine oder der andere mit sich rumschleppen. Er hat den Druck gespürt, der auf seinen Klienten lastet und den sie abbauen wollen.

Er hat aber auch die Nöte, die psychischen Defizite und manchmal auch Defekte gesehen, die seine Kundschaft begleiten.

Denn es sind viele Spannungsfelder, in denen sich die Politiker bewegen. Überall Widersprüche, unterschiedliche Erwartungen, Unvereinbarkeiten. Die permanente Konkurrenz, der latente Wettbewerb, das alles in größter Öffentlichkeit und ausgeleuchtet bis in den letzten Winkel. Da ist die individuelle Eitelkeit auf der einen Seite, andererseits weiß jeder: Gewinnen kann im politischen Kontext nie einer allein, der Erfolg ist nur möglich über das Kollektiv. Oder das Problem des schnellen Rollenwechsels. Die verschiedenen Themen, die wechselnden Orte, das unterschiedliche Publikum. »Ein schwieriges Feld«, hat Brentano beobachtet, »du sollst du selbst sein und gleichzeitig ein anderer.« Zu bewältigen seien solche Rollenwechsel nur über heikle, unbewusste psychische Prozesse, Abspaltungen und Verdrängungen – »bis es nicht mehr geht«.

Damit gehe oft ein Kontrollverlust einher, »meist in Verbindung mit einem Autonomie-Abhängigkeits-Konflikt im Untergrund«, der massive Ängste erzeuge, »die dann oft paranoid verarbeitet werden«. Brentano: »Es kommt zu schnellem Aufwärtsstreben«, die Karriere werde zum Maß der Dinge, »sie bringt kurzfristig Entlassung durch Macht- und Gestaltungszuwachs, dann aber auch die Erkenntnis, dass der schnelle Rollenwechsel eine gewisse Substanzlosigkeit im jeweils neuen Thema mit sich bringt. Der Politiker erkennt das, und es strömen unbewusste Gefühle wie Minderwertigkeit und Selbstunsicherheit an die Oberfläche, die wiederum durch Machtzuwachs unter Kontrolle gehalten werden müssen.«

Kluge Menschen im Umfeld des narzisstisch veranlagten Politikers würden von diesem oft als Gefahr angesehen. »Sie könnten einem ja auf die Schliche kommen. Es entsteht Stress, weil der Politiker einerseits auf die Expertise angewiesen ist, andererseits nicht zu erkennen geben darf, dass er manches vielleicht nicht sofort verstehen kann, nach außen aber vertreten sollte.«

Der stete Hang zum Verdrängen verdichtet sich zu wiederkehrenden Mustern. Die narzisstische Persönlichkeitsstruktur gehört wohl dazu. Grundsätzlich zeichnet den Narzissten eine gewisse Unfähigkeit aus, sich in das Gegenüber hineinzuversetzen und die Perspektive des anderen auch emotional nachzuvollziehen. Begleitet wird dies häufig von einer sehr begrenzten Kritikfähigkeit. »Jemand, der kritisiert wird, lässt es normalerweise nach innen, verarbeitet es, weist die Kritik zurück oder auch nicht«, sagt Brentano, »er prüft sich.« Der Narzisst hingegen feuere schnell mit großem Geschütz zurück – ohne Prüfung des eigenen Selbst.

Die Fachgemeinde der Psychoanalytiker ist sich jedenfalls weitgehend einig, dass der politische Betrieb eine weit überdurchschnittlich hohe Zahl solcher Symptome hervorbringt. Der Gießener Psychoanalytiker Hans-Jürgen Wirth sagte vor Jahren schon: »Narzissten wollen bewundert werden. Und wenn sie Macht haben, können sie sich sozusagen diese Anerkennung und Bewunderung von anderen Menschen kaufen. Und deswegen sind Macht und Narzissmus sehr eng miteinander gekoppelt.«

Natürlich seien Politiker in besonderer Weise ichbezogen, so auch Brentanos Erfahrung. Einen gesunden Narzissmus habe fast jeder Mensch, das sei schon dem Selbsterhalt geschuldet. Dann gebe es aber eine Art aufgepfropften Narzissmus: »Der kann sehr erstarrt sein. Für den Betrag, um den ich in der Kindheit innerlich zu kurz gekommen bin, muss ich als Erwachsener einen Ausgleich auf der weltlichen Bühne schaffen – egal wo, in welchem Beruf und mit welchen Leuten –, weil ich nicht gewillt bin, mich den schmerzvollen Prozessen der Kindheit erneut zu stellen und diese zu integrieren. Dessen bin ich mir aber nicht bewusst.«

Auch der Düsseldorfer Psychiater und Psychotherapeut Leonhard Schilbach hat immer wieder Politiker unter seinen Patienten. Als Forscher befasst sich der habilitierte Schilbach zudem mit Verhaltensabweichungen und Mechanismen der sozialen Interaktion sowie der Emotionsregulation. Auf der einen Seite sei eine gewisse

Portion Narzissmus notwendig, um sich zutrauen zu können, mit den eigenen Ideen die Welt verändern zu wollen, sagt er. Problematisch werde es da, wo dieses Machtstreben allein zum Gegenstand der Selbstwertförderung werde. Ob der Politiker einem eher verträglichen oder einem malignen Narzissmus unterliege, werde häufig erst in Krisenmomenten erkennbar. Schilbach: »Solange Politiker erfolgreich sind, bleibt das verborgen.«

Schilbach hat sie erlebt – die Politiker mit dem fokussierten Blick auf sich selbst: »Man nimmt das Gegenüber nicht mehr wahr, und die Meinung der anderen findet im eigenen Meinungs- und Deutungshorizont keine Berücksichtigung mehr.« Bei einer narzisstischen Persönlichkeitsstörung versuche der Patient über positive Reaktionen seiner Umwelt »die inneren Zweifel zum Schweigen zu bringen«. Dabei ist oft nachrangig, ob es sich um aufrichtige Anerkennung handelt oder nicht. Dieses häufig unstillbare Verlangen nach Aufmerksamkeit nehme zum Teil geradezu suchtartigen Charakter an: »Nur in dem Gefühl der Beste zu sein, lässt sich selbst einreden, nicht auf Hilfe anderer angewiesen zu sein. Dementsprechend werden ehrliche und kritische Rückmeldungen an den Rand gedrängt, und es kommt zu einer Steigerung von Macht und Kontrolle.«

Macht und Kontrolle als ein Bedürfnis mit Suchtpotenzial? »Natürlich gibt es Sucht bei Politikern«, sagt Brentano. Befeuert durch die Verstärkung, die jeder in seinem sozialen Kontext braucht, die aber erst recht für Politiker und Politikerinnen zum Lebenselixier wird: »Hat sie super gemacht!«, »Eine super Rede!«, »Der kann alles!« Brentano: »Das führt zum Verrat am eigenen Selbst. Sie werden von Rollen abhängig. Und um die Rollen auszufüllen, nehmen sie Drogen, Alkohol, werden zu Workaholics.« Brentanos Fazit: »Du kannst in dem Gewerbe kaum der werden, der du eigentlich bist. Es zerreißt dich, denn wer kann zu Beginn seiner Karriere schon voll authentisch durchstarten? Das ist eher selten. Liegen die Konflikte nicht ganz so tief begraben, ist der Politiker zum Beispiel in der Lage, sich durch seine Auftritts- und Versagensängste durchzuwühlen, kann das der Persönlichkeitsentwicklung aber auch durchaus förderlich sein.«

Auch Leonard Schilbach hat sich in Forschungsprojekten wiederholt mit dem Phänomen Sucht befasst. Bei der Sucht reiche die gleiche Dosis an Bestätigung irgendwann nicht mehr aus. Süchte übersteuern das Belohnungssystem des Gehirns, sodass es für normale Belohnungen nicht mehr ansprechbar ist. »Das gilt fürs Spiel, für Drogen, für den Computer – und auch für die Bühne. Am Anfang reicht der Ortsverein, dann darf's das Festzelt sein – und irgendwann der Bundestag.« Sei der Politiker erst einmal an ein gewisses Niveau von öffentlicher Aufmerksamkeit, Beifall und Zuwendung gewöhnt, müsse man sein »Gehirn regelrecht abtrainieren, um wieder mit Alltagsdingen zufrieden zu sein. Das ist auf dem Politikerniveau dann aber schwierig«.

Und noch ein Punkt, in dem sich die Seelenforscher einig sind: Prägend für das Selbst, für Selbstwertgefühl und Selbstbewusstsein sind die Erfahrungen der Kindheit und Jugend. Psychiater Schilbach sagt: »Wir entwickeln und entdecken unser Selbst über die Rückmeldungen der sozialen Umwelt. Das prägt uns. Auch unsere Überzeugungen über uns selbst entwickeln wir auf diese Weise.« Das könne unkompliziert und sozusagen normal verlaufen, ereigne sich aber gelegentlich anders: »Menschen, die in einer emotional invalidierenden Umwelt aufwachsen, entwickeln das Gefühl, ich bin nichts wert. Das wiederum erzeugt Druck und Angst.« Dann versuche der Mensch in späteren Jahren in und mithilfe der Umwelt Dinge zu erzeugen, die sein negatives Selbstbild widerlegen. Die den Selbstwert aufputschen. Die eigenen Zweifel werden verdrängt, an ihre Stelle rückt die Spiegelung durch äußere Einflüsse. »Das wiederum kann in den Versuch übergehen, andere unabsichtlich zu manipulieren, unterschwellig Anerkennung einzufordern.« Was der Psychiater Schilbach wiederum kommentiert: »Sehr risikoreich, der Kompass für sozial angemessenes Verhalten kann verloren gehen. Der Blick nach außen und der Zuspruch dominieren alles.«

Was Schilbach zudem auffiel: »Der Applaus wird Menschen umso wichtiger, je weniger sie sozial geerdet sind.« Je schwieriger das Vorleben, umso wichtiger sei ein intaktes soziales Umfeld. Nicht selten sei das Streben nach Macht »eine Reaktion auf Ohnmacht, Unterlegenheit und Geringschätzung in der eigenen Biografie«.

Und Ralf-Raffael Brentano ergänzt über Politiker in Bedrängnis: »Die Psyche in Not sucht dann nach Erfahrungen in der Kindheit. Und wenn sie etwas gefunden hat aus jener Zeit, zieht sie – à la Donald Trump – etwas Primitives nach oben, und dann erscheint plötzlich ein Bruch in einer sonst differenzierten Persönlichkeit.« Tritt der Bruch zutage, finden hinter verschlossenen Türen Jähzorn und Tobsucht ein Ventil, und nicht selten fliegen Flüche oder auch Ordner und Tacker durchs Büro. Impulskontrollversagen, sagt der Fachmann. »Man könnte es auch Machtmissbrauch nennen«, präzisiert Brentano.

Ohnehin erstaunt ihn die Dimension der Angst, des Misstrauens und der Isolation unter Politikern. »Viele sind innerlich einsam«, beobachtet er, »obwohl sie äußerlich mit anderen Menschen verbunden sind, aber es fehlt der echte Kontakt über das Gefühl, es fehlt die Schwingungsfähigkeit.« Auch die Familie balanciere seine Patienten oft nur unzureichend aus. »Du kannst auch in der Familie nicht über alles sprechen.« Manch einer sei durchaus bemüht, sich zu öffnen und mitzuteilen, »kriegt dann aber Angst, ob die Ehefrau oder Partnerin auch dichthält«. Und wenn der Patient dann noch narzisstische Ausprägungen habe, komme die Angst vor einem möglichen Missbrauch der Informationen dazu. Brentano: »Man könnte sagen, wenn das Vertrauen schon vorher fragil war, frisst sich so das Misstrauen in die Beziehung.«

Angst, Zweifel, Schwäche – wer sich mit dem Aufstieg und Fall politischer Führungspersonen befasst, hat unausweichlich mit Attributen wie Macht, Führung, Vertrauen, Leadership und Charisma zu tun. »Parteinahme, Kampf, Leidenschaft sind das Element des Politikers«, trug schon Max Weber im Jahr 1919 vor. Politiker sollen leidenschaftlich und durchsetzungsstark, empathisch und souverän sein, sie dürfen eitel und gefühlskalt sein. Nur eines sollten sie möglichst nicht zu erkennen geben: Schwäche. Die Momente der Verzagtheit, die Sorgen und Ängste sind kein Thema im politischen Kontext. Selbst die journalistischen Betrachtungen, die vorgeben, Politiker zu porträtieren, sparen die persönlichen Untiefen der Politiker, die Ängste, den Druck, die Anfälle von Jähzorn weitgehend aus.

Eigentlich erstaunlich, denn jeder Abgeordnete kennt diese Aggregatzustände. Die Angst vor einer Bundestagsrede. Vor einem Parteitag. Vor einem kritischen Zeitungsporträt. Die Selbstzweifel, die sofort wuchern, wenn man als Berichterstatter seiner Fraktion die Materie nicht durchdrungen hat oder der Fraktionschef nicht gleich zurückruft. Oder das Unbehagen, einen unpopulären Regierungsbeschluss im Wahlkreis vertreten zu müssen. Die Unsicherheit als solche ist die ständige Begleiterin des Politikers, des gewöhnlichen Abgeordneten sowieso, aber auch der Spitzenebene.

Aber was machen Politiker mit diesen Selbstzweifeln? Dürfen sie ihre Ängste zu erkennen geben? Dürfen sie ihre Verkrampfungen zulassen und Schwächen offenbaren? Die Recherche dazu ist schwierig. Literatur und empirisches Material dazu gibt es kaum, und auch unter den Abgeordneten selbst – zumal sie im Verdrängen geübt sind – sind die eigenen Untiefen und Ängste kein sonderlich beliebtes Thema. Es ist allerdings auch ein Leichtes, den gelegentlichen Kummer auszublenden: Kaum Vorgaben, die vielen Einladungen und allerlei Privilegien decken so manchen Schmerz homöopathisch zu.

Während Abgeordnete beim Thema Schwäche selbst nur wenig gesprächig sind, zeigen sich ihre Mitarbeiter aufgeschlossener. Sie erleben ihre Chefs aus der Nähe. Sie sind diejenigen, die den Kummer, den Zorn und die Zweifel nur zu oft abpudern müssen. »Du stößt als Abgeordneter gerade in den ersten Jahren hier in Berlin auf so viele Dinge, die dich beschäftigen«, berichtet ein Mitarbeiter, »mit einer wahnsinnigen Spannungskurve zwischen extrem hoch und megatief. Du kommst mit den Mechanismen noch nicht klar. Du willst darüber sprechen, das macht hier aber keiner, und du traust dich auch nicht.« Wer tickt wie? Wer ist ähnlich verunsichert und auf der Suche? »Du weißt es nicht, und wenn du dich verquatschst, giltst du als Angsthase, Waschlappen, und du bist raus. Die Angst ist so groß, dass du in Berlin niemals ein Zeichen von Unsicherheit zulässt – es sei denn, es ist ganz, ganz privat.«

Theoretisch wünschen sich Wählerinnen und Wähler Politiker mit vielen Stärken und (möglichst) wenig Schwächen, Politiker, die ihnen vertrauenerweckend vorkommen, eher uneitel als narzisstisch, eher empathisch als gefühlskalt, eher neugierig als allwissend. Die, die regieren, sollen möglichst souverän, nüchtern, durchsetzungsstark, gelassen, wägend, klug sein. Aber, einerseits, stimmen Wunsch und Wirklichkeit immer überein? Sind die politischen Entscheider wirklich immer so souverän, nüchtern und gelassen, wie sie sich öffentlich präsentieren? Und andererseits, können sie Zweifel an diesem Bild überhaupt zulassen, vor sich selbst und und in einem höchst kompetitiven Umfeld? Und wenn nicht, lassen Öffentlichkeit und Medien Schwächen bei Politikern zu, ohne diese sogleich final abzuqualifizieren?

Was also tun mit der eigenen Verletzbarkeit? »Offenlegen kannst du dir nicht leisten«, bekennt eine ehemalige Abgeordnete. Ihre Erfahrung: »Ich würde jedem raten, Verletzbarkeit nur sehr dosiert wiederzugeben.« Nach vier Jahren Bundestag stieg sie wieder aus, mochte sich nicht mehr beteiligen am Werben um Unterstützer und Helfer, am Kampf um Sympathisanten und einen sicheren Listenplatz. Wer Zweifel zu erkennen gebe am eigenen Tun und Entscheiden und nicht in der Lage sei, sie zu verbergen, müsse schon im Wahlkreis mit der Frage rechnen: »Wenn die so empfindlich ist, wie will die dann in Berlin bestehen?«

Denn natürlich umgibt die Abgeordneten in einem System, das

auf Wettbewerb und Konkurrenz angelegt ist, permanent ein Gefühl der Angst und Verunsicherung, der Sorge vor falschen Entscheidungen und Einsamkeit. Nur die ganz robusten schreiten ohne Selbstzweifel durchs Politikerleben. Der gemeine Abgeordnete dagegen hat viele Gründe zu hadern: Die Bundestagsrede war nicht gut genug, eine Dienstreise wurde nicht bewilligt, im Wahlkreis rotten sich offenbar innerparteiliche Gegner zusammen. Was habe ich falsch gemacht? Und mit wem kann ich mich diskret darüber austauschen? Vertrauensvolle Freundschaften sind eher die Ausnahme.

Brentano hat über das Berliner Räderwerk gelernt: »Wenn du in diesem Betrieb drinsteckst, kannst du Schwäche kaum zeigen. Eigentlich tun mir die Leute leid, denn ich sehe hinter jedem Narzissten natürlich auch den verwundeten Menschen. Die sind ja nicht per se schlecht. Sie treiben sich selbst nach oben, dann werden sie getrieben – und am Ende bist du einsam.«

Das Terrain ist also vermint, und es gibt viele Möglichkeiten der Demütigung – am schlimmsten sind die, die öffentlich stattfinden. »Natürlich hast du Angst«, bekennt eine Abgeordnete. »Vor allem vor zwei Dingen: Dass dir jemand den Wahlkreis oder guten Listenplatz streitig macht. Oder dass du in den Medien bloßgestellt wirst.«

Für den gemeinen Abgeordneten – vor allem aus jenen Parteien, in denen die Umfragen nach unten zeigen – lauert die Gefahr eher im Wahlkreis. Dort sind die Erwartungen der Parteimitglieder andere als in Berlin, vor allem gibt es – außer im engsten privaten Umfeld – keine geschützten Räume. »Im Wahlkreis Schwäche erkennen zu lassen ist ein absolutes No-Go«, sagt der erfahrene Mitarbeiter eines Abgeordneten. »Du bist als Parlamentarier einfach eine Autorität, und die Leute erwarten, dass du performst.« Wer Schwäche zeige, ermuntere Herausforderer. Und die Gefahr, dass sich im Windschatten der Schwäche Gegenkandidaten warmlaufen, sei immer vorhanden. Deshalb empfiehlt der Mitarbeiter, das Risiko strikt zu minimieren: »Mehr Emotionen als Anteilnahme und Mitgefühl sind dir eigentlich nicht gestattet.«

So führen Misstrauen, die Scheu, Schwäche zu zeigen, und die Angst, in der Versenkung zu verschwinden, zu eigentümlichen Reaktionen: Den Besuch beim Psychotherapeuten hängt ohnehin niemand an die große Glocke. Auch sich coachen zu lassen ist eher verpönt in der Szene. Es dominiert nach wie vor die Haltung, Beratung, Coaching und Therapie sind etwas für Schwächlinge. Eine Medienbetreuung, das Üben, vor Kameras zu sprechen und sich zu bewegen, ist in der Regel das Maximum, was Politiker bekennen. Und auch das nur im kleinen Kreis. Alles andere, so signalisieren sie nach außen, haben sie im Griff. Wie sonst wären sie so weit gekommen in ihrer Karriere? Haben sie etwa nicht alles unter Kontrolle? Spielen sie mit ihrem Sitz im Bundestag nicht längst in der politischen Bundesliga? »Maximal naiv und falsch«, sagt Psychiater Schilbach. »Dieser Sicht liegt eine ausgeprägte Leistungsorientierung zugrunde, die den Blick nach innen verhindert. Man will sein eigenes Verhalten und Auftreten nicht überprüfen und in den Kontext der eigenen Biografie stellen müssen. Denn eine Überprüfung würde immer von der Angst begleitet, vielleicht schwächt mich das ja auch.«

Kollege Brentano in Berlin berichtet von Patienten, die die Therapie nicht über die Krankenkasse abrechnen wollen. Die als Selbstzahler zu ihm kommen. Die eine Behandlung wollen, aber ohne verwertbare Rückstände. Keine Papiere, keine Dokumente, keine Quittungen und Rechnungen. Auch dahinter, so glaubt Brentano, verbirgt sich eine tiefsitzende Angst vor dem Offenlegen von Schwäche.

Die Furcht, schwach zu erscheinen, ist das eine. Noch schlimmer aber ist die große Schwester der Schwäche – die Niederlage beziehungsweise die Angst davor. Je höher die Politiker gekommen sind, umso tiefer ist der Fall, die Kränkung, der Schmerz. Sie, die immer so stark und entschlossen schienen, nehmen die Niederlage im Moment der Verzweiflung und Wut so persönlich, dass nicht wenigen die Tränen kommen.

»Politik ist schon ein Sammelbecken für Persönlichkeitsstörungen«, resümiert Brentano gegen Ende des Gesprächs. Bei vielen hat er beobachtet, wie Realitätsbezug und Erdung verloren gegangen sind. Fachkollege Schilbach stellt schließlich die entscheidende Frage: »Wollen wir von Menschen regiert werden, die unentrinnbar an der Macht hängen? An ihr hängen wie an einem Tropf? Und treffen diese Leute dann auch die besten Entscheidungen? Geht es um die Inhalte für die Gesellschaft, oder geht es nicht viel mehr häufig um die Menschen selbst, also die Politiker?«

Die sich von Berufs wegen mit der inneren Verfasstheit unserer Parlamentarier beschäftigen, haben Zweifel. Was die psychische Grundausstattung vieler Berufspolitiker angeht, aber auch die Qualität ihrer Entscheidungen. Zu oft hat Ralf-Raffael Brentano bei seiner Politkundschaft den »Verrat am eigenen Selbst« beobachtet.

Die Karriere hat ihren Preis: »Viele wissen zum Schluss nicht mehr, wer sie sind.«

7 »Die wollen sich zurückholen, was ihnen gar nicht gehört«

Der Kampf geht weiter:
Frauen und die Retropolitik der Männer

Wiebke Esdar ist neu im Bundestag, seit 2017 erst dabei, die Abgeordnete aus Bielefeld gilt als eines der vielversprechenden politischen Talente in der SPD-Fraktion. Doch wenn sie in Sitzungen das Wort ergreift, zücken viele Männer ihre Handys, drehen sich zum Nachbarn hin, beginnen zu plaudern, hören nicht mehr zu.

Sevim Dağdelen ist eine Politikerin aus der zweiten Reihe der Linken, die regelmäßig in Talkshows auftritt, wenn es um die Türkei und Präsident Recep Tayyip Erdoğan geht. Wenn sie nach den Sendungen auf ihre Facebook-Seite schaut, liest sie Einträge wie »Du dreckige Schlampe«, »Sie wird ja von einem deutschen Schwanz gefickt«, »Du fette Sau«.

Linda Teuteberg organisiert als Generalsekretärin seit April 2019 das Hans-Dietrich-Genscher-Haus, die Parteizentrale der FDP, und vertritt ihre Fraktion als Obfrau im Innenausschuss des Bundestages. Nach Silvana Koch-Mehrin, FDP-Spitzenkandidatin bei den Europawahlen 2004 und 2009, sowie Katja Suding, Parteivize seit 2015, sei Teuteberg bereits die dritte Spitzenkraft, die nach dem Prinzip »FDP's next Topmodel« ausgewählt wurde – so raunen Parteifreunde wie Außenstehende. Und da Teuteberg blond ist und aus dem Berliner Umland stammt, heißt sie bei den Spöttern auch »Brandenburg-Barbie«.

Gitta Connemann ist die stellvertretende Vorsitzende der CDU/CSU-Fraktion. Sie war in der Enquetekommission Kultur in Deutschland tätig, ist Vizevorsitzende der deutsch-israelischen Parlamentariergruppe und gehört dem Vorstand des Parlamentskreises Mittelstand an. Wenn männliche Kollegen zusammenstehen und Gitta Connemann Thema wird, geht es in aller Regel nicht darum, was sie gesagt oder getan hat. Sondern darum, »dass sie immer noch super aussieht – für eine Frau über 50«.

Nicole Höchst, Bildungsexpertin der AfD-Fraktion, befasst sich in einer Enquetekommisson des Bundestages mit der Frage, wie man die berufliche Bildung attraktiver gestalten kann. Wenn Höchst in der geschlossenen Front der AfD-Fraktion im Plenarsaal sitzt, geht sie optisch unter, man entdeckt sie unter all den Anzügen und Krawatten kaum. Mit 94 Abgeordneten zog die AfD nach der Bundestagswahl 2017 ins Parlament ein, fünf von ihnen haben die Fraktion bis zum Sommer 2020 verlassen. Von den verbliebenen 89 sind 80 Männer.

Claudia Roth von den Grünen ist stellvertretende Bundestagspräsidentin. Seit 1949 ist es Tradition im Hohen Haus, die Rede der Abgeordneten mit einer Begrüßung des Präsidenten zu eröffnen. Seit es auch Präsidentinnen gibt, sollen auch diese entsprechend adressiert werden. Wenn Roth den Vorsitz hat, grüßt manch ein AfD-Mann gar nicht, andere begrüßen demonstrativ mit »Präsident« – und Roth ergänzt dann stets »-in«.

Unter den 709 Abgeordneten im Deutschen Bundestag sind 488 Männer – und 221 Frauen. Das entspricht einem Anteil von 30,7 Prozent. So gering war die Frauenquote im Parlament zuletzt 1998, dem Jahr, in dem der 1. FC Kaiserslautern Deutscher Fußballmeister wurde und eine gewisse Monica Lewinsky weltweit für Schlagzeilen sorgte.

Im Bundestag – und nicht nur da – droht den Frauen ein Backlash, ein Konterschlag der Retromänner. Das macht sich nicht nur an ihrer rückläufigen Zahl fest, sondern mehr noch an der Art und

Weise, wie mit ihnen umgegangen wird. Nichts, was sich die Frauen in den vergangenen 70 Jahren an Gleichberechtigung erkämpft und an Machtteilhabe erobert haben, ist selbstverständlich. Alles müssen sie immer wieder aufs Neue erstreiten und verteidigen.

Die über 15-jährige Kanzlerschaft von Angela Merkel, der ersten Frau im mächtigsten politischen Amt des Landes, hat viele glauben lassen, für die Frauen sei in der Politik alles erreicht. Und dass das Klischee widerlegt sei, die Macht sei männlich. Doch die Frau am Hebel der Macht erweist sich nun als Trugbild. Genauso wie die Liste der sieben Ministerinnen im 16-köpfigen Bundeskabinett. Die vielleicht mächtigste Selbsttäuschung entstand im Juli 2019 anlässlich der Amtsübergabe im Verteidigungsressort. Annegret Kramp-Karrenbauer, Ursula von der Leyen und Angela Merkel sitzen fröhlich strahlend nebeneinander im Schloss Bellevue. »So geht weibliche Macht«, titelt die *taz*. »So sehen Sieger aus. Oder, wenn man es noch betonen will: Siegerinnen«, flötet die *Bild*. Kurz darauf kündigt AKK ihren Rücktritt vom CDU-Vorsitz an, ein halbes Jahr später gerät das Krisenmanagement der EU-Kommissionspräsidentin Ursula von der Leyen in heftige Kritik. Und wenn Angela Merkel im Herbst 2021 geht, kommt ein Mann.

Mächtige Frauen fallen derart auf, erhalten so viel Aufmerksamkeit, dass man lange Zeit nicht merkt, wie frauenlos die Politik in Wirklichkeit immer noch ist. Und nun sind weltweit die Männer wieder auf dem Vormarsch; die starken Jungs, die – oft populistisch – in Machopose traditionelle Rollenbilder verkörpern und sie aggressiv propagieren. Männer, die glauben, sie seien von Natur aus überlegen und dass dem wieder mehr Geltung verschafft werden müsse. Ob Donald Trump in den USA, Jair Bolsonaro in Brasilien, Wladimir Putin in Russland, Viktor Orbán in Ungarn oder Boris Johnson in Großbritannien – stets hat die zur Schau gestellte Männlichkeit einen starken antifeministischen Zug.

Auch in Deutschland gewinnen die Retromänner in der Politik an Einfluss, drängen Frauen in den Rückzug. Beispiele gibt es zuhauf:

- In der CDU ist die Machtübergabe von Frau zu Frau gescheitert. Gleich mehrere Männer meinten, auf eine Kanzlerin dürfe nicht schon wieder eine Kanzlerin folgen, auf Angela Merkel nicht Annegret Kramp-Karrenbauer.
- Seit der Bundestagswahl 2017 wurden in den CDU/CSU-Ministerien 23 Staatssekretäre neu berufen – 18 Männer, fünf Frauen.
- Christian Lindner und Annegret Kramp-Karrenbauer versagten im Thüringer Wahldesaster im Herbst 2019 grandios, er als Notretter am Wahlabend, sie als Krisenmanagerin in den Tagen danach. Der FDP-Chef war kurz darauf wieder obenauf, die CDU-Chefin in Abwicklung.
- Der bayerische Ministerpräsident Markus Söder wollte auf dem CSU-Parteitag im Oktober 2019 eine Miniquote für Frauen durchsetzen – er scheiterte krachend.
- In der FDP ist der Anteil der Frauen unter den Mitgliedern auf 20 Prozent geschrumpft. Auf dem Parteitag der Liberalen im April 2019 wurde ein Antrag eingebracht, der eine quotenfreie Frauenförderung vorsah – er wurde mit großer Mehrheit abgelehnt.

»Wir stecken in einer Art Kulturkampf«, sagt Claudia Roth über das, was sie seit geraumer Zeit beobachtet. Auf der einen Seite gebe es zwar immer mehr Männer, die sich Erziehung und Betreuung ihrer Kinder gerecht teilen wollen und deren Frauen ganz selbstverständlich einem Beruf nachgingen. Auf der anderen Seite – und das sei in der Politik besonders ausgeprägt – formierten sich die Retromänner, die »Maskulinisten«, wie Roth sie nennt: »Die wollen sich zurückholen, was ihnen gar nicht gehört.«

Diesen Trend sieht auch der Autor und Fernsehkritiker Torsten Körner. In seinem Buch »In der Männer-Republik – Wie Frauen die Politik eroberten« beschreibt Körner die weibliche Geschichte des Bundestages und warnt vor einer »Re-Traditionalisierung« der Politik und einer »Machtberaubung der Frau«. Die weibliche

Stimme im parlamentarischen Chor werde schwächer, die weibliche Perspektive in der parlamentarischen Arbeit schwinde. Beides schade der Republik.

Die Verrohung

Geht man dieser Tendenz nach und fragt nach entscheidenden Wegmarken beim Vormarsch der Retrocharaktere und Maskulinisten, so stößt man unweigerlich auf die Pegida-Bewegung. Ende 2014 haben sich die »Patriotischen Europäer gegen die Islamisierung des Abendlandes« zu einer fremdenfeindlichen, völkischen Organisation zusammengeschlossen. Seitdem erhalten zahlreiche Bundestagsabgeordnete signifikant mehr Hassmails und Drohungen, Hauptadressat sind Parlamentarier mit Migrationshintergrund – und Frauen.

»Man droht Frauen mit Vergewaltigung, man erzählt ihnen, sie seien Fotzen oder Schlampen oder irgendetwas anderes, von dem man weiß, dass es besonders verletzend ist und in eine Schiene hineingeht, die Frauen im tiefsten Inneren bedroht und ihnen Angst macht« – so beschreibt es Anke Domscheit-Berg, Abgeordnete der Linken. Ob Mechthild Heil von der CDU, Bärbel Bas von der SPD oder auch Joana Cotar von der AfD – alle berichten vom gleichen Muster: In den Hassmails, die sie erreichen, geht es, in oft widerlicher, ruppiger Sprache, immer auch um den weiblichen Körper und um sexualisierte Gewaltandrohung. »Dich sollte man mal ordentlich durchknattern«, »Ein Neger sollte dich totficken«, »Dich rührt ja nicht mal einer dieser notgeilen Eseltreiber an, die du ins Land lässt«.

Die Grünen-Abgeordnete Renate Künast, neben Claudia Roth und der SPD-Abgeordneten Aydan Özoğuz eine der Hauptzielscheiben der Hassmailschreiber, spricht von einem »Rollback«, dem Frauen ausgesetzt seien. Frauen hätten in der analogen Welt viel erkämpft. »Die Frage ist nun: Können wir in der digitalen Welt im gleichen Maße teilhaben? Oder müssen sich Frauen zurückziehen, weil sie derartig angemacht werden?«

Künast selbst ist gegen die Beleidigungen im Netz gerichtlich vorgegangen, mit mäßigem Erfolg. Die Richter des Berliner Landgerichts urteilten im September 2019, dass Beschimpfungen wie »Drecksfotze«, »Sondermüll« oder »Stück Scheiße« in den sozialen Netzwerken hingenommen werden müssten, sie seien gedeckt vom hohen Gut der freien Meinungsäußerung. Künasts Beschwerde gegen das Urteil war zumindest in Teilen erfolgreich, in sechs der geprüften 22 Kommentare stellte das Gericht nun »jeweils einen rechtswidrigen Inhalt im Sinne einer Beleidigung« fest. »Drecksau« muss sie sich aber weiterhin anhören. Genauso wie man Sawsan Chebli, SPD, die Bevollmächtigte des Landes Berlin beim Bund, weiterhin »Quotenmigrantin« nennen darf – und »islamische Sprechpuppe«.

Ähnliches erlebte eine FDP-Abgeordnete: »Brandgefährlich sind Politikerinnen wie Strack-Zimmermann. Von nichts eine Ahnung, aber das Maul aufreißen. Als Soldat sollte man solchen Tussen sofort eine Kugel verpassen. Was legitimiert solche Fotzen, sich despektierlich zu äußern?«, rotzte ihr ein Schreiber auf Twitter entgegen. Auch Marie-Agnes Strack-Zimmermann erstattete Anzeige. Doch der Verfasser war nicht zu ermitteln, das Verfahren wurde eingestellt, eines von vielen. »Muss erst einer tot am Boden liegen, bis da mal energisch nachgehakt wird?«, fragt die FDP-Verteidigungsexpertin, als sie die Nachricht von der Einstellung erhält.

Das ARD-Politmagazin *report* aus München wollte es im Spätsommer 2019 genauer wissen und startete eine Umfrage unter allen weiblichen Abgeordneten des Bundestages. Mit erschütterndem Ergebnis: 87 Prozent der Befragten gaben an, bereits Opfer von Hass und Bedrohung im Netz geworden zu sein, einige nahezu täglich. Elf Prozent der deutschen Parlamentarierinnen zweifeln, ob sie in diesem Klima bei der nächsten Bundestagswahl noch einmal antreten wollen.

Die einen denken an Rückzug aus dem Bundestag – und die anderen wollen gar nicht mehr einziehen. Claudia Roth erzählt nachdenklich von der Wahl einer neuen Spitze bei der Grünen Jugend, dem Parteinachwuchs. Eine der jungen Frauen, die sich um einen Beisitzerposten bewarb, sprach in ihrer Vorstellungsrede darüber, wie wichtig gerade heute der Feminismus sei. Daraufhin brach ein so heftiger Shitstorm in den sozialen Medien los, dass sie am Tag nach der Wahl ernsthaft erwog, ihren Posten wieder abzugeben. Sie war sich nicht sicher, solchem Druck dauerhaft standhalten zu können. »Das ist strategische Hetze, die wollen Menschen zum Rückzug bewegen. Das darf nicht aufgehen! Gerade beim politischen Nachwuchs ist es fatal, sie sind doch unsere Zukunft«, sagt Roth. Die Gewaltfantasien dieser Hassnachrichten hätten das Ziel, die Seelen der Frauen zu zerstören. Das werde versucht in Worten, in Blicken, in Äußerungen, in Zuschreibungen. »Ich verstehe total, dass es die Kolleginnen, die zum ersten Mal solchen Hass, solche Gewalt erleben, völlig fertigmacht. Man muss sich da gegenseitig stützen und solidarisch sein – auch die Männer.«

Die Männerrepublik

Politik in Deutschland war lange eine Männerbastion und ist bis heute deutlich männlich dominiert. Bis zur Bundestagswahl 1987, also zehn Legislaturperioden lang, lag der Anteil der Frauen an den Abgeordneten unter zehn Prozent. Bis 1983 waren im Deutschen Bundestag durchgehend weniger Frauen vertreten als in der Nationalversammlung von Weimar 1919. Bis heute sind die Frauen stark unterrepräsentiert – im Bundestag wie in den 16 Länderparlamenten. Auf beiden Ebenen schwankt ihr Anteil um die 30 Prozent. Die jüngste Tendenz sowohl beim Bund als auch im Durchschnitt der Länder: sinkend. Die Frauen holen nicht weiter auf, sie verlieren an Boden. Der Trend ist gekippt.

1961 wurde die erste Frau Bundesministerin. Elisabeth Schwarzhaupt von der CDU übernahm das Ressort »Gesundheitswesen«, es war eigens neu geschaffen worden, also nicht so wichtig. Es war die Zeit, in der Frauen, wie Körner in seinem Buch über die weib-

liche Parlamentsgeschichte aufzeigt, zwar als Sach- und Fachpolitiker Anerkennung finden (»Sie hat mehr Sachverstand im kleinen
Finger als die meisten Männer im Kopf«), sich aber zugleich eine
Haltung bei ihnen ausformt, die heute noch oft anzutreffen ist: Wir
müssen besser sein als die Männer, damit wir ernst genommen
werden. Es hat sich ein Narrativ eingenistet, das den Blick auf die
Frauen in der Politik lange Zeit bestimmt hat: Für die Macht seien
Frauen zu emotional, es mangele ihnen an der dafür notwendigen
kühlen Rationalität, der beherrschten Kälte. Angela Merkel hat
diese Haltung erschüttern können, überwunden ist sie nicht.

Von Beginn an war der Körper der Frau Thema im Parlaments-
geschehen. Männer können bis heute einen Schmerbauch haben,
Doppelkinn oder Stiernacken – vollkommen egal. Ob eine Frau
attraktiv ist oder nicht, darüber wird gesprochen und geschrieben.
Und welche Frau attraktiv ist und welche nicht, definieren jene
Männer, die dann darüber sprechen und schreiben. Die Beine von
Katja Suding, die Frisur von Sahra Wagenknecht, die Brille von
Saskia Esken, die engen Klamotten von Dorothee Bär, die erotische
Ausstrahlung von Julia Klöckner – all das ist nicht nur Gesprächs-
und Schreibstoff. Es spielt auch eine Rolle, wenn es darum geht,
wer was werden darf – und wer was nicht mehr sein soll. Das war
und das ist so. Wenigstens müssen sich weibliche Abgeordnete
heute im Parlament nicht mehr anhören, was die junge Herta
Däubler-Gmelin, eine promovierte Juristin, kurz nach ihrem Einzug in den Bundestag 1972 von einem Staatssekretär gefragt wurde:
»Na, Mädel, hast du dir zum Heiraten schon einen ausgesucht?«

Es gibt im Bundestag mehrere Arten, gegen die männliche
Wahrnehmung des weiblichen Körpers anzugehen. Die vielleicht
wirkmächtigsten sind die Verpanzerung des Äußeren und die Ver-
männlichung des Stils. Für das Erste stehen die Kanzlerin und die
Familienministerin, Angela Merkel und Franziska Giffey. Und für
das Zweite steht Andrea Nahles.

Angela Merkel trägt seit Jahren schon ihre »Jacke mit Hose«-

Uniform in tausend verschiedenen Farben, sodass sich ihr weibliches Ich mit der Zeit neutralisiert hat und längst kein Thema mehr ist. Franziska Giffey war so lange das Blondchen mit der hohen Stimme, bis sie ihre Haare hoch- und sich selbst in so konservative Outfits hineinsteckte, dass sie heute das Kostüm einer Gouvernante ihres früheren Ichs trägt. Giffey ist bewusst unweiblich – und sehr erfolgreich. In der niederliegenden SPD gilt sie als vielversprechende Hoffnungsträgerin.

Andrea Nahles hat wie kaum eine zweite Politikerin den männlichen Kodex der Macht übernommen, um erfolgreich zu sein. Sie hat sich fast ausschließlich mit Männern umgeben, sie hat Machtseilschaften geknüpft, sie hat Widersacher knallhart bekämpft – und sie hat drei SPD-Vorsitzende gestürzt oder zumindest an deren Sturz mitgewirkt: Rudolf Scharping, Franz Müntefering, Sigmar Gabriel. Und am Rückzug von Martin Schulz war sie auch nicht ganz unbeteiligt.

Mit dem Einzug der Grünen wurde die männliche Ordnung der Politik Anfang der achtziger Jahre infrage gestellt. Ein Gründungsmoment der Grünen war es, dafür zu streiten, dass den Frauen nicht nur im Himmel die Hälfte der Plätze zusteht, sondern auch im Hier und Jetzt. Den Anspruch, diesen Himmel auf Erden wahr werden zu lassen, trugen sie in den Bundestag – die frauenpolitisch größte Zäsur in der Geschichte der Republik. Und neben der Ökologie der wohl größte Beitrag der Grünen am gesellschaftlichen Fortschritt des Landes.

Es waren nicht die Machtstrategen um Joschka Fischer und Otto Schily, die das Bild der frühen Grünen im Parlament prägten. Es war die zerbrechlich-energische Petra Kelly. Sie hat mit ihrer Popularität die Grünen an vorderster Front ins Parlament getragen. Und ihr folgten eine ganze Riege von Frauen, die der Bundestag bis dato nicht gesehen, vor allem aber nicht gehört hatte: Christa Nickels, Marie-Luise Beck-Oberdorf, Antje Vollmer, Waltraud Schoppe. Überzeugte Feministinnen, die eine ganz andere Stimme, eine ganz andere Haltung und ganz andere Themen in den Plenarsaal trugen, während die Frauen der anderen Fraktionen in den traditionellen Rollenbildern ihrer Parteien stecken blieben.

Einen legendären Auftritt legte Waltraud Schoppe im Mai 1983 mit ihrer Premierenrede im Bundestag hin. »Wir bewegen uns in einer Gesellschaft«, rief sie, »die Lebensverhältnisse normiert, auf Einheitsmoden, Einheitswohnungen, Einheitsmeinungen und auch auf eine Einheitsmoral, was dazu geführt hat, dass sich Menschen abends hinlegen und vor dem Einschlafen eine Einheitsübung vollführen, wobei der Mann meist eine fahrlässige Penetration durchführt.« Wie bitte? Fahrlässige Penetration? Da saßen die ersten Unionsabgeordneten schon auf den Kanten ihrer Sitze. Doch es wurde noch munterer.

Schoppe forderte im Hohen Haus bis dahin Unvorstellbares – eine »Bestrafung bei Vergewaltigung in der Ehe«, was prompt Tumulte auslöste. Als sie auch noch zur Einstellung des »alltäglichen Sexismus hier im Parlament« aufrief und Formen des lustvollen, schwangerschaftsverhütenden Liebesspiels empfahl, johlten die Männer, klopften sich auf die Schenkel und schütteten sich aus vor Lachen. Sieht man sich die Bilder von damals noch mal an, so erinnern einen die Männer im Hohen Haus an pubertierende Jugendliche, die aus Verlegenheit rumkrakeelen und gar nicht verstehen, worum es geht. Um strukturellen Sexismus. Waltraud Schoppe hatte es mit ihrem Tabubruch geschafft, dass sich die Männerrepublik im Bundestag an diesem Tag selbst entlarvte.

Damals gab es noch keine E-Mails, man schrieb noch auf Papier. In den zahlreichen Briefen, die Schoppe nach ihrer Rede erhielt, zielten vermeintlich verletzte Männer auf die weibliche Körperlichkeit. »Hässlich«, »unförmig«, »Mannweib«. Es ist also nicht neu, dass bei Anfeindungen gegenüber Frauen das Äußerliche attackiert wird – aber damals noch ohne sexualisierte Gewaltandrohungen. Sie sind ein Enthemmungsphänomen moderner Kommunikation über die sozialen Netzwerke.

Claudia Roth stieß zwei Jahre später, 1985, zu den Bundes-tags-Grünen, als Pressesprecherin der Fraktion. Sie erinnert sich noch gut, wie verächtlich viele Männer der anderen Fraktionen auf die Frauen bei den Grünen schauten. Für die meisten männlichen Abgeordneten waren sie keine gleichwertigen Kolleginnen, son-dern »Quotenfrauen«. Politische Wesen, die nicht deshalb im Bun-destag gelandet waren, weil sie etwas wussten und gestalten woll-ten, sondern weil sie Frauen waren. Entsprechend suchten die Männer aus der Union, der SPD und der FDP stets den Kontakt zu denjenigen grünen Männern mit »Macker-Qualitäten« (Roth). Sie waren ihnen vertrauter, dann heuchelten sie in verständnisvol-lem Mitleidssound überfraktionelle Machosolidarität. Ganz nach dem Motto: »Ihr armen Kerle, dass ihr euch mit solchen Weibern rumschlagen müsst.« Doch hinter der Häme kam Angst zum Vor-schein. Die Männerrepublik ahnte, dass die Frauen der Grünen ernst zu nehmende Eindringlinge in ihrem Arkanbereich waren: dass sie ihre Macht bedrohten.

Die Frauenquote hat Druck ausgeübt und übt immer noch Druck aus, auf die Grünen selbst, auf die gesellschaftliche Debatte über die Rolle von Frauen, auf andere Parteien. Die CDU hielt be-reits 1985 einen Frauenparteitag in Essen ab, und Helmut Kohl sah sich genötigt, mit Rita Süssmuth eine zweite Frau ins Kabinett zu berufen. Als die Quereinsteigerin in einem ihrer ersten Interviews Simone de Beauvoir als eine ihrer Lieblingsschriftstellerinnen nannte, brannte gleich mal die Unions-Hütte. Simone de Beauvoir! Eine feministische Existenzialistin! Geht's noch?

Die Progressiven in der Union erkannten sehr rasch, wie wich-tig die Grünen-Quote für sie selbst war. Bei einer Geburtstags-feier der Grünen hielt Heiner Geißler, damals bereits Ex-CDU-Generalsekretär, eine Rede und mahnte hinterher in kleiner Runde mit dem grünen Spitzenpersonal: »Ihr dürft alles ändern bei euch, aber nicht die Quote!« Geißler wusste: Von sich aus würde seine Partei nicht weiblicher werden. Es würde die Quote der

Grünen brauchen, damit die Männer der Union zur Einsicht kommen.

Doch nicht alle kamen. Anzügliche Bemerkungen, schmierige Witzchen und mal eben hingegrabscht – lange Zeit blieb der Alltagssexismus für einige normal. Speziell vor einem – nicht ganz unwichtigen – Unions-Abgeordneten warnten sich die Fraktionsmitarbeiterinnen untereinander: »Nie allein mit ihm in den Aufzug!«

Die Grünen haben den Bundestag verändert – und der Bundestag die Grünen. Als sie »etablierter« wurden und 1998 in Regierungsverantwortung kamen, ging der damalige Parteivorsitzende Fritz Kuhn auf Claudia Roth zu. Ob sie es nicht für angemessen halte, ihr Outfit zu ändern, auch mal ein Kostüm anzuziehen und gedecktere Farben zu tragen, nicht immer dieses Bunte, Schreiende. Roth hielt es nicht für angemessen, blieb, wie sie war und bis heute ist. Und in den Jahren danach hat sich der Bundestag vorübergehend eher in Richtung Claudia Roth bewegt als in Richtung Fritz Kuhn. Er ist bunter und weiblicher geworden. Doch damit ist es nun vorbei.

In der SPD-Fraktion blieb der Frauenanteil zwar konstant bei knapp über 40 Prozent. Aber wenn man hört, wie die Männer dort über die Parteivorsitzende Saskia Esken reden, wie sie über eine ehemalige Hinterbänklerin lästern, die auf Platz 15 der Landesliste der SPD-Baden-Württemberg so gerade noch in den Bundestag gerutscht war und sich dann erdreistete, sich für einen Posten zu bewerben, den schon August Bebel, Friedrich Ebert und Willy Brandt innehatten. Wie sie alles ins Lächerliche ziehen, was diese Außenseiterin, die niemand wirklich erst nahm, sagt und fordert. Wer sich all das anschaut und anhört, der erkennt: Die SPD mag die erste Partei sein, die die Emanzipation der Frauen auf ihre Fahnen schrieb – doch bis heute riecht sie streng nach Rasierwasser.

Wenn Claudia Roth vom Stuhl der Bundestagspräsidentin aus in den Plenarsaal schaut, denkt sie zuweilen: »Was für eine Übermacht an Männern.« Dass seit der Bundestagswahl 2017 weniger

Frauen im Parlament sind als vor der Jahrtausendwende, liegt nicht nur am Einzug der Männerpartei AfD. In der CDU/CSU- sowie der FDP-Fraktion ist der Anteil der Frauen signifikant gesunken. In der Union werden die meisten Mandate in den Wahlkreisen direkt gewonnen – die sicheren Wahlkreise halten vor allem Männer besetzt. Bei schlechter werdenden Wahlergebnissen fallen vor allem Listenmandate weg – also Frauen. Davor hatte in seiner letzten Legislaturperiode bereits der damalige Bundestagspräsident Norbert Lammert, CDU, gewarnt. Doch auf ihn hat niemand gehört – und so sind zum Beispiel zahlreiche CDU-Frauen aus dem Ruhrgebiet, die selbst von politischen Widersachern geschätzt wurden, im Herbst 2017 nicht wieder in den Bundestag zurückgekehrt. Und bei der FDP schlägt auch im Parlament ein Trend voll durch, der den Liberalen schon seit geraumer Zeit Sorgen bereitet: Sie wird für Frauen immer unattraktiver.

Im Plenum ist die subkutane Diskriminierung hör- und sichtbar. Von der Zuschauertribüne des Bundestages aus kann man beobachten, was Vizepräsidentin Petra Pau berichtet: »Wenn Frauen im Plenum reden, geht der Geräuschpegel hoch. Quer durch alle Fraktionen. Plötzlich haben die Männer dringend was zu besprechen. Dann bleiben viele zwischen den Reihen stehen und sind in ein wichtiges Zwiegespräch vertieft. Das ist regelmäßig so, und es ist die reine Respektlosigkeit.«

Es ist aber nicht nur das Plenum, und es sind nicht nur die Abgeordneten. Auch auf den Regierungsbänken setzt das Getuschel ein, wenn Frauen zum Mikrofon greifen. »Auch die Herren Staatssekretäre meinen gerne, dringend was besprechen zu müssen, bevor sie gehen«, sagt Pau, die die Minister und Staatssekretärinnen davon ausdrücklich ausnimmt. »Es ist ein echtes Männerphänomen, die Herren Staatssekretäre sind da viel anfälliger als andere.« Selbst Regierungsfrauen wie Dorothee Bär, CSU, die Staatsministerin für Digitalisierung, oder Julia Klöckner, die CDU-Bundeslandwirtschaftsministerin, sind nicht gefeit. Auch sie kennen das Phänomen, dass das Interesse der Männer sinkt, sobald sie das Wort ergreifen.

So lässt sich beobachten, dass vieles von dem, was zwischendurch selbstverständlich erschien, nicht mehr selbstverständlich ist. Selbstverständlich schien, dass für Sexismus im Bundestag kein Platz mehr ist. Und dass Bilder über johlende, schenkelklopfende Männer, die an pubertierende Jugendliche erinnern, der Vergangenheit angehören. Nun ist beides zurückgekehrt. Der Sexismus im Bundestag und auch die Bilder von den Krakeelern sind wieder da. Und das hat viel mit der AfD zu tun.

Eine CDU-Abgeordnete erinnert sich an die Debatte über Ferkelkastration im November 2018, es sei einer der Tiefpunkte in ihrem Abgeordnetendasein gewesen, widerwärtig. Gleich mehrere Abgeordnete der AfD hätten anzügliche Bemerkungen gemacht nach dem Motto: Sie wüssten gar nicht, worüber sie jetzt reden sollten, denn bei ihnen funktioniere ja alles bestens. Einer von ihnen habe dabei demonstrativ unter seine Gürtellinie gezeigt. Gejohle in den AfD-Reihen. Sie sei fassungslos gewesen, so die Abgeordnete. Einer Kollegin seien Tränen der Wut in die Augen geschossen. Sie halte das nicht mehr aus, habe sie gesagt.

Im Februar 2018 hatte bereits der AfD-Abgeordnete Enrico Komning für Ballermannstimmung hier und Fassungslosigkeit da gesorgt. Komning nahm die Debatte zum Wirtschaftsplangesetz zum Anlass, über Hühner und Eier zu philosophieren, sich demonstrativ zum Stuhl der abwesenden Kanzlerin hinzudrehen und zu sagen: »Wer keine Eier hat, darf nicht regieren.«

Sexismus und Antifeminismus waren immer schon da im Parlament, bis weit in die achtziger Jahre hinein sehr offen, danach wurden sie schrittweise zurückgedrängt. Mit den Rechtspopulisten im Bundestag haben sie nun wieder eine Bühne erhalten, auf der sich AfD-Abgeordnete so offen frauenfeindlich präsentieren, dass es enthemmend wirkt auf andere – und selbstverständlich wird.

»Die Grundaggressivität hat deutlich zugenommen«, konstatiert

Petra Pau. Mitarbeiter anderer Fraktionen berichten aus den Bürohäusern von Drohungen, Beleidigungen und offener Einschüchterung durch AfD-Personal. Es gibt Abgeordnete, die offen bekennen, dass sie Fahrstühle passieren lassen, wenn sie darin AfD-Kollegen erkennen. Ähnlich erhitzt geht es im Plenum zu. Aggressive Zwischenrufe, frauenfeindliche Nebensätze, offen rassistische Untertöne. »Ich höre längst nicht alles«, sagt Pau, »sonst müsste ich es bewerten.« Aber wenn sich AfD-Abgeordnete im Dutzend in Durchgänge stellen und lautstarke Unterhaltungen beginnen oder zu Beginn ihrer Reden die Vizepräsidentinnen demonstrativ mit »Herr Präsident« begrüßen, begegnet das Präsidium der Entgleisung inzwischen konsequent mit einem Ordnungsruf.

Nicht jede kann sich so beherzt und schlagfertig wehren wie Marie-Agnes Strack-Zimmermann. Die stellvertretende FDP-Vorsitzende trägt an diesem Tag im Frühjahr 2019 eine schwarze Lederjacke. Normalerweise meidet sie im Plenum die Plätze neben der AfD, setzt sich möglichst nahe an die Union heran, genau wie die meisten ihrer Kolleginnen. »Um diese Sprüche nicht ertragen zu müssen«, sagt sie. Anzügliches, Zotiges, zu leise fürs offizielle Protokoll, aber laut genug, um es zu verstehen. An diesem Morgen ist die Liberale nicht schnell genug. »Oh, Frau Strack-Zimmermann«, tönt es von jenseits des Ganges, »heute in Leder! Holen Sie gleich die Peitsche raus?« Darauf Strack-Zimmermann: »Ach, Herr Kollege, haben Sie zu Hause einen Notstand?«

Elisabeth Motschmann von der CDU hat auch ihre Erfahrung gemacht mit dem aufblühenden Machismo im Bundestag, auch mit dem in den eigenen Reihen. Als die Grünen im Februar 2019 einen Antrag zu feministischer Außenpolitik einbrachten und forderten, die Beziehungen zu anderen Staaten auch daran auszurichten, wie die Geschlechtergerechtigkeit gefördert wird, waren Häme, Spott und Abfälligkeit groß, auch unter Unions-Abgeordneten. In ihrer Rede konterte Motschmann, eine vornehme, konservative Frau aus Bremen, die Retromänner aus, auch die eigenen: »Ich habe nie gedacht, dass ich das jemals sagen würde. Aber ich bin jetzt auch Feministin.«

Schon früh hat Roth im Bundestagspräsidium dazu ermahnt, dem zunehmend verächtlichen Umgang mit Frauen im Parlament entgegenzuwirken. Anfangs wurden ihre Mahnungen kaum ernst genommen: Sie solle nicht so sensibel sein, bekam sie zu hören, im Bierzelt werde doch auch so geredet. »Wir sind aber nicht im Bierzelt«, hielt sie dagegen. Mittlerweile müsse sie nicht mehr mahnen. Im Präsidium seien nun alle alarmiert.

Trotzdem sieht Roth gefährdet, was die Frauen in den vergangenen 40 Jahren erreicht haben. Sie plädiert für einen neuen Feminismus mit breiten gesellschaftlichen Bündnissen. »Wir müssen uns alle wehren gegen dieses Zurück zu vermeintlich ›normalen Verhältnissen‹, das Zurück zu den veralteten Geschlechterrollen.« Nicht, dass der Bundestag wieder das wird, was er laut seiner damaligen Vizepräsidentin, der FDP-Abgeordneten Liselotte Funcke, in den siebziger Jahren war: »Das letzte verbliebene maskuline Reservat.«

Das Versäumnis

Mütter sind im parlamentarischen Betrieb nicht vorgesehen. Diesen Eindruck jedenfalls gewann Franziska Brantner, als sie 2013 vom EU-Parlament in den Bundestag nach Berlin wechselte. »Ich war geschockt.« In Brüssel hatte Brantner den, wie sie das nennt, klassischen »Mädel-bring-doch-mal-den-Kaffee-Sexismus« erlebt. Und die Frage beantworten müssen, für welchen Abgeordneten sie denn arbeite. Eine Frau unter 30 konnte man sich als Abgeordnete dort nicht vorstellen. Als Brantner mit ihrer dreijährigen Tochter nach Berlin kommt, stößt die Grünen-Politikerin auf ganz andere Probleme. »Ich war entsetzt, wie familienunfreundlich das hier ist.«

Dorothee Bär vertritt seit 2002 den Wahlkreis Bad Kissingen im Bundestag. Als sie Abgeordnete wurde, rieten ihr erfahrene CSU-Kollegen, keine junge Frau als Mitarbeiterin einzustellen, die würde garantiert bald schwanger. Vier Jahre später ist Bär selbst zum ersten Mal schwanger – und verschwindet. Nicht aus dem Bundestag oder von der Bildfläche, sie verschwindet aus den Köpfen der Mächtigen in Partei und Fraktion, derer, die Karrieren befördern, durchgehend Männer. Weil sie ja ein Kind bekommt und damit die nächsten Jahre ausfällt, denken die Männer. Acht Wochen nach der Geburt ihrer Tochter taucht die 28-Jährige wieder im Parlament auf. Nicht weil Überehrgeiz sie antreibt, sondern weil es das Grundgesetz so will: Laut Artikel 38 dürfen weibliche Abgeordnete keine Elternzeit nehmen.

Wiebke Esdar, die Neue von der SPD aus Bielefeld, hat Anfang 2020 noch keine Kinder, ist aber schwanger. Auch sie weiß jetzt: Kinder sind für Politikerinnen ein Handicap. Und ein Kleinkind ist ein großes Handicap. »Im Wahlkreis fragen sie mich, ob ich 2021 überhaupt noch Wahlkampf machen möchte und wie präsent ich sein kann«, berichtet sie. »Und in Berlin frage ich mich, was mir überhaupt noch zugetraut wird.« Niemand redet darüber offen. »Aber es leugnet auch keiner.«

Die Soziologinnen Isabelle Kürschner und Jasmin Siri haben die Herausforderungen für berufstätige Mütter vor einigen Jahren eindrücklich beschrieben. Noch immer sei die Ansicht weit verbreitet, dass Kinder grundsätzlich zur Mutter gehören und idealerweise auch von ihr betreut werden sollten. Politikerinnen, so befanden sie, unterlägen einem permanenten Rechtfertigungsdruck gegenüber Kollegen, Journalisten und Wählern. »Diese Schwierigkeiten betreffen alle Politikerinnen gleichermaßen, ganz gleich, welcher Partei sie angehören. Eine liberalere politische Ausrichtung geht nicht selbstverständlich mit einer größeren Toleranz gegenüber Müttern in den eigenen Reihen einher.« Die Studie ist zwar einige Jahre alt, aber der Befund ist immer noch gültig. Es ist zudem ein Befund, den selbst die Sozialdemokratin Wiebke Esdar als werdende Mutter sofort unterschreiben würde.

Und noch etwas hat Esdar gelernt. Einen Rechtsanspruch auf

Mutterschutz gibt es zwar im normalen Berufsleben, aber nicht im Deutschen Bundestag. Das Handbuch für Abgeordnete sieht dazu jedenfalls nichts vor. »Das Stichwort fällt einmal – an der Stelle, an der die Strafen für Nichtanwesenheit festgelegt sind«, berichtet sie, »200 Euro für unentschuldigtes Fehlen, 100 für entschuldigte Abwesenheit«. Unter bestimmten Voraussetzungen könne, so heißt es da, nach der Geburt oder bei der Erkrankung eines Kindes von Strafen abgesehen werden. Bundestagspräsident Schäuble verfahre in diesen Fragen auch großzügig, heißt es unter den jungen Frauen. Aber genau definiert und festgeschrieben sind diese Voraussetzungen nicht. Für Esdar ist die Sache klar: »Ein Kind zu kriegen ist im Bundestag nicht vorgesehen.«

Bei Franziska Brantner fing der Ärger mit der Betriebs-Kita des Bundestages an. Die ist nur Kindern von Parlamentsmitarbeitern zugänglich; nur wenn noch Plätze frei sind, dürfen Kinder von Abgeordneten nachrutschen. Brantner will sich vor der Wahl 2013 auf die Warteliste setzen lassen, erfährt aber, dass dies erst dann geht, wenn sie gewählt ist. Als sie gewählt ist, sind alle Plätze vergeben. In Brüssel sind die Kitas für Mitarbeiter und Abgeordnete da, Abgeordnete erhalten zwar immer einen Platz, zahlen dafür aber anteilig mehr an Gebühren als die Mitarbeiter. Brantner findet die Regelung im Bundestag »schwierig«. Brantner spürt kurz Sehnsucht nach Brüssel und löst dann das Problem: Sie bringt ihre Tochter in eine private Kita.

Dorothee Bär nimmt ihre kleine Tochter in Sitzungswochen mit nach Berlin, ihr Mann bleibt in Bayern, er arbeitet dort. Im Bundestag, das erfährt Bär ziemlich unvermittelt, gibt es keinen Wickeltisch, kein Kinderspielzimmer, kein Stillzimmer. Dafür aber namentliche Abstimmungen, gern auch mal spätabends um elf. Sie muss dann dahin. Sie nimmt Kind und Kinderwagen mit, parkt beide vor dem Plenarsaal, bittet jemanden, kurz aufzupassen, rennt rein, stimmt ab, rennt wieder raus.

Franziska Brantner wundert sich. Kinderspielzimmer, Wickeltisch, Stillzimmer – in Brüssel ist das eine Selbstverständlichkeit für Parlamentarierinnen. So wie die festen Termine für Abstimmungen, mittags, in der Regel zwölf Uhr. In Berlin sind die Abstimmungstermine über den Tag verstreut, oft wird auch spontan eine namentliche Abstimmung beantragt – und dann muss man halt auch mal spätabends wieder rein. Und wenn das so ist, braucht eine alleinerziehende Mutter wie Brantner immer ebenso spontan jemanden, der auf ihr Kind aufpasst.

Kristina Schröder wurde mit 32 Jahren Familienministerin und mit 33 Jahren erstmals Mutter. In einer Geschichte für das *ZEITmagazin* erzählte die CDU-Politikerin von dieser »hammerharten Zeit«. Zum Beispiel von dem Abend, an dem sie stundenlang bei der berüchtigten Bereinigungssitzung im Haushaltsausschuss auf ihren Auftritt warten musste. Ihre Brust schmerzte immer mehr, weil sie noch stillen oder abpumpen musste. Sie wagte es nicht, den Vorsitzenden des Ausschusses darüber zu informieren und um Aufschub zu bitten, weil sie nicht wollte, dass der Grund für den Aufschub die Runde machte. Sie erzählte auch von dem Tag, an dem sie sich wegen der Kita-Eingewöhnung ihrer Tochter freigenommen hatte und den sie dann mit Krisengesprächen am Telefon verbrachte. Und auch von den Sitzungswochen, in denen ihre Eltern aus Wiesbaden angereist kamen, um sich um die Tochter zu kümmern.

Franziska Brantner wundert sich auch, dass es im parlamentarischen Betrieb keine Mittagspausen gibt. Auch die kennt sie aus Brüssel. Die Mittagszeit, rund eineinhalb Stunden, nutzen Parlamentarier dort, um das notwendige Networking mit Lobbyisten aus Unternehmen, Verbänden und Nichtregierungsorganisationen abzuwickeln. Im politischen Berlin sind dafür die Parlamentarischen Abende vorgesehen. Sich in die Länge ziehende Veranstaltungen mit Häppchen, Wein und vielen Menschen, von denen niemand zur Familie gehört. Brantner findet die Brüsseler Mittagspausengespräche nicht nur familienfreundlicher, sondern auch ergiebiger. Die Kürze zwinge zu Klarheit.

Für eine Mittagspause müsste der Bundestag aber die Plenar-stunden reduzieren, kürzere Redezeiten einführen, Debatten kürzen. Im EU-Parlament betragen die Redezeiten bei Kurzdebatten in der Regel 90 Sekunden, im Bundestag drei oder vier Minuten. In Brüs-sel könnte man sich viele Anregungen holen, um den Parlaments-betrieb so zu gestalten, dass Familien nicht mehr ganz so zu kurz kommen. In anderen Hauptstädten auch. Macht aber niemand.

Kristina Schröder spricht irgendwann mit Franziska Brantner, Franziska Brantner dann mit Katja Kipping, der Linken-Chefin – und am Ende sprechen alle drei miteinander. Die schwarz-grün-rote Koalition der jungen Mütter gründet eine Elterngruppe. Wickel-kommode, Kinderzimmer, Stillzimmer – die Gruppe verhandelt herbei, was längst hätte da sein müssen. Auch, dass Babys bei Ab-stimmungen mit ins Plenum dürfen, wird möglich. Keine parken-den Kinderwagen mehr davor: nie mehr »rein, abstimmen, raus«. Der damalige Bundestagspräsident, Norbert Lammert, hatte sich lange gesperrt, sah keine Notwendigkeiten für die Bedürfnisse der Mütter. Erst hieß es, es gebe keinen Raum, dann gab es zwar einen, aber auf der Ebene der Besuchertribüne. Den wollten die Frauen nicht, sie hatten wenig Interesse daran, sich permanent mit ihren Kindern fotografieren zu lassen. Dann sollte aus dem Raucher- ein Kinderzimmer werden. Und am Ende bekam die Müttergruppe doch, was sie wollte – und wo sie wollte. Im Bundestagspräsidium hatten die Vizes Claudia Roth und Ulla Schmidt Lammert so lange genervt, bis er nachgab. Ein Stillzimmer gibt es inzwischen – aber auch immer noch Abstimmungen zur Kinderschlafenszeit.

Franziska Brantner ist mittlerweile zur europapolitischen Spre-cherin der Grünen-Fraktion aufgestiegen. Sie pendelt zwischen Heidelberg und Berlin, aber ihre Tochter lebt seit der Einschulung in Berlin. Als alleinerziehende Mutter und Abgeordnete gehe das mit der Anzahl an Sitzungswochen gar nicht anders, sagt Brantner. »Der Spagat ist schwierig, aber dafür bringe ich als Alleinerzie-hende auch andere Perspektiven ein.«

Kristina Schröder hat mittlerweile drei Kinder und ist zur Bundestagswahl 2017 nicht wieder angetreten. Sie arbeitet heute als selbstständige Unternehmensberaterin und schreibt eine Kolumne für die *Welt*. Über ihre Zeit im Bundestag sagt sie: »Als Politikerin ist man wie ein Rechner, der nie herunterfahren kann. Wenn ich meine gesamte Familienphase bis heute so verbracht hätte, würde ich es bereuen.«

Auch Dorothee Bär hat heute drei Kinder. Seit 2018 ist sie Staatsministerin im Bundeskanzleramt, zuständig für Digitalisierung. 2019, als die Debatte ums Urheberrecht im Netz immer verletzendere Töne anschlägt, wird auch ihre damals 13-jährige Tochter gezielt beschimpft. »Natürlich macht das was mit einem, wenn plötzlich die eigenen Kinder mit reingezogen werden«, sagt Bär.

Kurz nachdem Annegret Kramp-Karrenbauer ihren Rückzug vom CDU-Vorsitz angekündigt hatte und unmittelbar darauf gleich vier Männer, aber keine einzige Frau auf dem Bewerberfeld erschienen waren, fragte die *Süddeutsche Zeitung* 20 Unionspolitikerinnen nach dem Grund für so viel weibliche Zurückhaltung. Die häufigste Antwort: weil die Politik so familienfeindlich sei.

8 »Politik ist Entscheidung. Der größte Fehler ist, nicht zu entscheiden«

Keiner ist länger dabei: Wolfgang Schäuble über Mut, Führen und Scheitern

»Unvollendet« ist ein Adjektiv, das Wolfgang Schäuble nicht so gern liest, weil es allzu oft im gleichen Satz zu finden ist wie sein Name. Mal stört ihn in diesen Sätzen die »unvollendete Karriere«, mal der »unvollendete politische Lebensweg«, und ganz besonders nervt ihn das Label »Der Unvollendete«. Das sollte man wissen, wenn man ihn trifft.

Wolfgang Schäuble ist der dienstälteste Abgeordnete der deutschen Parlamentsgeschichte. Seit 1972 gehört der CDU-Politiker ununterbrochen dem Bundestag an. Kein anderer Politiker, keine Politikerin hat seit 1871, seit der Gründung des deutschen Kaiserreichs, länger das Volk in einem gewählten Parlament vertreten als der gebürtige Freiburger. Schäuble, promovierter Jurist, war in seinem Abgeordnetendasein unter anderem Parlamentarischer Geschäftsführer, Kanzleramtschef, Innenminister, Fraktionsvorsitzender, Parteichef, nochmals Innen-, dann Finanzminister; er gilt als Architekt der deutschen Einheit und hat seit der Bundestagswahl 2017 das zweithöchste Amt im Staat inne, das des Bundestagspräsidenten. Ein halbes Jahrhundert Parlamentarier, Ministerämter, Einfluss, Macht, Anerkennung – und dennoch unvollendet? »Mich stört die Reduzierung von politischem Engagement darauf, dass man Kanzler werden will«, sagte Schäuble im Dezember 2019 in einem Interview mit der *Zeit*-Korrespondentin Tina Hildebrandt. »Das ist doch albern.«

Zwei Monate später sitzt Schäuble am Kopfende eines langen Holztisches in seinem Büro im Reichstagsgebäude. Hinter ihm an der Wand hängt eine Kombination aus Gemälde und Skulptur: Vor leuchtendem Rot und Gelb steht ein Artist mit einer Stange in den Händen sicher und gelassen auf einem Seil. »Balance« heißt das Kunstwerk aus der Ateliergemeinschaft Brockmeier/Klaas. Ausbalancieren, die Dinge im Gleichgewicht halten – für einen Posten, den Schäuble im Lauf seines einmaligen Parlamentarierlebens innehatte, trifft das in besonderem Maße zu. Im Laufe des Gesprächs wird Schäuble über diesen Posten sagen: »Wenn Sie mich fragen, was der schönste Job war, dann muss ich den Fraktionsvorsitzenden schon ziemlich lange wägen – um dann nicht Fraktionsvorsitzender zu sagen.« Eine Antwort, die gut passt zu einem Mann, der ziemlich lange als Kanzler gewägt wurde – um dann nicht Kanzler zu werden. Und eine Antwort, auf die man noch einmal zurückkommen muss. Aber beginnen wir doch mit dem Anfang.

Wenn man auf der Präsidialebene des Reichstagsgebäudes vom Aufzug zum Büro des Bundestagspräsidenten geht, läuft man durch ein Spalier von Bildern. Christos verhüllter Reichstag zu beiden Seiten, fotografiert aus unterschiedlichen Perspektiven und in unterschiedlichen Lichtschattierungen. Vom 24. Juni bis zum 7. Juli 1995 war das Wallot-Gebäude in glitzerndes Polypropylen verpackt. Vom »Wrapped Reichstag«, so der Originaltitel des Projekts, muss man nochmals 23 Jahre zurückblättern, um bei dem damals jungen Wolfgang Schäuble anzukommen. Dem 30-Jährigen, der gerade in den Bundestag eingezogen ist.

Profilierung

Die Bundestagswahl 1972 endet mit dem größten Erfolg der SPD in ihrer Geschichte: 45,8 Prozent holt die Partei von Bundeskanzler

Willy Brandt bei der ersten vorgezogenen Wahl der Republik; CDU und CSU kommen gemeinsam auf 44,9 Prozent – es ist die Glanzzeit der Volksparteien. Sie mobilisieren die Menschen wie nie zuvor und nie mehr danach. Die Wahlbeteiligung liegt bei 91,2 Prozent – aus heutiger Sicht kaum fassbar.

Zusammen mit Schäuble wird der spätere Bundespräsident Karl Carstens Neumitglied der CDU/CSU-Bundestagsfraktion. Ein anderer späterer Präsident, Richard von Weizsäcker, ist da schon drei Jahre dabei. Carstens war zuvor Professor in Köln, Staatssekretär im Auswärtigen Amt und im Verteidigungsministerium sowie Chef des Bundeskanzleramts. Weizsäcker hat seinen Vater im Nürnberger Wilhelmstraßenprozess verteidigt, war persönlich haftender Gesellschafter des Bankhauses Waldthausen, leitete das Pharmaunternehmen Boehringer Ingelheim und wurde als Präsident des Evangelischen Kirchentages einer breiten Öffentlichkeit bekannt. Schäuble schloss 1971 seine Promotion ab und war danach als Regierungsrat beim Finanzamt Freiburg I tätig. Im Mai 1973 wird Carstens zum Vorsitzenden der Bundestagsfraktion gewählt – in einer Kampfabstimmung gegen von Weizsäcker, der sein Stellvertreter wird. Schäuble, ein, wie er es selbst nennt, »ordentlicher Jurist ohne besonderes Vorleben«, weiß: Wenn er als Jüngerer im Umfeld von ehemaligen Kanzleramtschefs und Ex-Kirchentagspräsidenten etwas werden will, muss er auffallen. Schäuble möchte in den Finanzausschuss, bekommt aber keinen Platz – und landet beim Sport. Hans Evers, ein Freiburger Fraktionskollege, dem Schäuble drei Jahre zuvor als JU-Vorsitzender von Baden-Württemberg geholfen hat, Bundestagsabgeordneter zu werden, lockt ihn mit dem Versprechen, sportpolitischer Sprecher der Fraktion zu werden. »Da war mindestens so viel Hobby dabei wie politischer Ehrgeiz«, sagt Schäuble im Rückblick. Er ist damals selbst begeisterter Sportler, spielt Fußball und Tennis. Fast die Hälfte der Unions-Vertreter im Ausschuss kommt aus Baden-Württemberg. Sie sorgen dafür, dass der Neue zunächst Sprecher der Fraktion und später auch Leiter des Fachausschusses Sport der CDU wird. Schäubles erste politische Seilschaft.

Der Sport steht Anfang der siebziger Jahre im Zentrum der öffentlichen Aufmerksamkeit. 1972 finden die Olympischen Spiele in München statt, 1974 steht die Fußballweltmeisterschaft an. Schäuble macht etwas, was für Fachsprecher damals ziemlich neu ist: Er gibt zahlreiche Presseerklärungen heraus. Und er organisiert Veranstaltungen, bei denen die Sport-Prominenz des Landes erscheint, obwohl CDU und CSU nur in der Opposition sind. Als bei einem dieser Treffen Rosi Mittermaier, der deutsche Ski-Star jener Jahre, auftaucht, ist die Fraktion begeistert. »Ich konnte mich da profilieren – und darum geht es bei Neulingen immer: um die Profilierung«, sagt Schäuble. Bei den Sportgrößen von damals ist er auch heute noch eine Nummer.

Im Juni 1973 setzt der Bundestag den Steiner/Wienand-Untersuchungsausschuss ein. Das Gremium soll die Hintergründe des gescheiterten Misstrauensvotums gegen Kanzler Brandt vom April 1972 beleuchten. Hatte der Geschäftsführer der SPD-Fraktion, Karl Wienand, den CDU-Abgeordneten Julius Steiner bestochen, nicht für seinen Partei- und Fraktionschef Rainer Barzel als Kanzler zu stimmen, wie Steiner selbst behauptet? Manfred Wörner ist Vorsitzender der Landesgruppe Baden-Württemberg. Wäre Barzel Kanzler geworden, hätte er Wörner zum Verteidigungsminister berufen, so war es abgemacht (Wörner wurde es dann 1982 unter Helmut Kohl). Das Talent des Parlamentsneulings Schäuble ist Wörner bereits aufgefallen. Nun setzt er ihn gegen den Widerstand der Fraktionsführung als Mitglied des Untersuchungsausschusses durch. Und Schäuble weiß jetzt, was neben einer funktionierenden Seilschaft den Aufstieg noch ermöglichen kann: ein Förderer.

Schäuble will sich die Chance, die ihm Wörner beschert hat, nicht entgehen lassen. Er beeindruckt im Untersuchungsausschuss mit Kompetenz und scharfen Nachfragen. Als das Gremium nach 40 Sitzungen seine Arbeit beendet, darf Schäuble im Bundestag über die Ergebnisse die zentrale Rede für die Union halten. Er spricht 40 Minuten lang – heute würde das in vier Minuten abgehandelt. Fraktionschef Carstens ist so begeistert, dass er die Rede am liebsten im laufenden niedersächsischen Landtagswahlkampf verteilen würde. So weit kommt es dann doch nicht. Doch Schäuble gilt nun als jemand, der Potenzial für Größeres hat. Nach der Bundestagswahl 1976 zahlt sich das aus. Er bekommt, was er schon vier Jahre zuvor haben wollte: einen Sitz im Finanzausschuss. Und er ist nun auch im Blickfeld von Helmut Kohl. Der wird sein nächster, mächtigerer Förderer.

Von da an geht es weiter voran, oder genauer – steil nach oben: Schäuble wird Parlamentarischer Geschäftsführer der CDU/CSU-Fraktion, Kanzleramtschef, Bundesminister des Inneren, Verhandlungsführer und Unterzeichner des Einigungsvertrages. Sein Talent und sein Ehrgeiz haben ihn dahin gebracht – aber auch seine Seilschaften und Mächtige, die ihn förderten. Um nach oben zu kommen, braucht man beides: die richtigen Anlagen und die richtigen Parteifreunde. Das ist die Lehre aus Wolfgang Schäubles erstem Leben.

Am 12. Oktober 1990 tritt Schäuble bei einer Wahlkampfveranstaltung in der »Brauerei Bruder« im badischen Oppenau auf, unweit von Gengenbach, dem Wohnort der Familie. Als er die überfüllte Gaststätte kurz nach 22 Uhr verlassen will, tritt ein Mann in schwarzer Lederjacke aus dem Spalier der CDU-Anhänger heraus – und feuert aus einem Revolver. Ein Schuss trifft Schäuble am rechten Kinnwinkel, ein zweiter im Rücken. Ein dritter Schuss verletzt den Personenschützer, als er versucht, dem Täter die Waffe aus der Hand zu schlagen. Es dauert eine halbe Stunde, bis der Rettungswagen eintrifft.

Lähmung

Wenn Wolfgang Schäuble heute irgendwo eine Rede hält, rollt er stets zügig und mit möglichst kurzem Anlauf zum Pult hin, soll ja keiner denken, er inszeniere sich als Leidender. Im Sommer 2020 ist Schäuble 76 Jahre alt, die vergangenen 28 Jahre, sein zweites Leben, hat er im Rollstuhl verbracht.

Noch in der Freiburger Uniklinik, in den Tagen nach dem Attentat, als er wegen seiner Verletzungen im Mundraum nicht richtig sprechen kann, muss ihm seine Frau die Politik- und Wirtschaftsteile der Tageszeitungen vorlesen. Ehe die Operationswunden auch nur halbwegs verheilt sind, stürzt sich Schäuble Ende November zurück ins politische Leben. Nur kein Mitleid zulassen, Selbstmitleid schon gleich gar nicht. Eine grundlegende Lebensentscheidung ist da bereits gefallen.

Kann er sich ein Leben ohne Politik vorstellen, jetzt, da er vom dritten Brustwirbel an abwärts gelähmt ist und einen Rollstuhl braucht? Mit seiner Frau Ingeborg spricht Schäuble darüber, sie drängt ihn dazu auszusteigen, glaubt, dass es ihm mit der Zeit gesundheitlich besser gehen wird, wenn ihn die Politik nicht wieder auffrisst, wie in all den Jahren zuvor. Doch ein Dasein ohne Politik empfindet Schäuble als Bedrohung, als eine zweite dramatische Veränderung in seinem Leben. Mit 48 Jahren aussteigen und sich zurückziehen? Hoffen auf ein medizinisches Wunder? Auf die Gefahr hin, dass seine Unzufriedenheit wächst, er innerlich abstumpft und verhärtet? Nein, ein Leben ohne Politik kann Wolfgang Schäuble sich nicht vorstellen. Bis heute nicht. Es wäre ein Leben ohne Lebenskern.

Politik hat auch etwas sehr Körperliches. Bill Clinton hat oft den Unterarm seiner Gesprächspartner betätschelt, gleichzeitig eine Hand auf deren Schulter gelegt und somit zugleich Nähe und Überlegenheit vermittelt. In den TV-Duellen des US-Wahlkampfs 2016 ist Donald Trump mit seinem massigen Körper seiner Kontrahentin Hillary Clinton buchstäblich zu Leibe gerückt, um sie einzuschüchtern. Und auch Helmut Kohl hat Größe und Fülle als Waffe in der politischen Auseinandersetzung eingesetzt. In den Monaten nach seiner Rückkehr erlebt Schäuble einerseits, dass es ein Nachteil ist, wenn einem das Körperliche in der Politik nicht mehr so zur Verfügung steht wie anderen. Und andererseits, dass es auch ein Vorteil sein kann.

Gleich Anfang des Jahres 1991 stehen Tarifverhandlungen im Öffentlichen Dienst an. Die ÖTV-Chefin Monika Wulf-Mathies, die erste weibliche Vorsitzende einer DGB-Gewerkschaft, sucht ein Vier-Augen-Gespräch mit ihrem Widerpart, dem Innenminister Schäuble. Ihr sei klar, so sagt sie ihm, dass er nicht nächtelang durchverhandeln könne. Aber sie müsse vermeiden, dass ihre Mitglieder glaubten, sie bekämen eine geringere Lohnerhöhung, weil der Schäuble im Rollstuhl sitze. Schäuble dankt Wulf-Mathies für ihre Offenheit. Aber ihm wird auch klar, dass der Rollstuhl politisch ist. Dass alles, was er sagen, vorschlagen und machen wird – zumindest in der nächsten Zeit, bis sich die Öffentlichkeit an den Anblick gewöhnt haben wird –, unter dem Aspekt betrachtet werden wird, dass es von dem Mann im Rollstuhl kommt. Aber das muss ja kein Nachteil sein.

In der strittigen, heftig diskutierten Frage, ob Bonn oder Berlin künftig Parlaments- und Regierungssitz im wiedervereinigten Deutschland sein wird, soll der Bundestag am 20. Juni 1991 entscheiden. Schäuble ist entschiedener Berlin-Befürworter und sieht im Vorfeld der Parlamentssitzung mit Entsetzen, dass viele Abgeordnete, Bürgermeister und Ministerpräsidenten nicht die Kraft, den Mut oder den Willen haben, über ihre jeweiligen regionalen Interessen hinwegzuschauen. Für ihn sind das alles Kleingeister. FDP-Chef Otto Graf Lambsdorff, den Schäuble sehr schätzt, spricht sich für Bonn aus, weil es sein Wahlkreis ist. Hamburgs Erster Bürgermeister Henning Voscherau (SPD) meint, es sei nicht im Interesse der zweitgrößten Stadt Deutschlands, wenn die größte Regierungssitz wird. Und Baden-Württembergs Ministerpräsident Erwin Teufel vergisst plötzlich, dass er sein ganzes politisches Leben lang für Berlin als Hauptstadt und Regierungssitz plädiert hat. Alle Ministerpräsidenten – mit Ausnahme von Berlins Regierendem Bürgermeister Walter Momper natürlich – sind für Bonn.

In der fast zwölfstündigen leidenschaftlichen Debatte im provisorischen Plenarsaal, einem ehemaligen Wasserwerk, hält Schäuble eine fulminante Rede, an dessen Ende sich der ehemalige Bundeskanzler Willy Brandt aus den Reihen der SPD erhebt und ihm gratuliert. Die Stimmung ist zugunsten Berlins gedreht. Bis heute gilt Schäubles Auftritt als der entscheidende in der Debatte. Nur er selbst hält ein anderes Ereignis für den eigentlichen Wendepunkt. Eines, in dem der Rollstuhl eine zentrale Rolle spielt.

Zwei Monate vor der entscheidenden Bundestagssitzung, im April, kommt die baden-württembergische CDU in Rottweil zu ihrem Landesparteitag zusammen. Die Junge Union bringt gemeinsam mit einer einsamen Bundestagsabgeordneten, der Europa-Expertin Renate Hellwig, einen Antrag ein, der Parteitag möge sich für Berlin als künftige Hauptstadt aussprechen. Das Unterfangen gilt als hoffnungslos, in der CDU ist zu diesem Zeitpunkt eine deutliche Mehrheit für Bonn. Schäuble sorgt dafür, dass er als Letzter vor der Abstimmung spricht. Es ist das erste Mal, dass er nach dem Attentat vor seinem eigenen Landesverband eine Rede hält. »Gotterbärmlich« habe er ausgesehen, wie Schäuble in der Rückschau erzählt, aber gerade deshalb seien alle ganz gerührt gewesen über ihren Wolfgang, der im Rollstuhl mit aller Leidenschaft, zu der er fähig ist, für Berlin kämpft. »Und da konnte der Parteitag nicht anders, als zuzustimmen. Die Entscheidung war eine Sensation und eine wirkliche Wende in der Debatte.«

Aus dem Leben im Rollstuhl ergeben sich für Schäuble Konsequenzen für den politischen Alltag. Bei Pressekonferenzen achtet sein Umfeld stets darauf, dass ein Tisch da ist, auf dem er sich abstützen kann, hinter dem er sich optisch ein wenig geschützt fühlt. Da Beifall spenden ihn anstrengt, lässt er es selbst dann schon mal sein, wenn die Kanzlerin geredet hat, weshalb er zum einen als notorischer Nichtklatscher verschrien ist und es zum anderen immer wieder Spekulationen über sein Verhältnis zu Angela Merkel gibt. Und wenn er mit seinem Rollstuhl zu schnell in die Kurve einbiegt, läuft er Gefahr umzukippen. Ist auch schon passiert, Bilder davon gibt es aber nicht. Zum einen, weil immer jemand da ist, der ihm rasch helfen kann. Zum anderen, weil es einen Comment unter Fotografen und Kameraleuten gibt: keine Bilder eines hilflosen Wolfgang Schäuble!

Psychisch sei er durch das Attentat nicht traumatisiert, sagt er. Anders als Oskar Lafontaine, der wenige Monate vor Schäuble Opfer einer Messerattacke geworden war, habe er den Täter nicht auf sich zukommen sehen. Angst, unter Menschen zu sein, hat Schäuble bis heute nicht. »Wenn ich in den Spiegel gucke, sehe ich, dass ich ein alter Mann bin. Das ist das Psychologischste, was mir durch den Kopf geht.«

Autorität

Nach der Bundestagswahl 1990 sollte Schäuble eigentlich Fraktionsvorsitzender werden, so war es abgesprochen. Durch das Attentat und seine Folgen ist das nicht mehr möglich. Helmut Kohl, der Kanzler, schlägt ihm vor, zunächst Innenminister zu bleiben, da brauche er sich in nichts einzuarbeiten, verfüge über einen funktionierenden Apparat, das könne er auf jeden Fall machen. Schäuble hat Bedenken, will die Diskussion vermeiden, ob jemand, der nicht Fraktionsvorsitzender werden kann, Minister bleiben darf. Doch schließlich willigt er ein. Alfred Dregger bleibt ein weiteres Jahr Chef der Fraktion – im November 1991 übernimmt Schäuble. Er wird es acht Jahre und drei Monate lang bleiben. Bis zum Tiefpunkt seiner Karriere.

Schäuble tritt seinen neuen Job in der festen Überzeugung an, dass ein Kanzler sich zwar zu 100 Prozent auf seinen Fraktionsvorsitzenden verlassen können muss. Zugleich aber nicht erwarten darf, dass der dann immer nur exekutiert, was er will. Ein Fraktionschef muss auch mal ein Gegengewicht zum Kanzler oder zur

Kanzlerin sein. Damit das System in der Balance bleibt und die Abgeordneten nicht glauben, sie seien nur als willenlose Abnicker von Regierungsvorhaben erwünscht. Und damit, wenn eine Kanzlerin mal in eine Krise geraten sollte, ein Fraktionsvorsitzender aus eigenem politischen Gewicht heraus handeln kann. Besitzt er keine durch autonomes Handeln erworbene Autorität, sondern nur eine von oben verliehene – so sieht das Schäuble –, wird ein Fraktionschef seinem Kanzler oder seiner Kanzlerin nicht helfen können. Und sich selbst auch nicht.

Unter Helmut Kohl hat der Fraktionsvorsitzende Schäuble in den neunziger Jahren innenpolitisch fast völlig freie Hand. Kohl, der Einheitskanzler und selbst ernannte Großeuropäer, geht ganz in der Außenpolitik auf, um alles andere kümmert sich der Mann im Rollstuhl. Schäubles Leitlinie dabei lautet, es immer so zu machen, wie es Kohl machen würde, wenn er denn wüsste, was gemacht wird – oder es richtig verstünde. Was die richtige Kohl-Politik ist, meint Schäuble besser zu wissen als Kohl selbst. In dem Freiraum, in dem er damals agiert, habe er stets im Interesse Kohls gehandelt, ihn nie beschissen – das festzuhalten ist Schäuble heute noch wichtig.

Der Fraktionsvorsitzende setzt sein Rollenverständnis in die Tat um – und rasselt hin und wieder mit dem Kanzler aneinander, einmal sehr ernsthaft. In der hochemotionalen Asyldebatte im Jahr 1992, nachdem in Rostock-Lichtenhagen ein Asylbewerberheim gebrannt hat, braucht die schwarz-gelbe Bundesregierung eine Zweidrittelmehrheit im Bundestag, um Artikel 16 des Grundgesetzes, das Grundrecht auf Asyl, einschränken zu können – ohne Stimmen der SPD geht das nicht. Der ausgehandelte Kompromiss sieht vor, dass alle, die über ein EU-Land oder ein anderes Nachbarland in Deutschland einreisen, hier keinen Anspruch auf Asyl haben sollen: die später so genannte »Drittstaatenregelung«.

In der Unionsfraktion drängen viele auf eine namentliche Abstimmung, Abgeordnete aus Baden-Württemberg und Schleswig-

Holstein erhoffen sich davon Vorteile in ihren laufenden Wahlkämpfen, wollen Sozialdemokraten aus ihren Bundesländern
bloßstellen, die sich einer Verschärfung des Asylrechts widersetzen. Schäuble ist strikt dagegen, da er fest davon überzeugt ist, dass
bei einer namentlichen Abstimmung die notwendige Mehrheit
verfehlt wird, der Kompromiss scheitert und erstarkende rechte
Parteien wie Republikaner und DVU weiteren Zulauf bekämen.

Doch er setzt sich nicht durch mit seiner Argumentation, zahlreiche Abgeordnete widersetzen sich leidenschaftlich. Da spricht
sich auch Kohl plötzlich für die namentliche Abstimmung aus –
und die Fraktion beschließt es so. Schäuble schäumt. Nach der Sitzung geht er zu Kohl und sagt ihm, dass er das genau ein Mal machen könne – und das sei jetzt das eine Mal gewesen. Wenn er ihm
noch einmal vor der Fraktion in den Rücken falle, könne er sich
einen anderen Vorsitzenden suchen. In der nächsten Sitzung sorgt
Schäuble dafür, dass die Entscheidung zurückgenommen wird. Es
gibt dann im Bundestag keine namentliche Abstimmung, aber eine
Zweidrittelmehrheit.

Kohl hält sich fortan an seine Zusage, sich vor der Fraktion nicht
gegen Schäuble zu stellen. Und der Fraktionschef macht weiter das,
was er für die richtige Kohl-Politik hält. Schäuble ist als harter
Knochen verschrien, der wenig Freiräume gewährt, manche Abgeordnete mit bissigen Kommentaren verletzt – darunter auch solche, die er gar nicht verletzen möchte, wie er aus heutiger Sicht
sagt. Vor allem die Nordlichter in der Fraktion hätten seinen
alemannischen Humor, seine Frotzeleien nicht immer verstanden.
Doch in jenen Tagen ist längst nicht alles Humor und Frotzelei.

Dem Erfolg ordnet Schäuble alles unter. Er weiß, dass er als
Fraktionschef nur so lange stark ist, wie er Erfolg hat. Und Erfolg
heißt, dass die Mehrheit im Parlament steht, bei jeder einzelnen
Abstimmung. Und wenn er um des Erfolges willen den Abkanzler
und Einpeitscher geben muss, der Mehrheiten notfalls herbeiknüp-
pelt, dann gibt er halt den Abkanzler und Einpeitscher und knüp-

pelt herbei. Zynisch sei er geworden, tuscheln interne Widersacher hinter seinem Rollstuhl her, zynisch und verbittert. Wenn man so einen komplizierten Laden wie eine Bundestagsfraktion zusammenhalten muss, hält er dagegen, »dann kann man nicht nur freundlich sein«.

Schäuble mag seinen Job sehr. Den Dualismus aus Gemeinschaft und Konkurrenz innerhalb der Fraktion ausbalancieren, die Eigeninteressen und individuellen Fähigkeiten der Abgeordneten zu gemeinsamen Positionen und Zielen zusammenbinden, die Distanz zwischen dem Kollektiv, das zuweilen auseinanderstrebt, und dem Einzelnen, der es stets beieinanderhalten muss, nicht zu groß werden lassen – all das reizt den Mann, der selbst durchaus reizbar ist.

Es ärgert ihn, den protestantischen Badener, furchtbar, wenn Politiker Sachen machen, die man nicht macht. Wenn sie Privilegien ausnutzen, mit dem Dienstwagen in den Urlaub fahren, die Wahlkreispauschale für luxuriöse Füllhalter ausgeben, wenn Staatssekretäre im Verteidigungsministerium Soldaten für den privaten Hausbau einspannen, wenn Abgeordnete ihre Stellung im Haushaltsausschuss missbrauchen, um den eigenen Wahlkreis überreich zu bedienen, solche Sachen. Wer sich nicht anständig verhält, der schadet nicht nur dem repräsentativen System – der bekommt es auch mit dem Fraktionsvorsitzenden zu tun. Schäuble kann dann fuchsig werden, Abgeordnete zusammenstauchen, sie brutal abkanzeln, ihnen drohen, den Platz im Ausschuss wegzunehmen, es koste ihn nicht mehr als eine Unterschrift. Schäuble ist als Fraktionsvorsitzender nicht nur streng, sondern auch gefürchtet. Mit seiner Art macht er sich Feinde. Und die werden sich zeigen, wenn der Erfolg ausbleibt. Wenn Schäuble nicht mehr stark ist.

1998 verliert die Union die Wahl, Gerhard Schröder wird Bundeskanzler – und zwischen Schäuble und Kohl ist das Tischtuch zerschnitten. »Kronprinz« hat Kohl den Mann genannt, an dessen Bett in der Freiburger Uniklinik ihm Jahre zuvor Tränen in die Augen geschossen waren. Noch im Januar 1997 haben sich die beiden gemeinsam in Strickjacke und Pullover vom Kanzlerfotografen Konrad R. Müller fotografieren lassen. Freundschaft und Eintracht weit über die Partei hinaus, sollte das Foto illustrieren, Helmut Kohl und sein wichtigster Mitstreiter, der Kanzler und sein auserwählter Nachfolger, verstehen sich auch privat bestens. Doch das Foto ist eine Lüge. Wenige Stunden vor der Aufnahme hat Kohl ein Interview Schäubles im *Stern* gelesen. Vorsichtig, aber unmissverständlich teilt der Mann im Rollstuhl darin mit, die Kanzlerschaft wäre eine »Versuchung«, der er wahrscheinlich nicht widerstehen könne. Er traue sich »im Grunde jedes Amt zu«. Von da an sieht Kohl in Schäuble nicht mehr den Freund, sondern den Rivalen. Und Schäuble macht eine Erfahrung, der ein ehernes Gesetz des politischen Geschäfts zugrunde liegt: Die Freundschaft endet dort, wo die Konkurrenz beginnt.

In den eineinhalb Jahren vor der Bundestagswahl schwelt in der CDU ein Machtkampf, der nie offen ausgetragen wird. Kohls Umfragen sind mies, immer abgehobener regiert der Einheitskanzler, viel ist die Rede von Reformstau, Kohlmüdigkeit und Kanzlerdämmerung. Parteiintern wünschen sich viele den deutlich populäreren Schäuble als Kanzlerkandidaten, 16 Jahre Kohl seien genug. Schäuble möchte auch, scheut aber die offene Konfrontation. Als Kohl an seinem 67. Geburtstag, dem 3. April 1997, überraschend verkündet, bei der Bundestagswahl im kommenden Jahr nochmals anzutreten, kocht Schäuble vor Wut, wie Vertraute berichten, lässt aber in einer knappen Erklärung versichern, der Bundeskanzler könne sich »auf die volle Unterstützung und den Rückhalt der Fraktion verlassen«. Dem Machterhalt der Partei dienen bis zur Grenze der Selbstverleugnung und, wenn nötig, darüber hinaus – auch das gehört zu den Aufgaben eines Fraktionsvorsitzenden.

In den kommenden Monaten wächst die innere Distanz zwischen beiden weiter an. Der Fraktionsvorsitzende mahnt einen

Umbau des Sozialstaates an, drängt auf eine Steuer- und Renten-
reform, möchte die lähmende Selbstzufriedenheit der Regierung
brechen. Doch der Kanzler verweigert sich. Als Schäuble auf dem
Leipziger CDU-Parteitag im Oktober eine Rede hält, die von den
Delegierten mit minutenlangen Ovationen gefeiert wird, reagiert
Kohl umgehend. Er erklärt öffentlich, Schäuble solle sein Nachfolger werden – und lässt drei Stunden später seinen Generalsekretär
Peter Hintze klarstellen: natürlich erst 2002, wenn Kohl nach dann
20 Jahren Kanzlerschaft abtreten wird. Damit hat Kohl den Stim-
mungsumschwung in seiner Partei aufgefangen – und zugleich
klargemacht: Ich, Helmut Kohl, bestimme den Zeitpunkt des
Wechsels, niemand sonst. Kohl degradiert Schäuble damit zum
Kandidaten von seinen Gnaden. Schäuble selbst hält Kohls Ankün-
digung ohnehin für Geschwätz. Er ist davon überzeugt: Kohl hört
erst auf, wenn die Wähler ihn davonjagen.

Im Wahljahr bleiben die Umfragen schlecht für die CDU. In
der Parteispitze drängen einige auf einen Wechsel in letzter Minute, wollen Schäuble, der in Umfragen nicht nur klar vor Kohl,
sondern auch vor dem populären SPD-Herausforderer Gerhard
Schröder liegt, als Kanzlerkandidaten. Kohl erfährt davon und
sieht Schäuble selbst als Initiator dieses Drängens. An Ostern 1998
reist Schäuble zu Kohl in den Urlaub und schlägt ihm vor, zu
seinen Gunsten zu verzichten. Die Wahl sei ohnehin verloren, aber
mit ihm, Schäuble, könne die Union ein besseres Ergebnis erreichen und sich womöglich in eine große Koalition retten, Rot-Grün
verhindern. Kohl weist den Vorschlag brüsk ab. Mitte September,
zehn Tage vor der Wahl, gibt Schäuble ein Interview, in dem er sagt,
mit Kohl verbinde ihn ein »intensives kollegiales Verhältnis«, aber
keine »Männerfreundschaft«. Übersetzt heißt das: Der kann mich
mal.

Am 27. September 1998 verliert die Union krachend die Bundestagswahl, Gerhard Schröder wird Kanzler. Kohl tritt als CDU-
Vorsitzender zurück. Spät am Wahlabend, beim Büffet im Bonner

Kanzlerbungalow, schimpft Kohl über Schäuble: »Die Hand, die segnet, wird gebissen.«

Für Kohl ist nicht Kohl schuld an der Niederlage, sondern die mangelnde Unterstützung in der Unions-Führung – und zuvorderst von dem Mann, der nun sein Nachfolger als CDU-Vorsitzender wird: Schäuble. Und der lernt nun ein weiteres ehernes Gesetz der Politik kennen: Der Wunsch nach Rache erlischt nicht.

In den Wochen nach der Wahl streuen Vertraute Kohls in Partei und Fraktion, für die Niederlage sei Schäuble verantwortlich. Er habe kein Gefühl für die Nöte der kleinen Leute gezeigt, sie mit seinem Reformeifer vergrätzt. Kohl macht sich in kleiner Runde über den »amtierenden Vorsitzenden« lustig. Die neue CDU-Generalsekretärin, Angela Merkel, warnt Schäuble vor Kohl: »Der spielt mit Ihnen.«

Am 3. November 1999 erlässt die Staatsanwaltschaft Augsburg Haftbefehl gegen den ehemaligen CDU-Schatzmeister Walther Leisler-Kiep – und löst damit die CDU-Spendenaffäre aus. Schwarze Kassen, lückenhafte Rechenschaftsberichte, illegale Parteispenden, heimliche Konten in der Schweiz. Rasch ist von einem »System Kohl« die Rede. Schäuble und Merkel versprechen »lückenlose Aufklärung«, doch Kohl sabotiert sie über seine Vertrauten in der Parteizentrale. Einer von ihnen warnt Schäuble vor »Aufklärungswut«. Kohl drängt auf eine Gegenattacke. Und er weiß: Auch Schäuble hat ein Problem. 1994 hat ihm der Waffenhändler Karlheinz Schreiber 100 000 Mark in bar in einer Plastiktüte ins Büro gebracht, eine Spende für die Partei. Schäuble hat das Geld an die Schatzmeisterin weitergereicht, es wurde aber nicht ordentlich als Spende verbucht. In keinem Rechenschaftsbericht der CDU taucht es je auf.

Am 2. Dezember begeht Schäuble den politisch folgenschwersten Fehler seines Lebens. In der Bundestagsdebatte über die Spendenaffäre räumt er in seiner Rede ein, den Waffenhändler Schreiber »irgendwann im Spätsommer oder Frühherbst 1994« bei einem Sponsorenempfang getroffen zu haben – »das war es«.

»Mit oder ohne Koffer?«, ruft der Grünen-Abgeordnete Hans-Christian Ströbele dazwischen. Allen ist klar, was damit gemeint ist: Hat Schreiber Schäuble damals Geld überreicht? »Ohne Koffer«, antwortet Schäuble, »das heißt: Ich habe vielleicht einen Aktenkoffer dabeigehabt. Ich weiß es nicht mehr genau.« Damit sitzt er in der Falle. Bis dahin hatte Schäuble nur Schwarzgeld angenommen. Nun hat er aber auch noch das Parlament belogen. Ein Rücktrittsgrund. Er weiß das. Und Kohl und Merkel wissen es auch.

Wenige Tage später gibt Kohl öffentlich zu, zwischen 1993 und 1998 Spenden in Höhe von »1,5 bis zwei Millionen Mark« entgegengenommen zu haben, er weigert sich aber, die Namen der Spender zu nennen. »Weil ich mein Wort gegeben habe.« Jeder in der CDU, der ihn in diesen Tagen dazu drängt, die Namen zu nennen, ist für Kohl entweder ein Feigling oder ein Verräter. Schäuble drängt.

Zwei Tage vor Weihnachten 1999 erscheint ein Artikel in der *Frankfurter Allgemeinen Zeitung,* die Autorin: Angela Merkel. Die CDU müsse sich von ihrem Übervater emanzipieren, heißt es darin. Die Ära des aktiven Politikers Helmut Kohl sei unwiederbringlich vorbei. Schäuble weiß davon nichts und ist stinksauer auf Merkel, da sie ihn vorher nicht informiert hat. »Dann hätten Sie ihn mich nicht schreiben lassen«, entgegnet sie, als er sie stellt. Kohl wertet den Artikel als Kriegserklärung – von Merkel und Schäuble. Er geht fest von einem Komplott der beiden gegen ihn aus. Kohl lässt nun seine Verbindungen spielen. Wenn er fällt, sollen auch die anderen fallen.

Sein Anwalt verkündet Anfang Januar 2000 in der *Bild am Sonntag,* er sei sicher, dass außer der Million in bar »auch weitere Gelder der CDU gestiftet worden sind, ohne dass Helmut Kohl etwas davon gesehen oder gehört hat«. Schäuble versteht sofort, was das bedeutet: Kohl droht, ihn auffliegen zu lassen. Schäuble beschließt, die 100 000-Mark-Spende von Schreiber selbst öffentlich zu machen, bevor ihn andere als Lügner attackieren können.

Am Tag darauf sagt Schäuble in einem Fernsehinterview: »Ich

habe den Herrn Schreiber irgendwann 1994 im Zusammenhang mit einer Veranstaltung ... kennengelernt. Er hat am Tag danach eine Spende in bar abgegeben. Ich habe die an die Schatzmeisterei weitergegeben ... Das waren 100 000 Mark.« Schreiber, mit Kohl bestens bekannt, widerspricht dieser Darstellung umgehend und nennt Schäuble einen »hinterhältigen Lügner«. Er habe die Spende nicht am Tag nach der Veranstaltung an Schäuble übergeben, sondern erst am 11. oder 12. Oktober. Die Medien stürzen sich auf Schäubles spätes Eingeständnis und mehr noch auf die Widersprüche in den beiden Darstellungen. Aus dem Skandal um Kohl wird ein Fall Schäuble.

Das ist der Moment, in dem sich die Gegner in der Fraktion formieren. Die Abgeordneten, die Schäuble hart angegangen, auch zusammengestaucht und abgekanzelt hat; diejenigen, die Sachen gemacht haben, die man nicht macht, Privilegien ausgenutzt haben. In der Politik ist man nur so lange stark, wie man Erfolg hat. Schäuble hat das immer gewusst. Jetzt ist er schwach – und seine Gegner beziehen ihre Positionen. Schäubles Autorität schwindet mit jedem Tag mehr. Politisch kann er das nicht überleben.

Am 18. Januar 2000, 90 Minuten vor der CDU-Präsidiumssitzung, bei der Schäuble seinen Rücktritt von Partei- und Fraktionsvorsitz verkünden wird, besucht er Kohl in dessen Büro. Er bedrängt seinen einstigen Förderer und langjährigen Weggefährten, endlich die Wahrheit zu sagen: Es gibt keine Spender, das Ehrenwort ist eine Lüge. »Wie kannst du so was sagen? Wieso bezweifelst du das bei mir? Du hast doch selbst eine Spende bekommen.« Schäuble reicht es nun endgültig: »Ich habe in meinem Leben viel zu viel Zeit mit dir verbracht, und es wird keine Minute mehr geben.« Im Rausrollen ruft er Kohls Sekretärin zu, er werde dieses Büro nie wieder betreten. Das endgültige Ende einer Männerfreundschaft: Und zugleich das Ende eines der prägendsten Machtkämpfe in der Geschichte der Republik. Ein Duell mit zwei Verlierern.

Kann man Autorität, wenn sie einmal verloren ist, zurückgewinnen?

Schäuble ist nach seinem Rücktritt erst mal gar nichts mehr. 2002 will er nicht mehr für den Bundestag kandidieren, seine Karriere, so denkt er, ist zu Ende. Doch zu Beginn des Wahlkampfes kommt der Unions-Kanzlerkandidat Edmund Stoiber auf ihn zu, möchte ihn unbedingt in seinem Schattenkabinett haben. Schäuble soll die Zuständigkeit für die Außen- und Europapolitik übernehmen. »Du musst das machen, du bist der Einzige, der das kann«, bezirzt Stoiber den Ausstiegswilligen. Und er macht ihm noch ein Angebot. Im Fall eines Wahlsieges soll Schäuble Finanzminister werden. Im Wahlkampf ist die Finanzpolitik zwar der Beritt von Friedrich Merz, doch die Pläne sehen vor, dass Merz nach der Wahl bleiben wird, was er nach dem Rückzug Schäubles geworden ist – Fraktionsvorsitzender. Eben noch ganz raus und bald schon Chef eines der wichtigsten Ressorts im Kabinett? Schäuble sagt zu.

Lange Zeit sieht es nach einem Sieg der Union aus, doch der Irakkrieg, die Oderflut und ein Kanzler Schröder, der raubtierhaft nach der Chance schnappt, die sich ihm plötzlich bietet, drehen die Stimmung. Rot-Grün bleibt. Nach der Wahl verdrängt Merkel den Schäuble-Vertrauten Merz vom Fraktionsvorsitz und fragt ihren einstigen Chef, wie er nun seine Rolle sehe. Das sei doch relativ einfach, antwortet Schäuble. Er habe Außen und Europa in der Regierungsmannschaft vertreten – da könne er das doch jetzt als stellvertretender Fraktionsvorsitzender weitermachen. »Geht das denn?«, fragt Merkel. »Sie waren mein Chef, jetzt bin ich Ihrer.« Das gehe, meint Schäuble, er habe kein Problem damit. Merkel hat für den Posten eigentlich den Außenpolitiker Friedbert Pflüger vorgesehen. Doch sie entscheidet sich für Schäuble.

Das ist eine Möglichkeit, verloren gegangene Autorität zurückzugewinnen: Sich einreihen und mit der Arbeit beginnen. Doch bei Schäuble ist da noch mehr. Mit jedem neuen Tag im Parlament verkörpert er mehr das, was er später einmal »das Langzeitgedächtnis der Republik« nennen wird. Und mit seiner Erfahrung wächst sein Charisma. Wenn die Menschen ihn sehen, haben sie das Gefühl, dass er schon immer da war und wohl noch ewig bleiben wird. Autorität wächst Schäuble zusehends aus sich selbst heraus zu. Da erscheint es nur logisch, dass ihn viele in der CDU 2004 als Bundespräsidenten sehen wollen. Nur Angela Merkel nicht. Seine Nachfolgerin im CDU-Vorsitz fürchtet, dass ein zu starker Präsident nicht nur die CDU-Vorsitzende überstrahlen könnte, sondern auch einer möglichen CDU-Kanzlerin Merkel ein sperriger politischer Widerpart wäre. Merkel setzt Horst Köhler als Präsidentschaftskandidaten der Union durch. Und die *Bild*-Zeitung fragt: »Horst … Wer?«

Vor der Bundestagswahl 2005 stehen alle Zeichen auf Sieg. Schäuble ist wieder ein so starker politischer Spieler geworden, dass Merkel an ihm gar nicht vorbeikommt. Sie macht ihm ein Angebot: Er kann Parlamentspräsident werden oder sich ein Ressort aussuchen. Schäuble entscheidet sich fürs Ministeramt. Als nach der Wahl eine Große Koalition gegründet wird, kommt das Außenressort für ihn nicht infrage, da die SPD das erste Zugriffsrecht hat. Und so wird Schäuble zum zweiten Mal Innenminister. Vier Jahre lang betreibt er den Job mit viel Herzblut. Islam-Konferenz, Verbote von rechtsextremen Parteien, Antiterrorgesetze. Schäuble provoziert mit zahlreichen Gesetzesverschärfungen, was ihm den Vorwurf einbringt, mit gezielten Tabubrüchen die Deutschen an immer rigidere Sicherheitsmaßnahmen gewöhnen zu wollen. Sein Amtsvorgänger Otto Schily attestiert ihm dagegen »strategischen Weitblick, Geistesgegenwart, eiserne Disziplin und Kaltblütigkeit«.

Schäuble selbst sagt, er habe sich vier Jahre lang voll engagiert. Die Frage nach dem schönsten Job findet hier ihre Antwort. Es ist nicht der Fraktionsvorsitz, den Schäuble lange wägen musste. Es ist der des Innenministers, genauer seine zweite Runde auf diesem

Posten. »Das hat mir schon sehr viel Spaß gemacht.« Trotzdem gibt er den Posten 2009 auf. Weil es ihn dorthin zieht, wo in dieser Zeit, mitten in der Weltfinanzkrise, die größte politische Dynamik ist. Und weil ihn Merkel genau dort haben will, was ihn überrascht. Schäuble wird Finanzminister.

»Sie wissen, was Sie sich antun«, sagt Schäuble da zur Kanzlerin. »Sie werden keinen pflegeleichten Minister haben. Bequem werde ich nicht sein, aber loyal.«

Schaut man sich die zweite Karriere des Wolfgang Schäuble an, die nach seinem Rücktritt als Partei- und Fraktionsvorsitzender, so fällt auf, dass er in gewisser Weise seine erste wiederholt hat. Mit großer Sachkompetenz in unterschiedlichen Feldern erwirbt er sich Respekt und Ansehen und übernimmt als Folge davon weitere zentrale Posten. Und in dem Moment, wo es ihm aus seiner Funktion möglich ist – man kann auch sagen: wo er die notwendige formale Autorität hierfür besitzt –, positioniert er sich als Gegengewicht zu einem noch Mächtigeren. In seiner ersten Karriere war das in der Rolle des Fraktionschefs, nun ist es die des Finanzministers. Sein Widerpart ist aber kein Kanzler mehr, sondern eine Kanzlerin.

Schäubles Distanz zu Merkel, seine Rolle als Gegengewicht zur Kanzlerin, wird immer dann spürbar, wenn er über Führung, Streit und Mut spricht. Dann fallen Sätze wie: »Die Politik muss auch führen – darin besteht die Balance: Führen und Ausgleichen.« Und: »Es gibt Situationen, in denen Vermitteln nicht weiterführt. Man muss nicht nur streitig diskutieren, sondern auch mal streitig entscheiden.« Oder: »Wir versuchen heute, die Probleme so lange auszuverhandeln, bis wir den politischen Streit minimieren.« Und auch: »Politik ist Entscheidung. Der größte Fehler, den man machen kann, ist, nicht zu entscheiden.« Sowie: »Als Fraktionsvorsitzender war ich mutig – vielleicht zu mutig.«

Schäuble schätzt vieles an Merkel. Auch, dass sie eine Fähigkeit besitzt, die man als Politiker seiner Meinung nach zwingend braucht: die feste Überzeugung, immer recht zu haben. Und wenn einem jemand vorhält, früher aber eine andere Meinung vertreten zu haben, dann hat man nicht seine Position verändert – sondern der andere seine Wahrnehmung. Trotzdem hat Schäuble ein ganz anderes Führungsverständnis als Merkel. Kein einbindendes, abwartendes, eines, das die Dinge sich entwickeln lässt, bis sich eine Lösung (fast) von selbst ergibt. Keines, das die Unterschiede zwischen den politischen Polen abschleift. Schäuble hält ein entschiedenes Voranschreiten für nötig, ein frühzeitiges Entscheiden, damit die Unterschiede gerade nicht verschwinden, damit die CDU CDU bleiben kann und die SPD SPD. Der konfrontative Schäuble als Gegengewicht zur ewig moderierenden Merkel. Auch aus dieser Rolle speist sich seine neue alte Autorität.

27. Januar 2020, der Gedenktag für die Opfer des Nationalsozialismus. Vor der Gedenkstunde im Bundestag wird eine Ausstellung über Auschwitz im Paul-Löbe-Haus, dem Ort, an dem im Parlamentsalltag die Ausschüsse tagen, eröffnet. Von der CDU und CSU ist kaum jemand da. Den Bundestagspräsidenten Schäuble ärgert das gehörig. Der Starpianist Igor Levit soll auftreten, was vielen in der Unionsfraktion nicht gefällt, gilt Levit doch als entschiedener Kritiker der Klimapolitik der Regierung und als Freund der Grünen. Selbst CDU-Fraktionschef Ralph Brinkhaus und der Parlamentarische Geschäftsführer Michael Grosse-Brömer fehlen. So etwas geht gar nicht, meint Schäuble. Gerade dann, wenn die Fraktion sich über den Auftritt des GroKo-Kritikers Levit beschwert, muss man Flagge und Präsenz zeigen, gibt er Brinkhaus später mit auf den Weg: »Man darf als Fraktionschef nicht jeder Stimmung nachgeben. Man muss vorangehen und Mut haben.«

Schäuble mag als Innenminister am meisten Spaß und als Finanzminister am meisten Macht gehabt haben – den Fraktionsvorsitzenden ist er nie ganz losgeworden. Bis heute nicht.

Die Übel

250 Seiten – so dick sind mittlerweile Koalitionsverträge. Schäuble hält das für ein Grundübel, das politische Dynamik bremst und Sozialpolitiker dazu animiert, sich an Ausgabewünschen gegenseitig zu überbieten, also kurz: für Blödsinn. Der erste Koalitionsvertrag, bei dem Schäuble mit dabei war, war der schwarz-gelbe von 1982. Und das kam so: Kohl sagte zu Schäuble im Vorfeld der Gespräche, am Anfang könne er noch nicht dabei sein, aber er solle nach einer halben Stunde reinkommen, ihm eine Unterlage bringen – und dann einfach bleiben. Die Verhandlungen begannen mit sechs Personen, zwei von jeder Partei: Kohl und Gerhard Stoltenberg für die CDU, Franz Josef Strauß und Friedrich Zimmermann für die CSU, Hans-Dietrich Genscher und Otto Graf Lambsdorff für die FDP. Nach einer halben Stunde kam Schäuble, brachte Kohl das Papier und blieb. Kurz nach Mitternacht war alles durch. Als sie fertig waren, hieß es, der Schäuble schreibt das jetzt auf. Genscher beorderte noch seinen Büroleiter Hanns Schumacher dazu. Schäuble, der Mann, der später dazukam, und Schumacher, der Mann, der gar nicht dabei war, verfassten dann in der Nacht ein Gesprächsprotokoll – und am nächsten Morgen wurde daraus der Koalitionsvertrag. Nach den Wahlen 1983, 1987 und 1990 wurden gar keine Koalitionsverträge geschlossen.

2005, als die große Koalition kommt, muss dann alles detailliert festgelegt werden, da die beiden traditionellen Widersacher, Union und SPD, fortan eine Regierung bilden sollen. Die Idee, Fahrpläne für eine ganze Legislaturperiode zu entwerfen, die dann abgearbeitet werden müssen, wird fortan zum Standard. Mit jeder neuen Regierung wächst der Umfang des Koalitionsvertrages. Auch weil wenige Zielvorgaben sowie die Zusage, vertrauensvoll und anständig miteinander umzugehen – das schwebt Schäuble vor –, einer skeptischen Basis schwieriger zu vermitteln sind als ein Vertrag von 250 Seiten mit konkreten Vorhaben. Anders gesagt: Es erfordert mehr Führung,

Schäuble hält die detaillierten Fahrpläne nicht nur für »absurd«, sondern auch für gefährlich: »Wenn die Regierung überprüft, was vom Koalitionsvertrag umgesetzt wurde, dann ist das nicht Politik, sondern Bürokratie. Das hat mit politischer Führung, mit Charisma, mit all dem, was die repräsentative Demokratie braucht, nichts zu tun.« Alle Fragen für vier Jahre auszuverhandeln lähme die politische Dynamik. »Auf diesem Weg der Vorfestlegungen und deren permanenten Überprüfung ist das repräsentative Prinzip geschwächt worden«, sagt er. »Und jetzt haben wir den Beteiligungswahn.« Zu glauben, die Demokratie sei umso besser, je mehr beteiligt sind, stoße erkennbar an Grenzen. Man brauche sich nur den Wettstreit um den SPD-Vorsitz im Jahr 2019 und dessen Ergebnis anzuschauen.

Die schwindende Akzeptanz des demokratischen Prozesses – und damit auch der Volksparteien und des Parlamentarismus – erklärt Schäuble auch damit, dass heute die großen Streitfragen fehlten – und die entsprechenden Gegner. Der Ost-West-Konflikt ist Geschichte; rechts und links, mehr Staat, weniger Staat, freier Markt, geregelter Markt – all das habe sich aufgelöst, die Pole seien verschwunden. Das »neue Rechts«, das die AfD verkörpere, habe die politische Auseinandersetzung vom Zentrum an den Rand verlagert und somit das Problem weiter verschärft. Drei Große Koalitionen in vier Legislaturperioden, alle unter Kanzlerin Merkel, hätten eine Vielzahl mühsam ausgehandelter Kompromisse erzeugt, die »null Erotik« verströmten und die Menschen ermüdeten. »Das hat keine Befriedung für die Demokratie gebracht – das ist das Problem.«

Daher hat er nach der Bundestagswahl 2017 für eine Minderheitsregierung der Union plädiert. Doch Merkel war das ein Zuviel an Neuland, sie setzte auf Sicherheit – und so kam die nächste Große Koalition.

Die Krise der Demokratie erklärt Schäuble auch mit Barack Obama, vielmehr mit einer Rede des ehemaligen US-Präsidenten:

»Alles, was wir haben, verliert an Wert. Wertvoll macht es erst die Knappheit.« Und Schäuble schlussfolgert: »Die Selbstzufriedenheit ist wohl der Hauptgrund für den Ansehensverlust der parlamentarischen Demokratie.« Nach 70 Jahren stabiler, friedlicher Verhältnisse in wachsendem Wohlstand sei die Demokratie so selbstverständlich geworden, dass immer weniger ihren Wert zu schätzen wüssten.

Einen letzten Grund sieht Schäuble in der veränderten Rolle der Öffentlichkeit. Es gehe immer weniger darum, ob etwas stimmt oder nicht stimmt. Sondern darum, wer Aufmerksamkeit erziele. Bestes Beispiel hierfür sei Donald Trump und sein »The-Show-must-go-on«-Prinzip. Der US-Präsident funktioniere völlig anders, als Spitzenpolitiker bisher funktioniert hätten. Jeden Tag setze er ein Thema, mit dem er große Aufmerksamkeit auf sich ziehe, egal ob positive oder negative. Wie die Politik aber mit dem Phänomen »Aufmerksamkeit schlägt Wahrheit« umgehen solle, darauf habe er auch keine Antwort. Aber auch hier gelte, was zeit seines politischen Lebens immer gegolten habe: »Ich bin nicht für Resignieren oder Scheitern.«

Es gibt etwas, was Schäuble, den leidenschaftlichen Parlamentarier, leidenschaftlich ärgert: immer nur das Außergewöhnliche als Sternstunde des Parlaments zu loben. Ein Parlament könne nur funktionieren, wenn innerhalb der Fraktionen verlässlich und diszipliniert Mehrheiten gebildet würden. Bei Themen, die eng mit Gewissensfragen verbunden sind – wie etwa der Organtransplantation oder der Sterbehilfe –, ist das Prinzip aufgehoben, es gibt dann überfraktionelle Anträge. Die Debatten hierzu werden von den Medien besonders herausgestellt und besonders gelobt. »Zu sagen, das parlamentarische System ist dann ideal, wenn es nicht das parlamentarische System ist, stört mich nicht nur«, sagt Schäuble, »wenn immer nur jene Debatten als Sternstunden gefeiert werden, die nicht nach den Regeln eines funktionierenden Parlamentarismus verlaufen, dann ist das sogar gefährlich.«

Zu guter Letzt möchte man, bevor man sein Büro wieder verlässt, von dem dienstältesten Abgeordneten der deutschen Parlamentsgeschichte noch eines wissen: Was es ihm eigentlich bedeutet, der dienstälteste Abgeordnete der deutschen Parlamentsgeschichte zu sein? »Eigentlich nichts.«

9 »Politiker sind eine Hochrisikogruppe«

Süchte und Ängste: Wohin mit dem Druck, wenn es Nacht wird in Berlin?

Wer hat was mit wem? Auf den Berliner Parlamentsfluren ist das ein beliebtes Tuschelthema. Macht, Stress, Trieb und Gelegenheit ergeben einen aphrodisierenden Mix, der sich in diesem Maße (fast) nur unter der Reichstagskuppel findet und sich bestens als Affärenkatalysator eignet. Gerüchte gibt es daher viele, aber nur selten bekommt man die Paarungen so schwarz auf weiß präsentiert wie anlässlich eines Hoffestes der SPD-Bundestagsfraktion vor einigen Jahren.

Damals, über die exakten Umstände muss man hier schweigen, unterläuft einem Parlamentarischen Geschäftsführer der Genossen ein Fauxpas, der für Ärger unter den Abgeordneten sorgt: Er vergisst, in die Fraktionssitzung am Nachmittag zusätzliche Karten für das Hoffest mitzubringen. Gut 20 SPD-Parlamentarier, ausschließlich Männer, haben Nachnominierungswünsche – ausschließlich Frauen – für die jährliche Sommersause der Fraktion angemeldet, sie soll in wenigen Stunden beginnen. Ein Mitarbeiter muss eilig die Karten aus dem Büro holen, und die Abgeordneten tragen die Namen ihrer Begleiterinnen handschriftlich ein. »Da wussten wir ziemlich genau, wer mit wem was hat.« So erzählt es ein Zeitzeuge Jahre später.

Wenn es in Berlin einen über die Parteigrenzen anerkannten

Experten für Ruchlosigkeiten aller Art gibt, dann ist es Wolfgang Kubicki, stellvertretender Vorsitzender der FDP. Über den Sündenpfuhl Bundespolitik äußerte Kubicki sich einst so, dass man glauben musste, Berlin liege auf halber Strecke zwischen Sodom und Gomorrha. In einem *Zeit*-Interview wurde er 2010 gefragt, warum er in Kiel bleibe, so fernab der Macht: »Ich würde in Berlin zum Trinker werden, vielleicht auch zum Hurenbock. Ich bin inzwischen zum dritten Mal verheiratet, und ich will auf keinen Fall auch diese Ehe ruinieren.« Und: »Sie sind den ganzen Tag unter Druck, abends wartet Ihr Apartment auf Sie, sonst niemand. Es gibt einen enormen Frauenüberschuss ... Ich weiß doch, wie es läuft: Da sind dann diese Abende, an denen Sie nur abschalten wollen, Stressabbau. Da sitzt Ihnen plötzlich eine Frau gegenüber, die Ihnen einfach nur zuhört. Und dann geht die Geschichte irgendwann im Bett weiter ...«

Zehn Jahre später lebt Kubicki in Berlin. Und statt Trinker und Hurenbock ist er Vizepräsident des deutschen Bundestags geworden. Die dritte Ehe hält. Man muss wissen, dass Kubicki zwischen 1990 und 1992 Abgeordneter in Bonn war und dann erst 2017 wieder in den Bundestag eingezogen ist. Dazwischen saß er 25 Jahre lang im Landtag von Schleswig-Holstein.

Ein Treffen mit Kubicki in seinem Büro: Ist er geläutert? Er winkt ab. Zum Sündigen ist keine Zeit. Als Parlamentsvize sei sein Terminkalender pickepacke voll. In den vergangenen drei Jahren habe er von Berlin nur den Reichstag, die eigene Wohnung und die sechs Restaurants dazwischen gesehen: Malatesta, Il Punto, Goodtime und wie sie alle hießen. Spätabends falle er todmüde ins Bett – allein. Natürlich gebe es auch Affären, zumindest höre er ab und an davon; Abgeordnete, die ins Bordell gingen, kenne er keine. Früher, in Bonn, sei ja alles »wesentlich lockerer« gewesen.

Tote Hose in der Bannmeile? Natürlich gibt es sie noch, die Affären in der Politik, schließlich handelt es sich bei Politikern ja um Volksvertreter, also Menschen wie du und ich. Da gibt es den innenpolitischen Hardliner aus der Unionsfraktion, den man … Aber vielleicht sollte man zuerst mal einen Blick auf die kleineren Sünden werfen, um dann zu den größeren zurückzukommen.

Die erste Herausforderung für Neulinge im Berliner Reichstag sind nicht fremde Betten, sondern die eigenen Kilos, sprich: die Kalorien. Die Empfänge, die Parlamentarischen Abende, die Buffets, Fastfood und Süßigkeiten, Sitzorgien und Bewegungsstarre: Wer nach Berlin kommt, muss zunächst um sein reales Gewicht fürchten, bevor er an sein politisches denken kann. Eine langjährige Abgeordnete der Grünen kennt das: »Ich habe gleich mal vier Kilo zugenommen und ein Jahr lang gebraucht, um mit dem Essen klarzukommen.« So geht es vielen beim Einstieg in Berlin. Und der Alkohol kommt noch dazu.

Es gab eine Zeit, so erzählen es jene, die schon lange dabei sind oder damals dabei waren, da war der Konsum legaler und illegaler Drogen Teil des Alltags. In Bonn, als einer wie der Liberale Detlef Kleinert 1994 sturzbetrunken im Bundestag eine Rede hielt. Parteikollege Otto Fricke, damals junger Mitarbeiter der FDP-Bundestagsfraktion, hat Kleinert noch kennengelernt: »Für Kleinert war damals Alkohol das, was heute für viele Menschen Cannabis ist – eine Entspannungsdroge.« Bis heute staunt Fricke darüber, dass Kleinert, alkoholisiert, wie er war, in seinen komplizierten Satzgirlanden am Ende immer noch das passende Verb fand. »Man muss leider sagen: Kleinert hat betrunken besser geredet als viele andere nüchtern.«

Alkoholexzesse, die für die Öffentlichkeit sichtbar sind, gibt es seither kaum noch. »Aber gesoffen wird trotzdem viel«, sagt ein ehemaliger Abgeordneter, der regen Kontakt hält zu den alten Kollegen. Whiskey als Tröster, Wodka als Ventil, hier ein paar Bierchen und da zwei, drei Glas als Gewohnheitstrunk. »Bei Alkohol ist es die Erleichterung«, sagt ein ehemaliger Abgeordneter. »Der Tag ist rum, und du gießt dir einen hinter die Binde.«

Orte alkoholisierter Entspannung hat es immer gegeben in Berlin. Legendär sind die Feste der Netzwerker, einer Generation junger SPD-Parlamentarier, die 1998 und 2002 zur Zeit von Gerhard Schröder in den Bundestag kamen. Eine Generation, eine Partei, ein Lebensgefühl – dass nämlich die Aufstiegsmöglichkeiten durch die älteren Genossen verbaut sind. Also muss man eigene Wege gehen und Nischen finden. Im Tagesgeschäft – und beim Feiern auch.

Die Netzwerker von damals halten bis heute zusammen, nicht alle, aber viele. Einer von ihnen berichtet von den Gepflogenheiten der nuller Jahre, der Aufbruchsphase der Berliner Republik: »Da kamst du als junger Abgeordneter in den Bundestag, und plötzlich warst du mitten unter anderen jungen Leuten aus Politik, Wirtschaft, Kunst und Kultur.« Medienleute waren auch dabei. Diese bunte Truppe hielt sich eine eigene Kneipe im Regierungsviertel. Dort diskutierten sie, arbeiteten an Gesetzen, feierten – und bahnten ihre Affären an. Eine »wilde Zeit« sei das gewesen, heißt es.

Es waren die Jahre rot-grüner Aufbruchsideen und tollkühner Privatisierungs- und Aktienfantasien. Das noch junge politische Berlin war nach 16 Jahren Helmut Kohl auf der Suche nach Strukturen und Regeln – und die jungen Abgeordneten spähten ihrerseits nach einem Platz in dem Gefüge. Gerne auch jenseits des offiziellen Protokolls. »Damals ging es ganz anders ab, es gab keine Compliance-Regeln«, schwärmt ein Abgeordneter von Rot-Grün heute noch, »die Firmen hatten große Etats für Sausen, die ganze Clubzeit, die Werbeagenturen haben dich zu Festen eingeladen. Die Möchtegernmodels kamen, und es ging doch alles sehr locker von der Hand. Ich war damals nicht der Typ, sauber zu bleiben – ich habe das Leben in vollen Zügen genossen.«

»Einige von uns waren unglaublich dreist«, sagt ein Wegbegleiter von damals. »Die haben ordentlich gebechert und dann auch schon mal Abstimmungen verschlafen.« Andere dementieren, ja, sie seien feiern, aber immer auch pünktlich zur Stelle gewesen. Der (längst abgerissene) *Club 90 Grad*, das *Kumpelnest* in Tiergarten oder das *Felix* in Mitte waren die Tempel der kurzen Nächte für die jungen Genossen. Da kam es schon mal vor, dass man am nächsten Morgen nicht nur mit einem Kater aufwachte, sondern auch in einem fremden Bett. Es hat schon seine Gründe, warum Politikerehen eine reduzierte Halbwertszeit haben.

»Wir haben in der Fraktion unsere Arbeit gemacht, sind dann donnerstagabends los und haben nicht selten bis tief in die Nacht gefeiert«, sagt ein Feierbiest jener Tage. »Das war Teambuilding, das hat der Arbeit gutgetan.« Hatte aber auch seine privaten Kollateralschäden. »Es ist für jede Beziehung schwierig, wenn du in zwei Welten wohnst«, sagt ein Abgeordneter. Inzwischen sind viele der Netzwerker verheiratet, manche auch zum zweiten Mal, sie haben Kinder und sind in der Fraktionshierarchie aufgestiegen oder, wie Hubertus Heil, sogar Minister geworden.

Im Jahr 2002 – mit dem Fast-Erfolg von Edmund Stoiber – zog die Union nach. Die Generation Andreas Scheuer und Alexander Dobrindt, Julia Klöckner und Kristina Schröder rückte in Berlin ein. Es war die Nach-Kohl-Generation, die sich gegen die schon etablierten Kollegen wie Peter Altmaier, Norbert Röttgen oder Friedrich Merz zu behaupten hatte. Auch sie war den Lebensfreuden nicht abgeneigt, und auch von ihnen stiegen viele inzwischen in Regierungsämter auf.

»Wir sind gerne donnerstagabends losgezogen«, erinnert sich ein Unions-Abgeordneter. »Wir haben geschaut, welche Termine freitags im Wahlkreis anstehen; du hast gesehen, dass es nicht viel und zu schaffen ist, und dann waren wir schon mal bis morgens um fünf Uhr unterwegs. Immer auf der Jagd nach dem Abenteuer.«

Das Abenteuer ergab sich offenbar immer wieder. Der Unions-Mann: »Die ersten Jahre war ich draußen auf der Pirsch, ich wollte was erleben. Es war einfach, du warst weg von zu Hause, da hast du alle Möglichkeiten.« Das sei aber weniger dem Stress und Druck geschuldet gewesen, eher den Möglichkeiten und deshalb nicht unbedingt bundestagsspezifisch. »Wenn ich einen Job im Außendienst hätte, könnte es so ähnlich sein.«

Heute zieht der Mann nur noch selten durch die Bars, wie er beteuert. »Vielleicht einmal im Jahr«, das letzte Einmal liegt allerdings nur wenige Tage zurück und ging mit zwei Politfreunden bis halb eins. »Am Tag danach war ich platt und musste schauen, wie ich über die Runden komme.« Und dann legt er noch einmal Wert darauf, dass solche Ausflüge inzwischen die absolute Ausnahme seien. Ist der wilden Zeit die neue Biederkeit gefolgt? Nicht bei allen. 2014 geriet der SPD-Innenpolitiker Michael Hartmann nach der Beschaffung von Crystal Meth ins Netz von Drogenfahndern. Der Fall machte Schlagzeilen. Vorratsdatenspeicherung, Reform der Sicherheitsbehörden, Antiterrorkampf waren Hartmanns Themen, sie waren umstritten, und er war mittendrin – eine Schlüsselfigur in hitzigen, hektischen, hochtourigen Auseinandersetzungen. Alles Fassade, sagte er damals dem *Spiegel*. »Meine Sucht ist Arbeitssucht gewesen. Ich war durch und habe mir das nicht eingestanden.« Die Droge sollte ihn leistungsfähig halten. Und sie sollte eine Angst bekämpfen, die unter Abgeordneten weit verbreitet ist, die Angst vor Versagen, vor Bedeutungsverlust, vor dem Aus.

Hartmann beendete Kontakt und Konsum Monate, bevor ihm die Drogenfahnder nachspürten. Das Verfahren wurde eingestellt, Gutachter attestierten ihm, keinerlei Suchtphänomene entwickelt zu haben – der juristisch-medizinische Freispruch ist ihm wichtig. Inzwischen hatte er Zeit, in sich hineinzuhören. »Die Drogen waren ein Ventil, um das Gefühl von Verlorenheit auszuschalten«, sagt er heute. »Aber ist das so anders als bei dem Kollegen, der sich regelmäßig bei Parlamentarischen Abenden auf seinen üblichen Pegel hochtrinkt?«

Auch Volker Beck, der Innenpolitiker der Grünen, war in jener Zeit in einem Berliner Szeneviertel mit einer geringen Menge Crystal Meth ertappt worden. Begründet hat er seinen Konsum nie. In einer Talkshow teilte er später lediglich mit: »Wir Politiker sind kein säkularer Heiligenersatz.« Es sollte wohl heißen: Auch wir Politiker sind Menschen – mit Schwächen, Ängsten und, ja, auch einem Bedürfnis nach Ventilen und Ersatzbefriedigungen.

Als erst Hartmann, dann Beck damals für Gesprächsstoff sorgten, stockte der Apparat jeweils nur kurz. Dann ging es weiter, lang hielt sich die Community nicht damit auf. Wenn auch nicht harte Drogen, das Bedürfnis nach einem Ventil war und ist vielen Abgeordneten nicht unbekannt. Männern wie Frauen. Also zurück zu der Frage, wie es heute aussieht mit dem Fremdgehen in der Politik: Gibt es heute weniger Affären? Ist in 14 Jahren Merkel nicht nur der politische Diskurs eingeschlafen, sondern auch die Libido der Politiker? Wie tot ist die Hose in der Bannmeile nun?

Die Materie ist naturgemäß schwierig zu recherchieren. Man kann ja – abgesehen von Kubicki – schlecht bei Abgeordneten und Ministern anrufen und sagen: Wir recherchieren zum Thema »Fremdgehen«, wie ist das so bei Ihnen? Aber man kann natürlich Gespräche führen, vertraulich, man kann zusammentragen, was man so hört. Etwa von dem innenpolitischen Hardliner aus der Unionsfraktion, den man nächtens in einer Rotlichtbar antreffen kann, in einer merkwürdigen Art Uniform – aus Leder, aber wenig davon. Es gibt den schwulen Lobbyisten, der zu berichten weiß, in Berlin gebe es viel mehr Sex als in Bonn – weil »die Nutten billiger sind«.

Es gibt das »Artemis«, ein XXL-Freudenhaus unweit der Messe im Westen Berlins, das regelmäßig Besuch aus dem Bundestag erhält und wo ein Abgeordneter »neulich erst völlig über die Stränge geschlagen hat«, wie sich Kollegen zuraunen. Es gibt den angesehenen Parlamentarier, der beichtet, er führe seit Jahren ein Doppelleben in der Hauptstadt, mit zweiter Wohnung und zweiter Frau – und von dieser Art »Berliner Beziehungen« gebe es so einige, auch über Fraktionsgrenzen hinweg. Und es gibt, natürlich, jede Menge Gerüchte.

»Politiker«, bestätigt der Münchner Paartherapeut Wolfgang

Schmidbauer, »sind eine Hochrisikogruppe.« Zwei Wohnsitze, viel Stress, kaum Kontakt zum Ehepartner, wenig häusliche Überwachung. Außerdem, so Schmidbauer, seien Politiker eine angefeindete Spezies. Und Gelegenheit macht Liebe. Und Trost empfänglich. Der niederländische Soziobiologe Johan van der Dennen drückt aus, was nicht so mächtige Männer mit überschaubarem Einkommen immer schon zu wissen glaubten: »Mächtige Männer haben im Allgemeinen ein scharfes Auge für weibliche Schönheit und Anziehungskraft, und Frauen fühlen sich im Allgemeinen von mächtigen, erfolgreichen, berühmten, reichen Männern angezogen.«

Der FDP-Abgeordnete Johannes Vogel verdichtet diese wissenschaftlichen Erkenntnisse, die man nahe beim gesunden Menschenverstand finden kann, zum Affären-Dreisatz: das Aphrodisiakum Macht; der Stress, der ein Ventil sucht; die Einsamkeit. Natürlich bekomme er mal was mit, und er höre auch Gerüchte, sagt Vogel. Aber das sei letztlich ja nichts Außergewöhnliches: »Politiker sind halt auch Menschen – auch wenn das nicht jeder glauben mag.« Jan Korte von der Linkspartei stimmt in ungewohnter Eintracht mit dem Liberalen überein: »Der Bundestag unterscheidet sich nicht völlig vom Leben anderswo: mitsamt den Schwächen, persönlichen Abgründen oder Eskapaden.«

Auch Abgeordnetenmitarbeiter haben erlebt, was die beiden Wissenschaftler analysieren: »Der Zusatz MdB macht einen für das andere Geschlecht einfach interessant. Das gilt nicht zuletzt für die vielen Praktikantinnen, die hier unterwegs sind.« Aber nicht nur für die. Ein schwuler Abgeordneter sagt offen: »Natürlich gibt es Leute hier im politischen Betrieb, die sich an dich ranwanzen, Praktikanten, die mit nach Hause fahren wollen, und anderes mehr.«

Ein anderer Abgeordneter meint: »Wie viele Männer in Berlin Affären haben, weiß ich natürlich nicht. Aber es sind viele. Wenn man die eigene Sekretärin häufiger sieht als die Ehefrau und dann noch betrunken ist – aber ist das bei der Weihnachtsfeier im Unternehmen anders?« Ähnlich gibt ein Kollege seine Erfahrungen wieder: »Man hat hier die Möglichkeiten, wird nicht kontrolliert, es kennt einen niemand, man genießt die Freiheiten, die man hat.«

Erotikangebot und Affärennachfrage haben sich auf hohem Niveau eingependelt, aber so diskret, dass Fremdgehen unter der Reichstagskuppel nur ganz selten Gegenstand öffentlicher Erörterungen ist. Nur die Mitarbeiter der Abgeordneten sind im Bilde, manchmal ahnend, häufig wissend. »Manchmal brauchst du einfach jemanden zum Zuhören«, verrät einer. »Du hast nur dein Abgeordnetenbüro, deinen Leuten kannst du aber auch nicht alles sagen, sonst riskierst du deine Autorität. Also suchst du dir eine Affäre, möglichst in einem Ministerium, in der Hierarchie weit unter dir, eine Frau, die dich anhimmelt. Oder du bezahlst.«

Es sind nicht nur Männer, die suchen. »Sie leben es vielleicht nicht ganz so exzessiv aus, aber es gibt auch Kolleginnen mit beinahe legendärem Ruf«, eröffnet ein Abgeordneter und berichtet dann von einer ehemaligen Kollegin, »bei der man schon sagen kann: tolle Frau, superattraktiv. Sie hat einen beeindruckenden Lebenswandel gehabt.« Mit einer kleinen Einschränkung: »Aber es ist nicht die Masse wie bei den Männern; da gibt es schon einen Unterschied.«

Eine Parlamentarierin, ausgerechnet, sieht das, nicht ohne Staunen, ein wenig anders. »Auch Frauen, nicht selten Mitarbeiterinnen, sind hier nach dem Motto unterwegs: Machen wir mal ein Häkchen dran, mit wem wir in die Kiste gesprungen sind.«

Sprechen Abgeordnete über ihre Affären? Durchaus, meint einer. »Da fragst du eine Kollegin, wie es ihr geht; sie sagt dann, ihr sei aufgefallen, dass ich mich mit einer Kollegin gut verstehe. Wir kommen ins Gespräch, und dann erzählt sie, ja, ich hab da gerade auch was am Laufen. So kriegt man das eine oder andere zufällig mit – das wird dann aber nicht weiter thematisiert.« Dass sich Abgeordnete näherkommen, ist kein neues Phänomen: Die bekannteste Beziehung war wohl zu rot-grünen Zeiten die des Berliner SPD-Mannes Ditmar Staffelt mit der Grünen-Kollegin Grietje Bettin, die mit 24 Jahren in den Bundestag eingezogen war. Später heirateten die beiden, wurden Eltern einer Tochter.

Unter dem Schlagwort »Gelegenheit« gehören Auslandsreisen zu den günstigsten. Man ist halt noch ein bisschen weiter entfernt von zu Hause. Noch weniger beobachtet. Noch mehr Zeit, sich tief in die Augen zu schauen. »Da hab’ ich auch schon alles erlebt«, sagt ein erfahrener Abgeordneter aus dem Süden. Etwa am Persischen Golf mit Bauchtänzerinnen. Und auch sonst, »wenn Kollegen auf einer Reise nachts losmarschieren, weil sie noch was erleben wollen.«

Ein ehemaliger Bundestagsabgeordneter, hauptstadterfahren und weit gereist, fasst es so zusammen: »Es gibt in Berlin alles, was man sich vorstellt an menschlichem Panoptikum. Wenn man seine Fantasie in puncto Sexualität frei spielen lässt – sie wird immer von der Realität übertroffen.«

Die Ibiza-Affäre jedenfalls, die im Jahr 2019 mit heimlich gedrehten Aufnahmen zweier FPÖ-Politiker beim Treffen mit einer angeblichen Nichte eines russischen Oligarchen auf der Baleareninsel die österreichische Regierung sprengte, hat vermutlich auch in Deutschland den einen oder anderen aufgeschreckt. Der weltkluge Ex-Parlamentarier meint dazu: »Beim Ibiza-Video haben ganz sicher auch hier viele Abgeordnete die Luft angehalten und gehofft, dass von ihnen so was nicht kursiert.«

Es gibt also so einiges an Babylon in Berlin zu finden. Man liest und hört aber nur wenig darüber. Warum eigentlich?

Der letzte große Skandal verbindet sich mit dem Namen Horst Seehofer und ist schon eine Weile her. Im Januar 2007 wurde bekannt, dass Seehofer, damals Landwirtschaftsminister im Kabinett Merkel, eine Affäre mit einer jungen Frau hatte, die im Büro eines Bundestagsabgeordneten arbeitete, im Juni kam eine gemeinsame

Tochter zur Welt. Das alles sorgte für einige Schlagzeilen. Das Verhältnis zwischen Seehofer und seinem Nachfolger Markus Söder – Seehofer verdächtigte ihn, Urheber der Enthüllung zu sein, was dieser stets abstritt – ist seither zerrüttet. Seehofer blieb im Amt, wurde danach noch Ministerpräsident, CSU-Chef und Bundesinnenminister. Auch seine Ehe überstand die Affäre.

Zum öffentlichen Spektakel wird das Fremdgehen in der Politik vor allem dann, wenn die Beteiligten selbst es dazu machen. Legendär ist der Fall Mathiopoulos/Pflüger. Im September 2003 lässt die glamouröse Margarita Mathiopoulos – Studium in Harvard, Stanford und an der Sorbonne, Honorarprofessorin, Unternehmerin, Starpolitologin, Historikerin, Industrieberaterin – die Öffentlichkeit via *Bild*-Zeitung wissen, ihr Mann, der CDU-Politiker Friedbert Pflüger, habe »in seinem Büro wohl eine Schreibkraft, für die er besondere Zuwendung empfindet«. Zu dieser Zuwendung soll es, wie der Boulevard daraufhin ermittelte, auch auf Pflügers Schreibtisch gekommen sein. In den Augen der Öffentlichkeit erscheint Mathiopoulos nun aber nicht als die betrogene Ehefrau, sondern als fiese Snobistin mit magna-cum-laude-Leben, die sich über die »Schreibkraft« im Vorzimmer des Gatten erhebt. Im anschließenden Rosenkrieg verklagt Pflüger jene Ehefrau, die er betrogen hat, peinlicherweise auch noch auf Ausgleichszahlungen, da er in der Ehe weniger verdient habe als sie, und erstreitet tatsächlich 157 000 Euro. Am Ende gibt es zwei Verlierer – und ein Baby namens Leo. Die Lehren daraus: Wer fremdgeht, sollte es nicht auch noch zu Geld machen wollen. Und: Man darf nicht nur den Ex-Partner nicht kleinreden, sondern auch nicht dessen neue Partnerin. Am besten hält man einfach die Klappe. Und daran halten sich jetzt (fast) alle.

Auch heute sind Affären immer noch spannend, aber selten gefährlich. Mehr ein Hobby als ein Berufsrisiko. Das hat auch mit dem Fall Seehofer zu tun. Kurz bevor Seehofers Affäre enthüllt wurde, hatte der CSU-Mann sich in der *Bunten* in einer Homestory ablichten lassen und davon geschwärmt, wie wichtig und heilig die Familie sei. Ein ziemlich eklatanter Fall von Doppelmoral. Wenn aber die Tatsache, dass jemand seine Frau betrügt und obendrein auch noch ein außereheliches Kind hat, nicht einmal bei einem christsozialen Spitzenmann zum Karriereknick führt, sind moralische Fehlleistungen dieser Art offenbar kein Stolpergrund mehr. Weniger als die Affäre selbst wurde Seehofer damals angekreidet, dass er mit seiner Geliebten per SMS Schluss gemacht haben soll.

Ergo: Mit erotischen Affären holt man heute keinen mehr hinter dem Ofen hervor – wohl aber mit moralischen oder scheinmoralischen Verfehlungen auf anderen Gebieten. Ein Politiker muss heute mehr Angst haben, dass die CO_2-Werte seines Dienstwagens veröffentlicht werden als ein Seitensprung. Er muss eher fürchten, am Flughafen mit einem Plastikbecher abgelichtet zu werden als mit einer »unbekannten Schönen«. Die Erregung über die Erregten ist also verflogen.

Und noch etwas hat sich gravierend verändert. Der Dokumentarfilm »Die Geheimnisse des schönen Leo« schildert das Leben des früheren CSU-Bundestagsabgeordneten Leo Wagner, eines engen Vertrauten von Franz Josef Strauß. Zu sehen sind Zweitfrauen, Doppelleben, Rotlichtmilieu – ein Sittengemälde der bigotten Seite der Bonner Republik. »Damals, in den siebziger und achtziger Jahren, ging es ganz anders zu«, sagt ein intimer Zeitzeuge der rheinischen Gepflogenheiten. »Da wurde viel mehr getrunken und auch viel mehr gevögelt.«

Von geheimen Bordellen war damals immer wieder die Rede, und insbesondere manchen Vertretern der konservativen Parteien wurde ein Hang zu Lack und Leder nachgesagt. Sexualwissenschaftler diskutierten über die Sehnsucht der Mächtigen nach sadomasochistischen Praktiken, Erniedrigungen und Peitschen, Handschellen und Fesseln. Ausgelebt wurde derlei allerdings nur selten in Bonn. »Wer außergewöhnlichen Sex haben wollte, nahm die Autobahn nach Köln«, erinnert sich ein Abgeordneter.

Früher gab es auch keine Smartphones. Zwar gibt es nach wie vor einen unausgesprochenen Konsens zwischen Medien und Politik, die Zone unterhalb des Gürtels als journalistische No-Go-Area zu betrachten. Aber man sollte die Hobbypaparazzi und *Bild*-Leser-Reporter nicht vergessen. Ein Spitzenpolitiker, der mit seiner Geliebten im Café turtelt, kennt die anderen Gäste in der Regel nicht – diese aber erkennen ihn sehr wohl. Wer auch nur Händchen halte, werde schon abgeschossen, klagt Wolfgang Kubicki. Deswegen lässt man es bleiben. »Niemand will sich erpressbar machen.« Angst essen Sex auf.

Während es also alle heute leichter haben, Ausschau zu halten und sich nach Lust und Laune auf Tinder und anderen Portalen zu tummeln, hat ausgerechnet die Hochrisikogruppe Politiker es objektiv schwer fremdzugehen. Ein tausendäugiges Publikum wacht über die Moral. Der Juso-Vorsitzende Kevin Kühnert berichtete in einem Podcast, dass er bei Tinder regelmäßig für die Dreistigkeit beschimpft werde, als Kevin Kühnert aufzutreten.

Dass Affären von Politikern heute kaum noch Schlagzeilen wert sind, hat auch damit zu tun, dass eine Scheidung kein Skandal mehr ist. Die serielle Monogamie, die unter Gerhard Schröder und seinem Co Joschka Fischer Einzug in höchste Staatsämter hielt, ist weithin akzeptiert. Fehler machen kann man aber trotzdem. »Haben uns entschieden, künftig getrennt zu leben … bleiben aber freundschaftlich verbunden … und kümmern uns gemeinsam um die Kinder«, mit diesen Floskeln wird es per Pressemitteilung kommuniziert, wenn Politikerehen getrennt wurden. Je nach Temperament folgt dann ein euphorisches »Ja, wir lieben uns!« via *Bild* und *Bunte*, und präsentiert wird die oder der Neue oder man kreuzt einfach gemeinsam beim nächsten Bundespresseball auf, wie seinerzeit Christian Wulff mit seiner Bettina, geborene Körner.

Politiker achten allerdings sehr genau darauf, bei allem, was sie der Öffentlichkeit präsentieren, eine ausreichende Karenzzeit einzuhalten. Neues Glück wird leicht verziehen, Betrug weniger. Zwar ist allen klar, dass ein chirurgischer Schnitt eher selten gelingt, aber über solche Restzweifel wird, jedenfalls in Deutschland, der Mantel der Nächstenliebe gehüllt. Dass Schröders Privatleben den strengen Gesetzen einer exklusiven Sexualgemeinschaft mit nur einem Partner nicht immer folgte – Hillu warf ihn raus, weil er was mit Doris hatte –, spielte öffentlich jedenfalls nie eine Rolle. Schlecht kommt aber an, wenn man sich nach erfolgter Trennung pubertär aufführt, wie Rudolf Scharping, der sich 2001 als Verteidigungsminister mit Frau Gräfin Pilati im Pool planschend ablichten ließ, während sich seine Truppe auf ihren Einsatz in Mazedonien vorbereitete. Scharping wurde fortan »Bin Baden« geschimpft – und war ein Jahr später seinen Job los.

Gar unverzeihlich aber ist, wenn man schlecht über die Verflossene spricht. »Wir hatten nur ganz wenige Momente, in denen wir uns auf Augenhöhe ausgetauscht haben«, so begründete einst Torsten Albig, damals Ministerpräsident von Schleswig-Holstein, die Trennung von seiner Frau. Albig wollte damit vermutlich die Entfremdung beschreiben, die sich nur allzu leicht in Politikerehen einschleicht, wenn der eine durch Deutschland turnt, während die andere sich auf Elternabenden herumschlägt. Es klang aber wie: Meine Frau ist zu klein geworden für mein Ego. Und die erfolgreiche, schicke Neue für den nächsten Lebensabschnitt war auch schon da. Man konnte es in der *Bunten* sehen. Bei der folgenden Wahl wurde Albig nicht wiedergewählt. Ausweislich der Nachwahlanalysen hatten ihm vor allem die Frauen ihre Stimme verweigert. »Der sexuelle Seitensprung ist etwas, in dem sich viele wiederfinden können«, sagt Psychologe Schmidbauer, »er gilt als menschlich.« Und damit verzeihlich. Andere klein zu machen, gerade, wenn es um die Intimsphäre geht, verzeiht das Publikum nicht. Augenblicklich wechselt die Perspektive: Der Wähler erkennt sich in dem oder der Gekränkten wieder.

Schuld an der weitgehend affärenfreien Berichterstattung über die Bundespolitik hat natürlich auch Angela Merkel, wer sonst? Frankreich hatte Chirac, Mitterrand, Strauss-Kahn. Amerika hatte Clinton und Lewinsky. Warum gibt es so was nicht bei uns? »Es gibt ja Frau Merkel«, sagt Paartherapeut Schmidbauer – und muss lachen. Dass die Kanzlerin wie François Hollande nächstens mit dem Moped durch die Stadt kurvt, um einen Schnuckelhasen zu besuchen? Unvorstellbar. Vielleicht hat es mit Merkels protestantisch-vernünftiger Aura zu tun, die nie den Hauch eines Anlasses zu Gerüchten lieferte, vielleicht auch mit der Tatsache, dass man sich »so etwas« bei einer Frau sogar im Jahre 2020 und nach einer Dekade Kanzlerin einfach nicht vorstellen kann. Bei den Kanzlermännern war das anders. Von Helmut Kohl hieß es in den achtziger und neunziger Jahren im Regierungsbetrieb, dass er etwas mit seiner Büroleiterin hatte. Das wildeste Gerücht über Kohl lautete, er habe ein uneheliches Kind, welches, weil behindert, im Kloster versteckt werde. Solche Spekulationen sind bei Merkel undenkbar. Sie ist somit eine Kanzlerin ihrer Zeit.

Der Finanzexperte Fricke erinnert sich noch an einen prominenten FDP-Abgeordneten, natürlich zu Bonner Zeiten: »Der hat sich in Köln eine Bude gekauft – und empfing dort, so hörte man, sehr rege wechselnden Damenbesuch.« Frickes Beobachtung: »Natürlich gibt es Ähnliches heute noch. Aber wenn ich hier abends gegen 22 Uhr aus meinem Bürofenster schaue und sehe, wo überall noch Licht brennt, stelle ich fest: Für so was ist schon lange keine Zeit mehr.« Und doch gebe es heute wie damals eine Sehnsucht nach Nähe. »Sie ist das Resultat der zwischenmenschlichen Einsamkeit, die hier vielerorts herrscht.«

Die Dinge haben sich verändert. Politik und der parlamentarische Betrieb sind nüchterner, pragmatischer geworden – und die Abgeordneten zielstrebiger. Und sie verhalten sich anders. Was auch Ali von Wangenheim bestätigen kann, gebürtiger Rheinländer und heute der Sprecher der SPD-Bundestagsfraktion: »In Bonn haben sich die Jungs gegenseitig auf die Schulter gehauen, wenn sie – wie das damals formuliert wurde – jemanden abgeschleppt haben. Solches Machogehabe erlebt man heute viel weniger.«

Umstände, Ansprüche und auch das Selbstverständnis vieler Abgeordneter haben sich einer Zeit angepasst, der das Rauschhafte verloren gegangen ist. In allen Fraktionen sind die Nachwuchsabgeordneten fokussierter, zielstrebiger und auch karrierebewusster geworden. Ob Philipp Amthor oder Kai Whittaker, beide CDU, Helge Lindh oder Falko Mohrs, beide SPD: Sie wollen sich nicht mehr demütig hinten einreihen. Sie verstecken ihren Ehrgeiz nicht. Es soll schon Abgeordnete gegeben haben, die so zurückhaltend auftraten, dass gar niemand mitbekam, dass sie bereit für ein Ministerium waren. »Ich bin nicht zum Kaffeetrinken nach Berlin gegangen«, sagt Whittaker, »ich habe einen Gestaltungsanspruch.« Außerdem: »Wenn du mitmischen willst, musst du in der Sache sattelfest sein.« Was nichts anderes heißt, als sich in Themen einarbeiten, Akten lesen, argumentationsfähig werden. Whittaker bringt Berufserfahrung aus zwei großen mittelständischen Unternehmen mit in den Bundestag. Er ist nicht mehr der Typ Jungabgeordneter, der sich die Nächte um die Ohren schlägt. Auch Lindh hat fürs Feiern wenig Zeit: »Eigentlich habe ich immer Siebentagewoche.«

Wer so konzentriert seine eigene Aufgabe im Blick hat, geht eher morgens joggen anstatt nächtens auf die Pirsch. Amthor (CDU) oder Lindh (SPD) wären im sumpfigen Berliner Nachtleben heute nur schwer vorstellbar. Der gewichtsmäßig oszillierende Joschka Fischer war der erste prominente Politiker, der sich beim Joggen filmen ließ. Bei Peter Tauber (CDU) und Heiko Maas (SPD) gehört körperliche Fitness ganz selbstverständlich zur aktiven Imagebildung. Und der fraktionslose Marco Bülow sagt: »Für mich ist der Sport als Ventil wahnsinnig wichtig. Ich habe angefangen zu laufen und Rad zu fahren und habe sofort besser geschlafen.« Manchmal sei es womöglich ein bisschen exzessiv gewesen, und dennoch: »Ich brauche das, sonst platze ich.«

Ein parlamentserfahrener Kollege blickt jedenfalls mit einer

Portion Wehmut auf die nachrückende Generation und ihre selbst verordnete Disziplin. »Die jungen Leute von heute wollen sich nicht nachsagen lassen, dass irgendetwas nicht politisch korrekt sein könnte. Die glauben, sie seien nur gute Abgeordnete, wenn sie ein gewisses Soll erfüllen.«

10 »Plötzlich begann Apple aus allen Rohren zu schießen«

Wenn Lobbyisten Politik machen

Es ist Mitte November 2019. Deutschland beschäftigt sich mit der Frage eines neuen SPD-Vorsitzendenpärchens, mit dem Koalitionszwist um die Grundrente und der geplanten Tesla-Fabrik bei Berlin. Im Jakob-Kaiser-Haus in Berlin brüten zwei junge Abgeordnete der Koalition über der Novelle des Geldwäschegesetzes. Für Jens Zimmermann, SPD, ist es die zweite, für Sepp Müller, CDU, die erste Legislaturperiode. Beide sitzen im Finanzausschuss, beide sind die zuständigen Berichterstatter ihrer Fraktionen für das Gesetz.

Es ist die Zeit, in der verschiedene Player, durchweg internationale Konzerne, in den bargeldlosen Zahlungsverkehr drängen. Sie wollen den Markt nicht den Banken und Kreditkartenunternehmen überlassen und wittern eigene milliardenschwere Geschäfte. Zimmermann, 38, und Müller, 30, erkennen, dass es eine Regelungslücke gibt, die sich Branchenprimus Apple zunutze machen will, und wollen an das Geldwäschegesetz noch ein Zahlungsdienstleistungsgesetz hängen. Ein sperriger Titel – aber mit großer Wirkung.

Denn Apple hat seine iPhones mit einer Schnittstelle ausgestattet, die nur dem Bezahlsystem Apple Pay einen Zugang ermöglichen soll. Das Gesetz des jungen CDU/SPD-Duos würde dafür sorgen, dass technische Schnittstellen zum bargeldlosen Zahlungsverkehr anbieteroffen sein müssen und nicht monopolisiert werden dürfen. Lange arbeiten Müller und Zimmermann in Ruhe vor sich hin,

bringen den Gesetzentwurf auch konfliktfrei durch ihre Fraktionen. Die tagen immer am Dienstagnachmittag. Mittwochs erteilt
normalerweise der entsprechende Ausschuss seinen finalen Segen,
und am Donnerstag soll der Bundestag in letzter Lesung entscheiden. Es ist also Dienstagnachmittag, als Apple erwacht. »Plötzlich
begann Apple aus allen Rohren zu schießen«, erinnert sich Müller.
»Mit allem, was geht. Unsere Telefone standen nicht mehr still.«
Und die anderer Abgeordneter auch nicht.

Die jähe Attacke von Apple ist kein Einzelfall. Und Deutschland
gilt als leichtes Einfallstor für Lobbyismus. Erst im Jahr 2019 hatte
der Bundestag eine Rüge der Staatengruppe gegen Korruption
(GRECO) kassiert, weil er grundlegende Reformen und Empfeh-
lungen zur Abwehr von Abgeordnetenbestechung jahrelang ver-
bummelt hatte. Insbesondere Union und FDP wehrten sich lange
und mit Macht gegen ein Lobbyregister, wie es etwa die EU in Brüssel längst eingeführt hat. Jeder Lobbyist muss sich dort registrieren
lassen, die Greenpeace-Vertreterin genauso wie der Mann der Versicherungswirtschaft.

Es fehlt an Sensibilität. Und es wurde zu lange weggeschaut. Nur
so sind die Fälle von Karin Strenz, CDU, zu erklären, die schamlos
für die autoritäre Regierung von Aserbaidschan lobbyierte, und
von Jungstar Philipp Amthor, der sich für seinen Direktorenposten
in einem US-Start-up und erfolgreiches Türenöffnen im Bundes-
wirtschaftsministerium mit Aktienoptionen und Luxusreisen entlohnen ließ.

An dieser Stelle soll es aber nicht um solche Extremfälle gehen,
sondern um das Alltagsgeschäft der Lobbybranche. Denn ob Abgas-
werte, eine neue Spielhallenverordnung oder höhere Zigaretten-
steuer – bei jedem Gesetz sind die Lobbyisten sofort zur Stelle. Sie
sind einfluss- und nicht selten trickreich. Sie sind emsig, aber vor
allem sind sie viele – und es werden immer mehr. Es ist ein Gewerbe
im Graubereich, von beträchtlicher Bedeutung für den Politikbetrieb und die Gesetzgebung – aber mit wenig Lust auf Transparenz.

Seit jeher haben Unternehmen oder Interessenverbände Büros oder Niederlassungen in Bonn und Berlin angesiedelt, um auf die Mächtigen Einfluss zu nehmen. Die Rüstungs- und die Mineralölindustrie, die Hersteller von Daddelautomaten und Rübenzucker, die Autobauer und die Fahrradtüftler – alle sind sie vertreten rund um den Reichstag. Und seit jeher gibt es Debatten um Legitimation und Reichweite des Gewerbes: mit welchen Instrumenten ihre Vertreter arbeiten. Ob ihre Zugänge nicht limitiert werden müssten. Ob ihr Tun und Handeln nicht mehr Transparenz verlangt. Nobelpreisträger Günter Grass hat 2008 seine Bedenken sehr grundsätzlich vor der SPD-Bundestagsfraktion vorgetragen: »Sie sind der Staat im Staate. Sie, ungewählt, doch mit der Macht des Kapitals ausgestattet, verkörpern den ärgsten Feind der Demokratie.«

Es gibt sicher größere Gefahren für die Demokratie, da irrte Grass, aber Tatsache ist: Ihr Einfluss ist groß, und die Zahl ihrer Vertreter steigt ständig weiter. Um die 6000 Interessenvertreter sollen inzwischen unterwegs sein, um die Dinge im Sinne ihres Arbeit- oder Auftraggebers zu steuern. Im Jahr 2007 waren es noch etwa 4500. Nun hat die Bundestagsverwaltung inzwischen Zulassungsbeschränkungen erlassen. Was vermutlich aber nur dazu geführt hat, dass die Lobbyisten ihre Strategie geändert haben.

Dabei nutzen sie eine ganze Palette von Möglichkeiten, sich den Parteien und ihren Akteuren zu nähern: Sie spenden, sie organisieren oder sponsern Veranstaltungen, sie finanzieren Stände bei Parteitagen, sie berufen Politiker in Aufsichts- oder Beiräte. Doch nichts ist so erfolgreich wie der persönliche Kontakt zu den Beamten in den Ministerien, zu den Abgeordneten und deren Mitarbeitern. An dieser Stelle soll es im Wesentlichen um den Kontakt zu den Abgeordneten gehen.

Der Dortmunder Bundestagsabgeordnete Marco Bülow – damals SPD – hat sich 2009 die Mühe gemacht, zwei Wochen lang zu protokollieren, wie viele Lobbyanfragen in seinem Büro auflaufen. Das Ergebnis: 400 Briefe, Mails, Faxe und Telefonanrufe. Davon stammten rund zwei Drittel von gewinnorientierten Unternehmen, ein Drittel rechnete er NGOs und Gewerkschaften zu. Über 100 Nachrichten waren an ihn persönlich adressiert, darunter Terminanfragen, Einladungen, Gesprächswünsche, Nachfragen zu Gesetzen oder die Zusendung eigener Positionen.

Bülow schreibt in seinem Buch »Die Abnicker«: »Die Überflutung von uns Abgeordneten mit Unternehmensargumenten und Lobbyinteressen ist immens. Keiner bleibt davon unbeeindruckt.« Die Parlamentarier überschätzten sich, wenn sie glaubten, trotz aller Kontakte zu Lobbyisten ihre Unabhängigkeit behalten zu können.

Das Verfahren der Kontaktanbahnung ist eingespielt. Die Einladung zum Frühstück, der Gesprächstermin im Abgeordnetenbüro oder das gemeinsame Mittagessen im *Einstein* oder *Borchardt* sind die konventionelle Eröffnung einer möglichst nachhaltigen Freundschaft. Doch auch sonst lassen sich Lobbyisten eine Menge einfallen, um Abgeordneten das Leben zu erleichtern. Es gab von den unterschiedlichsten Einladern schon fragwürdige Offerten zum Segeltrip in der Karibik, für Mitglieder des Verkehrsausschusses Einladungen zu Formel-1-Rennen mit Zugang zum Fahrerlager oder für Parlamentarier des Finanzausschusses ein paar Tage Wellnessurlaub im Tiroler Fünfsternehotel.

Das ist nicht mehr die Regel, seitdem Medien darüber berichteten. Der Alltag besteht heute eher aus den Frühstücken oder abendlichen Treffen mit Abgeordneten, Mitarbeitern und bisweilen auch Journalisten. Man macht sich bekannt und vertraut. Ist der Kontakt einmal hergestellt, folgen Einladungen, Offerten zu Symposien, Hearings oder auch mal die Bitte, einen Vortrag zu halten. Auch ein Honorar ist dann nicht ausgeschlossen.

Lange Jahre waren die Dach- und Großorganisationen die maßgeblichen Spieler, die Verbände der Automobilunternehmen, der Maschinenbauer, der Chemieindustrie. Das hat sich geändert. Gerade international tätige Unternehmen stufen ihre Dachorganisationen in puncto Interessendurchsetzung inzwischen als zu träge für das politische Tagesgeschäft ein. Die Verbände sind ihnen zu umständlich, zu sehr mit der Abstimmung und Bündelung unterschiedlicher Einzelinteressen beschäftigt und so nicht mehr ausreichend schlagkräftig. Sie halten firmenspezifisches, also direktes Lobbying längst für effizienter und haben fast durchweg ihre Büros personell aufgestockt.

Der Erstkontakt ist in der Regel eine eher unaufgeregte Begegnung. Wenn die Telekom zu einem Parlamentarischen Abend lädt, VW zu einer Mobilitätsshow oder ein Stromversorger zum Thema Smart Home, kommen sich Lobbyisten und Abgeordnete bei Wein und Häppchen näher. Sichtweisen und Problemlagen werden ausgetauscht, schließlich auch Visitenkarten. Hat der Abgeordnete seine Handynummer darauf vermerkt, ist für den Lobbyisten der erste Schritt gemacht: Der Direktkontakt ist möglich.

Besonders interessant für den Lobbyisten sind Abgeordnete mit vertieftem Wissen in einem Spezialbereich. Ein Abgeordneter aus dem Innenausschuss bekennt: »Wenn du zum Beispiel mit Leuten aus der Sicherheitsbranche Gespräche über Satellitensicherheitstechnik führst, bist du ganz schnell Teil des Komplexes. Der Lobbyist fragt unverbindlich, ob er dich ansprechen kann, wenn er mal eine Veranstaltung hat – vielleicht könne ich ja auf dem Podium meine Sicht der Dinge darstellen.« Sagt der Abgeordnete zu – warum sollte er auch nicht? –, ist der Kontakt da, der Köder ausgelegt. Wenn umgekehrt der Abgeordnete Interesse am Thema hat, wird er die Verbindung zu dem Unternehmen weiter pflegen – zumal, wenn es führend in seiner Branche ist.

Weil, wie Bülow es beschrieben hat, der Terminkalender der meisten Abgeordneten prall gefüllt ist, ist es für den Lobbyisten in der Regel schwierig, direkt zu seinem Zielobjekt durchzudringen. Und doch hat er seine Tricks. Wenn er die Handynummer des Abgeordneten nicht besitzt, muss er an den Mitarbeitern im Büro vorbeikommen, den Terminverwaltern und heimlichen Steuerleuten eines jeden Parlamentariers. Sie trennen zwischen bedeutsam und unwichtig. Sie lenken und sortieren sämtliche Post, den Mailverkehr und die Anrufe im Büro vor. Zu den Techniken des Lobbyisten gehört deshalb, Vorlagen und Mails als Word-Datei an die Abgeordneten zu verschicken, die sich so mühelos kopieren und weiter verarbeiten lassen.

Der Erstkontakt ist das eine. Darüber hinaus gibt es viele Spielarten der Beziehungspflege. Nur durch den Kollaps der Dax-Firma Wirecard im Sommer 2020 wurde öffentlich, wie leicht es Ex-Verteidigungsminister Karl-Theodor zu Guttenberg hatte, die Skandalfirma bei der Kanzlerin zu promoten. Ungewöhnlich ist der Vorgang nicht. Auch die Chefs großer Automobilkonzerne, der Energieversorger oder der Banken bekommen ohne größere Schwierigkeiten einen Vieraugentermin beim Chef des Kanzleramtes oder bei einem Fraktionsvorsitzenden. Die Lobbyisten großer, überwiegend international tätiger Unternehmen haben sich in diskreten Zirkeln wie »Collegium« oder »Adlerkreis« versammelt, die zu ihren Mittag- oder Abendessen gerne auch Minister laden.

Eifrig unterwegs sind inzwischen auch hochprofessionalisierte Anwalts- und Beratungskanzleien, die heute für dieses Unternehmen und morgen für jenen Verband tätig sind. Viele von ihnen haben ehemalige Bundestagsabgeordnete verpflichtet, was nicht ohne Wirkung bleibt, wenn diese auf die Kollegen von einst treffen. Marco Bülow hat es in seltener Offenheit so beschrieben: »Ich habe gespürt, wie ich deutlich offener gegenüber seinen Argumenten wurde. Die natürliche Distanz schrumpfte, und es war mir unangenehm, wenn ich einen Widerspruch gegenüber der Unternehmensposition äußern wollte.«

Clevere Lobbyisten setzen aber auch anderswo an – an der Psychostruktur der Parlamentarier. Oder wie es ein langjähriger Abgeordneter umschreibt: beim Respekt des Individuums. Er will beobachtet haben, dass sich Lobbyisten und Interessenverbände »gerne auf den einsamen Abgeordneten einstellen und ihm die Aufmerksamkeit entgegenbringen, die er anderswo nicht findet«. Lobbyismus finde häufig über eine scheinbar sehr persönliche, sehr individuelle Wertschätzung des jeweiligen Abgeordneten statt, die de facto jedoch eine sehr funktionale sei. Nicht wenige Kolleginnen und Kollegen ließen sich davon beeindrucken. Der Parlamentarier: »Wenn die Kollegen den Respekt nicht bekommen, muss man ihn sich woanders suchen – und da setzen die Lobbyisten an.«

Seine eigene Erfahrung machte der Reutlinger CDU-Abgeordnete Michael Hennrich, Mitglied des Gesundheitsausschusses. Gerade im Gesundheitswesen geht es um viel Geld, viele Akteure haben Interessen – und zahlungskräftig sind sie ohnehin. Ein ihm unbekanntes Unternehmen aus dem Bereich Medizintechnik, so sagt Hennrich, habe ihm im Wahlkampf 2017 »einen hohen vierstelligen Betrag« zukommen lassen. Ein Unternehmen von außerhalb des Wahlkreises, »mit dem ich noch nie Kontakt hatte«. Begleitend erreichte ihn ein Schreiben mit dem Hinweis, das Unternehmen wolle Hennrichs Arbeit unterstützen.

Hennrich, der bei Funktionen, Mitgliedschaften und Spenden für ein hohes Maß an Transparenz plädiert, kam ins Grübeln. Er sagt, er habe lange überlegt, sich über die Firma und ihre Produkte kundig gemacht, das Geld am Ende auch behalten, »aber nicht in ihrem Sinne Politik gemacht«. Ein schlechtes Gewissen hatte Hennrich nicht – »es war für den Spender eine Fehlinvestition, weil wir das entsprechende Gesetz nicht in seinem Sinne gemacht haben«.

Doch wo beginnt der Lobbyismus? Bis wohin ist Interessenvertretung noch legitim, welche Offerten sind noch annehmbar? Und wo beginnt es schmutzig zu werden? Hennrich hat für sich eine einfache Maxime entwickelt: »Zum einen mache ich alles transparent und verbinde damit dann auch die Frage, ob ich das – wenn es im *Spiegel* oder der *Bild*-Zeitung steht – mir, meiner Familie und meinen Freunden gegenüber rechtfertigen kann? Das ist der Maßstab für mich.«

Die Unternehmen haben sich robust aufgestellt. Nicht nur zahlenmäßig. Auch qualitativ haben sie nachgerüstet. Natürlich haben sich die Bahn, Daimler und VW – um nur einige Beispiele zu nennen – mit Ronald Pofalla, Eckart von Klaeden und Thomas Steg nicht drei Männer wegen ihrer rhetorischen Qualitäten oder tiefschürfenden Analysen in die Führungsetagen geholt. Sondern weil es politische Profis sind mit exquisiten Zugängen, breiten Netzwerken und Handys, in denen auch die Nummer der Kanzlerin gespeichert ist.

Weil ihre Zahl insgesamt außer Kontrolle gerät, wurde den Lobbyisten der lange nahezu ungehinderte Zugang zu den Abgeordneten inzwischen begrenzt. Unternehmen bekommen nur noch eine limitierte Anzahl an Hausausweisen für Abgeordnetenhäuser und Reichstag. Sie waren zu aufdringlich geworden. SPD-Mann Sören Bartol störte sich schon länger daran: »Wir hätten das viel früher machen müssen. Es geht nicht, wenn die Leute hier herumlungern und dich beim Kaffeetrinken abfangen. Oder hemmungslos vor dem Ausschuss rumschleichen, um auf die Kollegen einzureden.«

Knapp 780 Lobbyisten, so enthüllte die kritische Internetplattform abgeordnetenwatch.de, hatten Anfang 2019 einen Bundestagshausausweis und damit Zugang zum Reichstag, zu den Abgeordnetenbüros und den dazugehörigen Cafeterien. Die größte Gruppe stellten die Vertreter des Bereichs Arbeit und Soziales vor den Kollegen aus dem Bereich Verkehr/Infrastruktur und Bauen und Immobilien.

Nachweislich tief hineingearbeitet ins politische System der Bundesrepublik haben sich aber auch die Lobbyisten der Energiebranche und des Banken- und Versicherungswesens. Hunderte von ihnen sind im Berliner Regierungsviertel unterwegs, die genaue Zahl kennt niemand. In beiden Branchen arbeiten Lobbyvertreter regelmäßig den Ministerien zu.

Es ist eine Hilfestellung, die von den Fachbeamten durchaus gern in Anspruch genommen wird. Viele Ressorts stellen, zeitlich befristet, immer wieder Fachleute aus Bundesbehörden, Verbänden und Wirtschaft ein. Im Verkehrsressort arbeiten Experten der Bahn oder Flugsicherung, im Wirtschaftsministerium gehen etwa die Experten der Netzbetreiber ein und aus, und selbst im Auswärtigen Amt sind leihweise Mitarbeiter von großen deutschen Wirtschaftsunternehmen beschäftigt. Das Finanzministerium immerhin hat das Programm »Seitenwechsel« nach viel Kritik und manchen unglücklichen Entscheidungen zur Zeit der Finanzkrise beendet. Ganz zu schweigen von der Vielzahl von Unternehmensberatern, die sich ihren Sachverstand teuer entlohnen lassen. Die heute für ein Rüstungsunternehmen Stimmung machen und morgen im Dienste der privaten Schienenunternehmen anklopfen, die hier für den Kraftwerksbereich lobbyieren und da für unternehmensfreundliche Steuergesetze. Dass sie ihren Sachverstand jeweils im Sinne des Gemeinwohls einbringen, dürfte auszuschließen sein.

Auf der anderen Seite: Abgeordnete sind naturgemäß Generalisten und müssen in der Lage sein, sich in einem Fachgebiet solide Grundkenntnisse anzueignen. In hochspezialisierten Bereichen jedoch, etwa in Bereichen wie Verschlüsselungstechnik, spezifischen Steuerfragen, Entwicklungen der Gentechnik oder im Immobilienrecht, werden sie für eine Bewertung und Einschätzung immer Wissen von außerhalb hinzuziehen müssen.

Was passiert, wenn die Materie hochkomplex und das eigene Wissen begrenzt ist, erlebte Nina Hauer, bis 2009 Mitglied im Finanzausschuss. Die Finanzprodukte waren immer unübersichtlicher geworden, für Immobilien sollten neue risikobehaftete Zertifikate (REITS) her, was Hauer und ihren SPD-Kollegen nicht ganz geheuer vorkam. Dennoch traten im Finanzausschuss Beamte auf, die den neuen Papieren ungeniert das Wort redeten. Bei einem von ihnen wurde Hauer stutzig: »Der hat uns irgendein Zeug erzählt, es war wenig überzeugend.« Hauer und ihre Kollegen erarbeiteten also einen eigenen Gesetzentwurf mit strengen Regeln für die Fonds. Und dann rief eines Abends gegen 22 Uhr, Hauers Mitarbeiter waren längst im Feierabend, ein ehemaliger Kollege an, inzwischen bei einer Lobbyfirma unter Vertrag. Der Gesetzentwurf liege beim Minister, so sagte er, werde noch vom Kabinettsreferat abgenickt und gehe dann ins Kanzleramt. Im Übrigen kenne er den SPD-Finanzminister gut, und der sei wenig begeistert über die Art und Weise, wie einige kritische Genossen versuchten, die Fonds zu torpedieren. Wenig davon stimmte. Der Gesetzentwurf lag weder beim Minister noch war der wirklich davon überzeugt. Im Gegenteil, auch Finanzminister Peer Steinbrück, SPD, hatte begründete Zweifel – am Ende erlaubte er die Immobilienpapiere nur in sehr abgespeckter Form.

Insbesondere in den verschiedenen höchst komplexen Geschäftszweigen der Finanzindustrie sind die Abgeordneten schlicht überfordert. Auch Staatssekretäre und Minister stoßen mit ihrer Kompetenz an ihre Grenzen, wie sich spätestens während der Finanzkrise 2008/2009 zeigte. Steinbrück suchte damals den Kontakt zur Deutschen Bank, die als einziges deutsches Geldinstitut gewisse Szenarien simulieren konnte, um die möglichen Folgen abzuschätzen. »Ohne die Marktnähe einiger Leute aus der Wirtschaft hätten wir nie verstanden, was da vor sich geht«, bekannte Nina Hauer später. »Leute aus der Branche, die wirklich was davon verstehen, kann die öffentliche Hand normalerweise gar nicht bezahlen.« Ein hochkomplexer Themenbereich, der sich teils verselbstständigt hat, Geldinstitute und Lobbyisten, die das Risiko lieben, und eine Öffentliche Hand, die den Bereich regulieren soll, aber nicht in der Lage ist, dafür fachkundiges Personal einzustellen – für Hauer »ein fast unauflösbarer Widerspruch«.

Ohnehin ist gerade im Finanzbereich der Lobbyismus so strukturell verankert wie kaum irgendwo sonst. Wenn das Bundesfinanzministerium zu Anhörungen bat, kamen die Experten viele Jahre lang mit großer Mehrheit aus dem Banken-, Kredit- und Versicherungsgewerbe. Verbraucheranwälte und -experten waren als Minderheit allenfalls toleriert. Dass das so gepflegte Gewerbe den

Ministerien dann bei Gesetzentwürfen immer wieder komplette Textbausteine zulieferte, angefordert oder aus eigenem Antrieb, erstaunt unter solchen Umständen kaum noch.

»Es gibt sicher eine Handvoll Beispiele, bei denen ich nachweisen könnte, dass das Gesamtwerk – von der Regelungsidee bis zur Formulierung – von Lobbyisten kam«, sagt der ehemalige Grünen-Bundestagsabgeordnete Gerhard Schick. Der Mannheimer hat den Bundestag Anfang 2019 verlassen und ist auf die Gegenseite gegangen. Er hat eine Finanzorganisation mitbegründet, die, ähnlich wie im Umweltbereich, versucht, eine Gegenöffentlichkeit gegen die hyperdominanten Banken- und Versicherungsverbände herzustellen.

Auch Schick, 2005 in den Bundestag gekommen, hatte mit seinem kritischen Ansatz anfangs einen schweren Stand. Nach zwei Jahren erreichten ihn von Kolleginnen Hinweise, der Bankenverband sehe seine Positionen »sehr kritisch«, verbunden mit der Warnung, »wir müssen echt aufpassen, dass wir nicht als zu wirtschaftsfeindlich wahrgenommen werden«. Wäre nicht kurz danach das Bankensystem weltweit kollabiert und hätte sich Schicks Kritik nicht als überaus berechtigt erwiesen, »hätte das für mich vermutlich zu Problemen in der Fraktion geführt«, bekennt er heute.

Schick ist immer noch überzeugter Parlamentarier, wenn auch einer außer Diensten. Doch was er erlebt hat, lässt Zweifel aufkommen an Kontrollfähigkeit und Selbstreinigungskräften des Parlaments. Er hat als einer der Ersten öffentlich auf die betrügerischen Cum-Ex-Geschäfte hingewiesen. Dabei geht es um betrügerische Verkäufe und Rückkäufe von Aktien kurz vor und kurz nach dem Dividendentermin. Aktienbesitzer und assistierende Banken ließen sich in Milliardenhöhe Kapitalertragsteuern rückerstatten, die sie zuvor jedoch gar nicht bezahlt hatten. Nach jahrelangen Ermittlungen stehen zahlreiche Drahtzieher und Mittelsmänner inzwischen vor Gericht.

Als das Bundesfinanzministerium die faulen Geschäfte unterbinden wollte, schlug die Bankenlobby ein eigenes Gesetz vor, das den Handel nicht stoppte, sondern ankurbelte. Das Ministerium übernahm die Lobbyistenformulierung »eins zu eins, ohne dass ein Komma geändert wurde«, wie später ein Zeuge vor Gericht bestätigte.

Der Cum-Ex-Untersuchungsausschuss, 2015 nach Jahren skandalöser Praxis ins Leben gerufen, versuchte die Machenschaften aufzuarbeiten. Großes Interesse bestand daran nicht. Weder bei der Bundesregierung noch bei den Koalitionsfraktionen noch aufseiten der Medien. Für Schick ist der Ausschuss trotzdem einer »der erfolgreichsten in der Geschichte der Untersuchungsausschüsse« – weil mit seiner Hilfe auch die Cum-Cum-Geschäfte gestoppt wurden. »Noch mal größer und fetter als Cum-Ex«, sagt Schick, »da geht's um 20 Milliarden Euro.« Diese Deals seien weitgehend gestoppt, am Frankfurter Bankenplatz als Konsequenz zahlreiche Stellen abgebaut worden.

13 Jahre lang hat Schick versucht, den Finanzmarkt Regeln zu unterwerfen. Seine Bilanz ist ernüchternd, wie er im Frühjahr 2019 der *Zeit* verriet: »Wir haben so hart gearbeitet, aber es ist erschreckend, wie wenig es gebracht hat.« Und dennoch ist er mit sich im Reinen. »Wenn man als Abgeordneter eine zentrale Rolle dabei gespielt hat, ein Milliardengeschäft zu Lasten des Steuerzahlers zu stoppen, dann darf man schon auch mal stolz sein«, sagt er. Natürlich hatte er Mitstreiter, auch aus anderen Fraktionen, doch kaum einer piesackte die Zeugen im Ausschuss, vor allem jene mit Erinnerungsschwächen, so unerbittlich wie Schick.

Und weil Beharrlichkeit zu seinem Markenkern gehört, sitzt er nun gelegentlich doch wieder im Ausschuss – nur auf der anderen Seite. Wo früher bei Anhörungen ganz überwiegend Vertreter aus dem verzweigten Geld- und Assekuranzgewerbe hinzugebeten wurden, darf er heute als Verbraucheranwalt seine Argumente vortragen.

Wie ungeniert die Lobbyisten in Berlin ihrer Tätigkeit nachgehen, wurde selten so deutlich wie in jenem November 2019 im Zusammenhang mit Apple. Was den Abgeordneten Müller und Zimmermann widerfuhr, war ein Politdrama, auch wenn es von den führenden Medien kaum beachtet wurde. Und es war ein Paradebeispiel, wie ein amerikanischer Großkonzern mit allen Mitteln versuchte, sich in einer Zukunftstechnologie über die Gesetzgebung einen Vorteil zu verschaffen. Der Vorgang war aber auch exemplarisch dafür, wie Parlamentarier mit Rückgrat erfolgreich dagegenhalten.

An jenem Novemberdienstag eröffnete Apple also seine Kampagne, um das Zahlungsdienstleistungsgesetz möglichst zu verhindern. Die Branchenverbände Bitcom und Blockchain meldeten sich und lobbyierten für Apple, desgleichen der Wirtschaftsrat der Union, aus London klingelte mit hoher Penetranz eine Großkanzlei durch. Auch dem Sparkassenverband, der das Gesetz im Sinne von Müller/Zimmermann befürwortete, rückten die Trupps aus dem kalifornischen Cupertino auf die Pelle. Müller: »Um 19 Uhr habe ich meinen Mitarbeitern gesagt, ihr geht jetzt nach Hause und stellt die Telefone aus.« Auch er selbst schaltete sich ab.

Nächster Morgen, Sitzung des Finanzausschusses: Die Debatte hatte begonnen, Müller sein Handy wieder auf Empfang gestellt, da rief ein Führungsmann der Union an. Das Gesetz müsse von der Tagesordnung. Müller hielt dagegen: »Wir können da nicht einknicken! Sollen wir jetzt vor Apple kuschen? Und was hat das für Auswirkungen?« Müller wollte Wettbewerb statt Monopol, das Telefonat endete ergebnislos.

Was war passiert? Offensichtlich war der damalige US-Botschafter in Berlin, Richard Grenell, im Kanzleramt vorstellig geworden. So gaben es später jedenfalls mehrere Abgeordnete zu Protokoll, das Kanzleramt dementierte nicht.

David gegen Goliath. Das schwarz-rote Duo hatte das Kanzleramt gegen sich, die US-Botschaft und die Branchenverbände, von Apple in Stellung gebracht, ebenfalls. Müller und Zimmermann wussten, jetzt würden ihr Gesetz nur noch Finanzminister und Vizekanzler Olaf Scholz und Fraktionschef Rolf Mützenich, beide SPD, retten können. Es waren dramatische Stunden wie selten im Finanzausschuss. Sitzungsunterbrechung, Änderung der Tagesordnung. Scholz wurde alarmiert, die Ausschussvorsitzende twitterte, der US-Botschafter interveniere im Kanzleramt, und die Bundesregierung knicke vor Apple ein, mögliche Strafzölle schwirrten durch die Debatte. »Es war ein Krimi«, bekannte Müller später, »ein einziger Krimi, Heerscharen von Rechtsanwälten« seien im Apple-Auftrag unterwegs gewesen. Schließlich, es war inzwischen früher Nachmittag, so spät wie noch nie im Finanzausschuss, kam Finanzstaatssekretärin Sarah Ryglewski, hob die Hand und gab zu Protokoll: »Wir haben das rechtlich geprüft – und es ist ok.«

Doch damit war das Gesetz noch längst nicht durch. Apple war – trotz nicht öffentlicher Sitzung – sofort im Bilde und begann noch am selben Nachmittag in Brüssel zu intervenieren. Was wenig erfolgreich war, weil sich in Brüssel niemand innerhalb von Stunden in einen deutschen Gesetzgebungsprozess einschaltet. Der Konzern ließ nicht locker. Er meldete sich bei den Parlamentarischen Geschäftsführern von Union und SPD, wollte die Debatte über einen Geschäftsordnungsantrag stoppen. Müller und Zimmermann bekamen Wind von der Sache und kamen Apple dank guter Kontakte zuvor, am Donnerstag gab auch der Bundestag seinen Segen.

Doch die Schlacht war immer noch nicht geschlagen. Denn wegen einer Sicherheitsfrage mussten auch die Länder ihr Plazet geben, der Gesetzentwurf musste auch durch den Bundesrat. »Und sofort ging es wieder los«, berichtete Zimmermann später. Die zwei Jungpolitiker schafften es mit List, Geschick und präziser Kenntnis der Abläufe, ihren Entwurf federführend im Finanzausschuss der Länderkammer zu halten und zugleich den Vermittlungsausschuss zu umgehen. Wäre der Vermittlungsausschuss angerufen worden, wäre der gesamte Gesetzentwurf wieder aufgeschnürt worden.

Kurz vor Weihnachten machte dann auch der Bundesrat den Weg frei, und der so heftig umkämpfte Entwurf fand den Weg ins Gesetzblatt. Zimmermann: »Meine aufregendste Woche in sieben Jahren Bundestag.« Müller: »Für mich ein Lehrstück, wie sich parlamentarische Demokratie gegen Lobbyismus wehren kann.«

Anderes Thema, andere Branche, aber seine sehr eigene Erfahrung mit der zu engen Verquickung von Interessen, Macht und Expertise hat auch Sascha Raabe gemacht, langjähriger SPD-Abgeordneter aus Hanau. Schon vor seiner Zeit im Bundestag, als Bürgermeister einer Gemeinde unweit von Frankfurt, hatte er beim Verkehrsministerium Eingaben geschrieben, die Flugzeuge bei der Annäherung an den Rhein-Main-Flughafen doch höher anfliegen und später steiler absinken zu lassen, um so die Lärmbelästigung zu reduzieren. Der Antrag wurde, mit Verweis auf ablehnende Stellungnahmen der Deutschen Flugsicherung, zurückgewiesen.

Später, als Abgeordneter, wiederholte Raabe seine Eingabe. Was er zunächst nicht wusste: Im entsprechenden Referat des Ministeriums arbeiteten entliehene Mitarbeiter der Flugsicherung. Der Antrag wurde – abgelehnt. Raabe: »Du machst einen Alternativvorschlag, die Hausleitung fragt in der Fachabteilung die entliehenen Mitarbeiter der Flugsicherung, anstatt unabhängig zu prüfen, was haltet ihr von dem Raabe-Vorschlag, und die schreiben natürlich, geht nicht, was der Raabe will. So kriegst du auf kritische Anfragen zur Flugsicherung in Berlin die Antworten direkt von der Flugsicherung – nur mit dem Ministeriumskopf drauf.«

Doch das war nicht alles: Als Vertreter seines Wahlkreises war Raabe (zusammen mit seinem damaligen Wahlkreiskollegen Peter Tauber, CDU, beim Verkehrsstaatssekretär Klaus-Dieter Scheurle vorstellig geworden und wollte Unterschriften gegen den Fluglärm übergeben. Scheurle war über Raabes Kritik an der Flugsicherung pikiert und weigerte sich, die Unterschriften anzunehmen. Wenige Wochen nach Raabes Visite wechselte er überraschend auf den gut dotierten Chefposten der Flugsicherung. Raabe war empört: »Wenn derselbe Staatssekretär, der vorher die Dienstaufsicht über die Flugsicherung hatte, dann plötzlich auf deren Chefsessel sitzt, stimmt etwas nicht. Dann ist auch das eine miese Art von Lobbyismus.«

Dass die Interessen der verschiedensten Interessengruppen und Verbände in der Hauptstadt und rund ums Regierungsviertel vertreten sein sollen, bestreitet niemand. Doch Macht und Einfluss, die gerade die Vertreter von Automobil-, Banken-, Kommunikations- und Energiekonzernen seit Jahrzehnten haben, haben zu einer enormen Unwucht geführt, bei der etwa Umwelt-, Patienten- und Verbraucherinteressen einen nach wie vor schweren Stand haben. Trotz diverser Bemühungen, ihnen mehr Gewicht im politischen Prozess beizumessen.

Doch insbesondere der Fall Amthor, der im Sommer 2020 öffentlich wurde, dürfte Folgen haben. Für den Karriereverlauf von Amthor, aber auch für die Bereitschaft der Union, mehr Transparenz zuzulassen. Das haben ihre Führungsleute jedenfalls kurz nach Amthors Fehlereingeständnis signalisiert. Auch eine Verschärfung des Strafenkatalogs war plötzlich im Gespräch. Nach einer Neuorientierung der FDP war die Union die letzte Partei, die sich noch gesperrt hatte. Längst sind es nicht mehr nur lobbycontrol, die Plattform abgeordnetenwatch.de oder bekanntermaßen linke Abgeordnete, die ein Lobbyregister fordern. Auch ein halbes Dutzend Wirtschaftsverbände macht sich inzwischen dafür stark. Manchmal ist Politik paradox: Es scheint, als ob ausgerechnet der vermeintliche Blitzaufsteiger Philipp Amthor – ganz gegen seine Absicht – das längst überfällige Register entscheidend auf den Weg gebracht hat.

11 »Wir brauchen einen einzigen Satz von Ihnen«

Vom heiklen Verhältnis zwischen Abgeordneten und Medien

Es ist vertrackt. Irgendwie brauchen die Abgeordneten die Medien, die Zeitungen, die Radiostationen, die TV-Sender. Es geht nicht ohne sie, so glauben die meisten. Immer noch. Um die Wähler anzusprechen, Botschaften zu transportieren, Arbeitsnachweise zu liefern, sich vor allem selbst zu präsentieren – und zu inszenieren. Die Medien erklären Politik, liefern Hintergründe, ordnen ein. Und weil sie sind, wie sie sind, vergeben sie immer auch Noten, loben und tadeln. Das Problem ist nur: Sie senken viel häufiger den Daumen, als sie ihn heben.

Es ist ein Dilemma. »Man hat Angst vor den Medien, würde aber auch gerne dort erscheinen. Und wenn du erscheinst, dann möglichst clever, prominent und ein bisschen cool. Der Grat ist wahnsinnig schmal, du kennst das Risiko und weißt, dass du es nicht wirklich steuern kannst«, so formuliert es ein guter Kenner der Hoffnungen, Sorgen und Ängste von Abgeordneten. Und trifft den Punkt. Medien sind für Politiker unverzichtbar – und unberechenbar. Wer in den Medien erscheint, kann groß rauskommen – oder darin umkommen, politisch zumindest. Und nicht selten passiert zuerst das eine und dann das andere. Man muss nur Karl-Theodor zu Guttenberg fragen. Oder Christian Wulff.

Wenn die Parlamentarier das erste Mal nach Berlin kommen, ist

das Gros unter ihnen wenig erfahren im Umgang mit der Hauptstadtpresse. Sie kennen Medienleute aus ihrem Wahlkreis, wissen auch um die Mechanismen der regionalen Berichterstattung,
ahnen aber, dass das wenig hilft beim Kontakt mit denen, die im
Politraumschiff Berlin als unbarmherzig gelten. Nicht umsonst
heißen ein Buch und ein Dokumentarfilm über sie »Die Meute«,
verfasst und gedreht von der Fotografin Herlinde Koelbl. Unsicher
tasten sich die Neuen an die Hauptstadtjournalisten heran. Quälen
sich mit der Frage, wann rufen die bei dir an? Wie wirst du interessant? Was kann ich tun, damit die mich wahrnehmen? Und die
Selbstbewussteren fragen sich nach einiger Zeit: Brauch' ich wirklich immer die Pressestelle meiner Fraktion? Oder bremst die
mehr, als dass sie hilfreich ist? Oder mache ich das jetzt wie einst
Sigmar Gabriel oder Wolfgang Bosbach? Rufe die Journalisten
direkt an, aber ich bin ja nicht Sigmar Gabriel oder Wolfgang
Bosbach …

Medial vorzukommen ist für Neulinge im Parlament nicht einfach. »Ich habe über Pressemitteilungen und halb nötigende Anrufe versucht, immer mal wieder ein Zitat unterzubringen«, erzählt
ein Abgeordneter, der eine Journalistin der *Berliner Zeitung* kannte
und sich davon etwas versprach. »Wirklich erfolgreich war das
nicht.« Interessant geworden für die Medien sei er erst, »als ich in
spezifischen Themen sattelfest war«.

Der langjährige Sprecher der SPD-Bundestagsfraktion, Ali von
Wangenheim, ein bei Journalisten wie SPD-Bundestagsabgeordneten gleichermaßen geschätzter Mann, beschreibt seine Beobachtungen so: »Viele Abgeordnete erfahren einen Kulturschock, wenn
sie nach Berlin kommen. Zu Hause haben sie Erfahrung mit
Medienarbeit gemacht, waren dabei auch erfolgreich, sonst hätten
sie es nicht in den Bundestag geschafft. Doch dann machen sie
zwei Erfahrungen, die sie völlig unvorbereitet treffen: Sie werden
von der Hauptstadtpresse kaum wahrgenommen. Die Einzigen, die
sich für sie interessieren, bleiben die Heimatzeitungen. Und sie ha-

ben praktisch keine Ahnung vom Umgang mit dem Berliner Presse-betrieb.« Sie seien quasi von der Regionalliga direkt in die Champions League aufgestiegen, was viele zunächst überfordere: »Die Härte der Kritik, die sich oft nach ungerechter Besserwisserei anfühlt, ist ihnen fremd.« Was wiederum dazu führt, dass viele Abgeordnete lange einen großen Bogen insbesondere um die über-regionalen Medien machen.

Aber wie gelingt der Einstieg? Wie vertieft man die Beziehung, die ja immer eine fragile ist? Eine ehemalige Abgeordnete suchte bei ihren ersten Medienkontakten in Berlin erst mal Orientierung: »Am Anfang hab' ich gar nichts kapiert. Die Journalisten riefen an und wollten wissen, was der Minister im nicht öffentlichen Aus-schuss gesagt hat.« Sie schrieb dann die eine oder andere Episode mit, um beim nächsten Anruf gewappnet zu sein. Oft seien jedoch Konflikt- und Personalgeschichten gefragt gewesen, wer gegen wen, wer baut sich auf, wessen Stern sinkt, wer hat was vor? Von den Journalisten gesucht waren Geschichten aus dem Innenleben der Fraktion, Kontroverses aus dem Ausschuss, Zitate aus Telefon-konferenzen.

Solche Wunschlisten stürzen die Abgeordneten gleich ins nächste Dilemma: Wie viel Interna transportiere ich nach draußen, aus der Fraktion, aus dem Parteivorstand, aus dem Ausschuss? Immer begleitet von der nagenden Frage: Ab wann wird mein Verhalten illoyal? Vor allem aber: Was bringt es mir?

Journalisten sind die Transporteure des Unheils. Erst aus den Zeitungen erfahren die Abgeordneten oft, was die eigenen Kolle-gen wirklich über sie denken – in aller Regel in anonymisierten Zitaten. Journalisten sind aber auch Scharfrichter, die Fehler kriti-sieren, Meinungswechsel geißeln, Klientelpolitik anprangern. Am Ende tragen sie womöglich dazu bei, dass die eigene Wiederwahl gefährdet ist – und deshalb begegnen Abgeordnete Journalisten nicht selten in einer eigentümlichen Mischung aus Respekt, Vor-sicht und leiser Verachtung.

Zugleich ist aber auch der Medienmensch in einer unkomfortablen Situation. Einerseits besteht der eigene Anspruch darin, politische Prozesse und ihre Akteure kritisch zu begleiten. Und eine kritische Begleitung kann naturgemäß nicht darin bestehen, alles wohlwollend zu betrachten. Er wird also vor allem Schwächen, Fehlentscheidungen, Versäumnisse und parteiinterne Auseinandersetzungen aufgreifen. Zugleich will er dem Objekt seiner Berichterstattung Informationen entlocken. Kluge Gedanken, Absichten, Anträge. Vor allem aber Einblicke und Zitate – insbesondere aus Veranstaltungen, zu denen Journalisten keinen Zutritt haben, aus Arbeitsgruppen- und Ausschussterminen, Fraktions-, Partei-, Kabinettssitzungen. Kurzum: Er will wissen, was er nicht wissen soll.

Doch auch die hinterzimmerhungrige Medienseite hat ihre Schwachstellen. Die Ex-Abgeordnete Andreae glaubt, sie erkannt zu haben: »Auch die Journalisten wollen Wertschätzung. Ja, es gibt die Medienpromis in den Talkshows; aber es gibt auch viele andere, die mühsam schauen, wie sie im Kampf mit der Zentrale überleben, wie sie innerredaktionell ihr Standing behaupten, eine Nische finden oder auch mal einen kleinen Scoop landen.« Die Spielregeln auf der Medienseite seien nicht sehr viel anders als im politischen Betrieb: »Auch die Medienleute versuchen, sich zu positionieren. Auch Journalisten arbeiten nicht nur mit-, sondern nicht selten auch gegeneinander.«

Eine besondere Rolle kommt dabei immer noch der *Bild*-Zeitung zu. In ihr vorzukommen schafft für den Politiker Beachtung weit über den Wahlkreis hinaus. *Bild* wirkt. Es versteht sich, dass es nicht immer nur positive Beachtung ist. »*Bild*, *BamS* und Glotze« – so glaubte einst Gerhard Schröder, mithilfe des Boulevards Mehrheiten erobern und sichern zu können. Das mit der *Bild*-Zeitung ist für den Durchschnittsabgeordneten immer mit einem Risiko verbunden: Der Ruhm ist oft von zweifelhafter Natur. Als der CSU-Abgeordnete Dionys Jobst in einem Gespräch mit einem *Bild*-Reporter darüber nachdachte, Mallorca als 17. Deutsches Bundesland auszurufen, verschaffte ihm das einen unvergessenen Ehrenplatz auf der Titelseite des Blattes. Das war im Jahr 1993. Hohn und Spott waren Jobst sicher. Der spätere Verkehrsminister Peter Ramsauer, CSU, damals in seiner ersten Legislaturperiode, drehte das Rad weiter und schlug eine »Erbpacht von Mallorca durch Deutschland« vor.

Die *Bild*-Zeitung wäre nicht die *Bild*-Zeitung, wäre ihr vor allem an seriöser Berichterstattung gelegen. Diese Erfahrung machte auch der Ex-Abgeordnete Michael Hartmann. Es war zu der Zeit, als Gerhard Schröder seine Agenda 2010 durchkämpfen musste. Hartmann im Rückblick: »Als Sachpolitiker war ich eher langweilig für die Journalisten.« Bis dann irgendwann doch die ersten unmoralischen Angebote kamen. Die *Bild*-Zeitung rief an: »Sie stehen morgen auf Seite eins, wenn Sie folgendes Zitat freigeben.« Der Wortlaut stand fest, es waren Sätze gegen Schröder und die Agenda, Hartmann hätte nur abnicken müssen. Ein anderes Mal wollte das Blatt mit Hartmanns Hilfe die parteiinternen Kritiker des Schröder-Kurses abwatschen, »je massiver, desto besser«. Hartmann verweigerte sich erneut: »Ich fand das eklig.« Aber er beobachtete, wie sich doch immer wieder Parteikollegen fanden, die sich auf den zweifelhaften Deal einließen.

Wie das Blatt heute arbeitet, hat Bundestagsvizepräsident Wolfgang Kubicki, FDP, erfahren. Er saß als Parlamentspräsident im Bundestag, als ihn eine SMS aus der Redaktion erreichte. Er möge doch bitte einen kurzen Kommentar zu einem aktuellen Vorgang abgeben. Und das innerhalb von zehn Minuten. Das Dumme daran: Kubicki hatte von dem Vorgang noch gar nichts gehört. Das Blatt drängte aufs Tempo, weil es die – möglichst knackige – Reaktion auf den Vorgang als erstes Medium vermelden wollte. Und weil Kubicki für knackige Zitate bekannt ist, war er interessant für *Bild*. Doch Kubicki enttäuschte diesmal – und sagte ab.

Einige Monate später meldete sich die Redaktion erneut. Diesmal ging es um den vermeintlichen Niedergang des Labels »Made in Germany«. Die Ansage war: »Wir brauchen einen einzigen Satz von Ihnen.« Kubicki stöhnte: »Wie soll ich ein solches Thema seriös in einem Satz abhandeln?« Er sagte dankend ab, Schaden nahm er deswegen nicht.

Auch wenn die Auflage stetig sinkt, Themen kann das Massenblatt immer noch setzen. »In meinem Wahlkreis hat die *Bild*-Zeitung immer noch die größte Durchschlagskraft«, berichtet der SPD-Abgeordnete Matthias Miersch (Hannover-Land). Wenn das Blatt über ein Thema zwei oder drei Tage prominent berichte, »muss ich immer davon ausgehen, dass es bei meiner nächsten Veranstaltung angesprochen wird«. Was zur Folge hat, dass es sich kaum ein Abgeordneter leisten kann, die *Bild*-Zeitung und ihre Kampagnen zu ignorieren.

So haben viele ihre sehr individuellen Erfahrungen mit den Medien in der Hauptstadt gemacht. Wenn sie darüber berichten, kommen Journalisten nicht immer gut weg. Und das ist wohl einer der Gründe, warum es eine journalistenfreie Zone im Regierungsviertel gibt. In der parlamentarischen Gesellschaft, dem Refugium der Abgeordneten direkt gegenüber dem Reichstag, sind sie normalerweise nicht zugelassen; nur auf besondere Einladung hin. Allzu nah wollen Parlamentsverwaltung und Abgeordnete die »Meute« dann doch nicht an sich heranlassen.

Vergleichsweise unkompliziert ist für die Abgeordneten das Verhältnis zu den Journalisten im Wahlkreis. Die neigen in der Regel zu einer eher gnädigen Betrachtung der Entsandten und ihres Wirkens in der Hauptstadt. Von »unserem Mann« oder »unserer Frau« ist dann nicht selten die Rede, man kennt sich und pflegt ein solides Arbeitsverhältnis.

Deshalb ist insbesondere für Abgeordnete, die nicht im Berliner Rampenlicht stehen, die heimische Lokalzeitung immer noch das Medium der Wahl. Nicht wenige von ihnen beginnen ihre Morgenlektüre mit den Nachrichten aus dem Wahlkreis. »Die regionalen Medien sind Verbündete, manchmal Freunde und unbedingt bedienbar«, berichtet ein langjähriger Mitarbeiter verschiedener Parlamentarier.

Interviews und Hintergrundtermine im Wahlkreis sind eher Informationsgespräche, der oder die Abgeordnete erläutern die Gemengelage in Berlin, leuchten Hintergründe aus und erklären komplizierte Gesetzgebungsverfahren. Wirklich von Bedeutung werden die heimischen Medien für den Abgeordneten, wenn es Neuigkeiten für den Wahlkreis gibt – Gelder für die Umgehungsstraße, für ein Bauprojekt, für ein Forschungsinstitut und Ähnliches mehr. Dann sind die Abgeordneten bestrebt, die Neuigkeit über eine Pressemitteilung oder einen Anruf möglichst als Erste in die Zeitung zu bringen, natürlich unter Nennung des eigenen Namens. Abgeordnete von Regierungsparteien sind dabei immer im Vorteil, weil sie über die besseren Kontakte in die Ministerien und den Haushaltsausschuss verfügen, dorthin, wo die Weichen gestellt werden.

Allerdings, das Verhältnis offenbart auch Abnutzungserscheinungen. Phänomene, die für die Medienseite womöglich deutlich gravierendere Konsequenzen haben als für die Politiker. Regional- und Lokalzeitungen zeigen Ermüdungstendenzen, was die publizistische Begleitung ihrer Abgeordneten betrifft. Weil Umfänge reduziert werden, weil Chefredakteure und Lokalchefs eine gewisse Politikverdrossenheit bei ihrem Publikum zu verspüren glauben. Weil sich viele Zeitungen inzwischen von Zentralbüros in Berlin beliefern lassen, die für eine individuelle Beobachtung örtlicher Abgeordneter und die Berichterstattung darüber gar keine Kapazitäten mehr haben.

Solche Ignoranz hat Konsequenzen. Immer mehr Abgeordnete suchen ihre eigenen Absatzkanäle. Wo sich die traditionellen Medien von der Berichterstattung über ihre Volksvertreter in Berlin zurückziehen, bauen die ihre Social-Media-Aktivitäten aus. Der Vorteil für die Politiker: Der Filter entfällt, schlechte Presse entfällt, sie bleiben Herr und Herrin des Verfahrens.

So betreibt etwa die Bielefelderin Wiebke Esdar, SPD, längst ihre eigene Öffentlichkeitsarbeit. »Weil die Zeitungen so wenig drucken, gebe ich zweimal im Jahr eine eigene Zeitung heraus, mit der ich alle Haushalte im Wahlkreis erreiche. Damit bin ich unabhängig von den Medien.« Sie stellt nach jeder Sitzungswoche einen Bericht auf die Homepage, sie pflegt ihre Social-Media-Kanäle.

Bisweilen kann das gut gemeinte Bedienen des Lokalblatts aber auch unversehens ins Gegenteil umschlagen. So wie es CDU-Mann Kai Whittaker widerfahren ist. Es war im Herbst 2019, in seinem Wahlkreis fiel ein Kabel-TV-Anbieter aus, fast 20 Stunden lang, Whittaker begann von Berlin aus zu telefonieren, um Gründe für die Unterbrechung zu erfahren und gegebenenfalls für Abhilfe zu sorgen.

Nach einer Nacht und einem Vormittag war das Problem tatsächlich behoben, Whittaker – ein bisschen Imagepflege darf sein – hatte auch die örtliche Zeitung benachrichtigt. Doch das Blatt, offenkundig beleidigt, weil es nicht gleichermaßen wie Whittaker informiert worden war, titelte: »Extrawurst für den Abgeordneten«. Bei Whittaker kam keine Freude auf, er war sauer, als er die Schlagzeile am nächsten Morgen las. Er habe versucht, engagiert seinen Job zu machen, und kassiere dafür eine Überschrift, die ohne Grundlage Politiker als abgehoben darstelle und allenfalls der AfD helfe. Sagt er. Auch er nehme aufgrund solcher Erfahrungen gegenüber Journalisten mitunter erst einmal Habachtstellung ein – »mit dem Ergebnis, dass am Ende der Erkenntnisgewinn teilweise etwas mager ist«.

Verhärtet haben sich auch die Fronten zwischen Politikern und insbesondere den Journalisten politischer TV-Magazine. Weil diese hartnäckig sind, mehr Zeit und Möglichkeiten für die Recherche haben und deshalb auch unbequemer sind, erhalten sie von den Ministern und ihren Stäben häufig keine Gesprächstermine mehr. Ein Interview mit dem Bundesverkehrsminister oder der Bildungsministerin? Es war für Fernsehjournalisten von

Report, Monitor, Panorama und anderen in den Jahren 2018 und 2019 so gut wie aussichtslos. Die Pressestellen der Ministerien beklagten ihrerseits häufig eine unzutreffende oder unfaire Berichterstattung.

Also gingen die Medienteams dazu über, die Objekte ihrer Berichterstattung bei Veranstaltungen abzufangen, bei öffentlichen Auftritten, bei Empfängen, Informationsveranstaltungen oder Parteiterminen. Der Politiker in eiligem Schritt, der Reporter drängt sich dazwischen, eine hektisch gestellte Frage, vielleicht noch eine zweite – der Erkenntniswert bleibt jeweils bei null. Außer dem einen: Der Politiker ist weder an einer Frage interessiert noch bereit, eine Antwort zu geben.

Der Abgeordnete Whittaker hat das fragile Beziehungsgeflecht treffend beschrieben: »Es herrscht eine seltsame Spannung zwischen Politik und Journalisten. Der Journalist fragt sich, was er tun muss, um den Politiker aus der Reserve zu locken. Der Politiker fragt sich, was er tun muss, um nicht in die Pfanne gehauen zu werden. Daraus ergibt sich ein total unentspanntes Verhältnis.« Und, so rundet er seine Betrachtung ab: »Der Politiker versucht sich irgendwann durch hohle Phrasen und nichtssagendes Gelaber zu schützen.«

Und doch bleibt das Fernsehen eminent wichtig. »Im Wahlkreis ist die Währung einmal *Tagesschau*, acht Sekunden«, sagt Unions-Fraktionschef Ralph Brinkhaus. Selbst für die politische Prominenz. Warum sonst lassen sich Minister, Partei- und Fraktionsvorsitzende an freien Wochenenden von einem Fernsehteam für ein Kurzstatement belästigen? Dabei gilt die Regel: Nie vor dem eigenen Haus, immer um die Ecke vor neutralem Hintergrund. Muss ja nicht jeder wissen, wo der Finanzminister wohnt. Oder die Landwirtschaftsministerin. Wer in der *Tagesschau* – oder in *heute* – auftritt, ist bedeutend und wichtig. Das sollen die Wähler sehen, aber auch die eigenen Parteifreunde. Prominenz ist eine Art Lebensversicherung in der Politik.

Doch die Reichweiten früherer Zeiten haben auch *Tagesschau* und *heute* nicht mehr, die medialen Gewohnheiten haben sich verändert. »Es scheinen nicht mehr so viele Leute da hinzugucken«, hat der SPD-Abgeordnete Helge Lindh erkannt. Er setzt, wie immer mehr seiner Kollegen, auf die sozialen Medien, über die er Statementschnipsel, aber auch komplette eigene Bundestagsauftritte verbreitet: »Wenn eine Rede viral geht, hat das mehr Massenwirkung als eine Rede im Fernsehen.«

Nicht allen Abgeordneten gelingt es, sich im Lauf der Jahre eine Souveränität zuzulegen wie Michael Hennrich aus Reutlingen, CDU. Er nennt sich selbst mit größter Gelassenheit einen »Hinterbänkler«, ist im Gesundheitsausschuss seit Langem für den Bereich Arzneimittel zuständig – und im Umgang mit Medien nahezu angstfrei. Außerdem hat er die Mechanismen des medialen Betriebes verstanden: »Man kann so viel bewegen«, sagt er, »ich muss halt einen coolen Begriff setzen, um durchzudringen.« Was viele nicht schaffen, mit den entsprechenden Folgen, wie er beobachtet hat: »Wenn du nicht zugespitzt formulierst, kommst du nicht vor.«

Nicht alles gelingt wie geplant, es bleibt stets ein Restrisiko. Es gab auch für Hennrich schon Situationen, da schien die Situation außer Kontrolle zu geraten, da schwitzte auch er Blut und Wasser. Er hatte die Kanzlerin kritisiert, weil sie den sozialdemokratischen Außenminister nicht gerügt hatte, der wiederum im Ausland die christdemokratische Verteidigungsministerin kritisiert hatte. Ein Verstoß gegen die selbst gegebene Regierungsetikette. Und plötzlich sah sich Hennrich von Zeitungen an der Seite von Friedrich Merz abgebildet, der den Führungsstil der Kanzlerin als »grottenschlecht« bezeichnet hatte. Ausgerechnet Merz, von dem sich Hennrich vor Jahren tief enttäuscht abgewendet hatte. Da schlief er dann doch ein paar Nächte schlecht: »Da hoffst du dann, dass die Welle schnell über dich drübergeht.«

Und dann gibt es noch dieses sehr spezielle Phänomen, insbesondere nach Sitzungen eines Untersuchungsausschusses: Fensterlose Gänge, Scheinwerfer, Kameras, die Sprecher der Fraktionen geben ihre Eindrücke und Stellungnahmen ab. Und während sie angestrengt ihre Statements aufsagen, drängen Kollegen heran, rücken sich ins Licht und pirschen sich ran an die Kameras, suggerieren so schweigsam ihre Wichtigkeit. Auffälligerweise häufiger Männer als Frauen. Verbunden mit der Hoffnung und einer gewissen Wahrscheinlichkeit, abends in den Fernsehnachrichten vorzukommen. Oder wie es ein Pressesprecher formuliert: »Damit die im Wahlkreis sehen: Seht her, unser Mann, unsere Frau ist ganz nah dran am Geschehen.« Übrigens: Journalisten drängen sich auch gern ins Bild. Aus sehr ähnlichen Motiven.

Weil in den Untersuchungsausschüssen zumeist nicht das Führungspersonal der Fraktion vertreten ist – die haben oft anderes zu tun –, dürfen die zweite und dritte Reihe ran. Und da die Ausschüsse zuverlässig Kameras anlocken, ist das eine Chance für die Nichtprominenten, sich prominent zu präsentieren und im Wahlkreis zu hören: »Ich habe dich im Fernsehen gesehen.« Wie es SPD-Fraktionssprecher von Wangenheim formuliert: »Wiedererkannt zu werden ist der erste Schritt zur Prominenz.«

So oder so ähnlich bestätigen es alle. In der Linkspartei genauso wie in der Union. Jan Korte: »Du kannst eine Million Bürgersprechstunden machen. Wenn du eine Viertelminute in der *Tagesschau* bist, sprechen dich die Leute darauf an. Jeder, der etwas anderes sagt, macht sich was vor.«

Zum eher schwierigen Verhältnis von Abgeordneten und Journalisten tragen inzwischen auch jene Satire- und Klamaukformate bei, um die die Mehrzahl der Parlamentarier einen großen Bogen macht – *heute-show*, *Extra3* und *SoMuncu* auf ntv, eine schon wieder abgesetzte Krawalltalkshow, in der der Moderator mit Unterhemd und Sonnenbrille durchs Studio tobte, seine Gäste konsequent duzte und Bundestagsabgeordnete schon auch mal am Ohr zupfte. Formate, in denen Abgeordnete selten gut aussehen; weshalb nur eine Handvoll Unerschrockener das Risiko eingeht.

Dazu gehören Karl Lauterbach, Philipp Amthor, Kai Whittaker und Thomas Oppermann, SPD. Es ist eine Chance für die Politiker, Schlagfertigkeit zu beweisen, den Journalisten Paroli zu bieten, auf sich aufmerksam zu machen und die eigene Marke herauszuarbeiten. Es ist beim einen oder der andern der Nervenkitzel. Es ist aber immer auch das Risiko, scheppernd durch die Kulisse zu straucheln, vorgeführt zu werden und sich vor einem Millionenpublikum zum Affen zu machen.

Der Respekt vor solchen Formaten ist in allen Fraktionen so groß, dass nicht selten Warnungen ausgegeben werden. Wenn etwa Lutz van der Horst, der Comedy-Außendienstler der *heute-show*, im oder vor dem Reichstag herumlungert, schicken einzelne Fraktionen entsprechende Hinweise über den Verteiler, um die Kollegen an ihm vorbei ins Parlament zu lotsen.

Marie-Agnes Strack-Zimmermann, die Düsseldorfer FDP-Abgeordnete, ist eine der wenigen Frauen, die sich dem Risiko stellt. Rheinländerin mit Mutterwitz, schlagfertig – aber beim ersten Mal wollte sie van der Horst eigentlich auch aus dem Weg gehen. Es hatte eine Warnung gegeben, »ich bin im Reichstag anders gelaufen, weil ich eigentlich keine Lust hatte.« Sie stolperte gedankenverloren aus dem Abgeordnetenrestaurant, »plötzlich stand er vor mir, ich hatte das Mikro unter der Nase und kam aus der Nummer nicht mehr raus.« Aber sie schlug sich tapfer. So robust und schlagfertig, dass sie Gefallen daran fand und sich später noch mehrfach auf das Spielchen einließ: »Man muss den Irrsinn annehmen und gegenhalten.«

Das Ergebnis? Strack-Zimmermann ist fasziniert: »Man erreicht damit unglaublich viele Leute. Unvorstellbar – kein Artikel dieser Welt, kein Auftritt in der *Tagesschau* hat solche Klicks wie die *heute-show*.« Wenn sie später zu einer Veranstaltung kam, wurde sie wiederholt als »die coole Socke von der *heute-show*« anmoderiert. Aber Strack-Zimmermann bekennt auch: »Es ist ein Ritt auf der Rasierklinge – es kann helfen, es kann schaden.«

Soziale Netzwerke

Es war eine Karnevalsveranstaltung 2020 in Aachen, und der Unruhestifter im Wartestand, Friedrich Merz, zündete mal wieder eine seiner Leuchtraketen. »Wir brauchen die nicht mehr!«, rief er den versammelten Pappnasen zu. Womit er nicht seine Mitbewerber um den Parteivorsitz meinte, wie man hätte annehmen können, sondern die, »die Nachrichten verbreiten«, also die Medienleute.

Für Merz markiert der Siegeszug der sozialen Medien den Aufbruch in eine neue, für Politiker selbstbestimmte Zeit. Nicht mehr die Journalisten filtern und interpretieren, dehnen und verkürzen die Botschaften der Gewählten, sondern die Politiker bestimmen Zeit, Format und Adressaten ihrer Botschaften selbst.

Im Augenblick gebe es »ja eine richtige Machtverschiebung zwischen denen, die Nachrichten verbreiten«, fuhr Merz fort, »und denen, die Nachrichten erzeugen.« »Und das ist das Schöne«, schob er nach, »Sie können heute über Ihre eigenen Social-Media-Kanäle, über YouTube ein Publikum erreichen, das teilweise die öffentlich-rechtlichen, auch die privaten institutionalisierten Medien nicht mehr erreichen.« Inzwischen hätten Politiker die Option, »ihre eigene Deutungshoheit zu behalten über das, was sie gesagt haben.« Keiner hat das immer fragile, aber lange gültige Verhältnis zwischen Politikern und Medien rabiater beendet als US-Präsident Donald Trump. Inzwischen finden auch in Deutschland die politischen Sachwalter Gefallen an den neuen Möglichkeiten.

Merz' Auftritt versackte ein bisschen – bis sich mit gewisser Verspätung empört der Bundesvorsitzende des Deutschen Journalistenverbandes (DJV) zu Wort meldete. Er sei »in hohem Maße irritiert« über Merz' Bemerkung. Er kündigte »erbitterten Widerstand« an. Es klang pflichtgemäß, denn eigentlich weiß auch der DJV – Vorsitzende, dass Merz einen Prozess beschrieben hatte, der längst begonnen hat und weit fortgeschritten ist. Zumal sich Abgeordnete aller Parteien mit ihren politischen Vorstellungen insbesondere in ihren Lokal- und Regionalzeitungen nur noch unzureichend abgebildet sehen.

Allen voran die AfD hat Anschauungsunterricht bei Donald Trump genommen und sich nahezu vollständig von den traditionellen Medien abgekoppelt. Die Rechtsnationalen versorgen ihre Sympathisanten mit Informationen, die sie inzwischen fast ausschließlich über die sozialen Medien ausspielen.

Auch erfolgreiche Wahlkämpfer wie Ulrich Kelber und Lars Klingbeil, beide SPD, die 2013 und 2017 in ihren Wahlkreisen jeweils deutlich mehr Erst- als Zweitstimmen einsammelten, setzten dabei maßgeblich auf den Einsatz digitaler Medien. Und so wird etwa in der SPD-Bundestagsfraktion auch sehr wohl wahrgenommen, wenn ein Neuling, wie es Josephine Ortleb 2017 war, rege in den sozialen Medien tätig ist. »In Berlin schauen viele hin«, sagt Ortleb, »aber für meine Arbeit an der Basis ist die Präsenz in den sozialen Netzwerken nicht entscheidend.«

In anderen Fraktionen ist es ähnlich. »Natürlich schaut eine Fraktionsführung darauf, wer in den Netzwerken auffällt, wie viele Follower einer generiert und wie sie oder er sich da positioniert«, berichtet der FDP-Abgeordnete Otto Fricke. »Entwickelt jemand Durchschlagskraft, weil er mit Power unsere Themen vermitteln kann – oder nimmt er Extrempositionen ein, um Follower zu generieren?« Aber: »Nur der Erste kommt weiter.«

Einer der Ersten, der die Wucht und Möglichkeiten der sozialen Medien erkannte und begann, sie sich zunutze zu machen, war der damalige Parteivorsitzende der Grünen, Cem Özdemir. Und das kam so: Es war im Sommer 2014, weltweit nominierten sich Internetnutzer zur Ice-Bucket-Challenge – um sich für einen guten Zweck vor laufender Handykamera einen Kübel Eiswasser über den Kopf zu schütten.

Es war August, es war heiß, und FDP-Chef Christian Lindner hatte Özdemir nominiert. Özdemir wog ab. »Die Sache ist gut, die Aktion ist albern. Nicht machen ist auch albern, ich habe mich fürs

Machen entschieden.« Aber er wollte dem Ganzen einen besonderen Dreh geben. Also besorgte er sich eine Hanfpflanze (»ist in
Berlin-Kreuzberg nicht so schwierig«), stellte sie im Hintergrund
auf, schüttete sich den Eimer übers Haupthaar und stellte den Clip
online. Eine halbe Million Neugierige lud sich den Clip herunter
(zum Vergleich: Christian Lindner hatte 42 000 Abrufe); keiner
sprach über den Wassereimer, aber alle debattierten über die Can-
nabis-Pflanze im Hintergrund.

»Das Ergebnis von all dem war: Ich war Mr. Hanf!« Plötzlich
sollte Özdemir Schirmherrschaften für Cannabis-Messen übernehmen, die Hanf-Expertin der Fraktion bat um einen einstün-
digen Facebook-Livechat, weil auch sie neidlos erkannt hatte, der
Özdemir ist das Cannabis-Gesicht der Grünen. Seither weiß Özdemir: Über die sozialen Medien lässt sich mit wenig Einsatz viel
Reichweite erzielen. Das versucht er auch, sich für seine politische
Zukunft zunutze zu machen.

Nach gut neun Jahren als Parteivorsitzender wäre er gerne dabei-
geblieben unter denen, die nicht nur was zu sagen, sondern auch
was zu entscheiden haben. Doch im Herbst 2019 unterlag er Toni
Hofreiter im Kampf um den Fraktionsvorsitz. Aufgegeben hat er
weitergehende politische Ambitionen deshalb noch lange nicht.

Eigentlich ist er Vorsitzender des Bundestagsverkehrsausschus-
ses. Aber mindestens genauso eifrig postet er Tweets zu seinen
Herzensthemen Antirassismus, AfD und Syrien. Özdemir sagt es
offen: »Das ist eine immense Chance, ein wichtiges Thema groß zu
machen, für das ich in der Fraktion keine Zuständigkeit zugewie-
sen bekommen habe. Als Abgeordneter bin ich für die Leute draußen aber immer auch Generalist und für alles ansprechbar, da können wir uns nicht hinter internen Aufteilungen verstecken.« Jetzt
kommt er morgens ins Büro und fragt seine Mitarbeiter erst mal,
mit welchen Themen er heute für Furore sorgen könne.

Manchmal hilft auch der Zufall, wie der mit dem Techno-Festival
»Fusion« in Mecklenburg. Monate vor dem Musikfest war Özdemir

am Veranstaltungsort, weil ein Freund ihn darum gebeten hatte, er traf den Leiter, es entstand ein Foto. Wochen später las er in der Zeitung von Problemen mit der Zulassung, er postete das Bild mit dem Festivalleiter – »und das ging ab wie Nachbars Lumpi.« Auf einmal war er Mr. Fusion der Grünen, als sei er all die Jahre regelmäßiger Gast dort gewesen.

Führungskräfte aller Parteien und Fraktionen müssen umdenken. Denn die sozialen Medien gewähren ganz neue Freiheiten, ja, sie bringen eine Portion Anarchie im ansonsten festgezurrten Fraktionsgefüge mit sich. Sie ermöglichen eigene Wege, das Ausbrechen aus den vorgegebenen Hierarchien, das Umgehen der lästigen Presseabteilungen, die fast immer mahnen, warnen, kürzen und umschreiben. Özdemir beschreibt es so: »Durch die sozialen Medien verschwimmen die oft sehr kleinteiligen Zuständigkeiten. Das bringt die Chance, die gemeinsame Botschaft größer zu machen.«

Zugleich sind insbesondere Facebook und Instagram immer auch ein Stück Betätigungsnachweis. Und gegebenenfalls Plattformen, um die eigene Bedeutung hervorzuheben. »Dort poste ich auch Artikel oder Bilder von Treffen mit wichtigen Politikern, um mich ein bisschen aufzuplustern«, wie ein Abgeordneter bekennt.

Natürlich gibt es – aus guten Gründen übrigens – auch die Skeptiker. Die mit der neuen Form der Informationsvermittlung fremdeln. Die auf einen eigenen Account verzichten. Die sich traditionell informieren und senden. Es sind vor allem jene Abgeordneten, die schon mehrfach in den Bundestag gewählt wurden. Ein bekennender Facebook-Zweifler ist etwa SPD-Fraktionschef Rolf Mützenich: »Ich komme auch gut ohne klar.«

Tragen die sozialen Medien zur Profilbildung bei oder fördern sie eher die Uniformität? Vermutlich beides, denn richtig ist auch, dass die Transparenz nahezu allumfassend ist, dass Fehler, Pannen und Schwächen via Twitter oder Facebook durchs Land gejagt werden und nicht mehr korrigierbar sind. Dietmar Nietan (Düren), SPD, sagt: »Die sozialen Medien sorgen für eine neue Art der

Transparenz. Weil sich aber keiner angreifbar und keiner Fehler machen will, stärkt diese absolute Transparenz auf der anderen Seite die Konformität. Die Konformität, die wir alle beklagen.«

Nietan fühlt sich manchmal an Sisyphos erinnert, den mythischen Korintherkönig, der der Sage nach als Strafe für seine Frevel einen Felsblock den Berg hinaufrollen musste und der ihm dann, fast am Gipfel, jedes Mal wieder ins Tal rollte. In seinem Wahlkreis trifft Nietan regelmäßig kleine Gruppen, zwölf bis 15 Interessierte, die sich im Wohnzimmer eines Teilnehmers versammeln. Zum Austausch, zum Diskurs, zum Streiten mit ihrem Abgeordneten. Selbst wenn die Meinungen bisweilen sehr unterschiedlich seien, so berichtet er, gelinge es ihm häufig, Vertrauen aufzubauen. »Und dann kommt eine Welle, und all die Leute, die gestern noch bei mir saßen und mir das Vertrauen ausgesprochen haben, sind enttäuscht, und du musst sie wieder neu gewinnen.«

Der Shitstorm, die überschwappende Erregung, ist die Reaktion, die sie alle fürchten. Sascha Raabe, SPD, kam vor einiger Zeit gerade noch einmal davon. Über das Onlineportal einer Lokalzeitung hatte sich ein User mit dem Hinweis gemeldet, er habe als Achtjähriger vor Jahren einen Ball gegen Raabes Auto geschossen. Raabe sei daraufhin ausgestiegen und habe gerufen: »Du behinderter Spast, was fällt dir ein, den Ball gegen das Auto zu treten?«

Raabe dementierte entschieden und drohte mit einer Anzeige, woraufhin der User den Vorwurf zurücknahm und auch zugab, die Geschichte frei erfunden zu haben. Seine Begründung: Er bekomme für Posts dieser Art in den sozialen Medien immer so viele Likes. Für Raabe war es ein Lehrstück: »So läuft das heute. Hauptsache, es gibt Klicks! Was gibt es Schlimmeres für einen Politiker, als sich gegen solche Vorwürfe wehren zu müssen? Zumal, wenn sie frei erfunden sind!«

Die neuen Medien sind Zeiträuber. Auch im Wahlkreis, auch am Wochenende. Es gibt zwar einzelne Abgeordnete, die ihre gesamte Kommunikation über die digitalen Netzwerke outgesourct haben, die jemanden dafür bezahlen, dass er in ihrem Namen twittert, den Facebook-Account pflegt und bei Instagram Bilder einstellt. Doch das sind nur wenige. Die Übrigen haben keine versierten Helfer, die mit Sprache und Bildern pannenfrei umgehen können und jederzeit zur Verfügung stehen. Also müssen sie selber ran. Die Wahlkreistermine am Samstag und Sonntag sind ohnehin nicht besonders beliebt, und dann müssen die Auftritte und Besuche auch noch originell auf Facebook und Instagram platziert werden. Den meisten Abgeordneten ist es ein Gräuel. Aber wer nicht postet, war nicht auf einem Termin. Was den Druck, nicht zuletzt gegenüber den eigenen Parteileuten, weiter erhöht.

Selbst für die Digital Natives unter den Abgeordneten sind die sozialen Medien ein Stressfaktor. »Ich frage mich oft«, gesteht Wiebke Esdar, »mache ich von jedem Termin einen Post, weil es immer ja auch ein Tätigkeitsnachweis ist?« Und weiter: »Wenn ich am letzten Wochenende vier Termine gemacht habe, es vom Neujahrstermin in einem Ortsverein aber nur ein Scheißfoto gibt, weil ich ja auch nicht nur die ganze Zeit mit dem gezückten Handy rumlaufen will, das ja auch wieder nicht gut ankäme, dann gibt's die Veranstaltung nicht. Und meine Leute denken: Wiebke hat nicht gearbeitet.«

Wiebke Esdar ist Parlamentsneuling, steht noch am Anfang ihrer Karriere. Der Druck, permanent präsent sein zu müssen, steigt mit der Bedeutung, mit jeden Schritt nach oben. Wer dort hinwill oder schon angekommen ist in diesem »oben«, spürt den Zwang, auf alles und jeden zu reagieren, zu jedem neuen Ereignis einen knackigen Kommentar zu senden. Das Publikum soll sehen, dass man etwas zu sagen hat. Politiker sind auch deshalb auf Dauersendung, weil sie an eine spezifische Erwartung ihrer Wählerinnen und Wähler glauben.

Jan Korte von der Linkspartei weist auf die widerstrebenden Erwartungshaltungen in den neuen Medien hin: »Du sollst so bleiben, wie du bist, und so reden, wie du redest, also authentisch sein – und zugleich sollst du dem Common Sense entsprechen, der gesellschaftlich von einem Politiker erwartet wird. Ein irrer Widerspruch! Wie soll das eigene Ich mit den Erwartungen der Leute immer identisch sein?«

»Sofortismus« nennt der Politikwissenschaftler Karl-Rudolf Korte die Medienwelt ohne Sendeschluss als vermeintliche Anforderung an moderne Politiker. Twitter, Facebook und Instagram verlangten nach einer persönlicheren Kommunikation, nach einer Abkehr von der »apparatschikhaften Sprache«. Das Duo an der Grünen-Spitze, Annalena Baerbock und Robert Habeck, sei auch deshalb so erfolgreich, weil es einen »räsonierenden, suchenden Ton« anschlage. »Habeck und Baerbock führen, indem sie Fragen stellen, und nicht, weil sie Antworten liefern.«

Doch wer heute noch räsoniert, kann morgen schon unentschlossen wirken. Und wer nahbar sein will, macht sich angreifbar. Robert Habeck konnte das selbst erleben, als er nach einigen unsinnigen Tweets und dem anschließenden Shitstorm seinen Twitter-Abschied verkündete. Twitter mache ihn »lauter, aggressiver, polemischer«, erklärte Habeck dazu. Zeit zum Nachdenken bleibe kaum noch. Jetzt ist er nur noch bei Instagram, dem Flauschkanal der sozialen Medien.

Dauerkommunikation und Ad-hoc-Erreichbarkeit, so meint der Medienwissenschaftler Bernhard Pörksen, gelten inzwischen als politische Kernkompetenzen – frei nach dem Motto: »Nur wer rund um die Uhr auf Sendung ist, erfüllt die Anforderungen der neuen Zeit. Aber wer mal danebenliegt, den machen wir so richtig fertig!«

Die Lust an der Demontage sieht Pörksen als Gegenpol zur Sehnsucht nach einer politischen Erlöserfigur, nach jemandem, der so ganz anders ist. Die falschen Sätze in einem Video, das Gestammel in einer Talkshow, der plötzliche Tränenausbruch auf einer Pressekonferenz, die Lästerei auf der sicher geglaubten Hinterbühne – all das sorge »im Kuriositätenkabinett der sozialen

Medien für Furore«. Hier sieht Pörksen einen der Gründe, warum Spitzenämter in der Politik für viele keine Traumjobs mehr seien: »In der Kombination aus Beobachtungsdruck und Reaktionszwang, Authentizitätsverlangen und Perfektionssehnsucht züchtet diese Gesellschaft, ob sie will oder nicht, den Typus des kleinmütigen, visionsfeindlichen, sich hinter Phrasen verschanzenden Angstpolitikers, den sie dann verachtet.«

Ziel dieser Verachtung kann jeder sein, aber überproportional oft trifft es die Abgeordneten der Grünen, der SPD und der Linkspartei. Es ist ja auch einfach geworden. Kritik, Hass und Mordankündigungen kommen heute direkt und ungefiltert ins Haus. Früher mussten Kritiker und Hasser noch einen Bogen Papier einspannen, das Schreiben kuvertieren und einen Briefkasten ansteuern – heute genügt ein Tastendruck, um das Genöle loszuwerden. Fertigten einst psychopathologische Schreiber Drohbriefe mit engstem Zeilenabstand oder ausgeschnittenen Buchstaben, so schicken sie heute die hastig zusammengehauene Morddrohung per Mausklick. Und wo damals natürliche Filter wie Scheu, Anstand und gesellschaftliche Tabus die Zornigen im letzten Moment zurückhielten, bleibt heute nichts unausgesprochen. Anonym oder mit Klarnamen.

Dabei kommt es vor, dass Morddrohungen bisweilen intime Kenntnisse rund um die Politiker verraten. Sören Bartol teilte ein Schreiber mit vollem Namen per Facebook mit, er gehöre am nächsten Baum aufgehängt. Bartol fragte zurück, ob er wisse, dass die versandte Drohung ein Fall für den Staatsanwalt sei. Der Schreiber antwortete: Na und?

Seit etwa 2013 beschäftigt der Hass die Ermittler. Die wenigen Urteile, die gegen namentlich bekannte Hetzer – etwa im Fall von Renate Künast und Claudia Roth – ergangen sind, haben wenig bewirkt. Per Mail erreichte es – diesmal anonym – wenige Wochen nach ihrer Wahl auch die SPD-Vorsitzende Saskia Esken. Unter Betreff »Aufruf zum Mord« schrieb ihr der Absender im Februar

2020: »Dir sollte klar sein, dass du deshalb auf unserer Abschuss-liste stehst … Du wirst dieses Mal nicht davonkommen … Wir werden dich kriegen. Und das, was dann kommt, wird nicht schön für dich.«

Bisher ist es den Tätern gelungen, ihre Spuren im Netz zu ver-wischen. Identifiziert wurde von den Hardcorehetzern bis Sommer 2020 keiner.

Jan Korte hat für sich eine Entscheidung getroffen. Auch er dachte lange, er müsse alles, was politisch um ihn herum passiert, kommentieren, »um präsent zu bleiben«. 2017 löschte er den priva-ten Facebook-Account auf seinem Handy. »Nicht stillgelegt, ge-löscht«, darauf legt er Wert. Er hat eine Facebook-Seite behalten, aber nur zur Dokumentation seiner Arbeit als Abgeordneter. Die Teilabmeldung aus dem Präsenzwahn hat ihm nicht geschadet. Er stieg in der politischen Hierarchie weiter auf, wurde Parlamentari-scher Geschäftsführer. Und seine Lebensqualität hat sich entschei-dend verbessert: »Es geht mir heute deutlich besser. Ich krieg' so viel Mist nicht mehr mit.«

12 »Manchmal denke ich, ich halte das alles nicht mehr aus«

Wie der Hass den Bundestag verändert

»Wir werden dir mit einem schönen scharfen Messer ein Kreuz in dein Gesicht ritzen. So wegen Hakenkreuz, du verstehst schon. Anschließend werden wir dir dein heuchlerisches Grinsen aus der Fresse schneiden. Du wirst sehen, ob du ohne Lippen dann immer noch Lust hast zu grinsen. Und dann werden wir deine Wampe aufschneiden. Langsam, Zentimeter für Zentimeter …«

Aus einer E-Mail an den SPD-Bundestagsabgeordneten und Staatsminister im Auswärtigen Amt, Michael Roth, vom 24. Oktober 2019. Roth hat zuvor die AfD als den verlängerten Arm des Rechtsterrorismus bezeichnet. Die SPD-Vorsitzende Saskia Esken erhält am 27. Februar 2020 eine nahezu wortgleiche Drohung.

»Wir kriegen euch« »Sieg der NSDAP«

Parolen, am 26. oder 27. Oktober 2019 in Leipzig an das Bürofenster des Linken-Bundestagsabgeordneten Sören Pellmann geschrieben.

»Zurzeit sind wir am Planen, wie und wann wir Sie hinrichten werden.«

Aus einer E-Mail der Neonazigruppe »Atomwaffen Division« an den ehemaligen Grünen-Chef Cem Özdemir von Ende Oktober 2019.

»Die gehört als Sondermüll entsorgt.«
Aus einem Facebook-Eintrag über die Grünen-Abgeordnete Renate Künast.

»Wir werden Sie versuchen auf der nächsten öffentlichen Veranstaltung niederzustechen, und wenn das nicht gelingt, dann werden Sie mit einer Autobombe oder ähnlichen hinterhältigen Attentaten rechnen müssen.«
Aus einer E-Mail des »Staatsstreichorchesters« an den damaligen Vorsitzenden der CDU-Fraktion im thüringischen Landtag, Mike Mohring, vom 19. September 2019.

Hetze und Morddrohungen

Hass und Morddrohungen gehören mittlerweile zum Alltag in Deutschland. Die Absender von E-Mails und Briefen, die Parolenschmierer und -sprayer bleiben zwar in aller Regel anonym oder verbergen sich hinter Namen wie »Nationalsozialistische Offensive«, »Atomwaffen Division« oder »Streichorchester«, einer Gruppe, die, wie sie selbst mitteilt, aus »global vernetzten Rechtsextremisten« besteht. Doch gegen wen sich Hass und Drohungen vor allem richten, ist klar: gegen Minderheiten, gegen Ausländer, gegen Flüchtlinge sowie gegen alle, die sich für Minderheiten, Ausländer und Flüchtlinge einsetzen. Zur letzten Gruppe gehören etwa die Fernsehmoderatorin Dunja Hayali und der Pianist Igor Levit. Und viele Politiker. In den 11 000 Gemeinden Deutschlands, in den 16 Landtagen – und im Bundestag.

Hass und Drohungen gab es zwar schon, bevor 2015 rund eine Million Flüchtlinge nach Deutschland kam. Doch erst da formierten sich im Netz rechtsextreme Trollarmeen, die Shitstorms organisieren, Informationen über »Volksverräter« oder »Feinde der deutschen Nation« sammeln und sie veröffentlichen. Ein beliebtes Motiv: das Foto einer Haustür einer Person, die zur Hassfigur gemacht wurde. Botschaft: Wir wissen, wo du wohnst.

Eine Vielzahl soziologischer Studien kommt zu einem erschütternden Befund: Immer mehr Menschen in Deutschland fühlen sich von den Eliten im Stich gelassen, halten die liberale repräsentative Demokratie für Murks und sehnen sich nach einer autoritären Führung, die Schluss macht mit all dem, was sie nicht haben wollen: »Flüchtlingsflut«, »Schwulenehe«, »Genderirrsinn«, »Systemmedien«, »Autohass«, »Veggiefanatismus«, »Klimawandelwahn«. Viele von ihnen wandeln ihren Frust über die Lage – die eigene wie die der Gesellschaft – in Hass auf jene um, die sie in ihren Augen verursachen: Bürgermeister, Landräte, Abgeordnete, Minister, die Kanzlerin.

Längst ist der Hass der anderen in das Leben der Bundestagsabgeordneten eingesickert, er verunsichert und verängstigt sie. Die Mauern des Reichstagsgebäudes konnten den Hass nicht aufhalten. Seit dem Einzug der AfD breitet er sich auch im Parlament aus. Er vergiftet Debatten, Gepflogenheiten, Umgangsformen. »Alles ist anders«, sagt Claudia Roth. »Es kommt mir heute so vor, als seien wir bis zum Einzug der AfD in Watte gepackt gewesen.« Diese ist weg – und im Bundestag geht es härter zu als je zuvor. Hasserfüllt.

Bei Abgeordneten wie Cem Özdemir und Omid Nouripour von den Grünen, Karamba Diaby und Aydan Özoğuz von der SPD, Bijan Djir-Sarai von der FDP oder Gökay Akbulut und Sevim Dağdelen von der Linken reicht schon der Name für Morddrohungen. Doch auch jene, die so heißen, wie man in den Ohren von Rechtsextremen als deutscher Abgeordneter heißen sollte, werden regelmäßig mit dem Tod bedroht, wenn sie sich im Kampf gegen Rechts exponiert haben – so wie etwa Claudia Roth (Grüne) und Petra Pau (Linke), die beiden Vizepräsidentinnen des Bundestages.

Doch nicht immer bleibt es bei Drohungen. Bereits 2018 schrieb das Bundeskriminalamt (BKA) in einem »Lagebild im Kontext der Zuwanderung«, dass neben Attacken auf Asylunterkünfte und Flüchtlinge auch »weiterhin rechtsmotivierte Straftaten gegen Politiker und sonstige als politisch verantwortlich empfundene Personen zu erwarten« seien. Dass es so schlimm kommen würde, hatten die Sicherheitsbehörden allerdings nicht erwartet.

Im Jahr nach dieser Warnung, 2019, registrierte die Polizei 1241 politisch motivierte Straftaten gegen Amts- und Mandatsträger. Ein Rekordwert. Laut Bundesinnenministerium wurden 440 dieser Taten von Rechtsextremen verübt. 246 Taten fielen auf Linksextreme zurück, 538 Fälle waren nicht eindeutig zuzuordnen.

Der traurige Höhepunkt dieser Straftaten ereignete sich am 2. Juni 2019. Es traf keinen Bundestagsabgeordneten, sondern einen Kommunalpolitiker. Im nordhessischen Wolfhagen wurde der Kasseler Regierungspräsident Walter Lübcke, CDU, ermordet. Der als tatverdächtig festgenommene Rechtsextremist Stephan E. soll Lübcke aus nächster Nähe mit einem Pistolenschuss in den Kopf getötet haben – eine Exekution. Der CDU-Politiker hatte sich während der Flüchtlingskrise für die Aufnahme geflohener Menschen eingesetzt und dies mit den Werten der Mitmenschlichkeit und der Solidarität begründet. »Wer diese Werte nicht vertritt, der kann jederzeit dieses Land verlassen. Das ist die Freiheit eines jeden Deutschen«, hatte Lübcke im Oktober 2015 während einer Bürgerversammlung in Lohfelden gesagt. Er wurde ausgebuht und ausgepfiffen. Danach hagelte es Anfeindungen und Morddrohungen.

Nach der Gewalttat kehrte keineswegs Ruhe ein, im Gegenteil. Lübcke sei der Erste auf einer langen Liste gewesen, hieß es im Netz. »Selbst schuld, kein Mitleid, so wird es Merkel und die anderen auch ergehen, und das ist gut so, wer sein Volk töten will, was sie füttert hat nichts anderes verdient«, lautete der Facebook-Eintrag eines aufrechten Deutschen mit fragwürdigen Deutschkenntnissen. Nach der Ermordung Lübckes schwingt nun in jeder Drohmail mit: Du kannst der Nächste sein!

Bundesweit Schlagzeilen machte auch der Fall Karamba Diaby. In der Nacht vom 14. auf den 15. Januar 2020 feuerten Unbekannte fünf Schüsse auf das Büro des SPD-Bundestagsabgeordneten in Halle/Saale. Der aus dem Senegal stammende Politiker – Diaby ist

1961 geboren, promovierter Geoökologe und lebte zum Zeitpunkt des Anschlags seit 30 Jahren in Deutschland – war im Jahr 2013 der erste schwarze Politiker überhaupt, der in den Bundestag einzog. Seitdem ist er immer wieder Zielscheibe rassistischer Anfeindungen geworden. Er wurde auf Facebook beschimpft und erhielt Morddrohungen. 2015 war auf sein Bürgerbüro in der Innenstadt von Halle schon einmal ein Anschlag verübt worden. Unbekannte hatten Fensterscheiben und Teile der Inneneinrichtung zertrümmert. Wenige Tage nach dem jüngsten Anschlag erhielt Diaby eine weitere Morddrohung. Seine Reaktion: »Ich lasse mich nicht einschüchtern.«

Auch 2019 warnte das BKA wieder – diesmal vor der Normalisierung des Unnormalen. »Erleichtert und beschleunigt durch soziale Medien und das Internet allgemein«, heißt es in einer internen Studie, »besteht die Gefahr der Entwicklung eines gesellschaftlichen Klimas, in dem radikale Einstellungen, Hetze oder gar Befürwortung von Gewalt als zunehmend hinnehmbar oder gar mehrheitsfähig erscheinen.« Anders gesagt: Der Hass wird so gewöhnlich, dass eine Mehrheit nur noch mit Schulterzucken reagiert, wenn er sich entlädt. Abstumpfung als Normalzustand.

Wie gehen die Adressaten, die Empfänger der Drohungen, mit dem Hass um? Philipp Rösler war einer der ersten prominenten Politiker, der die Öffentlichkeit wissen ließ, dass er Morddrohungen erhielt. Er kannte bereits beides, den Hass und die Drohungen, bevor er Bundestagsabgeordneter wurde und zum FDP-Chef sowie Bundeswirtschaftsminister aufstieg. Nach seiner Geburt – das genaue Datum ist unbekannt – wurde er als Baby namenlos in einem Waisenhaus in Saigon abgegeben. Im Alter von neun Monaten adoptierte ihn das Ehepaar Rösler und nahm ihn im November 1973 mit nach Deutschland, zuerst nach Hamburg.

Obwohl Rösler nie das Bedürfnis empfand, seinen vietnamesischen Wurzeln nachzuspüren, blieb er in den Augen von Rechtsextremen stets der Fremde, der »Fidschi«. Je höher er aufstieg, umso heftiger schlug ihm in Mails und Briefen der Hass derer entgegen, die in ihm den Deutschen nicht akzeptieren wollten. Als er die ersten Morddrohungen erhielt, wies er seine Mitarbeiter an, ihm solche Schreiben nicht mehr vorzulegen und sie umgehend ans BKA weiterzuleiten. Rösler wollte nicht, dass ihn die permanente Konfrontation mit der Bedrohung einschränkt oder einengt. Für ihn galt im Umgang mit den Drohungen: Nichtwissen macht frei!

Ähnlich verfährt Claudia Roth, eine der zentralen Hassfiguren der Rechten. Roth hat eine Art Schutzwall um sich herum aufgebaut. Er besteht aus den Mitarbeiterinnen und Mitarbeitern in ihrem Bundestagsbüro. Die schrecklichsten Mails und Briefe kommen über diesen Schutzwall gar nicht mehr rüber. Aber nutzt das was? Sie weiß ja um die Verachtung, die permanente Bedrohung, die Morddrohungen. »Manchmal denke ich, ich halte das alles nicht mehr aus«, sagt die Grünen-Politikerin. »Was macht das mit dir?«, fragt sie sich dann. »Wie gehst du mit diesem Hass um?« Zumal der Hass, den Frauen zu spüren bekommen, ein anderer ist als der, der Männern entgegenschlägt. Bei Frauen geht es immer auch um ihre Körperlichkeit. Der Hass äußert sich fast immer in sexualisierten Gewaltfantasien. »Ich fick dich zu Tode«, heißt es dann. Oder in sexualisierten und rassistischen Demütigungen: »Dich fickt ja noch nicht mal ein Eseltreiber.«

Manchmal verabredet sich Roth mit anderen Betroffenen, und gemeinsam veranstalten sie dann Hateslams, öffentliche Veranstaltungen, bei denen sie auf der Bühne Hassmails und Drohungen vortragen. Als sie einmal auf einer Veranstaltung in Hamburg die Mails mit den sexualisierten Gewaltandrohungen verlas, verließen Frauen weinend den Saal. Es ist kaum zu ertragen, berichtet Roth, andererseits gebe das Vorlesen aber auch Kraft. »Ich habe da viel Solidarität gespürt – und das hat mich sehr gestärkt.«

Für junge Abgeordnete oder junge Frauen, die einmal Abgeordnete werden wollen, ist es ein Schock, wenn sie zum ersten Mal solche Drohungen erhalten. Sie seien dann völlig fertig, berichtet

Roth, einige von ihnen überlegten gar, wieder auszusteigen. Kann man sich Politik antun, wenn man um sein Leben fürchten muss? Oder, schlimmer noch, wenn man das Leben seiner Kinder bedroht sieht? Diese Frage stellt sich auch Roths Kollege Cem Özdemir. Mit jeder neuen Mordankündigung aufs Neue.

Nachdem sie eine Morddrohung erhalten hatte, ist Claudia Roth an einem Sonntagabend in Berlin-Charlottenburg zum Essen gegangen, allein. Leute kamen ihr auf dem Bürgersteig entgegen, es war dunkel. Roth spürte, wie etwas in ihr aufstieg, das ihr eigentlich wesensfremd ist: Angst. »Wechsle ich jetzt die Straßenseite?«, fragte sie sich. Was ist, wenn das diejenigen sind, die sie bedroht haben? »Ja, hör mal, Claudia, was ist denn jetzt los?«, ermahnte sie sich selbst – und blieb auf ihrer Seite. Nichts passierte: »Diese Verunsicherung packt einen zuweilen«, sagt sie lange nach diesem Abend.

Eines ist Claudia Roth über die vielen Jahre, die sie nun schon Opfer von Hass und psychischer Gewalt ist, klar geworden: »Ich werde auf keinen Fall etwas nicht sagen, nur weil sich jemand provoziert fühlen könnte. Wenn das jemals der Fall sein sollte, höre ich sofort auf mit der Politik.«

Es gibt noch eine andere Art, mit dem Hass umzugehen. Einen Tag nach der zentralen Trauerfeier für die Opfer des Terroranschlags von Hanau debattierte der Bundestag Anfang März 2020 über »Konsequenzen aus den rechtsterroristischen Morden«. Zwei Wochen zuvor, am 19. Februar, hatte ein 43-jähriger Deutscher in zwei Shishabars im hessischen Hanau aus Fremdenhass neun Menschen getötet. Später fand ihn die Polizei tot in seiner Wohnung, daneben die Leiche seiner erschossenen Mutter.

In der Bundestagsdebatte beklagte Omid Nouripour, Fraktionskollege von Claudia Roth, den Tod von »mindestens 200 Menschen« seit 1990 infolge rechtsextremer und rassistischer Gewalttaten. Tagtäglich gebe es Angriffe auf Juden, Muslime, Synagogen, Moscheen, »auf Menschen anderer Herkunft«. Gegen Hass und

Rassismus brauche es einen »Aufstand der Anständigen«, vor allem aber einen »Aufstand der Zuständigen«. Den vielen Worten müssten »nun endlich Taten folgen«. In Richtung der Autoren von Hassmails und Drohbriefen rief Nouripour ins Plenum: »Ich schenke euch nicht meinen Hass. Und ich schenke euch nicht meine Angst.« Nach seiner Rede erhob sich Karamba Diaby von seinem Platz in den Reihen der SPD, ging die wenigen Meter zu den Grünen und umarmte Nouripour. Zusammenrücken, solidarisch sein, sich gemeinsam wehren: Auch das ist ein Mittel gegen den Hass.

Doch die Abgeordneten des Bundestages befinden sich in einer vergleichsweise privilegierten Lage. Sie sind in Berlin besser geschützt und schwerer zu erreichen für jene, die radikalen Worten radikale Taten folgen lassen wollen, als die Kommunalpolitiker vor Ort. Das wissen sie auch und verweisen in Gesprächen immer wieder auf die größere Gefährdung ihrer Kollegen. Innenminister Horst Seehofer bezeichnete die Kommunalpolitiker als das »Rückgrat der Demokratie«. Doch das Rückgrat droht zu brechen.

Im Januar 2020 machte Christoph Landscheidt bundesweit Schlagzeilen. Der Bürgermeister von Kamp-Lintfort, einer 37 000-Einwohner-Stadt westlich von Duisburg, beantragte einen Waffenschein, um sich besser schützen zu können. Zuvor war Landscheidt massiv von Neonazis bedroht worden. Im EU-Wahlkampf im Mai 2019 hatte er volksverhetzende Plakate (»Israel ist unser Unglück«) abhängen lassen, woraufhin es über Monate hinweg zu »Vorfällen und Gefährdungssituationen kam, in denen polizeiliche Hilfe nicht rechtzeitig erreichbar gewesen wäre«, so Landscheidt. Er berief sich in seinem Antrag auf Paragraf 55 des Waffengesetzes, der »erheblich gefährdeten Hoheitsträgern« einen Waffenschein zubilligt. Am Ende zog Landscheidt seinen Antrag zurück. Der ehemalige Richter am Verwaltungsgericht Düsseldorf wollte gar keine Waffe – er wollte bundesweit auf die wachsende Gefährdung von Kommunalpolitikern aufmerksam machen.

Nach dem Waffenscheinspektakel von Kamp-Lintfort wurde

über eine ganze Reihe von Kommunalpolitikern berichtet, die nach Gewaltandrohungen ausgestiegen sind. Über Arnd Focke etwa, den ehrenamtlichen Bürgermeister von Estorf, einer 1700-Einwohner-Gemeinde in Niedersachsen. Fünf Mal wurde das Auto des SPD-Mannes mit Hakenkreuzen beschmiert, er erhielt etliche Drohbriefe und zahlreiche nächtliche Drohanrufe, nachdem er sich für die Aufnahme von Flüchtlingen ausgesprochen hatte.

Oder über Silvia Kugelmann, die Bürgermeisterin von Kutzenhausen unweit von Augsburg. Sie hatte die Bürger ihrer Gemeinde dazu aufgerufen, sich in einem Helferkreis für Flüchtlinge zu engagieren – die Reaktionen darauf landeten im Briefkasten des Rathauses. Wüste Beschimpfungen, Drohungen, ein Schreiber wünschte ihr einen schnellen Tod. Jemand drückte einen Nagel in ihren Autoreifen, andere beschmierten ihren Wagen mit Katzenkot. Sie fühlte sich beschmutzt und ohnmächtig, sagte Kugelmann. Und: »Wenn Sie so angegriffen werden und die große Mehrheit schweigt, dann ist der Platz an diesem Schreibtisch sehr einsam.« Die 53-Jährige trat im März 2020 nicht wieder für ihr Amt an.

Martina Angermann war schon fünf Monate früher ausgestiegen. Im November 2019 trat die SPD-Bürgermeisterin von Arnsdorf in Sachsen zurück – nach jahrelangem rechten Mobbing. 2016 hatte eine Bürgerwehr in ihrem Dorf einen Geflüchteten an einen Baum gefesselt. Angermann verurteilte die Tat – und wurde fortan bedroht. »Ich wurde übelst beschimpft«, erzählte sie der *taz*. Und auch sie sagt: »Ich habe darunter gelitten, dass die Mitte der Gesellschaft geschwiegen hat.«

Im Februar 2020 startete SPD-Generalsekretär Lars Klingbeil eine parteiübergreifende Initiative mit dem Ziel, die Straftaten gegen Mandats- und Amtsträger einzudämmen. Zu Beginn wurden vier Schritte markiert: die direkte Hilfe für Betroffene verbessern; die Prävention intensivieren; die Strafverfolgung verschärfen; den Respekt gegenüber ehrenamtlichen Mandatsträgern stärken. Die AfD blieb bei der Initiative außen vor. Klingbeil wollte sie nicht dabeihaben, da die AfD, wie er sagte, selbst zur Verrohung in der Politik beitrage. Als Beispiel galt ihm der Facebook-Kommentar eines AfD-Stadtrats aus Haldensleben. Nachdem eine SPD-Stadtratskollegin eine Zeichnung mit einem Galgen darauf erhalten hatte, kommentierte er: »Steinigung wäre für das Volk besser.«

Wie der Hass den Bundestag verändert

Wenn Christoph Weemeyer unter Stress gerät, sieht er aus wie ein Erdmännchen auf der Ausschau nach Feinden. Dann schnellt sein Kopf hoch, dann geht er in Alarmhaltung, dann scannt er rasend fix und hoch konzentriert die Gegend: Wer hat »Nazi-Jargon« gerufen, wer »Kauft deutsche Bananen«? Wo kommt das Lachen her? Wer klatscht? Wer johlt? Wie laut?

Es gab Zeiten, da blieb Weemeyers Kopf meist unten. Seit dem 24. Oktober 2017, seit der Konstituierung des 19. Bundestages, schnellt er pausenlos hoch. Weil sechs statt nur vier Fraktionen im Bundestag sitzen. Weil die AfD mit 92 Abgeordneten eingezogen ist. Weil nun dauernd Worte wie »Flüchtlingsmassen«, »deutsches Volk« und »Kopftuchmädchen« oder »Rassismus« und »rechte Hetzer« fallen – und Weemeyer dann mitbekommen muss, wer sich wo wie empört. Das muss alles ins Protokoll.

Weemeyer, ein Schlaks mit blondem Strubbelbart, Ende 30, arbeitet als Stenograf im Deutschen Bundestag, seit 2003 macht er das. So sehr Erdmännchen wie in dieser Legislaturperiode war er nie.

Weemeyers Dienstsitz ist der leicht geschwungene Tisch, der, etwas nach unten versetzt, wenige Meter vorm Rednerpult im Plenarsaal steht. Hier, mit der Regierungsbank im Rücken und den Abgeordneten vor Augen, bekommen er und seine Kollegen mit, was anderen verborgen bleibt. Sie registrieren die Ausschläge, sie halten die Erschütterungen fest. Die Mitschreiber vom Parlamentarischen Dienst sind die Seismografen der Politik.

Es begann, als es nach der Bundestagswahl im September 2017

über Monate hinweg keine neue Regierung gab. Als zunächst Union, FDP und Grüne über ein Jamaikabündnis verhandelten und nach dem Scheitern der Gespräche CDU, CSU und SPD die nächste Große Koalition berieten. Als sich die Abgeordneten in einer Art parlamentarischer Zwischenwelt bewegten, in der die Rollen noch nicht klar verteilt waren, sich der ganze Betrieb noch im Aufwärmmodus befand. Schon da verzeichneten die Seismografen der Politik heftige Eruptionen.

Am 19. Januar 2018 debattierten die Parlamentarier auf Antrag der Grünen das Thema »Familiennachzug auch zu subsidiär Schutzbefohlenen ermöglichen«. Der Sozialdemokrat Burkhard Lischka begann seine Rede mit dem Satz: »Vor gut zwei Jahren arbeitete Khalid noch als Maurer in Syrien …« – ein lang gezogenes »Ooh« aus 92 Kehlen stoppte ihn. Als die Linke Ulla Jelpke versuchte, von einem jugendlichen Flüchtling aus Syrien zu berichten, der in den Kriegswirren … »Ooh«.

So ging es weiter. Wenn in einer anderen Debatte ein CDU-Mann von »erfolgreichen Grenzschutzmaßnahmen« sprach; wenn eine Grüne sagte, viele Syrer würden eine Arbeit aufnehmen und Freundschaften schließen; wenn ein Sozialdemokrat meinte, die Mehrzahl der Flüchtlinge würde gern in ihre Heimat zurückkehren; wenn eine Liberale in den Saal rief, Übergriffe gegen Frauen seien kein Problem einzelner Gesellschaften oder einer Religion – immer dann dröhnte ihnen schallendes Gelächter entgegen. Ätzender Hohn von ganz rechts. Der Stenograf Weemeyer hatte früher oft in seine Protokolle geschrieben: »Heiterkeit bei der Union«, »… der Linken«, »… der SPD«, »… den Grünen«. Jetzt stand da nur noch »Lachen«.

Lachen, um lächerlich zu machen, das hat es im Bundestag schon immer gegeben, zimperlich war man nie. Doch mit Beginn der 19. Wahlperiode breitete sich das Hohngelächter mit jedem Sitzungstag weiter aus, es plusterte die einen von Mal zu Mal ein bisschen mehr auf und schüchterte die anderen von Mal zu Mal ein bisschen mehr ein. Die Häme wurde zu einer anschwellenden Begleitmusik der Verachtung.

In der AfD-Fraktion sind 82 Männer, sie tragen stets Anzug und Krawatte. In den ersten Monaten nach der Wahl marschierten die 82 Männer an Sitzungstagen gemeinsam mit den zehn AfD-Frauen in den Plenarsaal. Präsenz zeigen, in voller Stärke da sein gehörte zur Taktik. Wenn die 92 AfDler Platz nahmen, formte sich eine Wand aus Anzügen. Man musste schon genau hinsehen, um die Frauen darin zu erkennen. Punkt neun Uhr, wenn's losgeht im Bundestag, saß die AfD, und die Wand war bereit. Wenn aus ihren 92 Bausteinen das Gelächter losbrach, bekam die Wand etwas Bedrohliches.

»Aggressiver, unsachlicher und roher« – so hat FDP-Fraktionschef Christian Lindner in dieser Zeit die Debatten wahrgenommen. In seiner ersten Runde als Bundestagsabgeordneter, zwischen 2009 und 2013, hätten ihn »der Respekt und mitunter die Ritterlichkeit« beeindruckt, mit denen im Bundestag gestritten wurde. Mit der ätzenden Verachtung durch die AfD sei das vorbei. Ein Kollege Lindners aus der CDU/CSU-Fraktion ging noch weiter. Die Verächtlichmachung der Empathie, die permanenten Attacken auf muslimische Flüchtlinge, das dröhnende Dominanzgebaren eines Männerpulks: »Wenn man sieht, wie enthemmt die AfD als Gruppe agiert, bekommt man eine Ahnung davon, was in der Kroll-Oper los gewesen sein muss.«

Die Kroll-Oper diente nach dem Reichstagsbrand von 1933 als Parlamentssitz. Es ist der Ort, an dem die Nazis die liberale, repräsentative Demokratie abschafften, im Hohngelächter.

Vier große schwarze Ledersofas stehen im Durchgang zwischen dem Bundestagsbüro der Kanzlerin und dem Parlamentssaal, auf jedes Sofa passen genau vier AfD-Abgeordnete. Sie sitzen sehr oft dort, ihre Plätze im Plenum liegen gleich hinter der Glastür schräg gegenüber. Andere aus ihrer Fraktion schlendern gern hin und her, zwischen dem Eingang zu Merkels Büro, der Tür und der Treppe, die hinunterführt zum Osteingang des Reichstages. Kann ja sein, dass die Kanzlerin gleich kommt. Und dann soll sie sehen: Wir sind immer hier und lassen dir keine Ruhe.

Andere Abgeordnete meiden nun diesen Weg. Wollen sie in die Cafeteria gleich um die Ecke, nutzen sie einen anderen Aufgang. Stehen sie dort in der Schlange, reden sie anders, nicht mehr so unbefangen wie früher, nicht mehr so zugewandt. »Ich will auf keinen Fall in ein Gespräch mit denen verwickelt werden«, sagt ein Abgeordneter, der beim Schlangestehen schon viele »nette Plauderbekanntschaften« gemacht hat. Er wolle die AfDler nicht ausgrenzen, und sicher seien auch Leute unter ihnen, die sympathisch seien. »Als Truppe finde ich sie aber einfach widerwärtig.«

Auf die Dauerpräsenz der AfD-Abgeordneten im Plenum mussten die anderen reagieren. Sie sind jetzt auch öfter da. Die AfD stellt Fotos mit großen Lücken in den Reihen der anderen Fraktionen ins Netz. Sie will damit dem Vorurteil vom faulen Parlamentarier Nahrung geben. Denn nur wer auf seinem Platz sitzt, der arbeitet. So das Bild, das die AfD zeichnet. Doch in ihrer Abwesenheit treffen die Abgeordneten Experten aus ihren Fachbereichen, sprechen mit Gewerkschaftern, Wirtschaftsvertretern und NGO-Mitgliedern, sie empfangen Journalisten und Besuchergruppen aus ihren Wahlkreisen. Auch das ist Teil ihrer Arbeit. Nun sitzen sie Zeit im Plenum ab.

Die Stimmung, die Atmosphäre, das ist das eine, was die Ankunft der AfD im Bundestag verändert hat. Das andere ist, worüber gesprochen wird. Gleich zu Beginn, Ende November 2017, bringt die AfD einen »Sechspunkteplan zur Förderung der Rückkehr syrischer Flüchtlinge« in den Bundestag ein. Die Regierung wird aufgefordert, ein entsprechendes Abkommen mit Syrien zu schließen. Der »Islamische Staat« sei besiegt, die Syrer in Deutschland könnten getrost nach Hause zurück.

In der Debatte trat Stephan Harbarth ans Mikrofon, CDU-Abgeordneter aus Heidelberg, seit Ende 2018 Vizepräsident, seit

Mai 2020 Präsident des Bundesverfassungsgerichts. In der CDU dachten manche zu diesem Zeitpunkt wie die AfD, vor allem die Innenminister der Länder. Harbarth war das egal. Für ihn war der AfD-Antrag »eine Mischung aus Auslassungen und Halbwahrheiten«. Die Antragsteller hätten nichts begriffen vom Krieg in Syrien. Noch immer sei eine halbe Million Menschen in belagerten Städten eingeschlossen, viele verhungerten. Mit wem wolle die AfD überhaupt ihr Abkommen aushandeln? Mit Baschar al-Assad? Mit einem Regime, das nicht nur seine Gegner, sondern auch »wehrlose Kinder mit Giftgas« ersticke? »Assad werden die Freudentränen in die Augen schießen, wenn er Ihren Antrag liest.«

Später in der Debatte stellte der CSU-Mann Stephan Mayer fest, dass sich in Syrien nach wie vor »die größte humanitäre Katastrophe auf unserem Globus« ereigne. Der Sechspunkteplan der AfD sei »populistisch, weltfremd, abwegig und zynisch«. Als Betrachter auf der Pressetribüne wunderte man sich. Zur Jahreswende 2017/2018 – und bis weit ins Jahr 2019 hinein – war die CSU noch jene Partei, die sich in Bayern oft nach AfD anhörte. Im Bundestag klang sie nun oft wie deren Gegenentwurf.

Ein Jahr lang, von Januar bis Dezember 2013, verfolgte der mittlerweile verstorbene Publizist und Moderator Roger Willemsen die Debatten im Bundestag. Das Buch, das er darüber schrieb, »Das Hohe Haus«, hielt sich monatelang in den Bestsellerlisten, wahrscheinlich weil viele eine Abrechnung mit der Politik erwarteten. Willemsen rechnete aber nicht ab, er schrieb auf, was er sah – und langweilte sich nicht selten. Einige Jahre später langweilt sich niemand mehr im Hohen Haus.

Das liegt auch an Cem Özdemir, der im Februar 2018 die Debatte über umstrittene Texte des kurz zuvor aus türkischer Haft entlassenen *Welt*-Journalisten Deniz Yücel zu einer Generalabrechnung mit der AfD nutzte und ihr vorwarf, alles zu verachten, »wofür dieses Land in der ganzen Welt geachtet und respektiert wird«, die Erinnerungskultur, die Vielfalt, den Bundestag, die Aufklärung.

»Unser Deutschland ist stärker, als Ihr Hass jemals sein wird«, rief er am Ende seiner Rede der AfD zu.

Und es liegt an Martin Schulz, dem ehemaligen SPD-Chef, der im September 2018 nach einer Rede des AfD-Fraktionsvorsitzenden Alexander Gauland zu den Ausschreitungen in Chemnitz die Rhetorik der AfD als »faschistisch« enttarnte (»Die Reduzierung komplexer Sachverhalte auf ein einziges Thema, in der Regel bezogen auf eine Minderheit im Land, ist ein tradiertes Mittel des Faschismus. Das haben wir heute erneut vorgeführt bekommen: Die Migranten sind an allem schuld.«) und im weiteren Verlauf seiner Rede geradezu vorhersah, was in den Monaten danach tatsächlich passierte: »Diese Art der rhetorischen Aufrüstung führt am Ende zu einer Enthemmung, deren Resultat Gewalttaten auf den Straßen sind.«

Es liegt aber auch an Alice Weidel, Gaulands Co-Vorsitzende, die im Mai 2018 in einer Rede im Bundestag sagte: »Burkas, Kopftuchmädchen und alimentierte Messermänner und sonstige Taugenichtse werden unseren Wohlstand, Wirtschaftswachstum und vor allem den Sozialstaat nicht sichern« – und damit einen solchen tumultartigen Protest in den anderen Fraktionen auslöste, wie ihn der Bundestag selten erlebt hat.

Und es liegt auch an Heiko Maas und Beatrix von Storch. Als Maas Justizminister war, aber noch kein Abgeordneter, also die vier Jahre vor dem Wahltag 2017, durfte er sich nicht frei im Plenum bewegen, sich nicht, wie Kabinettskollegen das gern tun, zum Kurzplausch mit anderen auf eine Hinterbank zurückziehen. Er musste immer den kürzesten Weg zur Regierungsbank nehmen, durch den Eingang schräg gegenüber vom Büro der Kanzlerin. Nach der Wahl war er zwar Abgeordneter, den kürzesten Weg nahm er aber immer noch, aus Gewohnheit. Nur musste er jetzt an den Männern und Frauen vorbei, die ihn hassen.

Früh und scharf wie kein anderer Spitzenpolitiker hat Maas gegen Rechts mobilgemacht: Die Dresdner Pegida-Demonstrationen nannte er eine »Schande für Deutschland«, die AfD die »neue Heimat für Neonazis«. Hassmails und Fake News, so kündigte er an, werde er per Gesetz aus dem Netz drängen. Seit dem Einzug der AfD in den Bundestag machte Maas immer wieder die gleiche Erfahrung: Sobald er das Plenum betrat, zischten AfD-Abgeordnete: »Zensurminister.«

In den ersten Monaten nach der Bundestagswahl 2017 war Maas noch Justiz- und noch nicht Außenminister. Sein Platz war in der ersten Reihe der Regierungsbank, direkt gegenüber der Abgeordneten Beatrix von Storch. War Maas da, griff die Fraktionsvizin der AfD zum Handy und fotografierte. Wenn Maas mal zur Kuppel schaute oder nicht ganz bei der Sache zu sein schien, schoss von Storch los. Die Bilder stellte sie später ins Netz, Botschaft: So arbeitet der Mann, der gegen uns hetzt. War Maas nicht da, knipste von Storch seinen leeren Stuhl – und postete aus dem Bundestag Nachrichten, aus denen AfD-Wähler sich ihr Weltbild zimmern: Die Systemparteien und ihre Minister machen sich einen links-grünversifften Lenz.

Was tun? Sich aufregen? Von Storch öffentlich attackieren? Maas, der Lieblingsfeind der Rechten, wusste, dass dies nur der AfD nutzen würde. Also ließ er von Storch rechts liegen und hoffte darauf, dass das Bundestagspräsidium das ausgesprochene Fotoverbot auch durchsetzte. So kam es dann auch.

Von Storchs Hobbyfotos waren nicht die einzige Provokation, die Maas und mit ihm das gesamte Parlament aushalten mussten. Im Wahlkampf hatte ihn der AfD-Spitzenkandidat aus Thüringen, Stephan Brandner, als »Produkt saarländischer Inzucht« bezeichnet. Maas, so hatte Brandner weiter gepöbelt, sei liiert »mit einer, ich hätte fast gesagt, abgetakelten, aber ich sage mal, mit einer überreifen Schauspielerin, mit einer Staatsfunk- und GEZ-Tussi«. Die Freundin von Maas heißt Natalia Wörner.

Stephan Brandner sitzt bis heute nur wenige Schritte von Maas entfernt im Bundestag. Maas wollte nie wissen, wie Brandner aussieht, den Namen hatte er aus seiner Erinnerung gestrichen. Hat nicht viel genutzt. Ende Januar 2018 tauchte der Name schlagartig wieder auf.

Die AfD setzte Brandner, einen Juristen ihres Rechtsaußenflügels, als Vorsitzenden des Rechtsausschusses durch, jenes Gremiums also, dem ein Justizminister Rede und Antwort stehen muss. Wäre Maas nicht Außenminister geworden, wäre ihm Brandner permanent begegnet. Doch diese Übung in Selbstbeherrschung ist ihm erspart geblieben. Sie hätte maximal rund zwei Jahre gedauert. Im November 2019 wurde Brandner als Vorsitzender des Rechtsausschusses abgewählt – ein einmaliger Vorgang in der bis dahin 70-jährigen Geschichte des Bundestages. Brandner hatte zuvor im Zusammenhang mit dem Anschlag auf eine Synagoge in Halle den Publizisten und ehemaligen Vizepräsidenten des Zentralrats der Juden in Deutschland, Michel Friedman, als »deutschen Michel« bezeichnet und einen Tweet geteilt, in dem es hieß, Politiker »lungern« nach dem Anschlag vor Synagogen rum, obwohl »eine Deutsche, die gerne Volksmusik hörte«, und »ein Bio-Deutscher« umgekommen seien.

Die Nominierung Brandners für einen herausgehobenen parlamentarischen Posten im Parlament hat Methode bei der AfD. Provozieren, Kollegen aufstellen, über die sich die anderen aufregen, die sie womöglich gar ablehnen, damit man sich als Opfer präsentieren kann – so macht das die AfD. Sie nominierte einen Finanzfachmann, der die Kanzlerin als »Merkelnutte« bezeichnet, für den Vorsitz des mächtigen Haushaltsausschusses. Ein zu sechs Monaten Haft auf Bewährung verurteiltes Mitglied der Hooliganszene leitet den Tourismusausschuss. »Mir wird übel, wenn ich sehe, wen die da schicken«, meint eine Grüne. Er könne kotzen, sagt ein Sozialdemokrat.

Der Oberliberale Lindner sah das am Anfang nüchterner: »Das Opferspiel der AfD mache ich nicht mit.« Es habe, sagte Lindner im Frühjahr 2018, keinen Zweck, die AfD zu bekämpfen, indem man sie ausgrenze und ihr parlamentarische Rechte vorenthalte. Das stärke sie nur. Das wirksamste Mittel sei, sie einzubinden. Viele FDP-Abgeordnete stimmten daher zunächst auch für diverse AfD-Kandidaten, die sich um das Amt des Bundestagsvizepräsidenten beworben hatten, eine Mehrheit bekam keiner von ihnen. Doch Anfang Februar 2020 war Schluss mit der FDP-Strategie der Einbindung.

Nach dem Chaos im Thüringer Landtag rund um die Ministerpräsidentenwahl, bei der zunächst ein Liberaler mit Stimmen der AfD ins Amt kam, letztlich aber der Linke Bodo Ramelow weiterregieren konnte, setzte die Fraktionsführung der FDP im Bundestag einen Arbeitskreis ein, um Konzepte zu einem wirksamen Umgang mit der AfD zu entwickeln. Schon in der ersten Sitzung machte der Vorsitzende des Gremiums, Benjamin Strasser, deutlich, worauf er hinauswollte: auf eine klare Abgrenzung.

Hohngelächter, Personal, das provoziert – die AfD kennt noch ein weiteres Mittel, mit dem sich der Parlamentsbetrieb aufmischen lässt: das kontaminierte Klatschen. Beifall spenden, um zu vergiften. Kontaminiertes Klatschen geht so: Jeden Satz, der links von ihnen fällt und halbwegs zum eigenen Programm passt, beklatscht die AfD-Wand voller Inbrunst. Wird viel geklatscht, brechen Unruhe und Verunsicherung aus. Darf man irgendetwas sagen, das die AfD gut findet?

Das kontaminierte Klatschen funktioniert ganz wunderbar, etwa bei den Aussprachen über die Auslandseinsätze der Bundeswehr. Jedes Nein von ganz links beklatschten die von ganz rechts so lange, bis Sozialdemokraten fragten, ob es den Linken nicht zu denken gebe, wer ihnen da zujubele. Ihr Ziel hat Gaulands Truppe damit erreicht: die anderen darüber streiten lassen, wie AfD-nah sie sein wollen – oder schon sind.

Luise Amtsberg schaut jetzt immer zu Boden. Früher, in der Vor-AfD-Zeit, war das anders. Erhobenen Hauptes lief sie durch die Eingeweide des Parlamentsbetriebes, durch das Tunnelsystem, das Parlament und Abgeordnetenbüros miteinander verbindet, bereit, jeden zu grüßen. Waren ja alles Menschen, die, bei noch so großen Unterschieden, für Anliegen stritten, die man respektieren konnte. Vorbei. Jetzt heißt es Augen auf den Boden.

Amtsberg, Islamwissenschaftlerin mit hellblonden Haaren und Geburtsjahr 1984, verkörpert die maximale Distanz zur AfD: Die Kielerin ist die flüchtlingspolitische Sprecherin der Grünen. Alles, wovon sie überzeugt ist, hält die AfD für Teufelszeug, für bestens geeignet, die »Umvolkung« Deutschlands voranzutreiben. Und alles, was die AfD zu Flucht, Islam und Ausländern sagt, macht aus Amtsberg eine Frau, die nach unten schaut. Weil sie nicht erblicken will, was sie nicht mehr sehen mag.

Amtsberg hat viel zu hören bekommen. Deutschland werde »geflutet mit Geringqualifizierten«, »das eigene Volk ausgetauscht«. »Wirtschaftsscheinasylanten« lösten »die gewachsenen National-staaten« auf. Die Flüchtlingspolitik der Systemparteien sei ein »Aufbauprogramm für Clanbildung«, »das deutsche Volk« werde »durch Masseneinbürgerung von nicht qualifizierten Fremdstaat-lern aller Kulturen demnächst mittels Wahlrecht entmündigt«. Das alles hörte Amtsberg nicht etwa seit dem Einzug der AfD in den Bundestag. Sie hörte es in den wenigen Minuten, die der AfD-Abgeordnete Gottfried Curio bei einer Debatte über ein Einwande-rungsgesetz redete.

Seitdem hat sie dazugelernt. Sie weiß jetzt, dass die AfD beim Tagesordnungspunkt über das ElterngeldPlus fragen wird, was die Regierung zu tun gedenke, um die Gewalt von Flüchtlingen gegen deutsche Mädchen zu beenden. Sie weiß jetzt, dass die AfD, wenn über Frauenrechte debattiert wird, »im Zuge der fortschreitenden Islamisierung Europas« eine »Vielzahl von feindlichen Fremden« aufmarschieren lässt, die »interkulturelle Tragödien« verursachen, bei denen »beinahe täglich Frauen Opfer werden«. Sie weiß jetzt auch, dass für die AfD, wenn es im Bundestag um Tierschutz geht und vom Schächten die Rede ist und die »Digitalisierung der Landwirtschaft« auf der Tagesordnung steht, »die Bauern die Hauptversorger des deutschen Volkes« bleiben müssen. Vor allem eines weiß Luise Amtsberg – und mit ihr alle Kollegen jenseits der AfD – ganz genau: dass mit jedem AfDler, der ans Mikrofon des Bundestages schreitet, immer auch »das deutsche Volk« die Bühne betritt. Und bei einer Debatte über gesunde Ernährung zusätzlich »das deutsche Brot«.

Irgendwann wird es Amtsberg dann doch zu deutsch. Als die AfD ein »Gesetz zur Änderung des Aufenthaltsgesetzes« einbringt, zitiert sie aus dem Entwurf. Humanitäre Verpflichtungen seien allein »am vitalen nationalen Interesse, an Bestand und Erhalt des deutschen Volkes« auszurichten. Mitgefühl nur, wenn es nutzt? Menschsein nur, wenn die Deutschen profitieren? Amtsberg empört das, die Denkweise, die Haltung, der Auftritt. Sie appelliert »an alle anderen hier«, sich »diesem völkischen Geist konsequent entgegenzustellen« – und zerpflückt dann die Behauptungen der AfD: Millionen neuer Nichtqualifizierter, die ins Land strömen? Ein deutscher Sonderweg beim Familiennachzug, wo doch Belgien, Frankreich, die Niederlande, Spanien, Italien, Großbritannien viel weiter gehen? Syrische Väter, denen die Sicherheit ihrer Kinder und Frauen egal ist? »Mich würde wirklich interessieren, auf welcher Grundlage Sie so eine bösartige Behauptung aufstellen«, sagt Amtsberg und nennt Experten, Studien, Zahlen, die all die Behauptungen der AfD widerlegen.

Die Dinge erklären, Zusammenhänge darstellen, den einfachen Gewissheiten Genauigkeit entgegensetzen – und das mit Leidenschaft vortragen: Amtsberg zeigt an diesem Tag, wie man der AfD beikommt. Und die Debatte signalisiert, dass ein Parlament, in das ständig Gift geträufelt wird, lebendiger werden kann.

Amtsbergs Kollegin Canan Bayram – die einzige Abgeordnete der Grünen, die ihren Wahlkreis direkt gewonnen hat – geht unverblümt gegen die AfD vor. »Sie rotzt die einfach mal weg«, sagt ein Grünen-Promi anerkennend, »die hassen sie dafür wie die

Pest.« In der Tat: Bayram punktet oft gegen die Rechtsaußen-Fraktion im Bundestag, so hat sie den AfD-Leuten einen der originellsten Sprüche vom Rednerpult entgegengeschleudert: »Ihr werdet scheitern. Eure Kinder werden so wie wir.«

Wenn die Abgeordneten eines Bundestagsausschusses auf Reisen gehen, fahren oder fliegen zumindest diejenigen, die sich mit Migration beschäftigen, zu den Problemen, mit denen sie sich beschäftigen. Wenn sie etwa ein Flüchtlingslager in Jordanien besuchen, so gilt der Grundsatz: Mit jedem Kilometer, den sich die Gruppe gemeinsam von Berlin entfernt, schwinden die politischen Unterschiede. Amtsberg sah sich stets als Teil einer Gruppe, die gemeinsam Deutschland vertrat, es herrschte ein Gemeinschaftsgefühl, das alle einschloss. »Mit einem AfD-Mann im Ausschuss geht das nicht mehr.« Selbst wenn der persönlich nicht unsympathisch sei. Wie soll man Gemeinschaft fühlen, wo es keine gibt?

Vier weiße Wände, ein Schreibtisch, eine Kaffeemaschine. Besucht man Rüdiger Lucassen in seinem Büro, denkt man rasch, dass die Grüne Amtsberg ihn persönlich wohl nicht unsympathisch fände. Ein einzelner Baustein kann ja viel freundlicher wirken als die Wand, zu der er gehört. Der AfD-Obmann im Verteidigungsausschuss, Jahrgang 1951, räumt erst mal ein, dass längst nicht alle in seiner Familie begeistert darüber seien, in welcher Partei er eine späte politische Karriere erlebe. Manche Unionskollegen störten sich da weniger dran. Die begrüßten es – natürlich nur, wenn niemand sonst zuhöre –, dass einer wie er nun da sei, erzählt Lucassen. Einen Ex-Oberst im Generalstab, der 34 Jahre Bundeswehr hinter sich hat: So einen gab es im vorigen Verteidigungsausschuss nicht.

Lucassen hat einen interessanten Blick auf die Erfahrungen der AfD im Bundestag. Das Hohngelächter? Natürlich gebe es das, es richte sich aber nicht gegen Schicksale betroffener Menschen, sondern gegen den Stil der anderen. »Da wird permanent versucht, die Leute mit Emotionen zu überwältigen. Wie kann man so Politik machen?«

Die Dauerpräsenz? Nun, die AfD wolle schon kritisch hinterfragen, warum es in anderen Fraktionen oft große Lücken gebe. Außerdem orientierten sich die AfD-Abgeordneten daran, dass ihre Chefs stets Flagge im Plenum zeigten: »Bei der Bundeswehr nennt man das: Führen von vorn.«

Die Ausschussvorsitzenden? Nein, die Auswahl sei keine Provokation. Sicher sei Stephan Brandner einer, der mal überzieht. »Seine Kritik bringt Herr Brandner aber intern so unverblümt an wie nach außen. Er ist offen und sehr direkt.«

Das Völkische? Als Nationalkonservativer spreche er sehr bewusst vom deutschen Volk, warum auch nicht? Wenn das nach jeder AfD-Rede reflexhaft als »Nazijargon« verunglimpft werde, wirke dies »nur noch lächerlich«. Schließlich stehe ja auch über dem Westportal des Reichstages in großen Lettern, wem das Parlament verpflichtet sei: »Dem deutschen Volke«. Die Attacken der anderen seien Ausweis von Verunsicherung: »In der AfD haben wir ein klares politisches Koordinatensystem – und das macht den anderen Angst.« Es ist nicht die AfD, die provoziert. Es sind die anderen, die sich durch die Anwesenheit der AfD provoziert fühlen. Darin sieht Lucassen die Ursache der aufgeladenen Stimmung im Bundestag.

Knapp drei Jahre AfD im Bundestag haben nicht nur die Stimmung im Parlament verändert, sondern auch die Sprache, die dort verwendet wird. Das Erste passierte schlagartig, das Zweite erfolgte eher schleichend. In einer umfangreichen Datenrecherche haben Redakteure der *Süddeutschen Zeitung* die Reden im Bundestag analysiert. Alle Sitzungsprotokolle seit 1949, insgesamt 4200, ein Datensatz von 213 Millionen Wörtern, der sich mithilfe neuer computerlinguistischer Verfahren untersuchen ließ. Die Migrationspolitik bildete einen Schwerpunkt.

Debatten über Einwanderer, Ausländer, Flüchtlinge, so lautet eine Erkenntnis, habe es zwar immer wieder gegeben. Aber nie in 70 Jahren Parlamentsgeschichte sei so oft darüber diskutiert worden wie in den vergangenen fünf Jahren. Doch es wird nicht nur mehr über Migration geredet, sondern auch anders.

Sprachen in der Legislaturperiode von 2013 bis 2017 die Abgeordneten noch vor allem von »Geflüchteten«, »Schutzsuchenden« oder »Asylbewerbern«, so steht in der nachfolgenden der Begriff »Migranten« ganz oben auf der Wörterliste der Debatte. Aus Menschen, die aus Furcht vor Verfolgung oder Gewalterfahrung ihre Heimat verlassen müssen, werden somit schlicht »Menschen in Bewegung« – so die wörtliche Bedeutung von »Migranten«. Personen, die freiwillig ihre Heimat verlassen, um ihre Lebensbedingungen zu verbessern. Wer von Migranten spricht, wenn Flüchtlinge gemeint sind, verharmlost folglich die Situation von Menschen in Not. Die humanitäre Dimension der Debatte, die im Jahr 2015, als mehr als eine Million Menschen nach Deutschland kamen, prägend war, ist ins Abseits geraten.

Die Verschiebung von Flüchtling zu Migrant wirkt subtil – doch die AfD kann auch deutlich direkter – und kaum jemand so unverblümt hetzerisch wie Gottfried Curio. Als der AfD-Innenexperte bei einer Debatte über die doppelte Staatsbürgerschaft vom, »entarteten Doppelpass« spricht und die damalige Integrationsbeauftragte der Bundesregierung, Aydan Özoğuz – jene SPD-Politikerin, die Alexander Gauland wenige Wochen zuvor »in Anatolien entsorgen« wollte –, ein »Musterbeispiel misslungener Integration« nennt, platzt Grünen-Fraktionschef Anton Hofreiter der Kragen. Mit hochrotem Kopf schreit er während Curios Rede immer wieder dazwischen. »Schämen Sie sich!« und »Haben Sie denn überhaupt keinen Anstand?« Wenige Meter hinter ihm sitzen Filiz Polat und Ottmar von Holtz. Polat hat einen türkischen Vater, von Holtz ist Doppelstaatler, Deutscher und Namibier. Den beiden schnürt es die Kehle zu. Entartet? Nazisprache. Was wollen die uns antun?, schießt es ihnen durch den Kopf. Dass Abgeordnete im Bundestag bestimmen wollen, wer dazugehört und wer nicht – das gab es vor der AfD nicht.

In der Debatte zum Opferentschädigungsgesetz spricht im Oktober 2019 Martin Sichert aus Bayern für die AfD. »Das waren acht Minuten Dreck«, erinnert sich ein Abgeordneter der Union im Rückblick. Sichert nennt die Regelung, die als Konsequenz aus dem Terroranschlag auf dem Berliner Breitscheidplatz vorsieht, Gewaltopfer besserzustellen, »Blutgeldgesetz« und hetzt gegen Zuwanderer aus »archaischen Kulturen«, in denen Genitalverstümmlung und Zwangsheirat an der Tagesordnung seien. Franziska Brantner sitzt in der ersten Reihe der Grünen-Fraktion, ihr schießen Tränen der Wut in die Augen. Hubertus Heil zitiert in einer Kurzintervention aus einer Rede von Kurt Schumacher aus dem Jahr 1932 und wirft Sichert »die Mobilisierung des menschlichen Schweinehundes« vor. Claudia Roth hat den Vorsitz, sie bezeichnet die Redefreiheit als höchstes Gut der Demokratie, stellt fest, dass Sichert mit seinem Beitrag »die Grenze des menschlichen Anstands in hohem Maße« überschritten habe, und rügt den Begriff »Blutgeldgesetz«. Die AfD johlt. Später bedankt sich eine Sozialdemokratin im Ältestenrat bei Roth für ihre entschiedene Intervention. Sicherts Rede nennt sie einen »Tiefpunkt in der Geschichte des Bundestages«.

Am 16. Mai 2019 erlebt der Bundestag etwas Unerhörtes. Stephan Brandner, damals noch Vorsitzender des Rechtsausschusses, attackiert in der Debatte zu 70 Jahre Grundgesetz vom Rednerpult aus den Bundespräsidenten. »Der Rechtsstaat erodiert, und das auf nahezu sämtlichen Ebenen. Fangen wir ganz oben an, beim Staatsoberhaupt. Guten Tag, Herr Steinmeier.« Frank-Walter Steinmeier sitzt auf der Zuschauertribüne. »Sie machten offen Werbung für linksextremistische Veranstaltungen … auf denen sogenannte Musikgruppen ihre primitiven Gewaltfantasien ausgelebt hatten … Und Sie haben Gratulationsschreiben an menschenverachtende, mörderische Regime gesandt. Ich meine den Iran.« Es ist ein ungeschriebenes Gesetz unter Abgeordneten, den Bundespräsidenten nicht öffentlich zu kritisieren, schon gar nicht im Bundestag. Der

AfD-Mann Brandner bricht mit diesem Gesetz – und das auch noch in Anwesenheit des Präsidenten. Spätestens da wird auch den Abgeordneten jenseits der AfD klar, was die Rechtspopulisten vorhaben: Sie nutzen die Bühne Bundestag, um die demokratischen Institutionen verächtlich zu machen.

»Brandner benimmt sich ganz systematisch wie Sau, ekelhaft«, sagt ein Abgeordneter über den AfD-Mann. Doch auch viele andere fallen aus dem Rahmen. Der Abgeordnete zählt auf: Rüpeleien und Pöbeleien im parlamentarischen Alltagsbetrieb; der Besuch inklusive Schießübungen des Abgeordneten Petr Bystron bei den Suidlanders, einer völkisch-rassistischen Organisation in Südafrika, die nur Weißen offensteht; eine Reise von Abgeordneten nach Aserbaidschan mit Ausflügen nach Bergkarabach; der Besuch bei Assad in Syrien. »Bei dieser Bilanz gibt es keinen demokratischen Grundkonsens«, sagt der Abgeordnete.

Zu Beginn der Legislaturperiode seien viele Kollegen seiner Fraktion bereit gewesen, einen AfD-Vizepräsidenten im Bundestag mitzutragen, um die AfD in ihrer selbst gewählten Opferrolle (»die Systemparteien schließen uns aus«) nicht zu bestärken. Doch nachdem sich die AfD im Bundestag »so benommen hat, wie sie sich benommen hat«, sei es damit vorbei. »Den Posten können sie sich abschminken.«

Ulla Schmidt hat einen ganz eigenen Grund für ihr Nein: »Meine Enkel gehen gegen Nazis, Rassisten und Antisemiten auf die Straße. Die AfD-Fraktion hat sich keinen Deut geändert, nie etwas zurückgenommen – da werde ich einen Teufel tun und einen AfD-Abgeordneten zum stellvertretenden Parlamentspräsidenten wählen. Nie im Leben!«

Angela Merkel war immer schon die Großmeisterin einer Politik ohne Worte. Probleme erkennen, auf Sicht fahren, und wenn mal wieder jemand eine große Rede einfordert – einfach ignorieren. Bis das nicht mehr geht, wie im Fall der Coronakrise. Die Politik ohne Worte trifft seit dem Einzug der AfD auf ein Parlament, in dem es zur Sache geht, auf einen Bundestag in Debattierwut. Wenn die Kanzlerin auf ihrem Kanzlerstuhl sitzt, gleich links neben dem Bundestagspräsidium, kann sie all das genau beobachten, sie hat den besten Platz. Sie sieht dann, dass sich ihr Stil überlebt hat.

Pünktlich auf die Sekunde trifft Christoph Weemeyer in einem Café unweit des Bundestages ein, Genauigkeit ist wohl Berufskrankheit eines Stenografen. Wofür steht das nun alles, die größeren Ausschläge, die heftigeren Erschütterungen, will man von Weemeyer wissen, dem Seismografen. Er schweigt. Und dann kann man zusehen, wie er darüber nachdenkt, wie sich ein verbeamteter Staatsdiener dazu äußern soll und wie nicht. Ein Erdmännchen-Alarm der anderen Art. Weemeyer sagt schließlich: »Es geht schon deutlich lebhafter zu als in der letzten Legislaturperiode.«

So kann man das sehen. Lebhafter und interessanter. Die Kehrseite dieser Bereicherung der politischen Debatte stimmt aber auch: Keine Fraktion im Bundestag und auch kein einzelner Abgeordneter hat bisher ein Rezept gefunden, die AfD dauerhaft zu schwächen. Oder den Hass, der von ihr ausgeht, einzudämmen.

13 »Das war ein super Gefühl«

Was Politiker antreibt:
über Erfolge in Bundestag und Wahlkreis

Umarmungen, Küsschen und überall nur Freudegesichter. Was für ein Tag! Was für ein Erfolg! Claudia Roth und Katrin Göring-Eckardt liegen sich in den Armen, auf ihren grünen Parteifreund Volker Beck regnet Konfetti herab, draußen, vor dem Brandenburger Tor, feiern etwa 300 Männer und Frauen, schwenken begeistert Fahnen in Regenbogenfarben im regennassen Sommerwind. Drinnen, im Bundestag, schneiden Martin Schulz, der SPD-Kanzlerkandidat, und Thomas Oppermann, der Fraktionsvorsitzende, zur Feier des Triumphes eine Torte an. Sie ist genauso schreiend bunt wie das Fahnenmeer draußen, auf ihrer Spitze thronen gleich zwei Hochzeitspaare, Bräutigam mit Bräutigam, Braut mit Braut. Elke Ferner, die Staatssekretärin im Familienministerium, hält dazu ein Plakat in die Luft, ähnlich verzückt wie Schulz und Oppermann sich über die Torte hermachen. »Wir geben der Ehe für alle unser Ja-Wort«, steht darauf, weiß auf rot. Ohne Rot geht gar nichts bei der SPD.

Zwar haben an diesem 30. Juni 2017, dem letzten Sitzungstag vor der parlamentarischen Sommerpause, die Grünen den Gesetzesentwurf in den Bundestag eingebracht. Doch auch die SPD hat jahrelang dafür gekämpft, Lesben und Schwulen die Ehe zu ermöglichen. Dass dieser historische Tag für die Gleichstellung möglich wurde, ist auch ihr Erfolg. So sehen das die Sozialdemokraten. Und das sogar in doppelter Hinsicht. Sie haben endlich erreicht, was sie seit Langem wollen. Außerdem sind in der Unionsfraktion die Konservativen stinksauer auf die Kanzlerin. Sie hat, in Abstimmung mit Fraktionschef Volker Kauder, die Abstimmung als Gewissensfrage deklariert, die Fraktionsdisziplin aufgehoben und damit den Weg für die »Ehe für alle« frei gemacht. Zu einer Ehe gehören Mann und Frau, nichts anderes, ätzen Merkel-Kritiker hinter den Kulissen. Dieser Zoff in der Union wird ihnen helfen, glauben die Sozialdemokraten. Die Ehe für alle wird ihrem darbenden Wahlkampf neuen Schwung verleihen, Schulz endlich wieder nach vorn bringen. Erfolg gebiert neuen Erfolg, das weiß man doch.

SPD-Fraktionsvize Achim Post feiert auch mit an diesem Tag. Der Genosse aus Ostwestfalen ist gesellschaftspolitisch ein überzeugter Liberaler. Am Tag nach dem Triumph fährt er mit dem Zug in seinen Wahlkreis, Minden-Lübbecke. Das Schützenfest steht an, da darf er nicht fehlen. Die Zeitungen berichten rauf und runter über die Ehe für alle, die Kommentare und Tweets in den sozialen Netzwerken sind fast durchweg positiv, genauso die Mails, die er erhält. Läuft. Denkt Post.

Auf dem Schützenfest sprechen ihn die Leute an, Post kennt man in Minden und Lübbecke, in Espelkamp und Porta Westfalica. »Was soll denn der ganze Zirkus?«, fragen sie. »Als wenn es nichts Wichtigeres gäbe, als dass Schwule jetzt heiraten dürfen?« Einer flachst ihn an: »Und? Heute schön Ehe für alle gemacht?« Darauf Post: »Genau – und jetzt mach' ich Pils für alle!« Lachen – Post ist nicht nur liberal, er ist auch schlagfertig. Doch die Skepsis gegenüber der Ehe für alle bleibt, nicht bei allen, aber bei einigen. Auch bei einigen Genossen.

Wenige Tage später treffen sich einige SPD-Mitglieder des Wahlkreises bei einem Genossen am Küchentisch. »Achim, mal was Ernstes«, sagt plötzlich einer von ihnen. Will der austreten?, denkt Post. Oder ist was mit seiner Frau oder seinen Kindern? »Mensch, Achim, du bist doch so ein ordentlicher Kerl«, fährt der andere fort. »Musstest du bei der Ehe für alle wirklich mit Ja stimmen?«

Die Übrigen äußern sich ähnlich: Hätte nicht die eingetragene Partnerschaft gereicht, so der Tenor. Müssen die denn jetzt auch noch heiraten? Niemand äußert sich negativ über Schwule oder Lesben, ganz im Gegenteil. Doch die Ehe für alle geht ihnen einen Schritt zu weit – wie vielen anderen auch. Für die anderen am Tisch ist sie schlicht und einfach kein wichtiges Thema.

Es sind zwar ausschließlich Männer, die dem Abgeordneten Post klarmachen, dass sie an der Basis längst nicht als Erfolg betrachten, was Fraktion und Parteispitze in Berlin als Großtriumph gerade feiern. Und die meisten von ihnen sind auch jenseits der 60. Das Problem ist nur: Genau das ist eine wichtige Kernklientel der SPD. Und wenn etliche Parteimitglieder in dieser Altersgruppe die Homo-Ehe schon für überflüssig halten – für was halten es dann diejenigen, die kein rotes Buch besitzen, auf dem SPD steht?

Was ist ein Erfolg in der Politik? Messbar ist der Erfolg an Wahlabenden, wenn um 18 Uhr mit der Schließung der Wahllokale die Prognose verkündet wird. Und zehn Minuten später die erste Hochrechnung über die Sender geht. Manchmal, eher selten, kann es sich über Stunden hinziehen, aber irgendwann weiß man: Das sind die Sieger, das die Verlierer. Aber sonst? Fraktionen legen Halbzeit- und Endbilanzen vor, Parteien – zumindest die in Regierungsverantwortung – listen akribisch auf, was sie von den Vorhaben, die sie am Anfang im Koalitionsvertrag vereinbart haben, am Ende umsetzen konnten. In der Regel fast alles. Und wenn sie dann mit diesen »Erfolgen« vor den Wähler treten, straft der sie ab. So jedenfalls ist es den Parteien der Großen Koalition mehrfach ergangen.

Grund dafür ist ein sehr eigentümliches Verhalten der Parteien, ihrer Fraktionen und Abgeordneten. Ein Beispiel: In ihren Regierungsjahren hatten sich CDU, CSU und SPD – jeweils nach harten Verhandlungen – unter anderem darauf geeinigt, einen Mindestlohn und ein Einwanderungsgesetz einzuführen. Als der Mindestlohn im Bundestag verabschiedet war, meckerten zahlreiche

Abgeordnete der Union weiterhin öffentlich daran herum: Bürokratiemonster, zu große Belastung für die Wirtschaft, wird Arbeitsplätze kosten, die Sozialdemokratisierung der Union schreite voran.

Nicht anders die SPD: Jahrzehntelang hatte sie für ein Einwanderungsgesetz gestritten. Als es endlich kam, ignorierten es weite Teile der Partei – und nicht wenige ihrer Abgeordneten im Bundestag – und stürzten sich stattdessen auf die Regelung, die es in einem Gegengeschäft mit der Union erst möglich gemacht hatte: eine schnellere Rückführung abgelehnter Asylbewerber. Unmenschlich, maßlos, Hau-ab-Gesetz, kritisierten sie, wie könne man als Sozialdemokrat einer solchen Regelung zustimmen?

Die Polarisierung der Gesellschaft spiegelt sich in den Parteien und Fraktionen wieder. Es zählt nur noch die eigene Position, jede Abweichung ist verdächtig, wer sich auf andere zubewegt, entfernt sich von der Wahrheit, Schritt für Schritt. Der Kompromiss markiert in diesem Denkgerüst nicht mehr den Wesenskern des politischen Prozesses, sondern den Verrat an der eigenen Überzeugung. Und da die Überzeugungen von Union und SPD über Jahrzehnte hinweg weit auseinanderlagen, quasi die Pole der politischen Auseinandersetzung bildeten, wird der Verrat als umso größer empfunden.

Am Ende die Ziele zu erreichen, die man sich am Anfang in einem Koalitionsvertrag setzt, kann in dieser Logik gar kein Erfolg sein. Da die Ziele ja schon die falschen waren. Sie stimmten ja nicht zu 100 Prozent mit dem eigenen Parteiprogramm überein. Längst nicht alle Mitglieder von Parteien denken so. Aber immer mehr.

Wenn Erfolge in der Regierung entweder von den eigenen Abgeordneten klein geschreddert (Mindestlohn, Einwanderungsgesetz) oder von der Basis gar nicht als Erfolge wahrgenommen werden (Ehe für alle), was sind dann die Erfolgserlebnisse der Abgeordneten?

Den ersten Triumph haben sie alle noch in lebhafter Erinnerung. Der Einzug in den Bundestag, die Expedition ins Zentrum des politischen Geschehens. Und ihnen wird immer im Gedächtnis bleiben, wie das damals war. Der Moment, als das Wahlergebnis feststand und die Glückshormone den Körper fluteten; als sich ins Hirn einbrannte: Ich fahre nach Berlin. Wie sie glaubten, nun wirklich mitgestalten zu können; wie sie dachten, dass alles nur ein Traum sei; wie sie fest davon überzeugt waren, die Welt läge ihnen zu Füßen – und sie würden sie nun verändern.

Ein ganz besonderer Triumph ist ein zweiter Einzug: die Rückkehr. Nachdem die FDP 2013 aus dem Bundestag vertrieben worden war, brachte sie der neue Parteivorsitzende Christian Lindner in einer gut dreijährigen One-Man-Show zurück an dessen Schwelle. Als die Listen für die Bundestagswahl 2017 erstellt werden mussten, sprach er sehr gezielt Parteifreunde an, die schon einmal im Bundestag gewesen waren, ob sie nicht erneut kandidieren wollten. »›Bin wieder dabei‹, sagten fast alle, zum Teil unter Verzicht exzellenter beruflicher Perspektiven und höherer Einkommen«, wie Lindner berichtet. Sein engster Vertrauter Marco Buschmann, der Finanzexperte Florian Toncar, der Sozialpolitiker und Ex-Chef der Jungliberalen, Johannes Vogel, der Haushälter Otto Fricke, der hessische FDP-Vorsitzende Stefan Ruppert: Sie alle entschieden sich für das Wagnis Rückkehr. Die FDP lag zum Zeitpunkt der Listenaufstellung zwar ein gutes Stück über den magischen fünf Prozent – aber sicher sein konnte sich in politisch instabiler Zeit niemand.

Es sei ihnen nicht um die öffentliche Aufmerksamkeit oder die vermeintliche Bedeutung gegangen, sagt Lindner: »Da war schon entschieden mehr Motivation als zwei Zeilen in der Zeitung.« Etwas anderes habe sie alle, ihn eingeschlossen, angetrieben: »›Das kann es nicht gewesen sein mit dieser Partei!‹ Diese Haltung hat die Leute motiviert zurückzukehren. Man will ja seine Überzeugungen nicht einfach in den Geschichtsbüchern abheften lassen. Wir wollten ein Comeback erleben! Dem wieder Bedeutung verschaffen, was wir für richtig und wichtig halten.« Als es gelungen war, als das Comeback Realität war, spürte Lindner »natürlich große Freude.

Noch größer war aber die Erleichterung. Hätten wir die Rückkehr nicht geschafft, wäre es das gewesen mit der FDP.«

Die Neulinge im Parlament, vor allem jene, die die Welt verändern wollen, müssen erst einmal lernen, dass es eine zeitraubende Angelegenheit ist, dieses Weltverändern. Und eine, die man nicht in den ersten Reihen des Plenarsaals beginnt. Eben noch war man der Held im Wahlkreis und jetzt wird man unter »ferner liefen« einsortiert. Wenn sie den Reichstag zum ersten Mal betreten und ihre Büros in der Umgebung beziehen, sehen die Neuparlamentarier schnell, dass ihnen nicht die Welt zu Füßen liegt, sondern vor ihnen eine Infobroschüre der Bundestagsverwaltung über Rechte und Pflichten eines Abgeordneten. Und es fluten auch keine Endorphine den Körper, wenn sie erkennen: Ich fange hier nicht als umjubelter Weltverbesserer an, sondern als König der Hinterbank.

Es ist eine Erkenntnis, die erdet und schnell wieder demütig macht.

Jeder Abgeordnete braucht Erfolg. Bleibt der aus, lässt die Motivation nach, wird er übersehen und übergangen – und am Ende nicht wieder gewählt. Es gibt ganz unterschiedliche Arten von Erfolg im Berliner Politikbetrieb, und es gibt sehr unterschiedliche Wege, ihn zu finden. Wer ihn sucht, kann sich an fünf Erkenntnissen orientieren:

1. Sturheit lohnt sich: Achim Post, der Genosse aus Minden-Lübbecke, ist seit 2012 auch Generalsekretär der Sozialdemokratischen Partei Europas, SPE. Er kennt die Parlamente von Kopenhagen bis Rom und von Lissabon bis Warschau nicht nur von innen, er weiß auch, wer dort aus welchen Gründen sitzt. »Bei uns in Deutschland«, so sagt er, »gibt es viel mehr politische Triebtäter als anderswo. Wir haben sehr viele Abgeordnete, die wirklich für ihre Sache brennen.«

So wie Sascha Raabe aus Posts Fraktion. Durch die Hungerkatastrophe in Äthiopien 1984 politisiert, wurde die Entwicklungszusammenarbeit Raabes Lebensthema. Als er in den Bundestag kam, wollte er in den Ausschuss für Wirtschaftliche Zusammenarbeit und Entwicklung (AWZ) – und nur in den und keinen anderen, auch in keinen zusätzlichen. Er wusste, dass er einen langen Atem brauchen würde, und fing an zu kämpfen und zu nerven. Mehr Geld für die Armen, warum erfüllen wir nicht das erklärte Ziel, 0,7 Prozent des Bruttonationaleinkommens für die Entwicklungszusammenarbeit auszugeben? Wo bleibt die versprochene Finanztransaktionssteuer? Raabe gab keine Ruhe, nicht beim Fraktionsvorstand, nicht beim eigenen Wirtschafts-, nicht beim SPD-Finanzminister. Aus Protest gegen die zögerliche Haltung seiner Partei und die unzureichende Finanzierung im Koalitionsvertrag legte er 2014 den Posten als entwicklungspolitischer Sprecher seiner Fraktion nieder, stand am Ende aber als Sieger da. Von 2002 an, als Raabe in den Bundestag kam, bis 2020 stieg der Entwicklungsetat von 3,6 auf 10,9 Milliarden Euro. Auch ein Verdienst des SPD-Mannes aus Hessen: »Ich schätze, dass ich davon mindestens eine Milliarde Euro persönlich für die Ärmsten der Armen erkämpft habe.«

Einen langen Kampf führte Raabe auch an einer anderen Front: Er trat dafür ein, den Handel mit sogenannten »Konfliktmineralien« zu verbieten. Dabei handelt es sich um Edelmetalle, häufig ohne jede Sicherheitsvorkehrungen gefördert von Kindern und Zwangsarbeitern in Bürgerkriegsgebieten. Die Mineralien tragen dazu bei, genau diese Kriege zu finanzieren. Raabe setzte das Thema – anfangs gegen den Widerstand des damaligen Wirtschaftsministers Sigmar Gabriel – in seiner Fraktion durch. 2021 tritt nun in Deutschland eine EU-Verordnung in Kraft, die den Import von Zinn, Wolfram, Tantal und Gold nur noch aus zertifizierten Minen gestattet. Für Raabe das Ende einer langen Reise.

Während dieser Reise hat Raabe viel Frust wegstecken müssen: »Ich hätte mir nicht vorstellen können, dass ich für meine Position zwar auf jedem SPD-Bezirks- und Bundesparteitag eine Mehrheit finde – mir dann aber die eigenen Minister und Staatssekretäre Knüppel zwischen die Beine werfen.« Immerhin, Raabe überzeugte die Fraktion, irgendwann machte sich auch Gabriel in Brüssel für das Thema stark, die EU verabschiedete ihre Verordnung. Raabe hat die Welt vielleicht nicht erobert, aber er hat sie ein Stück besser gemacht. Davon ist er überzeugt. Die Verordnung, die erstmals menschenrechtliche Sorgfaltspflichten im Handel mit heiklen Mineralien vorschreibt, sei deutlich wirkungsvoller als eine Handvoll neuer Brunnen: »Ja, das sind Erfolge – aber sie sind sehr hart erkämpft.«

Eine Schwester im Geiste findet Raabe in der CSU-Abgeordneten Emmi Zeulner. 2013 kam die gelernte Krankenschwester in den Bundestag und kämpfte fortan für ihr Herzensthema, die Gesundheitspolitik. Es gab Widerstände und Rückschläge, lange Diskussionen und unentwegtes Nachhaken, aber auch sie zieht eine positive Bilanz: Es habe im deutschen Gesundheitswesen in den vergangenen Jahren einige Verbesserungen gegeben, »an denen ich meinen Anteil hatte«. So kämpfte sie – lange vor Corona – dafür, dass der Pflegebereich aus der Fallpauschalen-Regelung herausgenommen wurde. Wodurch die Pflege heute nicht mehr das Sparschwein des Gesundheitswesens ist. Zeulner gehörte zu denen, die das Hospiz- und Palliativgesetz initiierten. Dass sie sich durchsetzen kann, zeigte sie auch bei der Landarztquote, für die sie von Anfang an kämpfte und die auf ihre Initiative hin in den Gesundheitsausschuss kam. Auch wenn sie auf heftigen Widerstand der Standesorganisation »Marburger Bund« stieß, wurde die Landarztquote Anfang 2017 erfolgreich beschlossen.

Manchmal, wenn sie sich grämt, dass ihre Änderungsvorschläge wieder durchgefallen sind, rufen ihr Kollegen den gut gemeinten Rat zu, sie solle sich doch freuen, wenn es ihr gelinge, drei Sätze in einem Gesetzentwurf zu verändern. Das sei doch eine gute Quote bei all den Entwürfen, die im Gesundheitsministerium verfasst würden und das Parlament kaum verändert passierten. »Ich kann mich doch nicht über kleine Veränderungen freuen, wenn ich das Ganze für nicht ausreichend halte«, sagt Zeulner dazu. Als Überzeugungstäterin gibt man sich mit »ein bisschen was« nicht zufrieden – sonst wäre man ja keine.

Zeulner ist aber nicht nur überzeugte Gesundheits-, sondern auch noch eine begeisterte Kommunalpolitikerin. »Die Kommunalpolitik nach Berlin tragen – mit dem Anspruch ist sie einst vom fränkischen Kulmbach in die Hauptstadt aufgebrochen. Und Gelder aus Berlin nach Kulmbach fließen lassen gehört auch dazu. Braucht man in Franken einen Autobahnanschluss, hilft es natürlich, wenn der Verkehrsminister ein CSU-Mann ist. In ihrem Wahlkreis wurde ein Bahnhof mit Bundesmitteln barrierefrei umgebaut, ein historisches Rathaus saniert und ein Tunnelprojekt finanziert. Was sie für die Palliativmedizin, für den Pflegebereich oder die Hebammen zu erkämpfen versucht, bekommt im Wahlkreis kaum einer mit. »Darüber berichtet niemand. Zu Hause interessiert nur, was ich für den Wahlkreis erreiche.« Immerhin, das war nicht wenig.

Sich für eine Sache begeistern und dann alles geben, um sie umzusetzen: In diese Kategorie gehört auch der ehemalige Grünen-Abgeordnete Gerhard Schick. Wobei es bei Schick weniger um die Begeisterung für eine Sache ging als um die Empörung über einen Charakterzug: Gier. Genauer gesagt: Schick empörte sich über das ungenierte Finanzgebaren von Banken, Börsenmaklern und Anwälten, über Steuertricksereien in Milliardenhöhe zum Wohle derer, die ohnehin schon alles haben. Immer hartnäckig, manchmal auch quälend stellte Schick im Cum-Ex-Untersuchungsausschuss Nachfrage auf Nachfrage. »Da haben wir viele Sachen herausgearbeitet – das hat sich in jedem Fall gelohnt«, sagt er im Rückblick. Dass sich irgendwann Staatsanwälte und Richter intensiv und ausdauernd mit den milliardenschweren Finanztransfers beschäftigten, hatte jedenfalls viel mit Schicks Penetranz zu tun. Sein Resümee: »Wenn du insgesamt so viel erreichst, bereust du nachträglich auch die zähen Stunden nicht, die du umsonst über Akten gesessen, in denen du nichts gefunden hast. Das gehört halt dazu.«

Es liegt schon ein wenig zurück, aber etwas erreicht haben auch

jene Abgeordneten von SPD und Grünen, die um die Jahrtausendwende das Erneuerbare-Energien-Gesetz verfassten und es durch
den Bundestag brachten. Und auch jene, die sich 2004 daranmach-
ten, die erste Novelle des EEG zu formulieren. Noch heute schwär-
men sie davon, so wie Marco Bülow. »Das war ein super Gefühl, das
haben wir damals aus dem Parlament heraus gemacht.« Sie hatten
in der Opposition und in Wirtschaftsminister Wolfgang Clement,
damals SPD, schwergewichtige Widersacher. Aber Hermann Scheer,
der erfahrene Anführer der Energiewende-Protagonisten, kannte
das Handwerkszeug des Abgeordneten. Also bauten sie absichtlich
Schwachstellen in das Gesetz ein, Bestimmungen, von denen sie
nicht überzeugt waren, die ihre Wirkung aber nicht verfehlten.
»Sonst hätten wir die Mehrheit nicht bekommen«, sagt Bülow.
»Scheer wusste genau, welche Bündnisse er suchen und schmieden
musste.« Um etwa die Kohleländer Saarland und Nordrhein-Westfalen einzubinden, wurde erstmals das Grubengas vergütet. Eine
teure Zusage, die allerdings ihren Zweck erfüllte. Das EEG wurde
verlängert, fürs Grubengas fließt bis heute viel Geld.

2. Wenn du reden kannst, rede! Cem Özdemir ist hoch gestiegen
und tief gefallen. Er war Chef der Grünen, wurde 2017 Vorsitzender des Verkehrsausschusses, scheiterte 2019 mit einer Kandidatur
zum Fraktionsvorsitz.

Özdemir ist einer für den Nahkampf, jemand für die besonderen Momente im parlamentarischen Alltag. Zum Beispiel als er
2016 fast im Alleingang dafür sorgte, dass der Bundestag den Mas-
senmord an den Armeniern Völkermord nannte. Alle hatten ihm
geraten: Lass es, dafür gibt es keine Mehrheit! Özdemir blieb stur,
suchte die Unterstützung der Kirchen und hatte schließlich im Parlament eine große Mehrheit auf seiner Seite – gegen den erklärten
Willen der Kanzlerin und des damaligen Außenministers
Frank-Walter Steinmeier. »Das war wie sechs Richtige im Lotto«,
sagt er im Rückblick. »Es hat aber auch gezeigt: Mit Hartnäckigkeit
und persönlichem Engagement kann man was bewegen.«

Es ist nicht nur dieses inhaltliche Getriebensein wie bei Raabe, Zeulner oder Schick, das bei Özdemir den Kick ausmacht. Es ist auch der Wunsch nach öffentlicher Aufmerksamkeit. Die Kurden könnten die Kämpfer des IS nicht mit »der Yogamatte unter dem Arm« bekämpfen, dafür bräuchten sie schon Waffen. Diesen Satz ließ Özdemir 2014 im Nordirak fallen. Kaum ein deutsches Medium, das den Satz nicht verbreitete.

Im Umgang mit Medien macht Özdemir so schnell niemand etwas vor. Für andere ist ein Bundestagsauftritt schon dann ein Riesenerfolg, wenn sie drei Sätze davon am Abend in der *Tagesschau* wiederfinden. Ein Triumph ist für sie auch, wenn sie bei einem Dreh der *heute-show* schlagfertig kontern können. Oder wenn ein eigener Tweet im Netz viele Tausend Male geteilt wird. Özdemir reicht das nicht, Özdemir ist anspruchsvoller. Für ihn ist ein Bundestagsauftritt erst dann gelungen, wenn er in der *Tagesschau* landet, in der *heute-show* imitiert und im Netz zum viralen Hit wird. So wie es ihm im Februar 2018 gelungen ist, als er vom Rednerpult aus die AfD zerlegte. Er polterte dabei nicht plump und platt gegen die Rechtspopulisten, er verteidigte, hochemotional, aber zugleich scharf argumentierend, was er durch die AfD gefährdet sah: die Pressefreiheit. Ein ähnliches Kunststück brachte der junge Philipp Amthor hin, bei einem ähnlichen Thema: Er durfte die Normen des Grundgesetzes gegen das »Halbwissen« der AfD verteidigen: »Sie zu kennen ist etwas völlig anderes, als sie zu verstehen.«

»Opposition ist Mist«: Mit diesem Satz hat Franz Müntefering einst formuliert, was die allermeisten Abgeordneten empfinden. Besonders die in der Opposition. Sie empfinden das Zweiklassensystem jeden Tag, und sie sehen jeden Tag, dass sich auf dem Sonnendeck gerade andere tummeln: weniger Redezeit, weniger Interviewanfragen, vor allem aber keinerlei Gestaltungsmöglichkeiten. Ihre Initiativen, Ideen und Anträge werden von den Regierungsfraktionen routiniert abgeblockt.

Ihre Gesetzentwürfe können noch so klug, durchdacht und weitsichtig sein – sie werden im ritualisierten System Bundestag nie eine Mehrheit erhalten. Selbst wenn der Antrag stichhaltig und überzeugend ist, wird ihn eine Regierungsfraktion einfach gleichlautend unter eigenem Label einbringen. »Im Prinzip arbeitest du immer auf Halde«, sagt die ehemalige Grünen-Abgeordnete Kerstin Andreae, die noch andere Zeiten kennt – vor 2005 war auch sie Mitglied der Grünen-Regierungsfraktion. »Du bedienst eine Community mit deinen Ideen, du versuchst, die Regierung zu treiben, du arbeitest für den Zeitpunkt, wenn du mal wieder regierst. Aber es ist sehr mühsam.«

Eine große Bühne immerhin steht auch den Oppositionsparlamentariern zur Verfügung: die Bundestagsdebatte, der Schauplatz der politischen Auseinandersetzung. Es muss dort nicht immer gegen die AfD gehen, um aufzufallen. Es gibt eine ganze Reihe von Abgeordneten aus der Opposition, bei denen es ruhiger wird im Plenarsaal, sobald sie ans Mikrofon treten. Dann hören auch die Kanzlerin und die Minister auf, in ihren Unterlagen zu blättern, und wenden den Kopf Richtung Rednerpult. Bei Christian Lindner ist das der Fall, bei Sahra Wagenknecht von der Linken und auch bei Jürgen Trittin und Cem Özdemir von den Grünen. Aber auch ein Parlamentsneuling wie der niedersächsische FDP-Abgeordnete Konstantin Kuhle hat sich als Redetalent schon einen Namen gemacht. Leider gilt aber heute nicht mehr für alle Abgeordneten, was einst der Unionsfraktionsvorsitzende Rainer Barzel seinen Bundestagsfrischlingen mit auf den Weg gab: »Reden können Sie alle, sonst wären Sie ja nicht hier. Jetzt müssen Sie zuhören lernen.«

»Kopftuchmädchen und Messermänner«, »in Anatolien entsorgen«, »ich will Sie abschaffen«: Die Reden der AfD-Abgeordneten dienen vor allem einem Zweck: die Abgeordneten der anderen Fraktionen so zu provozieren, dass sie sich in ihren Beiträgen erst einmal an ihr abarbeiten, bevor sie zum Thema sprechen. Das beschert der AfD genau die Aufmerksamkeit, die sie sucht. Denn die

AfD nutzt einen Trend, der Demokratien, nicht nur die deutsche, gefährdet: In der hochmedialisierten Gesellschaft zählt Aufmerksamkeit mehr als Wahrheit. Wenn sich die anderen an den Rechtsnationalen abarbeiten, hat die AfD Erfolg.

Neben feurigen Reden stehen Abgeordneten der Opposition noch andere erfolgversprechende Mittel zur Verfügung: Sie können kleine und große Anfragen zu den verschiedensten Themen stellen und so öffentlichkeitswirksam Schwachstellen im Regierungshandeln aufzeigen. Und sie können bei größeren Unstimmigkeiten und Skandalen Untersuchungsausschüsse verlangen. Etwa, wenn es um Versäumnisse der Sicherheitsbehörden bei den Verbrechen der Terrorgruppe »Nationalsozialistischer Untergrund« geht. Oder wenn ein Verkehrsminister Hunderte von Millionen Euro für ein von Beginn an absurdes Mautprojekt ausgibt. Oder wenn Berater das Verteidigungsministerium mehrfach dahingehend beraten, dass das Ministerium noch viel mehr Beratung braucht und der Steuerzahler für immer neue, kostenträchtige Verträge aufkommen soll. Dann geht es aber weniger ums gute Reden, sondern ums geschickte Fragen.

Untersuchungsausschüsse tagen in aller Regel monatelang und unter reger Medienbeteiligung. Ausschussvorsitzende können sich durch eine souveräne Leitung hervortun, Oppositionspolitiker durch solides Wissen in der Sache und kluge, scharfe Fragen an Zeugen, Sachverständige und Angeschuldigte. Ein bedeutender Erfolg wäre es aber erst, wenn ein Minister stürzte und dessen Partei dauerhaft beschädigt wäre. Aber das passiert in der Regel nur in den Köpfen der Antragsteller, bevor es losgeht. Danach fast nie.

3. Kleine Siege sind auch Siege: Wer ein paar Jahre dabei ist, weiß, was der parlamentarische Alltag selbst für jene zu bieten hat, die es in der Hierarchie schon ein paar Stufen nach oben geschafft haben: viel Graubrot und wenig Spektakuläres. »Du musst die eigenen Truppen sammeln, das kann schon schwierig sein, du musst dich mit dem Koalitionspartner verständigen, mit den Ministerialbeamten, die dich immer nur für Sand im Getriebe halten und dich ohnehin nicht ernst nehmen. Du musst dich vor einer breiten Öffentlichkeit rechtfertigen und vor einer kritischen Partei.« So erzählt es ein Abgeordneter einer Regierungsfraktion mit jahrelanger Erfahrung im Gepäck.

Schon rein fachlich sei es angesichts der zahlreichen Aufgaben häufig anspruchsvoll, sich stets auf Höhe der aktuellen Diskussion zu halten. »Der Sprecher eines Arbeitskreises ist eigentlich ein wandelnder Vermittlungsausschuss: Er muss die verschiedenen Interessen im eigenen Laden zusammenhalten, er muss sondieren, was beim Koalitionspartner los ist, und er muss natürlich immer auch seine Wähler im Auge behalten. Manchmal ist unter diesen Umständen wichtiger, dass überhaupt etwas zustande kommt, als das, was zustande kommt.« Besser sei man natürlich dran, wenn die eigene Partei an der Regierung beteiligt ist: »In der Opposition arbeitest du allein für den Papierkorb, als Regierungsfraktion kotzt du dreimal die Woche, aber du machst wenigstens ein Gesetz.«

Der Normalfall sind in einem solchen Alltag letztlich die kleinen Siege, die geräuschlosen Erfolge, die Ergebnisse ohne Fanfarenklänge – die selbst die medialen Beobachter kaum wahrnehmen. Dank und Lob gehören dazu. Etwa wegen einer geschickten Verteidigungsstrategie im Untersuchungsausschuss. Wenn es gelungen ist, die eigenen Leute, zumeist Minister und Staatssekretäre, mit einer Schutzmauer zu umgeben. So wie damals, 2007, im Kurnaz-Untersuchungsausschuss um den damaligen Außenminister Frank-Walter Steinmeier: »Die Devise war, ihn möglichst vor Schaden zu bewahren«, erinnert sich ein Parteifreund Steinmeiers, der dem Gremium angehörte. »Er hat sich später persönlich bedankt, er wusste genau, wer ihm den Arsch gerettet hat.«

Und wenn Steinmeier einen nicht lobt, lobt man sich halt selbst: »Im Visa-Untersuchungsausschuss 2005 ist es uns gelungen, nichts anbrennen zu lassen«, sagt ein Mitglied von damals. Kleine Erfolge sind nun mal nicht besonders groß.

Einen eher inneren Triumph feierte die Berliner Abgeordnete Cansel Kiziltepe, als Wohnen und Mietpreise 2019 plötzlich ein Großthema wurden. Für Kiziltepe war es das schon im Wahlkampf 2017. »In der Fraktion hat das anfangs überhaupt keine Rolle gespielt. Mittlerweile redet ganz Deutschland darüber – und ich habe es mitinitiiert.« So wie die Novellierung des Gewerbemietrechts mit Verbesserung für Künstler, Clubs und Kleinstgewerbler – auch daran hatte Kiziltepe ihren Anteil. Es weiß nur niemand. Aber das Gefühl, ein Thema frühzeitig erkannt und auf die Agenda gesetzt zu haben, kann für Abgeordnete eine Art Sauerstoffdusche sein.

Es gibt Parlamentarier, die kümmern sich um das deutsch-amerikanische Verhältnis, den Klimawandel oder die europäische Finanzarchitektur. Und es gibt Abgeordnete, die Experten für die Binnenschifffahrt, die Flugüberwachung oder die Wertstoffverordnung sind. Ob nun bedeutend oder nachrangig: Die Mechanik ist immer und in allen Fraktionen die gleiche: Der Berichterstatter trägt in seiner Arbeitsgruppe vor, und die Arbeitsgruppe erarbeitet dann eine Abstimmungsempfehlung für die gesamte Fraktion. »Wenn du deine Sache als Berichterstatter gut machst«, berichtet ein erfahrener Mitarbeiter, »bekommst du viel Lob von der eigenen Truppe.« Und da oft junge Abgeordnete in dieser Funktion ihre erste Chance zur Profilierung bekommen, sei das nicht zu unterschätzen: »Das tut gut und ist ein Momentum, das man für sich nutzen kann.«

Von einem Erfolg ganz eigener Art erzählt ein Abgeordneter aus Nordrhein-Westfalen. In seinem Wahlkreis habe er Diskussionsrunden zum Klimawandel anbieten müssen, da ja nun alle vom Klima reden. »Da kamen dann die 63 selbst ernannten Klimaexperten aus meinem Wahlkreis zusammen – und jeder von denen hatte jedes Klimaabkommen, das jemals geschlossen wurde, sieben Mal gelesen. Die wussten alle tausendmal mehr über Klimapolitik und Klimawandel als ich. Fachlich konnte ich da gar nicht mithalten.« Wie er das überlebt habe? »Mit Frechheit und einer raschen

Auffassungsgabe, beides hab' ich.« Die Diskussion sei »super« gelaufen. »Und als ich nach Hause gegangen bin, habe ich mich gefühlt wie King Karl.« Aus gutem Grund: »Ich war echt nicht schlecht.«

Nicht sich selbst, sondern seine Partei lobt Sören Bartol. Als die umstrittenen, milliardenschweren Griechenland-Hilfen 2011 im Bundestag abgestimmt werden sollten, verzichtete die SPD auf die ritualisierte Verweigerungshaltung gegenüber einer Regierung, der man nicht angehört. Union und FDP hatten 2009 eine schwarz-gelbe Koalition gebildet, die SPD war in der Opposition. Und stimmte dennoch für die Hilfen. »Es war eine historische Leistung, aus der Opposition heraus den Euro zu retten. Darauf bin ich bis heute stolz«, sagt Bartol. Jede andere Partei, so glaubt er, hätte eine strikte Vetohaltung eingenommen. »Schwarz-Gelb wäre vorzeitig gescheitert, und das hätte eine Kettenreaktion ausgelöst. Wer weiß, wo wir heute stehen würden, hätten wir da nicht mitgemacht. Dann hätten wir ein anderes Europa!«

4. Nicht auf dicke Hose machen – jedenfalls nicht immer: Hans-Jürgen Wischnewski, der Mann, der Jahre später, 1977, bei der Geiselbefreiung in Mogadischu, eine entscheidende Rolle spielen sollte, war als junger Abgeordneter schon ehrgeizig. Als Frischling wollte er unbedingt in den Auswärtigen Ausschuss, woraufhin Fraktionschef Herbert Wehner meinte: »Aus Köln haben sie uns einen Verrückten geschickt.« Als Wischnewski kurz darauf im Plenum weiter vorn sitzen wollte, sagte Wehner: »Wenn du in der Fraktion weiter vorne sitzen willst, darfst du nicht Wischnewski heißen, sondern Arschloch.«

Nun, die Lehre, die heutige Abgeordnete aus den frühen Erfahrungen von »Ben Wisch« ziehen sollten, lautet: nicht zu sehr auf dicke Hose machen. Viele Abgeordnete aller Fraktionen plustern sich im Wahlkreis gern auf: »Das kläre ich mit der Kanzlerin«, »Habe einen Superdraht zu Olaf«, »Ich sehe ja nächste Woche den Robert und die Annalena«, »Christian Lindner und ich« …

»Alles Schrott«, meint einer, der auch »all die Phrasen« zu kennen vorgibt, mit denen Abgeordnete auf die Wünsche aus dem Wahlkreis reagierten, sei es wegen der Umgehungsstraße, des Lärmschutzes, einer unregelmäßigen Müllabfuhr oder eines nervigen Nachbarn: »Ich bleibe am Ball«, »Ich übe Druck aus«, »Ich sorge dafür, dass ...« Alles Mist, solche Phrasen, meint der Mann, der das alles kennt. »Handlungsillusion nenne ich so was.« Die geschätzten Kollegen wollten doch nur den Eindruck erwecken, sie seien toll und wichtig, hätten etwas zu sagen. »Die Abgeordneten, die draußen, in ihrem Wahlkreis, einen auf dicke Nummer machen, sind genau die, bei denen ich mich in der Fraktion immer frage: Wann melden die sich denn mal? Die haben doch das ganze Jahr noch nicht die Hand gehoben!« Solche Illusionskünstler seien aber leicht zu durchschauen, Heldenspielen zu Hause und Duckmäusertum in Berlin sei heute kein Erfolgsrezept mehr.

»Wenn mir jemand mit einem Anliegen kommt, von dem ich weiß, das es nichts wird, dann sage ich ihnen das auch ganz klar. Die sind dann zwar nicht immer erfreut, sehen aber, dass man ehrlich ist. Ich verspreche nichts, was ich nicht halten kann.« Dadurch bauten die Leute Vertrauen auf. »Und das ist doch der größte Erfolg, den man in der Politik haben kann: dass die Menschen einem vertrauen.«

Es gibt andere Abgeordnete, die das mit der dicken Hose etwas anders sehen. Sie sind fest davon überzeugt, dass sie nützt. Einer von ihnen hat nach der jüngsten Bundestagswahl mit Macht darauf gedrängt, in den Verkehrsausschuss zu kommen. Er war zwar längst anerkannter Experte für ein ganz anderes Fachgebiet, aber es musste der Verkehrsausschuss sein. Er wusste: In seinen Fachausschuss schickt ihn die Fraktionsführung sowieso, sie kommt gar nicht an ihm vorbei. Also hatte er Verhandlungsmacht: Ok, ich gehe dahin, wo ihr mich haben wollt – aber nur, wenn ich auch stellvertretendes Mitglied im Verkehrsausschuss werde. So kam es. In seinen Pressemitteilungen steht dann immer: »Mitglied im Verkehrsausschuss und …« – und zwar in der Reihenfolge. »Bei Verkehr denken die Leute immer: Das bringt uns was«, weiß der Mann, der viel kennt. Und jedes Mal, wenn in seinem Wahlkreis etwas gebaut oder etwas eingeweiht wird, vor dem ein Schild mit der Aufschrift »Bundesrepublik Deutschland steht«, ist der Abgeordnete da. Und lässt sich für Erfolge feiern, für die er wenig getan hat. Auch ein Erfolg.

5. Vertrockne nicht! Auf Dauer an zwei Enden so zu brennen, wie man am Anfang gebrannt hat, und auf der Strecke nicht auszubrennen, ist eine der größten Herausforderungen für jeden einzelnen Abgeordneten. Um die zu bestehen, braucht es nicht immer weitreichende Gesetze oder fette Schlagzeilen, weder das Lob der anderen noch einen besonderen Coup. Manchmal sind es auch einfach besondere Momente, die einen noch mal erkennen lassen, warum man das macht, was man macht.

Sören Bartol engagierte sich in Cölbe bei Marburg für eine elfköpfige togolesische Familie. Die Mutter und alle Kinder waren nach 13 Jahren in Deutschland nach Togo abgeschoben worden, der kranke Vater verblieb in Hessen. Bartol erreichte nach Jahren immerhin, dass die Mutter und der jüngste Sohn nach Deutschland zurückkehren durften. Bartol besorgte ihr einen Job, damit sie den Lebensunterhalt für die geschrumpfte Familie bestreiten konnte. »Ganz schlimm«, sagt er, »es war ein jahrelanger Kampf, ganz schwierig und ganz harte Arbeit.« Bringt das Stimmen? Nur bedingt, aber für Bartol sind solche Fälle Antrieb weiterzumachen, dabeizubleiben in der Politik. Sein Einsatz hat sich nicht nur für die Familie aus Togo gelohnt, sondern auch für ihn selbst. Motiviert zu bleiben, das ist auch ein Erfolg.

Dass es Cansel Kızıltepe mit ihrem Migrationshintergrund in den Bundestag geschafft hat, ist für ihre türkische Community in Kreuzberg schon per se ein Sieg. In ihrem Berliner Wahlkreis Friedrichshain-Kreuzberg gibt es einen Schuhmacher, den Kızıltepe sehr schätzt und dem der Vermieter eine Kündigung zukommen ließ. Kiziltepe schrieb den Vermieter an und auch die zuständige Behörde, machte den Fall öffentlich – und am Ende durfte der Schuster bleiben. Manchmal sind es solch kleine Geschichten, die über den Erfolg oder Misserfolg von Abgeordneten entscheiden. Für ihre Wähler sind es oft große Ereignisse.

Ob sich der Einsatz auszahlt und die vermeintlichen Erfolge an irgendeiner Stelle einzahlen, weiß man erst am nächsten Wahltag. Über vier Jahre zu halten, was man im Wahlkampf versprochen hat, ist jedenfalls keine Erfolgsgarantie. Cansel Kiziltepe hatte in ihrer Kampagne 2013 zugesagt, Kampfeinsätzen der Bundeswehr im Ausland nicht zuzustimmen, gegen die Aushöhlung des Grundrechts auf Asyl anzukämpfen, sich für eine strengere Kontrolle der Finanzmärkte einzusetzen oder die Leih- und Zeitarbeit einzuschränken. Sie war oft die Minderheit in ihrer Fraktion. 2020 zieht sie ein eher zweifelndes Fazit: »Dass ich meine Versprechen aus dem Wahlkampf 2013 alle eingehalten habe, hat sich bei der Wahl 2017 null niedergeschlagen. Wahrscheinlich haben die Leute das gar nicht mitbekommen – oder nur ein sehr, sehr kleiner Teil. Schon frustrierend ...«

14 »Die Demütigung, die du empfindest, ist gigantisch«

Niederlagen in der Politik: objektiv Normalität, emotional eine Katastrophe

Der Morgen danach. Nina Hauer steht in ihrem Badezimmer vor dem Spiegel. Müde, erschöpft, zerbrochen. »Jetzt nur nicht hängen lassen«, hämmert sie sich ein, »keine Jogginghosen!« Der Kopf ausgefegt, der Körper, die Arme, alles bleiern schwer. Sie schickt einen Ordnungsruf an sich selbst: »Ich bleibe nicht liegen, ich stehe auf, schminke mich und ziehe mein Abgeordneten-Outfit an. Nicht heulen, nicht jammern – nur geradeaus gehen.« Sich zusammenreißen, funktionieren! In der Küche warten schon zwei Mitarbeiter. Sie haben gerade ihren Job verloren. So wie Nina Hauer auch.

Es ist der Morgen nach dem 27. September 2009. Nach der Nacht, die für Dutzende Politiker die Lebensplanung zerstört hat. Wie das bei jeder Bundestagswahl passiert – Hauer weiß das. Nur ist es etwas ganz anderes, wenn man plötzlich selbst betroffen ist.

Ein zerstörter Lebensplan im Alter von 41 Jahren.

Nina Hauer ist raus aus dem Bundestag. Dreimal haben sie die Wähler in der hessischen Wetterau per Direktmandat ins Parlament geschickt. Jetzt nicht mehr. Niederlagen? Mit der SPD hatte sie welche erlitten, klar. Aber persönlich? Niederlagen waren doch etwas, das immer nur anderen passierte. Bis zu diesem Tag.

Will ich überhaupt weitermachen mit der Politik? Kommt die

FDP wieder oder war es das mit ihr, verschwindet sie in den Geschichtsbüchern und wird vergessen? Solche Fragen beschäftigen Johannes Vogel in den Tagen nach dem ersten Schock, in der Zeit, als sich das Entsetzen darüber allmählich legt, dass seine Partei tatsächlich rausgewählt wurde aus dem Bundestag. Binnen vier Jahren sind die Liberalen von 14,6 Prozent, ihrem Rekordergebnis bei landesweiten Wahlen, auf 4,8 Prozent abgestürzt – und das, obwohl sie an der Seite von CDU und CSU regiert haben, in ihrer Traumkoalition Schwarz-Gelb. Unfassbar. Eine Niederlage, die niederschmettert.

Im Herbst 2013 ist Vogel gerade mal 31 Jahre alt, hat aber bereits erfahren, wie es sich anfühlt, Parlamentarier zu sein, Politik ganz oben, im Bundestag, mitzugestalten. Wie die Annehmlichkeiten wie Freifahrten und Mitarbeiter, die den Alltag wegorganisieren allmählich zu Selbstverständlichkeiten werden. Und er weiß, wie es ist, als junger Mann mit großer Perspektive zu gelten. Und plötzlich: draußen. Irrelevant. Kaum noch Anrufe, keine Einladungen mehr, keine Termine. Ein Abgeordneter wird abgehakt.

Eine strahlende Zukunft, die nicht kommen wird.

Wie weiter? Vogel sondiert erste Joboptionen, als er sich mit einem guten Freund trifft, den er seit Schulzeiten kennt. Spring nicht zu schnell in was Neues rein, rät der ihm. Entscheide dich nicht sofort; gehe noch mal auf Abstand zu allem und auch zu dir; du wolltest doch immer schon mal länger ins Ausland, die Politik hat das immer verhindert, wann, wenn nicht jetzt? Vogel nimmt den Rat an und haut erst mal ab, weit, weit weg. Nach China.

Treue ist zwar ein feiner Charakterzug, den Konservative sehr schätzen. Doch für den konservativen Volker Kauder ist er an diesem Septembertag 2018 ein Problem. Seit 13 Jahren, seit dem Wahlsieg 2005, bildet er mit Angela Merkel ein machtpolitisches Paar, sie als Kanzlerin, er als Fraktionsvorsitzender. Es grummelt zwar hier und da unter den Abgeordneten, Kauder sei zu brav, beschränke sich zu sehr darauf, den Willen der Kanzlerin umzusetzen, und lasse der Fraktion zu wenig Raum, als eigenständige Kraft zu wirken. Aber das ist nicht das eigentliche Problem des Volker Kauder.

Sein eigentliches Problem besteht darin, dass sich in der Fraktion Unmut gegen die Kanzlerin aufgestaut hat – seit Längerem bereits wegen ihrer Flüchtlingspolitik und zuletzt wegen ihres quälenden Zauderns in der Affäre um den Verfassungsschutzpräsidenten Hans-Georg Maaßen. Nun will dieser Unmut raus, will sich zeigen. Bei der routinemäßig anstehenden Wahl des Fraktionsvorsitzenden tritt gegen Kauder Ralph Brinkhaus an, ein geschätzter Finanzfachmann, aber ohne große Hausmacht. Wer Brinkhaus wählt, das ist im Vorfeld klar, zielt auf Merkel. Und so geschieht, womit nur wenige gerechnet haben: Der Zorn entlädt sich. Brinkhaus gewinnt die Abstimmung – und Kauder muss gehen.

Ein Getreuer, der für seine Chefin abgestraft wird.

In den Tagen danach wirkt Kauder niedergeschlagen, kraftlos, als sei jede politische Energie aus ihm gewichen. Eine Zeit lang wollte er unbedingt Innenminister werden, doch Merkel hatte ihn immer wieder auf den Fraktionsvorsitz verpflichtet. Kauder fügte sich – und was hat er jetzt davon? Kauder laufe durch die Bundestagsflure »wie ein gebrochner Mann«, sagt ein Abgeordneter aus der Fraktion, die er so lange geführt hat.

»Permanenter Ausnahmezustand« – so nennt Andrea Nahles im Januar 2019 jene neun Monate, die gerade hinter ihr liegen, die Zeit, in der sie die SPD nun auch als Parteivorsitzende führt, Fraktionschefin war sie ja schon vorher. »Man merkt jetzt alles. Es gibt keine Nichtsichtbarkeit mehr«, sagt sie in einem Vier-Augen-Gespräch. Jeder noch so kleine Auftritt, jede Regung, jedes Wort werde verfolgt. Die Stärken, die Schwächen, nichts bleibe verborgen. »Alles liegt offen.« Jeder in der SPD schaue nun zu ihr hin. Du, Andrea, du bist jetzt die SPD. Wenn sie dich sehen, sehen sie die Partei – so empfinde sie das. Und dann fragten sich die Genossen: Bin ich das denn auch? Manche, wenn nicht viele, sagten dann: Nein, das bin ich nicht. »Das zu spüren ist brutal, wahnsinnig brutal.«

Eine Parteivorsitzende, die ihre Niederlage auf sich zurollen sieht.

Fünf Monate später, im Juni 2019, tritt Andrea Nahles von allen Ämtern zurück, legt ihr Bundestagsmandat nieder und zieht sich in ihr Heimatdorf in der Vulkaneifel zurück. Danach ist sie politisch verschollen – bis sie im Sommer 2020 die Leitung der Bundesanstalt für Post und Telekommunikation übertragen bekommt.

Niederlagen gehören zur Politik wie Wahlen, Parteitage und die Phrase von den Menschen, die man abholen müsse. Es gibt aber sehr verschiedene Arten zu verlieren: Inhalte nicht durchsetzen können, bei Wahlen unterliegen, den Posten nicht bekommen, den Ausschuss auch nicht, das Amt aufgeben müssen, das man innehat, die Vorteile auch, in Umfragen abstürzen, in Machtkämpfen geschlagen werden. Die brutalste aller Niederlagen ist aber der Rauswurf aus dem Parlament, das jähe Ende der Karriere in der Politik oder zumindest eine längere Unterbrechung. Natürlich, abstrakt wissen sie es alle: Das Scheitern gehört dazu. Irgendwann wird es kommen. Wer nicht selbstbestimmt und in eigener Kontrolle den Stecker zieht, wer die Zeichen der Zeit nicht rechtzeitig erkennt, wird aus dem Spiel herauskomplimentiert – von der eigenen Partei oder von den Wählern. Ohne Erbarmen, schonungslos, unbarmherzig. So ist das Spiel, so sind die Regeln – und alle haben sich schon einmal damit beschäftigt.

Doch wenn der Ernstfall eintritt, nutzt das nichts. Wenn der Bundeswahlleiter auch die letzte Hoffnung zerstört hat, ist der Schmerz um ein Vielfaches brutaler, die Kränkung viel tiefsitzender, die Verwundung der Seele viel nachhaltiger als jemals befürchtet. Und weil im Bundestag ja ausschließlich erfolgreiche Politiker zusammensitzen, weil sie sich ja alle eher nach oben als nach unten orientieren, hat sie niemals jemand auf den Absturz vorbereitet. Sie selbst sich am allerwenigsten. Selbst wenn man ahnt, dass es nicht mehr reichen könnte. So wie es bei Nina Hauer der Fall war.

Die Kränkung

Im Wahlkampf, sie kennt ja ihre Leute, hat sie schon gemerkt, dass etwas nicht stimmt. Dass es ihr dieses Mal, anders als zuvor, wohl nicht gelingen werde, sich als Direktkandidatin so weit vom Abwärtssog der SPD abzusetzen, dass es für sie noch einmal reicht. Den Wahlkreis, das war ihr klar, würde sie kaum halten können. Als einzige Chance, wieder in den Bundestag zu kommen, verblieb die hessische Landesliste. Platz elf. Kann reichen, kann aber auch nicht, eine Zitterpartie. Das wusste sie. Noch um drei Uhr in der Wahlnacht, ihr gesamtes Team ist noch um sie, blinkt auf den Schaubildern im Fernsehen die elf auf. Nicht entschieden, bedeutet das. Kurz darauf meldet sich der Landeswahlleiter. Platz elf zieht nicht mehr.

Eine echte Niederlage hat Hauer auf dem Weg in den Bundestag und auch im Parlament selbst nie einstecken müssen. Stellvertretende Bundesvorsitzende der Jusos, Mitglied des Bezirksvorstandes Hessen-Süd, 1998 die Nominierung für den Wahlkreis, der erste Gewinn des Direktmandats, die zweimalige Wiederwahl – immer war alles reibungslos verlaufen. Sie amtierte sogar als Parlamentarische Geschäftsführerin. Den Job hat ihr die Parteirechte in der Fraktion dann wieder weggenommen. Aber das ist längst abgehakt.

Als feststeht, dass sie raus ist, nach drei Uhr morgens, telefoniert sie mit Freunden, darunter auch mit Kerstin Griese, SPD-Abgeordnete aus Nordrhein-Westfalen. Auch für sie geht es in Berlin nicht mehr weiter. Dass es so viele andere ebenso getroffen hat, tröstet ein wenig, Hauer ist nicht allein. Dass sie in ihrem Wahlkreis als Direktkandidatin um rund acht Prozentpunkte vor dem Zweitstimmenergebnis ihrer Partei liegt, ist hingegen kein Trost. Es war zu wenig.

In den Schock, raus zu sein, mischt sich Wut. Die anderen sind schuld! Im Jahr zuvor hat die hessische SPD-Vorsitzende Andrea Ypsilanti versucht, eine rot-grüne Minderheitsregierung unter Tolerierung der Linken zu inthronisieren, obwohl sie das vor der Wahl kategorisch ausgeschlossen hatte. Seitdem hat sich die Hessen-SPD zerlegt, ist in den Umfragen abgestürzt. Als Hauer noch am selben Abend zu einer Pressekonferenz muss, schimpft sie den gesamten Weg dorthin über den »Landesscheiß« und den »Scheißladen«, der ihr die Rückkehr ins Parlament vermasselt habe. Es ist das einzige Mal in dieser Zeit, dass sie sich gehen lässt. Aber Frust und Wut müssen raus. Danach hat sie sich wieder im Griff. Sich zusammenreißen, funktionieren! In der Pressekonferenz zieht sie die Nummer »Hauer räumt Niederlage ein« souverän durch.

Jahre später denkt Nina Hauer nochmals zurück an die Nacht der Entscheidung und an den Morgen danach. Theoretisch, sagt sie, habe sie natürlich all das gewusst: Dass sie nur ein Mandat auf Zeit hat. Dass Abwahl, der Rauswurf aus dem Parlament, das Ende einer Regierung dazugehören zur Demokratie. Genutzt habe all das Wissen aber nichts. Der Absturz sei viel schlimmer gewesen, als sie sich es je hätte vorstellen können. »Die Niederlage war all-umfassend. Einen Augenblick kam es mir vor, als ob es mich nicht mehr geben würde.«

Erst Wochen nach dem Wahltag wird Hauer die ganze Dimension des Scheiterns bewusst. Sie macht sich Sorgen um ihre Mitarbeiter, wird das Gefühl nicht los, sie seien ihretwegen rausgeflogen, »unheimlich erdrückend« sei das gewesen. Zu den Schuldgefühlen kommt die eigene Existenzangst. Und der Hader. Wo waren eigentlich die Unterstützer, die im Wahlkampf noch so zahlreich und vollmundig ihre Hilfe angeboten hatten? Wo waren die Wähler, für die sie doch all die Jahre über Politik gemacht hatte? Wo waren die Semiprominenten, die sich kürzlich noch vor Lob überschlagen hatten? Und was, so fragt sie sich damals, denkt eigentlich jetzt ihre achtjährige Tochter? Ist die jetzt nicht irritiert, wenn Mama immer zu Hause ist, wenn sie nicht mehr arbeitet? Spürt sie die Angst?

»Es ist eine unglaubliche Kränkung«, sagt Nina Hauer in der Rückschau. Sie hat den Abend, die Nacht, den Morgen und die Tage danach nie vergessen. »Die Demütigung, die du empfindest, ist gigantisch.« Dass Politiker, die sich dem Wähler stellen, eine gewisse Neigung zum Narzissmus haben, einen Hang zur Selbstdarstellung, ja, vielleicht sogar zum politischen Exhibitionismus, räumt sie freimütig ein: »Ein normaler Mensch kandidiert vielleicht gar nicht für so etwas.«

Zu Hause verhindert ihre Mutter mit knapper Not, dass sich ihr Vater im Hausflur prügelt, als ihm jemand die Bemerkung hinwirft, seine Tochter sei ja jetzt gut versorgt. Abgeordnete bekämen doch Hunderttausende von Euro an Rente, das wisse man doch. Blanker Unfug. Keine Abgeordnete hat mit 41 Jahren Anspruch auf Altersgeld. In der Partei spenden sie Trost, den sie nicht braucht, und schon gar nicht in diesem Moment: »Wie schön für deine Tochter, dass du jetzt Zeit hast!« Und die Metzgerin raunt ihr zu: »Sie hören auf in Berlin? Müssen Sie doch nicht! Ach so, Sie waren da gar nicht angestellt?«

Die emotionale Verletzung von damals hat Nina Hauer bis heute nicht vergessen. Niemand, der rausgewählt wurde aus dem Bundestag, vergisst die Verwundung. Auch Dietmar Nietan nicht.

Es war 2005, als Nietans politische Karriere zu Ende schien. Bei jener vorgezogenen Bundestagswahl war Kanzler Gerhard Schröder zwar das Kunststück gelungen, einen Abstand in den Umfragen von mehr als 20 Prozent wettzumachen, am Ende unterlag er trotzdem hauchdünn. Für den 41-jährigen Abgeordneten Nietan aus Düren bei Aachen, seit sieben Jahren im Bundestag, reichte dieser Kraftakt nicht. Er war raus.

»Es war schon sehr bitter. Auch wenn es phrasenhaft klingt – aber da war erst einmal eine große Leere in mir.« Vier Monate, vom Tag der Landtagswahl in Nordrhein-Westfalen an, nach deren Ausgang Gerhard Schröder und Franz Müntefering vorzeitige Neuwahlen eingeleitet hatten, hatte er gekämpft, zwölf, manchmal 14 Stunden am Tag. Wie alle anderen Kandidaten auch. Er wusste: Der Platz auf der Landesliste war zu schlecht, er würde seinen Wahlkreis direkt gewinnen müssen, um sich im Bundestag zu halten. Und das war in Aachen schon immer eine Herausforderung für Sozialdemokraten.

Nietan hatte das ganze Programm absolviert: Wahlhelfer motivieren, Grillnachmittage organisieren, in der Fußgängerzone Passanten ansprechen, Altennachmittage besuchen, an Haustüren klingeln. »Du kämpfst bis Samstag, 22 Uhr, als ginge es um dein Leben.« Um am Morgen nach der Wahl zu kapieren, wenn das Ergebnis, das man am Abend nur ungläubig zur Kenntnis genommen hat, die tieferen Hirnschichten erreicht hat: »Es hat nicht gereicht.« Vier Monate gekämpft, vier Monate kein Privatleben gehabt, Freunde verprellt, Kinder vernachlässigt, Beziehung strapaziert, vier Monate alles gegeben. Wenn du dir in diesen Wochen mit der Familie eine schöne Zeit gemacht hättest, wäre es aufs Gleiche herausgekommen, denkt Nietan.

Wie so viele andere taucht Nietan in den Tagen und Wochen nach der Bundestagswahl tief hinein in die Niederlage, quält sich immer wieder mit den gleichen Fragen: Was hast du falsch gemacht? Wo war der entscheidende Fehler? Wo sind im Verlauf der Kampagne die fehlenden Prozent geblieben? Hätte, wäre, würde, könnte – der Konjunktiv feiert große Feste in den Köpfen der Geschlagenen, auch bei Nietan: »Das kriegst du nicht so einfach verarbeitet.«

Schmerzhafter noch als der Blick zurück ist der nach vorn: »Du kämpfst bis zur letzten Sekunde – und du hast keinen Plan B. Du bist ein Junkie, der bis zum Schluss hofft, dass das Leben in der Politik weitergeht.«

In den Tagen nach ihrer Niederlage hofft auch Nina Hauer noch,

kommt auch sie nicht los von der Droge Politik. Sie klammert sich
an eine letzte Hoffnung. Vielleicht verzichtet ja Heidi Wieczorek-
Zeul, die jetzt ehemalige Ministerin für wirtschaftliche Zusammenarbeit, auf ihr Mandat. Womöglich wechselt Brigitte Zypries jetzt,
da es für die SPD in die Opposition geht, in die Wirtschaft. Sie
würde dann nachrücken. Irgendwann in dieser Zeit denkt Hauer:
»Wenn du dich an solchen Sachen festklammerst, ruinierst du dir
dein Leben mit Warten.« Das sei doch Blödsinn, sie müsse einfach
loslassen. Nur, wie geht das? Loslassen von etwas, das dich um-
klammert hält.

Nina Hauer ist heute ganz raus aus der Politik, sie arbeitet wieder in ihrem Beruf als Lehrerin, ist Schulleiterin – und das mit Begeisterung. In dem Jahr, als Hauer ausgemustert wurde, 2009, kam
Dieter Nietan zurück in den Bundestag. Seit 2014 ist er Bundes-
schatzmeister der SPD.

Spitzenpolitiker, die Niederlagen erleiden, sind nur in dem
Moment der Niederlage und in der kurzen Zeit danach noch interessant. Als gefallene Helden. Die Medien arbeiten sie dann in
aller Regel in zwei Phasen ab. In Phase eins wird das große Drama
beschrieben, der Moment der Entscheidung, die Schmerzen, das
Nichtwahrhabenwollen, die Kränkung, der Abgang. In Phase zwei
wird erklärt, wie es dazu kommen konnte, wer zur Niederlage bei-
getragen hat, ob es womöglich Gegner im eigenen Lager gab,
welche Fehler den Geschlagenen unterlaufen sind. Dann sind sie
nüchtern rausanalysiert. Politisches Fallobst, das die Wähler rasch
vergessen – und die Medien noch schneller. Die orientieren sich
lieber an den Siegern, feiern die Erfolge mit, erklären die Gründe
für den Sieg und ziehen dann mit ihnen weiter in die nächste
Schlacht.

Doch es gibt Ausnahmen. Weil es Politiker gibt, die zwar verloren haben, aber nicht erst die »Kultur der Niederlage«, die »Kunst
des Scheiterns« oder »Verlieren als Chance« lesen müssen, um
motiviert zu bleiben. Die auch keine »6 Schritte« machen oder

»7 Tipps« umsetzen müssen, »um Niederlagen zu verkraften«. Ein eigentümlicher Mix aus Getrieben- und Beleidigtsein treibt sie an; Rechthaberei und Rachelust speist ihre ohnehin schon üppige intrinsische politische Energie – Niederlagen können sie nicht aufhalten. Die Geschlagenen machen dann einfach weiter. So wie Oskar Lafontaine weitergemacht hat – nur an einem anderen Ort, in einer anderen Partei.

Nachdem Lafontaine im Machtkampf mit Gerhard Schröder unterlegen war, trat er als SPD-Vorsitzender und Finanzminister zurück, pustete einmal kurz durch und gründete dann die WASG, im Kern eine Abspaltung der SPD. Später ließ er sie gemeinsam mit der PDS in der neugegründeten »Die Linke« aufgehen. Um die Politik zu machen, die er für richtig hielt. Und um seiner alten Partei zu schaden. Dafür dass sie unter Schröder eine Politik verfolgte, die Lafontaine als »neoliberal« geißelte.

Es kann aber auch passieren, dass ein Geschlagener sein Getriebensein und seine Rachelust, den Rechthaber und den Beleidigten in verschiedene dunkle Kämmerlein seines Gemüts wegsperrt, Politik jahrelang von der Tribüne aus beobachtet, etwas ganz anderes macht, reich werden zum Beispiel, und dann, wenn die Gelegenheit gekommen ist, sie alle – den Getriebenen, die Rachelust, den Rechthaber und den Beleidigten – wieder rauslässt. Um dorthin zurückzukehren, von wo er unvollendet verschwunden ist. Und manche Rechnung noch offen ist. So in etwa hat es Friedrich Merz getan.

Der Getriebene

Es war allerdings ein langer Weg, bis sich Friedrich Merz der Politik entzog. Am Anfang dieses Weges stand der Schmerz. Und gleich dahinter das Beleidigtsein. Merz ist seit 31 Monaten Fraktionsvorsitzender, hat sich durch schneidige Reden und selbstbewusste Auftritte den Ruf erworben, sich für den kommenden Mann der Union zu halten, als ihm Angela Merkel nach der Bundestagswahl

2002 den Fraktionsvorsitz weggeschnappt. Sie will ihre Macht zementieren. Vor der Wahl hat sie das mit CSU-Chef Edmund Stoiber beim Frühstück in Wolfratshausen ausgedealt. Sie verzichtet als CDU-Chefin auf die Kanzlerkandidatur, lässt Stoiber den Vortritt, dafür übernimmt sie nach der Wahl den Fraktionsvorsitz. »Ihr habt mich hintergangen!«, schnaubt Merz.

In den Wochen, Monaten und Jahren danach lässt er keine Gelegenheit aus, Merkel bei Parteifreunden und Journalisten schlechtzumachen. Er bemüht sich gar nicht zu verbergen, wie sehr ihn die Absetzung getroffen hat, wie tief ihn die eigene Machtlosigkeit kränkt. Eine Frau aus Ostdeutschland, die nach der Wende zur CDU stieß, ist nun die Nummer eins in Partei und Fraktion. Er dagegen, in der Jungen Union sozialisiert, einer, der immer entschieden vorangehen möchte und weiß, was er will, sitzt nun im Bundestag im Schatten einer Frau, die lieber abwartet. Merz wurmt das gewaltig. Immer wieder schlägt er Angebote von Merkel aus, lässt sich nicht in ihr Schattenkabinett für die Bundestagswahl 2005 einbinden. Nach der Wahl ist Merkel Kanzlerin und Merz noch frustrierter als vorher. 2007 kündigt er an, sich nach der nächsten Wahl aus der Politik zurückzuziehen. Ein talentierter, aber eitler, zur Überheblichkeit neigender Mann hat gegen eine zielstrebige, listige und uneitle Frau verloren, die er von Anfang an unterschätzt hatte. Aber damit ist die Geschichte noch nicht zu Ende.

Aus dem Bundestag ausgeschieden, sammelt Merz Aufsichtsratsmandat um Aufsichtsratsmandat, beim Fußballverein Borussia Dortmund, beim Vermögensverwalter BlackRock, bei der Bank HSBC. Wer Merz in jenen Jahren trifft, stößt auf einen Mann, der zuerst vermögend und dann reich wird, am liebsten aber immer noch über Politik redet. Ab und zu versendet er Zeichen.

In dem Buch »Was jetzt zu tun ist«, das er gemeinsam mit dem ehemaligen SPD-Politiker Wolfgang Clement und der Journalistin Ursula Weidenfeld verfasst, schreibt Merz: »Es kann auch sein, dass ich in einigen Jahren noch einmal ein politisches Amt annehme.«

Sollte es irgendwann ein politisches Ziel geben, das ihn überzeuge, »dann bin ich der Letzte, der Nein sagt«. Die Niederlage lässt ihn nicht los. Wenn er Merkel nachfolgen könnte, hätte er die Schlappe in einen Sieg verwandelt. Irgendwann.

Irgendwann ist 2013 noch nicht gekommen. Merkel hat die Bundestagswahl zwar souverän gewonnen, aber in der Fraktion rumort es. Kein Kompass, keine ordnungspolitische Klarheit, der Wirtschaftsflügel ist schwach, Reformwille nicht erkennbar, zur Regierung reicht's nur noch mit der SPD. Die asymmetrische Demobilisierung, das Besetzen der Themen der anderen, um deren Wähler von der Wahlurne fernzuhalten – Merkels Wahlkampfmethode –, nennt Merz »asymmetrische Chloroformierung«. 2013 wird die AfD gegründet.

Merz ist ein Getriebener. Der Mann, der einst den Begriff »Leitkultur« in den politischen Diskurs einbrachte und die Steuererklärung auf dem Bierdeckel erfand, steht für Klarheit und Konfrontation. Die Aussetzung der Wehrpflicht, der überstürzte Ausstieg aus der Atomkraft, später der Mindestlohn, die Schwulen-Ehe und die Grundrente – für ihn sind das alles Preisgaben, eine Aushöhlung des christdemokratischen Kerns, eine Sozialdemokratisierung jeder Politik, die zwar den traditionellen Widersacher, die SPD, in immer tiefere Krisen stürzt, aber auch die CDU immer stärker schrumpfen lässt – und die AfD wachsen.

Unter einer Kanzlerin, in deren Koordinatensystem alles verschwimmt, verschwinden die Pole, die markanten Unterschiede zwischen den Volksparteien – und die politische Auseinandersetzung wandert vom Zentrum zu jenen Kräften, die echte Differenzen aufweisen: Grüne und AfD. So sieht Merz das – und das will er ändern. Klarer Kurs, klare Kante, klare Verhältnisse. Das ist das Politische, das ihn antreibt. Das Persönliche kommt zum Vorschein, wenn er in Interviews alle innere Kraft aufbringen muss, um an Angela Merkel etwas gut zu finden.

Das »Irgendwann« kommt dann im Herbst 2018. Merkels Macht

bröckelt. Im September fällt ihr Vertrauter Volker Kauder bei der Wiederwahl zum Fraktionsvorsitzenden durch, da liegt die CDU in Umfragen schon unter 30 Prozent. Im Oktober stürzen die Christdemokraten bei der hessischen Landtagswahl brutalstmöglich ab, verlieren 11,3 Prozent im Vergleich zu 2013. Am Tag danach kündigt Merkel ihren Rückzug vom CDU-Vorsitz an. Damit ist klar: Wer ihr folgt, hat beste Chancen, spätestens 2021, bei der nächsten Bundestagswahl, Kanzler oder Kanzlerin zu werden. Ein Posten, den Merz für durchaus angemessen hält.

Ein Mann, der in einem Machtkampf unterliegt und sich von der großen Politik im Groll abgewandt hat, ist wieder da – das hat es noch nicht gegeben. Vielen, vor allem aber den Konservativen in der Union, erscheint Merz, der Geschlagene von damals, jetzt wie ein Erlöser. Dass er mit 63 Jahren dem Renteneintrittsalter entgegenstrebt, stört sie nicht. Für sie verkörpert Merz das, was verloren gegangen ist, jemand, der kernig und zackig auftreten und den anderen einheizen kann. Ein starker Mann, der seiner Partei zu alter Größe verhilft, kurz: Merz ist der Messias, der das Gestern zurückbringt. Das Problem ist nur: Für alle anderen ist das Gestern keine Verheißung, sondern ziemlich gestrig.

In ihrem Rausch und ihrem Taumel überhören die Merz-Getreuen einen klugen Satz des ehemaligen SPD-Vorsitzenden Franz Müntefering: »Merz stimmt mit der CDU nicht mehr überein als Merkel – er verkörpert nur die andere Seite.«

Niederlagen kann man verdrängen, wegsperren, irgendwohin ablegen, wo sie nicht mehr so schmerzen. Wenn man sie spät in Siege verwandeln will, muss man sie wieder rausholen aus ihren Ecken und Verliesen. Und plötzlich schmerzen nicht nur die alten Wunden wieder, man begeht auch wieder die alten Fehler. Als ob alles eingefroren gewesen wäre. Unverändert taut Merz aus seinem zehnjährigen politischen Kälteschlaf auf: rhetorisch stark, mit scharfem Verstand, aber auch ungeduldig, selbstbezogen, herrisch – und bis an die Grenzen der Anmaßung selbstgewiss.

»Das Land wird hundsmiserabel regiert«, sagt er. Und wer regiert noch mal dieses Land? Ach ja, die Frau, der er seine Niederlage verdankt.

Merz ist immer noch der Politiker, der permanent senden muss, aber nicht empfangen will. Einer, der lieber Meinungen vorgibt, als mühsam die Schnittmenge unterschiedlicher Auffassungen herauszufiltern. Nur macht man das jetzt so nicht mehr. Was mal entschieden wirkte, erscheint jetzt merkwürdig präpotent. In zehn Jahren ist eine Menge passiert, vieles hat sich verändert, vor allem die Art, wie Spitzenpolitiker auftreten und führen. Da aber Friedrich Merz ganz der Alte geblieben ist, wirkt er nun aus der Zeit gefallen.

Bei Politikern hinterlassen Niederlagen besonders tiefe Narben. Weil sie oft alles verändern, von einer Sekunde auf die nächste. Weil sie dem Publikum auf dem Präsentierteller serviert und öffentlich erlitten werden. Weil Politiker – anders als Juristen, Wissenschaftler oder Ärzte – ihre ganze Identität investieren müssen. Ihre politische Positionierung sowieso, ihre Haltung, ihre Emotionen, ihre Freizeit, oft auch ihr Privatleben. Zwölf- bis 14-Stunden-Tage in Sitzungswochen, Wahlkreistermine am Wochenende, die Kritik, die Abneigung, der Hass – der Beziehungsstress wegen all dem. Und dann gewinnt ein anderer, scheiterst du mit deinen Vorhaben, schicken dich die eigenen Parteifreunde oder der Wähler einfach nach Hause.

»Gerade in individualistisch orientierten Gesellschaften stellt Scheitern eine Bedrohung des Selbstwertes dar«, sagt der Psychologe und Fehlerforscher Olaf Morgenroth von der Hamburg Medical School. »Je mehr Leistung zum Kriterium für die soziale Rolle und das Selbstbild wird, desto gravierender ist ein Versagen.«

Um dem entgegenzuwirken, treffen sich gescheiterte Unternehmer regelmäßig zur »FailCon«, einer Messe nach amerikanischem Vorbild, um über ihre Fehler zu sprechen, damit andere aus diesen Erfahrungen lernen können. Das gleiche Ziel verfolgen die »Fuckup Nights« – zu diesen Veranstaltungen kommen vor allem Existenzgründer aus der Start-up-Szene zusammen, deren Geschäftsidee erst einmal durchgefallen ist.

Einen ähnlichen Umgang mit Niederlagen kennen Politiker kaum. Für sie sind nur sehr selten die eigenen Fehler entscheidend für die Niederlage, sondern die Umstände. Bei Hauer war es der Chaosladen Hessen-SPD, bei Merz eine Intrige Merkels, bei Lafontaine der neoliberale Irrweg Schröders. Nicht das Ziel, zu möglichst objektiven Urteilen über die Gründe ihres Scheitern zu gelangen, um daraus für den nächsten Anlauf zu lernen, steht bei Politikern im Zentrum, sondern etwas anderes.

Der Selbstschutz

Der Tag seiner Niederlage liegt schon mehr als zwei Jahre hinter ihm, doch die Emotionen von damals sind noch alle da. Die Anspannung, als die ersten Ergebnisse eintreffen; die zunächst latente, dann immer offenere Aggression, die von Olaf Scholz ausgeht; die Verbundenheit, die er empfindet, als Ralf Stegner – als Einziger aus dem versammelten Präsidium und Vorstand – ein paar tröstende Worte findet; der innere Trotz, der ihn denken lässt: So leicht kriegt ihr mich nicht klein!

Wenn Martin Schulz vom Abend des 24. September 2017 erzählt, spürt man, dass die Wunden noch nicht verheilt sind. Heilsbringer war er genannt worden, vom »St. Martin« hatten sie in den Zeitungen geschrieben, als er die seit Jahren darbende SPD zu Beginn des Wahlkampfes auf Augenhöhe zur Union geführt hatte und plötzlich ein Kanzler Schulz möglich schien.

Doch dann stürzte er ab, die SPD kollabierte und landete am Ende bei 20,5 Prozent, ihrem bis dahin historischen Tiefstwert. Im Gespräch räumt Schulz eigene Fehler im Wahlkampf ein. Er habe Europa nicht ins Zentrum seiner Kampagne gerückt; er sei rund um die NRW-Wahl zu wenig präsent gewesen; am Ende habe er zu viel Themenhopping betrieben. Ja, er übernimmt die volle Verantwortung für die Wahlniederlage.

Aber es sei halt auch eine Menge passiert in dieser Zeit. Ein schleswig-holsteinischer Ministerpräsident, der die Trennung von seiner Ehefrau mit deren intellektueller Unterlegenheit begründet. Ein fast neunprozentiger Absturz und die Wahlniederlage der Regierung von Hannelore Kraft im SPD-Stammland Nordrhein-Westfalen, das Desaster des G20-Gipfels in Hamburg, die Satiretour von Peer Steinbrück, Schröders Berufung zum Aufsichtsratschef beim russischen Öl-Giganten Rosneft. Alles Belastungen, alles Mist – und dann ist sie da doch, die Schuld der anderen.

Und die Rolle der Partei? »Die SPD ist zu einer Drei-Botschaften-Partei verkommen«, sagt Schulz. Botschaft Nummer eins sei der kleinste gemeinsame Nenner, die offizielle Parteilinie. »Die Botschaft Nummer zwei ist die des Drittels, das sagt: alles viel zu viel. Und die Botschaft Nummer drei ist die eines anderen Drittels, das meint: alles viel zu wenig.« An einem SPD-Wahlstand, ganz egal wo, könne sich der Wähler alle drei Botschaften auf einmal abholen. Und dieser sage dann: Kinder, ich gehe jetzt mal zur CDU – wenn ihr euch einig seid, schaue ich vielleicht mal wieder vorbei. »Genau das ist das Dilemma dieser Partei.«

Wie soll man da eine Bundestagswahl gewinnen?

Auch Karl Lauterbach, bekannt geworden als Gesundheitspolitiker mit Fliege, wollte genau das: Vorsitzender der SPD werden. Und er hatte einen Plan: In der Umweltpolitik sah er seine Partei komplett falsch aufgestellt, als Bremser, nicht als Beweger – und das in einer Zeit, da junge Menschen politisch nichts so sehr bewegt wie der Klimawandel. Deshalb trat er im Kandidatenrennen der SPD, als die Partei in der zweiten Jahreshälfte 2019 ein Nachfolgeduo für die zurückgetretene Andrea Nahles suchte, gemeinsam mit der Klimaexpertin Nina Scheer an. Damit sei die Parteijugend schon mal halb gewonnen, dachte Lauterbach.

In der Gesundheits-, Renten- und Sozialpolitik sollte er selbst für eine klare Linie stehen, deutlich fordernder, als sich die SPD in der Regierung präsentierte. Und da Lauterbach mehr Veranstaltungen gemacht hatte als viele seiner Kollegen, kannte er die Stimmung in den Ortsvereinen: Raus aus der GroKo; Scholz ist an der Basis durch. Hinzu kam: Lauterbach gehört der nordrhein-westfälischen SPD an, dem größten Landesverband. Seine Zauberformel »NRW mal Jugend, mal Umwelt, mal Sozialpolitik« schien ihm unschlagbar. »Ich war felsenfest davon überzeugt, dass wir das gewinnen«, sagt er im Rückblick. Doch dann kam Kevin Kühnert.

Der Juso-Chef sprach sich öffentlich für das Duo Norbert Walter-Borjans/Saskia Esken aus. Und als sich kurz darauf der Landesvorstand der NRW-Genossen diesem Votum anschloss, war das Rennen, das noch gar nicht begonnen hatte, schon gelaufen. Lauterbach/Scheer landeten am Ende auf Platz vier von sieben verbliebenen Pärchen, ausgeschieden in der ersten Runde. »Es tat weh, ziemlich weh, alles andere wäre gelogen«, sagt Lauterbach wenige Monate später. »Das war der politisch schwierigste Moment meiner Laufbahn.«

Lauterbach, der in Harvard promoviert hat und in den USA immer noch Gastvorlesungen hält, weiß genau, wem er diese Niederlage zu verdanken hat: diesem Jüngling, der sein Studium nicht abgeschlossen bekommt – Kühnert. Natürlich würde er es so nicht formulieren. Aber ohne dessen Intervention, da ist sich Lauterbach sicher, wäre er jetzt SPD-Vorsitzender. Dass seine Niederlage auch andere Gründe, vielleicht sogar mit ihm selbst zu tun haben könnte, war im ersten Reflex ein weit entfernter Gedanke, vielleicht auch ein Moment des Selbstschutzes.

Der Gesundheitswissenschaftler wird von seinen Genossen zwar als Experte geschätzt und gewürdigt, doch als politische Figur erscheint er vielen auch ein wenig skurril. Ein Parteivorsitzender, dessen bevorzugte rhetorische Figur die ironische Spitze ist? Der Salz für eines der größten Übel der Menschheit hält, weshalb er sich gänzlich salzlos ernährt und in Restaurants halbe Revolutionen entfachen kann, um das durchzusetzen? Der mit seiner ewigen Strubbelfrisur und der Nickelbrille ein wenig so aussieht wie ein in die Jahre gekommener Harry Potter? Nein, das zuweilen Skurrile an ihm kann es nicht gewesen gewesen sein, warum die SPD-Mitglieder ihn nicht zum Chef gewählt haben – Kühnert war's!

Wobei Lauterbach seine Chance entschlossen nutzte, um den Heilungsprozess voranzutreiben und das Ego wieder zu stabilisieren. In der Coronakrise war er einer der meistgefragten Politiker in Talkshow-Runden, in denen er seine Forderung nach einem konsequenten Lockdown mit Verve vertrat.

Doch der Selbstschutz greift nicht immer. Es gibt Niederlagen, da sind die emotionalen Abgründe, die sich auftun, zu tief, als dass er noch funktionieren könnte. Cem Özdemir hat eine solche Niederlage erlebt.

Es hat keinen Zweck mehr, er muss jetzt Konsequenzen ziehen, denkt Özdemir im Juli 2002. Beschämt tritt er kurz vor der Bundestagswahl 2002 von seinem Posten als innenpolitischer Sprecher der Grünen-Bundestagsfraktion zurück und legt sein Bundestagsmandat nieder. Zuvor ist bekannt geworden, dass ihm der umstrittene PR-Berater und Lobbyist Moritz Hunzinger einen Privatkredit über 80 000 Mark gewährt hat und er obendrein dienstlich erworbene Bonusmeilen zu privaten Zwecken an Freunde weitergereicht hat. Bonusmeilen haben zwar auch andere Grünen-Abgeordnete privat genutzt, doch sie blieben, wurden zum Teil sogar befördert.

In den Tagen nach seinem Rückzug schaut Özdemir keine Nachrichten, hört kein Radio, liest keine Zeitungen, keine Briefe, nichts. Er muss an seine Eltern denken.

Özdemir ist 1965 in Bad Urach am Fuß der Schwäbischen Alb geboren, weshalb er sich gern als »anatolischer Schwabe« bezeichnet. Sein Vater stammt aus einer Kleinstadt in der türkischen Provinz Tokat und gehört der tscherkessischen Minderheit an, seine Mutter kam 1964 aus der Türkei nach Deutschland und betrieb eine eigene Änderungsschneiderei. Vor allem sein Vater legte immer großen Wert auf korrektes Verhalten. Früher, als er noch in einer Fabrik gearbeitet hat, kam er stets ölverschmiert nach Hause, eine Dusche gab es nicht. Am nächsten Morgen ging er trotzdem stets »wie aus dem Ei gepellt«, wie Özdemir sagt, wieder zur Arbeit. Als feststand, dass sein Sohn in den Bundestag einziehen würde, gab es eine klare Ansage für Cem: »Du bist jetzt Abgeordneter, du musst jetzt anständig gekleidet sein.« So der Vater zum Sohn. »Du repräsentierst uns alle. Wenn du einen Fehler machst, ist das schlimmer, als wenn ein Fritz oder ein Hans einen Fehler macht. Du bist für die Menschen ein Ausländer, egal, was sie sagen. Vergiss das nie: Du bist Cem, nicht Hans, du bist Ausländer.«

Nach seinem Rücktritt kann Özdemir seinem Vater eine Zeit lang nicht mehr unter die Augen treten. Er schämt sich. Weil er sich nicht an dessen Ansage gehalten hat. Weil er vergessen hat, Cem zu sein. Weil ihm der Fehler unterlaufen ist. Und keinem anderen.

In seiner an Auf- und Abstiegen, an Siegen und Niederlagen reichen Karriere hat Özdemir aber auch die Annehmlichkeiten eines funktionierenden Selbstschutzes erfahren, das gleich mehrfach. Etwa, als ihn Guido Westerwelle, der Partei- und Fraktionsvorsitzende der FDP, Ende 2008 zum Essen eingeladen hat, von Chef zu Chef. Sechs Jahre nach seinem schamvollen Rückzug ist Özdemir zum Vorsitzenden der Grünen aufgestiegen, hat aber im Oktober 2008 eine herbe Schlappe beim Listenparteitag in Baden-Württemberg einstecken müssen. Gleich zweimal ließen ihn die Delegierten bei der Abstimmung um vordere Plätze auf der Liste für die Bundestagswahl durchfallen. Den einen ging es um die traditionelle Trennung von Partei und Mandat bei den Grünen, den anderen um Persönliches.

Westerwelle erklärt Özdemir beim Essen erst mal eine Viertelstunde lang, was jetzt alles nicht geht. Und für Özdemir ist klar, wer an seiner misslichen Lage schuld ist, keine Waffengleichheit im

Kampf mit dem wohl zentralen politischen Widersacher herstellen zu können. Natürlich nicht er selbst, weil er womöglich ein bisschen zu fordernd und ein bisschen zu selbstverliebt vor den Parteifreunden aufgetreten ist. Sondern es sind die Vollidioten, die ihn in Baden-Württemberg haben durchfallen lassen.

Den bei Politikern serienmäßig eingebauten Selbstschutz brauchen jene am wenigsten, die Niederlagen erleiden, für die vor allem andere verantwortlich sind. Etwa, wenn die Partei aus dem Bundestag gewählt wird, man selbst aber »nur« als hoffnungsvolles Nachwuchstalent gilt. So war es bei Johannes Vogel, dem FDP-Sozialpolitiker, der 2013 nach dem parlamentarischen Aus für seine Partei nach China flüchtet und in Peking – Vogel sagt natürlich »Beijing« – Chinesisch lernt. Sechs Stunden am Tag Einzelunterricht, der Rest ist etwas Ungewohntes: Freizeit. Drei Monate lang lebt Vogel in diesem Rhythmus. Er taucht nicht ein in die Gründe und Ursachen des Scheiterns seiner Partei, er schaut nach vorn. Maximale Distanz zu dem, was war. Und dort, in China, entscheidet er sich. Er macht weiter mit der Politik. Und hat dann auch schnell ein Ziel vor Augen: zurück in den Bundestag. Aber zuerst geht es zurück nach Deutschland.

Vogel, der Liberale mit dem Hang zum Sozialen, beginnt bei der Bundesagentur für Arbeit, steigt auf zum Leiter für Strategie- und Geschäftsentwicklung der Internationalen Abteilung und leitet später als Geschäftsführer die Arbeitsagentur Wuppertal-Solingen mit rund 400 Mitarbeitern.

FDP-Chef Christian Lindner bietet ihm parallel dazu an, Generalsekretär in Nordrhein-Westfalen zu werden. Lindner ist damals Chef der Bundespartei und Fraktionsvorsitzender im Düsseldorfer Landtag. Der Vorschlag lautet: Lindner kümmert sich um die Gesamtpartei, Vogel um den größten Landesverband NRW. Er leitet auch die für das weitere Schicksal der FDP vorentscheidende Landtagswahl in Nordrhein-Westfalen. Sie ist für den Mai 2017 terminiert, gut vier Monate später steht die Bundestagswahl an – und da wird sich alles entscheiden, dann geht es um nichts Geringeres als um das Überleben der FDP. Eine wichtige Rolle im Erneuerungsprozess. Vogel sagt zu.

Im Frühling 2020 ist Vogel dort, wo er hinwollte, zurück im Bundestag. Er spürt, dass sich zwischen seiner ersten und seiner zweiten Legislaturperiode etwas verändert hat, dass etwas anders geworden ist – bei ihm selbst: »Durch diese politische Urerfahrung des Rausfliegens hat sich mein Sensorium dafür verfeinert, was ich als relevant empfinde und was nicht, an mir selbst und an dem Betrieb.« Geerdeter sei er heute, nicht mehr so verführbar von all den Annehmlichkeiten, die das Parlamentarierleben mit sich bringt. Den Fahrdienst etwa nutze er »extrem viel weniger«, nehme jetzt die S-Bahn oder das Fahrrad ins Büro und nach Hause, privat nutze er Carsharing. Der Politikbetrieb, so meint Vogel, biete viele Möglichkeiten, sich zu distanzieren vom Alltag und unter einer Glocke zu leben. »Wenn man sich das bewusst macht, kann man sich dem entziehen.«

Politikerleben sind prallvoll mit Begebenheiten, die für viele gewöhnliche Menschen sehr ungewöhnlich, für Politiker selbst irgendwann aber vollkommen normal sind. Wenn diese Begebenheiten dann plötzlich ausbleiben, tut sich eine gigantische Leere auf. Und weil Politiker das ahnen oder wissen, wollen, nein, können manche selbst dann nicht von diesem Leben lassen, wenn sie herbe, karrierezerstörende Niederlagen einstecken mussten.

Dass es auch anders geht, hat Andrea Nahles bewiesen. Aber bevor es so weit kam, musste sie etwas erleben, was mit besonderen Seelenqualen verbunden ist, weil es sich so lange hinzieht und man immer hofft, dass am Ende doch noch alles gut geht, auch wenn man es besser weiß: den schleichenden Machtverlust.

Die Verschollene

November 2018, es sind noch rund zwei Monate, bis sich ihre Gegner formieren werden. Bis sich die Landesgruppen aus Nordrhein-

Westfalen und Niedersachsen, die stärksten in der SPD-Bundes-tagsfraktion, zu einer gemeinsamen Klausurtagung in Osnabrück treffen, die Presse dazu einladen und ihr damit eine unmissver-ständliche Botschaft senden werden: Von nun an bestimmen wir, wo es langgeht. Und mit wem an der Spitze.

Es sind noch gut vier Monate, bis sie in Suhl auf einer Karnevals-bühne »Es gibt kein Bier auf Hawaii«, »So ein Tag, so wunderschön wie heute« und »Humba Humba Humba-Täterä« singen wird. Bis sie den SPD-Spitzenkandidaten der anstehenden thüringischen Land-tagswahl, Wolfgang Tiefensee, »Schnuckimuffi«, »Holdiboldi« und »Mindestlohni« nennen und dazwischen immer wieder losprusten wird. Und bis ein Video von diesem Auftritt im Netz viral gehen wird. Viele Genossen werden sich dann fremdschämen. Und die SPD-Abgeordneten in Berlin werden toben.

Und es ist noch etwa ein halbes Jahr, bis sie bei der Abschluss-veranstaltung zur Bremer Bürgerschaftswahl die Bühne betreten wird. Bis sie unmotiviert lachen, wild mit den Armen durch die Luft fuchteln und sagen wird: »Ich kann jetzt nicht sagen, ich liebe Bremen – ich liebe ja die Eifel … Aber, aber, aber … Ich liebe auf jeden Fall Carsten (SPD-Bürgermeister Sieling), ich hoffe, seine Frau hat nichts dagegen.« Doch da wird es eigentlich schon vorbei sein. Neun Tage später wird sie von all ihren Ämtern zurücktreten. Und verschwinden.

Doch eigentlich weiß sie schon in diesem ausgehenden Jahr 2018, dass sie auf eine Niederlage zusteuert. Auf die größte ihres Lebens, auf eine, die ihre Karriere als Politikerin beendet. Trifft man sie in jenen Tagen, spürt man, wie satt sie das alles hat, diese alten Typen in der Partei und in der Fraktion, die sie behandeln, als sei sie ein kleines Mädchen. Die sich ihr gegenüber Sachen raus-nehmen, die sie sich bei keinem Mann trauen würden. Diese poli-tischen Gorillas, die es immer noch nicht wahrhaben wollen, dass eine Frau die SPD führt. Und schon gar nicht, dass ausgerechnet sie diese Frau ist. Andrea Nahles.

An einem trüben Novembertag 2018 hat die Friedrich-Ebert-Stiftung mit großem Tamtam zur Feier des 20. Jahrestages der rot-grünen Bundesregierung geladen. Auf dem Podium suhlen sich zwei schwer Selbstüberzeugte in ihrer Herrlichkeit: Gerhard Schröder und Jürgen Trittin. Der eine war einmal Kanzler, der andere Umweltminister, es ist schon eine Weile her. Vom Koch SPD und vom Kellner Grüne könne nun, anders als damals, nicht mehr die Rede sein, ätzt Schröder, das Gasthaus sei ja leer. Seine Reformpolitik der Agenda 2010, von der sich seine Partei nun verabschieden wolle, sei übrigens einst mit 90 Prozent Zustimmung verabschiedet worden. »Mancher in der SPD-Führung wäre heute sehr zufrieden, wenn er ähnliche Ergebnisse vorzeigen könnte.« Nahles hatte bei ihrer Wahl zur Parteivorsitzenden 66 Prozent erhalten.

Andrea Nahles sitzt in der ersten Reihe und wird mit jedem Satz blasser. Sie kann gar nicht anders, als diesen Auftritt Schröders als das zu verstehen, was er ist: eine Frechheit. Man sieht es ihr an, schauspielern konnte sie noch nie. Als SPD-Chefin hatte sie diesem rot-grünen Nostalgiehappening zugestimmt. Einem Ex-Kanzler, der wegen seiner Gazprom-Verstrickung bei den eigenen Leuten in Verschiss ist, bietet sie noch mal eine große Bühne – und dann würgt der ihr einen Klops nach dem anderen rein. Geht's noch?

Nahles schluckt gerade ihre Wut und ihre Empörung über Schröders Unverschämtheit runter, als im Publikum ein älterer Sozialdemokrat aufsteht und Schröder fragt, wann er wieder für die SPD antrete. Und dann kommt bei Nahles ein Satz an, leise aus dem Publikum gesprochen, aber laut genug, dass sie es mitbekommt: »Das Weib da vorne muss weg.« Nahles zuckt. Sie weiß ja, dass das Gemurre über eine Frau an der Spitze von Partei und Fraktion in der SPD immer da ist. Aber: »Das Weib da vorne muss weg«?

Schröder legt wenige Wochen später im *Spiegel* nach. In einem Interview wirft er Nahles Amateurfehler vor, meint, dass ein SPD-Kanzlerkandidat zwingend Kompetenz in Wirtschaftsfragen besitzen müsse, und urteilt, nicht einmal Nahles selbst würde behaupten, dass sie diese hätte. Die Geschichte der SPD ist voll von Beschädigungen ihrer Vorsitzenden durch die eigene Partei. Aber ein Ex-Chef, der einer Nachfolgerin die Fähigkeit abspricht, Kanzlerin werden zu können – eine solche öffentliche Demütigung gab es noch nie. Nahles ist mit Schröder so durch, dass sie auf die neue Unverschämtheit nicht einmal mehr reagieren will. Er kann sie mal.

Nahles erfährt in diesen Tagen, wie machtlos man an der Macht sein kann. Schröder ist zwar als SPD-Vorsitzender einst gescheitert, im Scheitern aber hat er weitaus bessere Ergebnisse erzielt als die 14 Prozent, bei denen die Nahles-SPD zu diesem Zeitpunkt in den Umfragen eingefroren scheint. Ähnliches gilt für seine Nachfolger Sigmar Gabriel und Martin Schulz. Beide sitzen im Spätherbst 2018 noch in der Fraktion. Die Verlierer von gestern können deshalb als Chefkritiker von heute auftreten, ohne dass sie dafür von den eigenen Leuten abgestraft werden. Im Gegenteil: Nicht wenige Genossen klopfen ihnen auf die Schultern. In der Fraktion wächst die Unzufriedenheit. Steigen die Umfragewerte nicht wieder, wird ein beträchtlicher Teil der 152 Abgeordneten nach der nächsten Wahl nicht mehr dem Bundestag angehören. Der Druck auf Nahles wächst.

Ein Unions-Parlamentarier beobachtet sehr genau, was bei den Kollegen der SPD da vor sich geht. Vor Andrea Nahles habe er allergrößten Respekt, sagt der Mann aus der CDU/CSU-Fraktionsspitze. In den Sitzungswochen tagen die Fraktionen immer dienstags zwischen 15 und 18 Uhr im Reichstag. Das sind die Stunden, in denen die Bundestagsabgeordneten all den Unmut aus ihren Wahlkreisen ins Zentrum der Politik tragen – bei der krisengeschüttelten SPD kommt noch ein Mix aus Wut und Frust hinzu. »Ich bewundere Nahles«, sagt der Unionsmann. »Wie sie das überlebt. Jede Woche, immer wieder.«

Wie sieht Nahles das alles in diesen Tagen? Wie nimmt sie die

Welt wahr, die da auf sie einstürzt? Und wie hält sie das aus, die Häme, den Frust, den Misserfolg? Spürt sie die Niederlage bereits auf sich zukommen? In Hintergrundgesprächen nennt sie die Zeit, durch die sie gerade geht, härter als alles, was sie bisher durchgemacht habe. Doch sie sagt auch: »In der Politik kann man mich verletzen – aber nicht erschüttern.« Da glaubt sie noch, das Blatt könne sich noch einmal wenden.

Andrea Nahles ist eine Ausnahmeerscheinung im politischen Betrieb. Von allen Politikern ist sie diejenige, bei der der Kontrast zwischen öffentlichem Bild und persönlicher Erfahrung am größten ist. Als sie 2013 ins Kabinett kam, galt sie beim Koalitionspartner als extrem anstrengend. Doch je länger die Unions-Leute mit der SPD-Frau zusammenarbeiteten, desto höher stieg die Wertschätzung. Selbst der strenge Wolfgang Schäuble lobte Nahles' Sachkenntnis und Verlässlichkeit. Und Journalisten, die sie in kleinen Runden und Hintergrundgesprächen erleben, kennen eine Andrea Nahles, die in der Öffentlichkeit nie zu sehen ist: schlagfertig, witzig und brillant in der Analyse.

Nahles, so meint ein anderer aus der Unionsspitze verwundert, sei doch »die totale Sozialdemokratin«. Sie habe sich hochgearbeitet aus einfachen Verhältnissen, sei Expertin für das ursozialdemokratische Thema Arbeit, habe sich durchgesetzt als Rote in der tiefschwarzen Eifel, als Frau in einer Männerwelt. Und was macht die SPD? Himmelt Kevin Kühnert an. Einen Juso-Chef ohne Berufserfahrung, der – zu jener Zeit – lieber in die Opposition will, als in der Regierung sozialdemokratische Inhalte umzusetzen.

Hier liegt wohl einer der Hauptgründe für die Niederlage der Andrea Nahles: dass sich die Partei ausgerechnet in ihrer sozialdemokratischsten Figur nicht wiedererkennen kann.

Wenige Tage nach dem Schröder-Auftritt im November bricht es aus ihr heraus, ihre Wut auf diese nach Rasierwasser riechende Männer-SPD. Nahles diskutiert bei einer Veranstaltung mit einer Professorin von der Harvard Law School über den digitalen Kapitalismus und wie man ihn zähmen kann. Im Publikum erhebt sich ein älterer Herr und meint, er sei jetzt schon 40 Jahre in der SPD und habe mal eine Frage: »Warum wissen wir nicht mehr, wofür wir stehen?« Nahles rückt auf ihrem Stuhl ganz nach vorn, in Angriffsstellung. Über Wochen hat sie sich in das Zukunftsthema reingebissen, das die SPD endlich einmal wegführen könnte von ihrer ewigen Fixierung auf den Sozialstaat. Hat Bücher gelesen, sich von Experten beraten lassen, hat die komplizierten Zusammenhänge über die Akkumulation von Geld, Macht und Innovationskraft in den Händen einer digitalen Oligarchie durchdrungen, hat sich auf Augenhöhe zu einer renommierten Wissenschaftlerin gebracht – und dann hijacken die Altgenossen mit ihrer Lust am Jammern den Saal.

»Was soll denn das jetzt?«, fährt Nahles den Genossen an. Sie wisse genau, wofür die SPD stehe. Für den Mindestlohn, für die Rente mit 63, für die paritätische Finanzierung der Krankenversicherung, für den sozialen Arbeitsmarkt, für mehr Pflegekräfte. »All das gäbe es ohne die SPD in der Regierung nämlich nicht.« Jetzt sei es mal gut!

Am Ende der Veranstaltung, als sich das Publikum schon verläuft, kommt eine Parteifreundin zu Nahles und rät ihr, die Kritik nicht so persönlich zu nehmen. »Doch, ich nehme das persönlich«, sagt Nahles. »Die meinen es ja auch persönlich.«

Nahles nur als Opfer einer von Männern dominierten Politikwelt zu sehen wäre aber falsch. Dafür war sie etwas zu oft selbst Täterin. Als Juso-Chefin hat sie beim legendären Mannheimer SPD-Parteitag 1995 am Sturz von Rudolf Scharping als Parteichef entscheidend mitgewirkt. Zehn Jahre später setzte sie sich in einer Kampfabstimmung um den Posten des SPD-Generalsekretärs gegen einen engen Vertrauten des damaligen Parteivorsitzenden Franz Müntefering durch – und zwang Müntefering dadurch zum Rücktritt. Auch bei der Entmachtung von Sigmar Gabriel und Martin Schulz spielte sie eine zentrale Rolle. Nahles gehört zu denen, die, wenn es um die Macht geht, genau wissen, dass eiserne Bandagen zum Spiel gehören. Im politischen Infight mit all seinen Kniffen und Tricks war sie immer schon ein Naturtalent. Nur ging es bis dahin immer darum, die Macht anderer zu beschneiden. Oder Karrieren zu beenden. Jetzt geht es darum, selbst oben zu bleiben. Und von oben aus betrachtet sieht die politische Welt plötzlich ganz anders aus, fühlt sich auch ganz anders an.

Denn jeder hat etwas zu meckern. Haare, Klamotten, Sprache – da müsse sie dringend was machen: Jene, die es gut mit ihr meinen, sagen ihr das direkt. Jene, die es nicht so gut mit ihr meinen, raunen es hinter ihrem Rücken. Sie sei nun mal nicht »auf Effekt hin organisiert«, sagt sie, weder von der Persönlichkeit her noch in ihrem politischen Handwerk. Und das, so räumt sie ein, sei in den vergangenen 20 Jahren immer mehr zum Problem geworden.

Nahles sieht den Zeitgeist geprägt von einer »Kultur der Selbstheroisierung«. Sich inszenieren, sich in Pose werfen zu können, zu wissen, welche medialen Knöpfe man drücken muss, um als hip zu gelten – die Grünen-Vorsitzenden Robert Habeck und Annalena Baerbock beherrschten das perfekt, findet sie. Sie selbst sei aber geprägt von jenen Jahren, als es wichtig gewesen sei, authentisch zu sein, als eine Person zu gelten, die sich nicht verstellt. »Ich mache mir bis heute stets mehr Gedanken darüber, was ich sage, als darüber, wie ich es sage.«

Den Anpassungsversuch beim Thema Haare hat Andrea Nahles dann schnell wieder aufgegeben. In ihrer Zeit als Arbeitsministerin hatte sie sich die Lockenmähne geglättet. Seriöser wollte sie wirken, mehr so aussehen, wie sich die Leute ein Regierungsmitglied vorstellen. Das Glätteisen liegt im Februar 2019 wieder unberührt in der Ecke. Den Versuch, nicht sie selbst zu sein, um oben zu bleiben, hat sie abgebrochen.

Nahles macht Fehler – vor allem im Umgang mit den Abgeordneten. Rund ein Jahr ist sie nun Fraktionsvorsitzende, und das Murren unter den SPD-Parlamentariern wird lauter. Sie sei misstrauisch, beratungsresistent, ziehe alles an sich, führe zu autoritär, umgebe sich mit einem zu engen Kreis von Vertrauten, schotte sich von der Fraktion ab, öffne sich zu wenig den Abgeordneten. Nahles zahlt schnell für diese Fehler. Da sie ihre Stellvertreter nicht ins Vertrauen zieht, ihnen kaum Spielraum lässt, stellt sich auch keiner von ihnen vor sie, wenn es in der Fraktion mal kritisch wird. Sie steht dann allein da.

Zu diesen Fehlern gesellt sich eine fatale Neigung der deutschen Sozialdemokratie. Wenn es der SPD schlecht geht, macht sie das (fast) immer an ihren Chefs fest. Und mehr Chef als Partei- und Fraktionsvorsitzende in Personalunion geht nicht – diesseits von Kanzlerin. Abgeordnete wie Basisgenossen picken sich dann stets eine Eigenschaft heraus, die sie als besonders übel empfinden: Bei Gabriel war es die Sprunghaftigkeit, bei Schulz der jammernde Grundton; bei Nahles ist es ihr Rückfall in jusohafte Politpubertät. »Bätschi«, »Ab morgen gibt's in die Fresse«, »Ich sage nur: rot, rooot, roooooot«. Nahles weiß nach ihren Erfahrungen mit solchen Sprüchen, dass sie die frühere Juso-Chefin in sich bändigen muss. Das Problem ist nur: Es gelingt ihr nicht. Die junge Nahles triumphiert immer wieder über die erfahrene.

Was fängt einen Spitzenpolitiker oder eine Spitzenpolitikerin auf, wenn sie abstürzen? Wo ist endlich Licht am Ende des Tunnels? Was gibt Halt, wenn man die Niederlage auf sich zukommen sieht?

Im Fall von Andrea Nahles findet man eine erste Antwort in ihrer Heimat. Die Region, in der sie aufgewachsen sind, wird bei vielen Abgeordneten später auch zum Wahlkreis. Sie neigen dazu, ihre Heimat dann als entschleunigte Gegenwelt zum hektischen, eitlen, machtdurchsetzten Politbetrieb Berlin-Mitte zu beschreiben. Für Nahles ist sie mehr als das.

Weiler, 500 Einwohner, erzkatholisch und tiefschwarz, ein Ort in der Vulkaneifel, in dem hungrige Durchreisende im *Gasthaus Thelen* für 9,50 Euro noch ein »Zigeunerschnitzel mit Pommes«

serviert bekommen. Über diesen Ort sagt Andrea Nahles: »Das ist meine Adresse fürs Leben.«

Weiler liegt zwischen Monreal und Luxem, in der Gegend, in der die ARD *Der Bulle und das Landei* drehen lässt. In Weiler ist Nahles geboren, hier ging sie zur Schule, hier hat sie als Messdienerin Brot und Wein zum Altar der Pfarrkirche St. Kastor getragen. Und als sie mit 18 Jahren einen Ortsverein gründete, kam der Landesvorsitzende Rudolf Scharping extra aus dem fernen Mainz angereist und hielt eine Rede.

Mit ihrer Tochter Ella, Geburtsjahr 2011, lebt sie im Bruchstein-Bauernhaus, in dem schon ihre Urgroßeltern wohnten und das sie auf Grün getrimmt hat: Pelletheizung, Fotovoltaik-Anlage, Wespenhotels. Ist sie unterwegs, kümmern sich ihre Mutter und Ellas Vater um die Tochter. Die Eltern haben sich getrennt. Wenn Nahles einmal im Jahr zum Backesfest lädt und in dem alten Ofen Brot und Kuchen backt, kommt das ganze Dorf. Für Nahles ist Weiler nicht die Gegenwelt zu Berlin, nicht der Rückzugsort vom Stress und Ärger einer Spitzenpolitikerin unter Beschuss. Es ist ihre Welt. Und es ist ihr Halt, der Ort, der sie auffängt. Hierhin kehrt sie zurück, als sie in Berlin die Brocken hinwirft.

Als Nahles noch ein Teenager war, sollten in der Vulkaneifel zwei Müllverbrennungsanlagen gebaut werden. Es gab auch Pläne, einen Bach zu begradigen und einen Teil eines Waldes abzuholzen. Widerstand formte sich – mit Nahles in vorderster Linie. Zu einer Zeit, als die Grünen wichtiger und größer wurden, haben grüne Themen Nahles politisiert. Sie ist dann nicht zu den Grünen gegangen, sie ist in die SPD eingetreten.

Die Grünen waren ihr zu apodiktisch, sagt sie später. Es habe nur die Ökologie gegeben, alles andere habe die null interessiert. Ein Spritpreis von fünf D-Mark, wie ihn Grüne damals forderten, sei für ihren Vater, einen Maurermeister, und die vielen anderen Handwerker in der Familie unbezahlbar gewesen. Grüne Ideen habe sie seit ihrer Jugend immer aus der Sicht jener gespiegelt bekommen, die es sich nicht leisten konnten. Ihre Konsequenz: »Es geht mir um unsere Leute, um Menschen, für die die SPD immer schon Politik gemacht hat. Und es geht dabei auch um meine Leute, um meine Familie.«

Politik hat Nahles stets aus ihren Naherlebnissen herausdestilliert. Es ist auch dieses persönliche Motiv, das sie lange Zeit gegen die Angriffe wappnet. Und das sie weitermachen lässt, als die Niederlage schon längst absehbar ist. Bis es am Ende dann doch nicht mehr geht.

Nahles hat sich selbst einmal als »optimistischen Typen« bezeichnet. Sie springt frühmorgens aus dem Bett, braucht keinen Kaffee, ist sofort da, zack, bumm. Das habe sie von ihrem Vater, der sei auch ein munterer Frühaufsteher gewesen. Und als Optimistin besitzt Nahles die Fähigkeit, aus dem wenigen, das gut läuft, enorme Kraft zu schöpfen. Kurz vor dem Jahreswechsel 2017/18 konnte man das erleben. Damals versammelten sich 3000 Genossen und Nichtgenossen aus der ganzen Republik in einer alten Berliner Fabrikhalle zu einem »Debattencamp« – und diskutierten zwei Tage lang so intensiv miteinander, dass man als Beobachter dachte: ganz schön munter für eine halbtote Partei. Nahles war mittendrin, sauste von Forum zu Forum, diskutierte mit, hörte zu – und versprühte von Stunde zu Stunde mehr Energie.

Doch zum Schluss gibt es selbst das nicht mehr – das wenige, das gut läuft, aus dem sie Kraft zieht und noch Energie tankt. Dann läuft gar nichts mehr gut.

Im Angesicht der Niederlage, die da auf sie zurollt, ist ihr auch der Glaube kein Halt mehr. Sie sei »grundgelassen« sagt Nahles noch wenige Wochen vor ihrem Rückzug. Ihr katholischer Glaube bewahre sie davor, alles in dieses eine Leben zu legen, es zuzupacken bis obenhin mit dem eigenen Selbst und dessen Optimierung. Er vermittle ihr Gelassenheit – man könnte auch sagen: Er schenke ihr einen inneren Weiler.

Doch ihr innerer Weiler schwindet, sobald sie öffentlich auftritt.

Da erlebt man oft eine unsichere, wenig balancierte SPD-Chefin. Im Mai 2019 ist es dann endgültig vorbei mit der Nahles'schen Grundgelassenheit. Nach heftigen Niederlagen bei der Europa- und der Bremenwahl – im Stadtstaat, bis dato uneinnehmbares Stammland, landete die SPD zum ersten Mal überhaupt hinter der CDU auf Platz zwei – haben die sozialdemokratischen Abgeordneten im Bundestag genug: Sie wollen sich nicht mehr fremdschämen. Seit Monaten läuft Nahles' Suhler Karnevalsauftritt als Endlosschleife im Netz, SPD-Abgeordnete haben das Video herumgeschickt, manche weigern sich reinzuschauen, weil es ihnen zu peinlich sein könnte. Und mit ihrem merkwürdigen Wen-lieb-ich-denn-jetzt-Rap beim Bremer Wahlkampfabschluss hat Nahles nun das nächste SPD-Chefin-Shamevideo fabriziert. Jetzt weiß man auch, warum die SPD sich ausgerechnet in einer ihrer sozialdemokratischsten Figuren nicht wiedererkennen kann: weil ihre Auftritte immer öfter so spektakulär misslingen, dass man die politische Person dahinter gar nicht mehr sieht. Mit dem miserablen Ergebnis bei der Europawahl (15,8 Prozent) und dem Bremen-Desaster ist für viele in der Fraktion der letzte Beweis erbracht: Solange Nahles oben ist, kann es mit der SPD nur weiter runtergehen. Sie muss weg.

Was dann folgt, ist eine Demontage, wie man sie selbst im politischen Berlin selten erlebt. Am Tag nach dem doppelten Wahldesaster fordert der Sprecher der SPD-Abgeordneten aus dem Ruhrgebiet, Michael Groß, per Brief eine Sondersitzung der Bundestagsfraktion, um zu klären, ob die Vorsitzende noch die Vorsitzende bleiben könne. Nahles erfährt davon eine halbe Stunde vor einer ARD-Sondersendung zu den Wahlausgängen. Der Parteivorstand hat sich am Morgen hinter sie gestellt. Lehnt sie die geforderte Klärung ab, so überlegt Nahles, befeuert sie die Diskussion um ihre Person umso mehr. Also geht sie in die Offensive – und kündigt in der ARD an, die Neuwahl des Fraktionsvorsitzes vom September auf die nächste reguläre Fraktionssitzung, in acht Tagen, vorzuziehen. Eine Sondersitzung in zwei Tagen, am 29. Mai, soll der Aussprache dienen. Ein machttaktischer Schachzug, den man vor wenigen Jahren noch ob seiner Kühnheit bewundert hätte. Doch von Machttaktik haben die Genossen nach drei Großen Koalitionen in vier Legislaturperioden die Nase voll.

Zuerst tritt am Mittwoch der Fraktionsvorstand zusammen, ein Gremium, das bis dato stets loyal zur Vorsitzenden stand. Er soll Nahles' Plan, die fraktionsinternen Wahlen vorzuziehen, absegnen. Das tut er auch, aber erst nach kontroverser Diskussion. Bei 19 Ja-Stimmen sagen neun Mitglieder der Fraktionsführung nein. Da weiß Nahles, dass es gleich schwierig wird.

In der anschließenden Sitzung der gesamten Fraktion – der *Spiegel* rekonstruiert sie wenige Tage später im Detail – bekommt Nahles die geballte Wut der Parlamentarier zu spüren. Die Wahl eigenmächtig vorzuziehen und das auch noch über die Medien und nicht zuerst intern zu kommunizieren sei eine »völlig inakzeptable Geringschätzung der Fraktionsmitglieder«, beschwert sich Dagmar Freitag aus Nordrhein-Westfalen. Und legt noch nach: Bei Gesprächen mit Bürgern und einfachen Parteimitgliedern bekomme sie über die Auftritte von Nahles stets zu hören: »Das geht gar nicht.«

Ähnlich äußert sich Florian Post, Abgeordneter aus München, der in den Wochen davor auch öffentlich immer wieder kundgetan hat, was er von Nahles hält: nichts. Nun weiß er von seinen Treffen mit Bürgern zu berichten: »Kein Einziger hat die Meinung ausgedrückt, dass es mit dir an der Spitze gut läuft.« Sie solle zurücktreten.

Zwar melden sich auch Nahles-Unterstützer zu Wort, doch den Ton setzen die Kritiker. »Ich fühle mich vergewaltigt«, sagt der hessische Abgeordnete Martin Rabanus. Deutlich moderater, aber doch entschieden äußert sich Sascha Raabe aus Hanau. »Ich mag dich von Herzen gern«, sagt er in Richtung Nahles. Sie sei eine tolle Arbeitsministerin gewesen und sei nun auch eine tolle Fraktionsvorsitzende. »Aber es ist halt deine Tragik, dass du das nicht verkauft bekommst.«

Vier Tage später, am Sonntagmorgen, formuliert Nahles in einem Schreiben an die »lieben Genossinnen und Genossen«, was ihr an diesem Tag und in den Stunden danach klar geworden ist: »Die Diskussion in der Fraktion und die vielen Rückmeldungen aus der Partei haben mir gezeigt, dass der zur Ausübung meiner Ämter notwendige Rückhalt nicht mehr da ist. Am kommenden Montag werde ich daher im Parteivorstand meinen Rücktritt als Vorsitzende der SPD und am kommenden Dienstag in der Fraktion meinen Rücktritt als Vorsitzende der SPD-Bundestagsfraktion erklären.«

Sie hat sich mit engen Vertrauten beraten, bevor sie ihren Entschluss fasste. Am Tag zuvor, dem Samstag, informiert sie Olaf Scholz. Der Vizekanzler und Finanzminister, mit dem sie seit Jahren eng kooperiert, will sie umstimmen, vergebens.

In den kommenden beiden Tagen tritt Nahles, wie angekündigt, von ihren beiden Spitzenämtern zurück – und taucht ab. Später wird sie auch ihr Abgeordnetenmandat niederlegen.

Abgesehen von einem lange zugesagten Vortrag zum Thema Gleichberechtigung in Maria Laach, kaum eine Viertelstunde Autofahrt von Weiler entfernt, bleibt Nahles in den Monaten nach ihrem Rücktritt verschollen. Sie gibt keine Interviews, sie tritt nicht im Fernsehen auf, sie verweigert sich der handelsüblichen »Jetzt-rede-ich«-Attitüde, mit der sich Prominente über erlittene Ungerechtigkeiten gerne auslassen. Und anders als vor allem der Ex-Vorsitzende Sigmar Gabriel, der seine Partei weder von seiner Kritik noch von seinen Vorschlägen verschont, ruft sie auch nicht von der Seitenlinie ins Spielfeld rein. Nahles zeigt in der Niederlage exakt das, was so viele in ihrer Partei in ihr nie erkennen konnten oder wollten: Stil. Das ist das erste Paradoxon, das sich in ihrem Scheitern offenbart.

Das zweite liegt darin, dass nun, da sie weg ist, ihre einstmals schärfsten Kritiker mit dem Loben gar nicht mehr aufhören wollen: »Niederlage einräumen, von Spitzenämtern zurücktreten, Mandat niederlegen, rausgehen und Klappe halten – so macht man das«, sagt einer, der an ihrem Umsturz nicht unwesentlich beteiligt war. Da könnten sich all die anderen Ex-Chefs ein Beispiel nehmen.

Schon seltsam: In der Niederlage erfährt Andrea Nahles den Respekt, der ihr im Triumph stets verwehrt blieb.

15 »Jeder Parteifreund ist immer auch ein Konkurrent«

Geht das überhaupt, Freundschaft in der Politik?

»Kaum ein Beruf, der auf den Umgang mit Menschen angelegt ist, macht so einsam wie der des Politikers.« Ein Satz wie ein Vorschlaghammer. Ein Satz von zeitloser Gültigkeit. Er ist schon ein paar Jahre alt, aber keiner hat die emotionale Tiefebene, in der sich die und der Abgeordnete regelmäßig verlieren, so präzise beschrieben wie der ehemalige Bundestagsabgeordnete Dieter Lattmann, SPD.

Es ist lange her, dass Lattmann seine Beobachtungen in seinem Bändchen »Die Einsamkeit des Politikers« abgefasst hat. 1977 war es, Bonner Republik. Es gab ein stabiles Dreiparteiensystem, die Politik war männerdominiert und der Alkohol als verlässliches Trösteinstrument gegen Druck und einsame Stunden noch weithin akzeptiert.

Es hat sich einiges verändert seither. Der Terminkalender ist noch gedrängter geworden, die Zahl der Einladungen und Empfänge hat noch weiter zugenommen, die sozialen Medien haben Tempo und Belastung noch einmal drastisch erhöht. Die Kanzlerin muss sich Fragerunden stellen, die Nachmitternachtssitzungen sind abgeschafft, Kleinkinder im Reichstag akzeptiert.

Nur die Einsamkeit ist kein Thema. Immer noch nicht. Sie ist ein Tabu geblieben, ein lästiger Nebenaspekt des Politikerdaseins, der

weggewedelt wird, wenn er in Sichtweite kommt. Viele sind betroffen, aber einen Austausch darüber gibt es kaum. Nicht untereinander, nicht mit Journalisten – und von den meisten nicht einmal mit
ihren Lebensgefährten oder Ehepartnerinnen. Es könnte ihnen als
Schwäche ausgelegt werden, es könnte Nachteile mit sich bringen,
es könnte letztlich der weiteren Karriere schaden.

Das Gefühl der Einsamkeit hat viele Facetten, es gibt die Einsamkeit in Berlin, nicht selten auch in den eigenen vier Wänden
dort. Es gibt die Einsamkeit bei wichtigen Abstimmungen, die Einsamkeit der Niederlage, es gibt die Einsamkeit im Wahlkreis. »Einsam ist der Abgeordnete vor allem bei Entscheidungen, bei denen
du eigentlich anderer Meinung bist als die Mehrheit« – so hat es der
frühere Parlamentarier Axel Berg empfunden. Aber was tun in solchen Momenten? Die innere Stimme ausblenden und einreihen?
Oder ausscheren und nicht mitstimmen? Das schale Gefühl der
Verlorenheit hat auch Nina Hauer immer wieder beschlichen:
»Einsam bist du immer, wenn du bestimmte Sachen nicht erklären
kannst, ohne das System zu beschädigen. Wenn du Verantwortung
übernimmst, auch wenn völlig klar ist, dass du dafür überhaupt
nichts kannst.«

Auch Sören Bartol kennt das Gefühl. Es ist eines, das sich auch
durch Erfahrung, Routine oder ein Mehr an Informationen nicht
vertreiben lässt. »Entscheiden musst du immer allein. Letztlich
musst du den Kopf dafür hinhalten«, sagt er, »du musst im Wahlkreis Kompromisse vertreten, mit denen du womöglich selbst nicht
zu 100 Prozent glücklich bist. Aber so ist Politik – du kannst nie
alles durchsetzen und musst immer für alles geradestehen.«

Besonders schwierig, sagt Bartol, ist der Entscheidungsprozess
bei echten Gewissensentscheidungen. »Wenn es um Themen wie die
Beschneidung von Säuglingen oder die Organspende geht. Oder
wenn du entscheiden sollst, ob die Peschmerga im Nordirak Waffen geliefert bekommen sollen, um den IS zu bekämpfen.« Manchmal sind es Fragen von geradezu Shakespeare'scher Dramatik.

Offiziell Waffen in ein Kriegsgebiet zu liefern war im Jahr 2016 eine Premiere. Eine Operation, so viel war klar, die Leben vernichten würde, aber auch Leben retten kann. Gibt es da überhaupt eine korrekte Entscheidung? Ein Falsch oder Richtig? Es ist für jeden Abgeordneten die maximale Herausforderung. »In solchen Momenten bist du so allein«, sagt Bartol, »alleiner kannst du gar nicht sein.«

Im Grunde beginnt das ganze Elend mit der ersten Reise des gewählten Abgeordneten in die Hauptstadt. Es ist die Reise in eine andere Welt, der Eintritt in eine neue Umlaufbahn. »In dem Moment, in dem du Abgeordneter bist, bist du entrückt«, sagt ein Zeitzeuge, der viele Jahre für den Bundestag und seine Parlamentarier gearbeitet hat. »Du bist nicht mehr zu Hause in der Skatrunde oder im Musikverein – du bist einfach nicht mehr da. Du bist nicht mehr einer von ihnen, sie kennen deine Welt nicht mehr.« Der Abgeordnete verlässt eine vertraute Lebenswelt und begibt sich in einen neuen Orbit. Es ist ein Orbit, der Spannung und Bedeutung verspricht, Aufmerksamkeit und Anerkennung. Es ist aber auch ein Kosmos, der den Freunden zu Hause in den meisten Fällen fremd ist und fremd bleibt.

Die Entfremdung von den Freunden in der Heimat – und nicht selten auch von der eigenen Familie – ist gegenseitig. Und sie hat zunächst einmal ganz profan mit der schlichten Abwesenheit zu tun. 23 Sitzungswochen in Berlin pro Jahr lassen dem oder der zu Hause zumeist gut vernetzten Abgeordneten die regelmäßige Teilnahme am Vereinstraining, an den Proben des Frauenchors und Musikvereins oder an den Übungen der Feuerwehr nicht mehr zu.

Die Themen ändern sich, die Herausforderungen auch. Der Zeitzeuge: »Du triffst dich in der Hauptstadt mit Leuten, zu denen deine Freunde zu Hause keinen Bezug mehr haben. Das geht eine Zeit lang gut, sie finden es interessant und spannend, deine Geschichten zu hören. Aber je mehr Geschichten du erzählst, desto mehr bist du der Onkel aus Amerika.«

Nur dass der Onkel aus Amerika längst nicht alle Geschichten erzählt, die ihn beschäftigen und manchmal auch quälen. Die Konkurrenz, die Erschöpfung, das Alleinsein etwa. Die verunglückte Rede, die schlechte Vorbereitung in der Arbeitsgruppe, die kalte Schulter des Fraktionsvorsitzenden. Stattdessen wartet abends nach erledigter Arbeit ein leeres Apartment oder Hotelzimmer. Und wo niemand ist, der einen auffängt, mit dem sich der Tag besprechen lässt, der kleine Erfolg und der große Ärger, das Gerangel um das Rederecht im Bundestag oder die Verbohrtheit der Kollegen. Oh, es gäbe, wäre die Erschöpfung nicht so umfassend, jeden Abend eine Menge zu erzählen.

»Hier hat niemand auf dich gewartet. Du knüpfst dienstliche Bekanntschaften, du bist Teil einer Gemeinschaft, aber eher der untere Teil.« So beschreibt es einer, der den Betrieb lange kennt. »Einsamkeit bemisst sich ja nicht daran, wie viele Leute um dich herum sind. Einsamkeit ist immer eine emotionale Einsamkeit. Weil du gerade aus einer Fraktionssitzung kommst, in der du mal wieder nur ein Drittel dessen kapiert hast, was diskutiert wurde; weil dich der Fraktionschef zum zweiten Mal hat stehen lassen; weil du weißt, dass deine Rede im Bundestag schlecht war, auch wenn dir alle auf die Schulter geklopft haben.«

Da helfen auch der tagtägliche Trubel und die vermeintliche eigene Wichtigkeit nicht. »Alle schauen auf dich, alles findet in der Öffentlichkeit statt – und trotzdem kannst du dich sehr, sehr allein fühlen«, bekennt ein Abgeordneter. Tagsüber laufen er und die Kollegen im Hamsterrad, Termine müssen umgelegt werden, Lobbyisten rufen an, Journalisten stehen vor der Tür. Doch das ändert sich, wenn sich die Sonne senkt. »Deine Mitarbeiter gehen abends nach Hause«, berichtet ein Abgeordneter, »und du musst sehen, wo du bleibst.«

So war auch die Gründung der jungen SPD-Netzwerker zu Beginn der Schröder-Fischer-Jahre eine Gründung gegen die Verlorenheit. »Unsere Partys waren auch ein Ausgleich dafür, dass wir diese Art von Leben im Wahlkreis nicht führen konnten«, hat Nina

Hauer einmal berichtet. »Wir hatten damals keine Kinder, und wir waren alle gleichwertig. Es war ein Ersatz für die Einsamkeit, die wir bei den Alten gesehen haben.«

Den Jungen fiel auf, wie sich die Alten eingerichtet hatten in ihrer Verlassenheit. Hauer empfand bisweilen Mitleid: »Besonders allein waren die männlichen Abgeordneten aus Nordrhein-Westfalen, die – anders als zu Bonner Zeiten – abends nicht mehr nach Hause konnten. Die saßen in der parlamentarischen Gesellschaft und waren schlichtweg – einsam.« Oder auch schon skurril. Hauer erinnert sich an einen Kollegen: »… der hatte für jeden Tag in der Woche eine Krawatte in seinem Koffer, ein Hemd und eine Brotdose. Und es hatte alles seine Ordnung. Am Freitag war das Brot, das ihm seine Frau eingepackt hatte, natürlich oll. Irgendwann fiel ihm mal der Koffer runter, er musste Krawatten und Hemden selbst zusammenlegen, und er fragte verstohlen: ›Geht das so? Ich weiß nicht mehr, wie sie sich das gedacht hat.‹ Und dann saß er da und aß sein olles Brot.«

Besonders anfällig für das Gefühl der Einsamkeit, so hat der FDP-Abgeordnete Otto Fricke beobachtet, sind Abgeordnete, die sich für die Tage in Berlin in ein Hotel einquartieren. Die in der Hauptstadt quasi auf Montage sind, ohne eigene Wohnung, Apartment oder Wohngemeinschaft. Hotels, so Fricke, seien »noch unpersönlicher als eine Wohnung ohne Mitmenschen«. Und auch der schwäbische CDU-Abgeordnete Michael Hennrich bekennt: »Es war vor allem in den ersten Jahren so: Kaum Freunde, kaum Bekannte, ich war froh, wenn es Freitagmittag war, der Flieger zurückging und zwei Wochen Wahlkreis anstanden.«

Manchmal sind es kleine Dinge, die viel erzählen. Die kleine Speisekarte der parlamentarischen Gesellschaft zum Beispiel. Sie ist nur den Abgeordneten zugänglich. »Sie wird geliebt«, erzählt einer von ihnen. Es gibt Spiegeleier und Graubrot, Leberkäse und Wurstsalat – »Sachen, die du natürlich nicht isst, wenn du ein offizielles Essen hast. Aber den Fenchelsalat an Thymiansoße wollen die Abgeordneten abends nicht. Da wollen sie den Wurstsalat und die Krawatte runter und die Schuhe aus …«

Wie die emotionale Leere den Abgeordneten zermürbt, hatte Lattmann schon beschrieben: »Er findet erst Ruhe, wenn die Reibung mit der Wirklichkeit dieses Tages in Müdigkeit verebbt. Ein Bundestagsmitglied als Nachtwächter, ohne Selbstmitleid, mutterseelenallein.« Drastisch kann auch Martin Schulz, der ehemalige Kanzlerkandidat der SPD, das Gefühl der Einsamkeit beschreiben. Als Europaabgeordneter in Straßburg habe er sie oft erlebt. »Den ganzen Tag Rummel und Remmidemmi, alles oft wahnsinnig interessant und nervenaufreibend – und dann bist du abends oft wie weggeknipst.« In Berlin sei es nicht anders: »Politikerleben sind von früh bis spät vollgestopft mit Ereignissen, die für viele Menschen außergewöhnlich, für einen selbst irgendwann aber vollkommen normal sind. Wenn das dann abends aufgehört hat, tut sich plötzlich eine gigantische Leere auf. Das Treiben des Tages kontrastiert dann plötzlich mit der Stille einer Zweitwohnung, die nicht dein Zuhause ist.«

Gigantische Leere? Karl Lauterbach, der umtriebige Gesundheitsexperte der SPD, ist einer von wenigen, die offen bekennen, dass ihnen der Zustand emotionaler Verlorenheit durchaus vertraut ist. Wenn Lauterbach über Einsamkeit spricht, ist es nicht nur die Einsamkeit der anderen. »Viele private Bindungen sind nach einiger Zeit ruiniert, in der Regel leidet auch die Beziehung«, bekennt er. »Man hat oft viel Privates vernachlässigt, man hat meistens nicht die Zeit, etwas neues Belastbares aufzubauen, sodass man zwar viele Leute kennt, aber doch oft einsam ist.«

Einer, der sich nicht nur wiederholt verlassen fühlte, sondern dem Parteifreunde auch tatsächlich den Rücken kehrten, war Michael Hartmann. 2002 war er in den Bundestag gekommen. Jahrelang hatte er als verlässlicher Innenexperte der Partei gearbeitet, war 2011 Sprecher der Arbeitsgruppe Innen seiner Fraktion geworden. 2014 legte er den Posten nach seiner Drogenaffäre nieder.

Die Hauptstadt war für ihn längst auch zum Fluchtort geworden. Die Distanz, die Großstadt, die Anonymität, die Mobilität – rund um die eigene Bedeutung rückten die Probleme zu Hause in weite Ferne. Aber Hartmann bekannte auch: »In dieser Zeit habe ich mich sehr einsam gefühlt.« Doch Ende des Jahres 2014 kam es dann noch dicker für ihn.

Sebastian Edathy, ebenfalls ehemaliger SPD-Bundestagsabgeordneter, auf dessen Laptop sich kinderpornografisches Material befand, behauptete, er sei von Hartmann frühzeitig über die Ermittlungen gegen ihn informiert worden. Hatte Hartmann seine guten Kontakte zu Polizei und Bundeskriminalamt genutzt, um den Kollegen zu warnen? Im Edathy-Untersuchungsausschuss verweigerte Hartmann die Aussage. Mehrere Staatsanwaltschaften leiteten Untersuchungen ein, wegen Strafvereitelung und uneidlicher Falschaussage, sie wurden eingestellt.

Ganz offensichtlich hatte Hartmann in der Causa Edathy versucht, Genossen zu schützen, aber in der Fraktion war er für die meisten fortan persona non grata. Kaum einer der Ex-Kollegen wollte sich noch mit ihm sehen lassen, bei Anlässen der Fraktion blieb er zumeist allein. »Da war ich einsam, sehr einsam«, sagt er heute. »Da haben mich die Unerbittlichkeit verzerrter medialer Darstellung und der unsägliche Verfolgungseifer des Untersuchungsausschusses brutal erwischt.« »Verloren« habe er sich gefühlt, aber das Eingeständnis persönlicher Vereinsamung ist in Berlin verpönt: »Wäre ich noch dabei, würde ich das nie laut sagen.«

Wirklich verwunden hat Hartmann die Sache bis heute nicht. Hätte er die Karten auf den Tisch gelegt, hätte das in der SPD – bis in die höheren Amts- und Parteifunktionen hinein – wohl ein mittleres Beben ausgelöst. So muss man ihn verstehen. Tatsache ist, dass damals gleich mehrere hochrangige Sozialdemokraten ein angespanntes Frösteln befiel. Einerseits sagt Hartmann: »Was hätte es mir genutzt, wenn ich andere mit hineingezogen hätte? Wie hätte ich mich gefühlt, wenn ich alle verraten hätte?« Andererseits sei ihm »unglaubliches Unrecht« widerfahren. Er habe die Kollegen geschützt: »Ich dachte, das vergisst dir die Truppe nicht.« Er habe sich der Devise »einer für alle« verpflichtet gefühlt. Was er zu spät erkannte: Umgekehrt habe es ein »alle für einen« nie gegeben.

Alle für einen? Das Gefühl hatte Martin Schulz ein einziges Mal: Als er am 19. März 2017 mit 100 Prozent der Delegiertenstimmen zum neuen SPD-Chef ausgerufen wurde. Danach verflüchtigte sich Woche für Woche das Hochgefühl, und Schulz machte Bekanntschaft mit einer Phase des Niedergangs und der Niederlagen. Außenminister hatte er werden wollen, als Kanzlerkandidat scheiterte er, und die letzte Hoffnung aufs Außenamt schwand dahin, als er im Februar 2018 sein Amt als Parteichef aufgeben musste. Es war für Schulz ein Moment totaler Einsamkeit: »Und dann kam der Augenblick, den ich nie vergessen werde: Meine engsten Mitarbeiter haben mich zum Flughafen begleitet. Sie hatten bis buchstäblich zur letzten Sekunde zu mir gehalten. Als ich durch die Sicherheitsschleuse ging, habe ich mich noch mal umgedreht, und sah sie, Arm in Arm, alleine aus der Halle gehen. Das war für mich schwer auszuhalten und ein Moment großer Traurigkeit.«

So kämpfen sie alle an, gegen die schleichende emotionale Ödnis, gegen die innere Leere, gegen das stetig weiter schwärende Gefühl der Vereinsamung. Keiner formuliert dieses Ringen so wie der FDP-Mann Johannes Vogel: »Politik absorbiert einen extrem, inhaltlich wie zeitlich. Die große Kunst ist es, sich einen warmen inneren Ort abseits der Politik zu bewahren. Eine Handvoll Menschen, die einem wirklich etwas bedeuten und die mit Politik nichts zu tun haben.« Die Politik dürfe einem Zeit rauben, das sei eine Selbstverständlichkeit. »Sie darf einem aber nicht diesen warmen inneren Ort nehmen. Das übersteht man nicht – und vereinsamt.«

Das Problem ist nur: Dieser innere Ort, den Vogel meint, ist in der Regel nicht in Berlin. Er ist weit entfernt. Und so warten in den Parlamentswochen nach ein paar Stunden Schlaf schon ein neuer Tag, neuer Trubel, neue Herausforderungen. Es sind die Stunden, in denen die Einsamkeit Pause hat. Stunden, in denen neue kräftige Adrenalindosen den Organismus unter Strom halten. Aber viel zu kurz, als dass sich die Einsamkeit nicht schon am nächsten Abend wieder nachdrücklich zurückmelden würde.

Freunde – das wurden sie rasch, nachdem sie alle 1994 in den Bundestag eingezogen waren. Norbert Röttgen, Peter Altmaier, Armin Laschet, Eckart von Klaeden, Hermann Gröhe und Andreas Krautscheid. Eine Jungsclique aus der Babyboomer-Generation, die sich daranmachte, die träge gewordene CDU aufzumischen, vor allem gesellschaftspolitisch. Sie hakten sich unter und stritten für eine moderne, weltoffene und tolerante Christdemokratie, lange bevor Angela Merkel den Schwenk auch tatsächlich vollzog. Einige von ihnen kannten sich bereits aus der Jungen Union und dem gemeinsamen Studium an der Uni Bonn – und nun kritisierten sie Helmut Kohl und trafen sich mit den jüngeren Grünen-Kollegen in der sogenannten Pizza-Connection. Eine Unerhörtheit für viele Konservative in der Partei. Röttgen und Co. aber schweißte die Kritik zusammen. Erst einmal.

Vor der Bundestagswahl 1998 änderte sich das. Andreas Krautscheid, Kandidat in einem für die CDU schwierigen Wahlkreis, bat seinen früheren WG-Kollegen Röttgen, ihm auf der nordrhein-westfälischen Landesliste den besseren Platz zu überlassen. Schließlich habe er, Röttgen, doch einen sehr sicheren Wahlkreis und alle Chancen, ihn direkt zu gewinnen. Röttgen lehnte ab, Freundschaft hin oder her, mit fatalen Folgen. Krautscheid flog aus dem Bundestag – am Ende fehlten ihm läppische 220 Erststimmen fürs Direktmandat, sein Listenplatz zog nicht mehr. Röttgen gewann das Direktmandat souverän, unangefochten. Doch das war es noch nicht mit den Freunden.

Als 2009 die Nachfolge von Jürgen Rüttgers als Landesvorsitzender anstand, interessierten sich drei der alten Kumpel für den Posten: Krautscheid, Laschet und Röttgen. Laschet war auf den Posten angewiesen, um politisch relevant zu bleiben, Röttgen wollte sich eine Machtbasis für höhere Ambitionen sichern. Krautscheid zog zurück und unterstützte Laschet. Röttgen gewann. Die gemeinsamen Abende der Ehepaare Laschet und Röttgen waren da längst Vergangenheit, Röttgens Freundschaft zu Krautscheid war schon 1998 zerbrochen. Und Röttgens Verhältnis zu Peter Altmaier erhielt 2012 seinen entscheidenden Dämpfer: Angela Merkel entließ Röttgen als Umweltminister und ersetzte ihn durch Altmaier. Dass der eine noch des anderen Freund sei, behauptet heute keiner der beiden mehr.

»Ehrgeiz«, sagte Röttgen einst der *Zeit*, »gehört zur Politik, weil Politik im Gestaltenwollen liegt.« Freundschaft ist hingegen eine private Kategorie, der Politik also nicht inhärent. Das sagte er nicht, meinte es aber wohl so. Freundschaft könne nicht heißen, fuhr er fort, dass man von einem etwas erwarte, was man selbst nicht tun würde. Nicht für den bestmöglichen Listenplatz zu kandidieren zum Beispiel. Oder auf eine Kandidatur für einen Spitzenposten zu verzichten.

Der ehrgeizige Röttgen, Jahrgang 1965, hat einiges vorzuweisen in seiner politischen Vita: Bundestagsabgeordneter, Parlamentarischer Geschäftsführer der Unions-Fraktion, Umweltminister, Spitzenkandidat für die NRW-Landtagswahl 2012, Vorsitzender des Auswärtigen Ausschusses, Kandidat für den CDU-Vorsitz. Er hat aber auch das Verlieren kennengelernt. 2005 wurde er nicht Kanzleramtsminister, 2009 scheiterte sein Versuch, Volker Kauder als Fraktionschef zu stürzen, 2012 unterlag er Hannelore Kraft bei der NRW-Landtagswahl, anschließend warf ihn Merkel aus dem Kabinett. Röttgen kennt sich aus mit den Höhen und Tiefen des Geschäfts.

Politiker sind keine Maschinen, keine Apparate, sie sind auch nicht Teil eines seelenlosen Mechanismus – auch wenn die trockendistanzierte Zuschreibung von »der Politik« sie zuweilen so erscheinen lässt. Politiker verabschieden Gesetze und den Bundeshaushalt, sie schicken deutsche Soldaten in Auslandseinsätze, sie stützen den Euro, sie bekämpfen ein weltweit grassierendes Virus, sie bestimmen, welche Kriterien ein Ei erfüllen muss, damit es das Gütesiegel »Bio« erhalten darf. Sie müssen unablässig Entscheidungen treffen, Profil entwickeln und Kritik abwehren. Jeder Einzelne von ihnen hat aber auch ein soziales Umfeld, eine Biografie, hat Erfolgs- und Leidensgeschichten mit im Gepäck. Politiker sind Menschen mit Sorgen, Nöten, Ängsten und Empfindungen. Mit Stärken und Schwächen, die sie auch im politischen Betrieb ausleben. Und sie suchen Anerkennung und Trost, Nähe und Beistand. Es mag selbstverständlich erscheinen, gelegentlich muss man aber daran erinnern.

Schon die Griechen sprachen vom zoon politikon, vom Lebewesen innerhalb einer Gemeinschaft. Der Universalgelehrte Aristoteles beschäftigte sich eingehend damit und kam zu dem Schluss, dass die politische Freundschaft eine weitgehend funktionale Beziehung sei. Ein Verhältnis zu wechselseitigem Nutzen, bei dem es um den Austausch von Informationen, um Mehrheiten und um ein beständiges Abprüfen von Loyalitäten geht. Von persönlichen Bindungen oder Gefühlen war da keine Rede.

Freund – Feind – Parteifreund: Die Trilogie legt offen, dass die Verbindung von Parteifreunden untereinander immer spannungsgeladen ist. Dass der Parteifreund kein einfacher Partner ist. Und die Parteifreundin auch nicht. »Wahre und echte Freundschaften innerhalb der gleichen politischen Gruppierung sind extrem selten«, findet Wolfgang Kubicki. »In der Politik ist jeder Parteifreund immer auch ein Konkurrent, ein Mitbewerber.« Bundespräsident Richard von Weizsäcker hat als besondere Tugend des Berufspolitikers einst »das Spezialwissen, wie man politische Gegner bekämpft« genannt. Wozu immer auch die Gegner in der eigenen Partei gehören.

»Es bleibt immer ein Lauern«, sagt auch Michael Hartmann, »es ist immer alles taktisch.« Normalerweise. Hartmann hat aber Unterstützung erfahren, als er wegen seines Drogenkonsums strauchelte. Vielleicht war es nicht Freundschaft, aber zumindest Hilfestellung. »Da gab es sehr viel Zuspruch, auch Solidarität, aus der Partei und von Bekannten aus dem Sicherheitsbereich.« Hartmann hatte sich einen Fehltritt geleistet, wie andere auch. Und weil ihnen allen die Rahmenbedingungen – der Druck, die Einsamkeit, die Öffentlichkeit – nur allzu bekannt sind und weil Hartmann nicht als Falschspieler galt, stützten sie ihn. Später, als er im Untersuchungsausschuss aussagen musste und es politisch brandgefährlich wurde, nicht mehr.

Gibt es nun echte Freundschaften in der Politik? Persönliche Freundschaften, die sogar ein mögliches Ringen um denselben Posten, dasselbe Amt oder einen aussichtsreichen Listenplatz überleben? Und wie belastbar sind sie wirklich? Oder geht in der Politik nicht mehr als die politische Freundschaft, die stets eine berechnend-kalte, funktionale Komponente in sich trägt?

Vier Jahre, nachdem in der Union die Jungsclique um Röttgen in den Bundestag eingezogen ist und sich politisch formiert hat, geschieht in der SPD Ähnliches. Eine Generation junger Genossen wird 1998 mit der Erfolgswelle von Gerhard Schröder in den Bundestag gespült. Die Neuen kapieren schnell: Sie müssen sich zusammenschließen, um gegen das Fraktionsestablishment um Heidemarie Wieczoreck-Zeul, Herta Däubler-Gmelin und Rudolf Dressler bestehen zu können. Und um den vielen anderen Genossen, die 16 Jahre lang auf einen Regierungswechsel gewartet und die Posten bereits unter sich aufgeteilt haben, Paroli zu bieten. Sie gründen daher eine eigene Gruppe und nennen sich die Netzwerker.

Erneuern wollen die Netzwerker die Sozialdemokratie nicht unbedingt, aber sie wollen eine vernehmbare Stimme sein zwischen der Parlamentarischen Linken und den Seeheimern, sich für pragmatische Lösungen einsetzen. Und sich mittelfristig bei den Posten nicht nur mit den Brosamen begnügen. Sie mischen sich fortan ein, feiern aber auch zusammen – und das nicht zu knapp. »Diese

Generation ist teilweise sehr eng zusammengewachsen«, sagt Sören Bartol, der 2002 dazustieß, im Rückblick. »Da gibt es einige der sehr seltenen Freundschaften in der Politik, sehr intensive Freundschaften.« Es sei von unschätzbarem Wert gewesen, sich auch abseits des Alltags zu treffen. Zum Ritual gehörten Vorträge und Streitgespräche im Fraktionssaal – und dann der Ortswechsel in die selbst organisierte Kneipe, den »Wahlkreis«.

Der Job des Berufspolitikers ist ein permanenter Tanz auf dem Seil. Der Abgeordnete muss die Balance zwischen Eigen- und Gemeinschaftssinn halten, zwischen persönlichem Ehrgeiz und gemeinsamen Zielen. Unablässig sind seine individuellen und persönlichen Fähigkeiten gefragt, sein Scharfsinn, sein Aufnahmevermögen, seine rhetorische Qualität. Es sind Talente, mit denen er versucht, sich auch in der eigenen Partei oder Fraktion hervorzutun, aufzufallen und besser zu sein als der oder die andere. Der Wettbewerb ist konstitutives Merkmal der Politik.

Zugleich wird dem Parlamentarier, der nach Berlin kommt, schnell klar: Man hat nur eine Chance zu bestehen, wenn man mit anderen zusammenarbeitet. Wenn man Allianzen sucht und Kooperationen eingeht. Als Einzelkämpfer hat man keine echte Perspektive, man ist auf Unterstützer, Weggefährten und Bündnisgenossen angewiesen. Mit der persönlichen Freundschaft hat das aber nicht viel zu tun. Weil den politischen Freundschaften fehlt, was das Wesen der persönlichen ausmacht: die Selbstlosigkeit.

Schon die Sozialisation von Politikern im Wahlkreis stellt die Weichen für den weiteren Umgang mit politischen Freunden. Denn Mehrheiten für die Kandidatur im Wahlkreis schafft man durch zweckgerichtete Bündnisse. Natürlich können sich persönliche Freundschaften daraus ergeben, entscheidend für die ersten politischen Erfolge sind aber nicht sie, sondern das Knüpfen verlässlicher Beziehungen zu einer möglichst hohen Zahl von Unterstützern. Netzwerke vor Freundschaften – es ist eine Erfahrung, die der und die Abgeordnete mitnehmen auf ihrem weiteren politischen Weg.

Persönliche Freundschaften, das zeigen die Beispiele der Röttgen-Clique und der Netzwerker, entwickeln sich zumeist in der Frühphase des Abgeordnetendaseins. So war es auch zu Beginn der Legislaturperiode von 2017. In der SPD-Fraktion fanden sich schnell zwölf Jungabgeordnete aus den unterschiedlichen Strömungen zusammen, sie schrieben Thesenpapiere, ließen sich im *Spiegel* ablichten und sorgten so für Aufmerksamkeit. Und sie unternahmen privat viel miteinander, verstanden sich bestens. Aus funktionaler Zusammengehörigkeit erwuchsen Freundschaften. Ob sie halten? Eher nicht. Die meisten aus der Gruppe haben mittlerweile ihre eigenen Spielfelder entdeckt, auf denen sie sich zeigen und entwickeln können. Mitte 2020 bröckelt die Gruppe.

Von Dauer sind ohnehin nur die wenigsten Freundschaften in der Politik, zumindest für jene, die den Hinterbänken entwachsen. »Die Wahrscheinlichkeit neuer enger freundschaftlicher Beziehungen nimmt bei Inhabern herausragender Stellungen immer mehr ab«, sagt der Berliner Soziologe Vincenz Leuschner.

Do ut des – ich gebe, damit du gibst. Die Berechnung ist der eigentliche Kern von Beziehungen unter Parteifreunden. Politische Netzwerke leben von ihrer Verbindlichkeit, sie sind immer auf Gegenseitigkeit und immer auf Dauer angelegt. Es geht nicht um tiefere emotionale Sympathien oder gar Gefühle, es geht um Handlungsoptionen zum wechselseitigen Nutzen. Diese funktionalen Freundschaften sind elementarer Bestandteil des politischen Prozesses, bleiben jedoch volatil: Wer heute noch dein politischer Freund ist, kann morgen schon dein innerparteilicher Widersacher sein. Härter und menschlich komplizierter ist aber etwas anderes: wenn dein persönlicher Freund zum politischen Widersacher wird. So wie es bei Martin Schulz und Sigmar Gabriel der Fall war.

Schulz und Gabriel kennen sich seit mehr als 20 Jahren, sind befreundet, als der Europapolitiker Schulz im Herbst 2016 durch

Deutschland tourt, um seine Beliebtheit zu testen. Ihn reizt das Auswärtige Amt, weil Frank-Walter Steinmeier Bundespräsident werden soll und Schulz seine Europapolitik nach Berlin tragen will. Außerdem liebäugelt Sigmar Gabriel, der Chef seiner Partei, mit der Kanzlerkandidatur. Doch Gabriel zaudert, weil ihn die Medien kritisch begleiten und seine Umfragewerte anhaltend schlecht sind. Schließlich überlässt er Schulz die Chance, gegen Merkel anzutreten. »Man steckt in einem Zielkonflikt«, beschreibt Schulz seine damalige Zerrissenheit eher allgemein. »Was ist dir wichtiger: Freundschaft oder das, was du erreichen willst?« Wenn der Konflikt sich anbahne, sei es nötig zu abstrahieren: »Der professionelle Konflikt hier – und die menschlich-emotionale Bindung da.« Häufig zerbreche Letztere dabei.

Gabriel sucht eigentlich keine Freunde in der Politik, er hat sie außerhalb. Mit Schulz ist die Beziehung eine besondere, auch eine besonders unbeständige. Anfang 2017 ruft Gabriel Schulz offiziell zum Kanzlerkandidaten aus. Und danach ruft er permanent dazwischen. Der frühere SPD-Chef, so schreiben die Medien, hält sich erkennbar für den eigentlich besser Geeigneten. »Ich habe in der Zeit der Kanzlerkandidatur immer wieder mit ihm geredet«, sagt Schulz gut zwei Jahre später. »Und wie das mit Sigmar so ist: Wenn du zu ihm sagst, das kannst du so nicht machen, ist er einsichtig. Kurz darauf kommt der nächste Schlag. Ich habe ihm gesagt: Wenn ich wüsste, dass dies Absicht ist, würde ich nie wieder ein Wort mit dir reden. Da ich aber weiß, wie er ist – er denkt und handelt immer impulsiv –, habe ich ihm dann wieder verziehen.«

Viele andere Genossen, die er auf die Palme brachte, haben Gabriel irgendwann nicht mehr verziehen. Auch für Schulz gibt es eine Zäsur, »einen Bruch in dieser Freundschaft«, wenn auch nur einen vorübergehenden. Es ist im August 2017, der Wahlkampf verläuft zäh für Schulz, als Gabriel der *Bild*-Zeitung ein Interview gibt. Die hat zwei Bilder mitgebracht, eins von Schulz, eins von Gabriel mit Tochter. Auf die Frage, wen er wählen würde, tippt Gabriel auf das

Bild mit sich und seiner Tochter: »Ich würde meine Tochter Marie wählen …« Für Schulz ist damit »ein Tiefpunkt in unserer Beziehung« erreicht. Für Gabriel kommt der Tiefpunkt im darauffolgenden Februar, als der gescheiterte Kanzlerkandidat Schulz das Amt des Außenministers für sich reklamiert – und den Amtsinhaber Gabriel damit ins politische Off schickt. Gabriel kartet noch einmal nach. In einem eilig angefertigten Interview zitiert er seine Tochter Marie: »Du musst nicht traurig sein, Papa, jetzt hast du doch mehr Zeit mit uns. Das ist doch besser als mit dem Mann mit den Haaren im Gesicht.«

Mit einiger Verzögerung hat Schulz die Sache abgehakt. »Am Ende haben wir beide verloren. Er musste das Auswärtige Amt abgeben – und ich habe es nicht bekommen«, weil die designierte Parteivorsitzende Andrea Nahles kurz darauf Heiko Maas zum Außenminister bestellte. »Das war schon sehr belastend«, resümiert Schulz. »Aber unsere emotionale Bindung war dann doch noch so stark, dass wir mit einer gewissen Zeitverzögerung darüber reden konnten. Auch darüber, wer wann welchen Fehler gemacht hat.«

Als Gabriel später sein Bundestagsmandat niederlegt, ist die Fehde vergessen, Schulz versucht ihn noch vom finalen Ausstieg abzuhalten. Vergebens. Schulz: »Das ist halt das Problem mit ihm. Du kannst nie vorhersehen, was er tut.«

Er hat es zwar nicht konkret darauf bezogen, sondern ganz allgemein formuliert, aber die Erkenntnis des Soziologen Leuschner über Freundschaften in der Politik passt auf das Verhältnis zwischen Gabriel und Schulz besonders gut: »In all diesen Beziehungen findet sich ein kompliziertes Spannungsgemisch aus Nähe und Distanz, persönlicher Verbundenheit und politischen Interessen. Mal überwiegt das eine, mal das andere.«

Wer in der politischen Champions League spielt, wer also im Rennen ist um hohe und höchste Posten, sollte auf persönliche Freundschaften in der Politik vielleicht besser verzichten. »Freundschaften und Politik sind völlig unterschiedliche Ebenen«, sagt der lebenskluge Wolfgang Schäuble. Und es hatte seinen guten Grund, dass der nicht minder erfahrungsgestählte Franz Müntefering in einem Interview der *Süddeutschen Zeitung* einst sagte: »Ich bin ein Alleiner.«

Und dann findet man sie nach längerer Suche doch, die echten Freundschaften im politischen Geschäft, die engen Beziehungen, bei denen die gemeinsame Verbundenheit deutlich größer ist als das jeweilige politische Interesse. Und eher unter Frauen als unter Männern. Nach der Bundestagswahl 2002 zum Beispiel spähten die SPD-Frauen Nina Hauer und Kerstin Griese nach dem Posten der Parlamentarischen Geschäftsführerin (PGF). Beide kannten sich von den Jusos, waren 1998 und 2000 ins Parlament gekommen und hatten sich schnell angefreundet. Der erste PGF, Wilhelm Schmidt, hatte eine Präferenz für Hauer. Die Konkurrentinnen trafen sich, Griese überließ Hauer den PGF-Posten, erbat aber Unterstützung für einen Ausschussvorsitz. Den bekam sie dann auch und war durchaus zufrieden. Hauer: »Natürlich hatten wir alle Karriereinteressen, aber wir haben verteilt und abgewogen.« Sie habe nie den Eindruck gehabt, »dass die anderen mir was nicht gegönnt haben oder wir gegeneinander standen.«

Es geht dort nicht unbedingt um Freundschaft, aber um Vertrauen und einen sehr persönlichen Austausch, weshalb man ihn hier erwähnen muss: den Gebetsfrühstückskreis. Geräuschlos agiert er, unauffällig, ist aber doch von hoher Verbindlichkeit. Immer Freitagfrüh, um 7:45 Uhr, in den Sitzungswochen treffen sich ein bis zwei Dutzend Abgeordnete zum Gebetsfrühstück. Fraktions- wie religionsübergreifend. Auch drei AfD-Parlamentarier haben sich zu Beginn der Legislaturperiode angemeldet, gelegentlich schauen sie vorbei.

Gegründet wurde die Runde noch in Bonn, von Lothar Späth und Hans-Jochen Vogel. Eingeladen sind heute alle: Christen und Juden, Muslime und Agnostiker, und sie alle kommen. Und alle sind per Du. Impulsvortrag, Diskussion, Aktuelles, Gewissenskonflikte, Spirituelles – alles kommt auf den Tisch. »Eine sehr persönliche Runde«, sagt eine, die regelmäßig dabei ist. »Bei uns können Abgeordnete mal ihr Herz ausschütten und sicher sein, dass es nicht zwei Stunden später bei *Spiegel Online* steht.«

Der Kreis dient aber nicht nur der persönlichen Besinnung und Standortbestimmung. »Wenn es mal in einem Ausschuss hakt und man kennt sich«, sagt einer, »gibt es Brücken, über die man gehen kann.« Oder man reiche mal einen Tipp weiter: »Rede doch mal mit dem und dem, den kenne ich, der ist in Ordnung. Da hat der Kreis durchaus Einfluss.« Informell, aber wirksam.

Ähnlich brüderlich, wenn auch gelegentlich deutlich rüder, geht es im FC Bundestag zu, der Fußballtruppe des Parlaments. Man kickt zusammen, man duscht zusammen, man duzt sich. »Mit jemandem, mit dem du schon durchgeschwitzt unter der Dusche standest, kommst du ganz anders klar als mit jemandem, den du nur mit den Akten unter dem Arm kennst«, hat Axel Berg einmal gesagt, ehemaliger Mittelfeldspieler der Elf. Dass sich der reservierte Franz Müntefering (SPD) und der kühle Wolfgang Schäuble (CDU) bis heute duzen, rührt her aus ihrer gemeinsamen Vergangenheit auf dem Platz.

Letztlich bemessen sich Qualität und Nachhaltigkeit von Freundschaften in der Politik – wie im richtigen Leben auch – daran, ob sie einen Lebensabschnitt überdauern. Ob sie auch dann noch Bestand haben, wenn einer oder eine der Betroffenen abbiegt und einen neuen Weg, weit weg vom Reichstag, einschlägt. Wenn die einst politisch begründete Beziehung die gemeinsamen Jahre im Regierungsviertel überlebt.

Und ja, es gibt sie, jene Post-Berlin-Freundschaften, Beziehungen ohne Erwartungen, ohne Gegengeschäfte, ohne die Hoffnung auf einen praktischen Mehrwert; Beziehungen, die auf einem gewachsenen, tiefen Vertrauen basieren. Nachdem sie 2009 aus dem Bundestag ausgeschieden war, traf sich Nina Hauer gelegentlich mit alten Freunden aus dem Kreis der SPD-Netzwerker. Es dauerte eine Weile, bis sie verstand, warum sie für die alten Gefährten noch Bedeutung hatte: »Dass ich nämlich für viele meiner ehemaligen Abgeordnetenfreunde eine Stimme aus der realen Welt bin, die sie nicht dauernd infrage stellt, bei der sie nicht auf der Hut sein müssen. Ich bin nicht sauer, wenn ich mal 45 Minuten warten muss, wenn von einer Stunde, die man sich trifft, eine halbe Stunde telefoniert wird. Ich kenne das.«

Sie stelle nicht die Fragen, die sich eigentlich aufdrängten. »Ich nehme das einfach hin, frage höchstens, wie kommst du zum Flughafen?« Solche Leute habe sie in ihrer aktiven Zeit auch immer als angenehm empfunden. »Weil du dir nicht blöd vorkommst und nicht alles erklären und rechtfertigen musst. Weil du einfach sagen kannst, ich freue mich, dich zu sehen, und um 19 Uhr geht mein Flieger.«

16 »Sie hat geheult und geschluchzt, ich kann doch hier nicht zustimmen«

Der schmale Grat zwischen Gewissensfreiheit und Regierungsfähigkeit

Es ist Freitag, der 16. November 2001. Der Deutsche Bundestag hat gerade beschlossen, deutsche Soldaten nach Afghanistan zu schicken. Als Antwort auf den 11. September 2001, auf die Terroranschläge von New York und Washington mit knapp 3000 Toten. Aus Solidarität zu den USA. Und auch ein wenig aus schlechtem Gewissen heraus, weil die Terrorzelle, die die Anschläge ausführte, monatelang und ungestört von den Ermittlern in Hamburg ihre Vorbereitungen treffen konnte.

Die Abstimmung war knapp, 336 Jastimmen, 326 Neinstimmen. »Nach einem kurzen Augenblick, in dem es sehr ruhig ist, steht Christa Lörcher von ihrem Stuhl auf. Sie läuft den langen Weg von ihrem Platz durch den Plenarsaal vor zum Bundeskanzler. Sie gibt ihm die Hand und sagt: ›Ich freue mich, dass ihr weiter regieren könnt.‹ Eine kurze Umarmung. Gerhard Schröder schweigt.« So beschreibt die *taz* später die Szene.

An diesem Tag stimmt die Sozialdemokratin Christa Lörcher aus Villingen-Schwenningen als einzige Abgeordnete ihrer Partei gegen den Regierungsbeschluss. Weil sie Pazifistin ist. Weil sie es immer war. Und weil ihr Gewissen ihr keine andere Wahl lässt.

Die Sache scheint eindeutig: Abgeordnete sind »Vertreter des ganzen Volkes, an Aufträge und Weisungen nicht gebunden und nur ihrem Gewissen unterworfen«. Artikel 38 Grundgesetz. Wenn die Sache mal so eindeutig wäre.

Es gibt nicht viele Artikel und Absätze im Grundgesetz, die ein solches Spannungsfeld umreißen. Die so vielseitig interpretierbar sind. Und die viele Abgeordnete immer wieder in einen erhöhten Unruhezustand versetzen. Rechtsgelehrte vieler Hochschulen beugen sich regelmäßig über diesen Artikel, er ist Gegenstand von Examensfragen, und auch das Bundesverfassungsgericht befasst sich regelmäßig mit der Freiheit der Abgeordneten. Denn die Sache ist komplex. Immer wieder aufs Neue.

Würde sich jeder und jede Abgeordnete an seinem und ihrem Gewissen orientieren, wäre jede Regierung schnell an ihrem Ende. Mehrheiten würden beliebig wechseln, die Legislative wäre ein buntscheckiger Haufen und die Exekutive schnell nicht mehr handlungsfähig. Deshalb gibt es die Fraktionsdisziplin, die den Abgeordneten im Umgang mit ihren Abstimmungsentscheidungen gewisse Regeln verordnet. Abgefasst sind diese Regeln in den Geschäfts- oder auch Arbeitsordnungen, in denen Aufbau, Gliederung und Entscheidungsprozesse der jeweiligen Fraktionen festgelegt sind.

Die Fraktionsdisziplin hat Gültigkeit für den größten Teil aller Abstimmungsverfahren im Bundestag. Außerhalb dieses Protokolls werden die sogenannten Gruppenanträge diskutiert. Dabei handelt es sich in der Regel um Gesetzentwürfe, die um ethisch heikle Themen kreisen, etwa Organspenden, Abtreibung oder Sterbehilfe. Die Abstimmung über die Präimplantationsdiagnostik im Jahr 2011 war eine solche Debatte. Und natürlich die erbitterte Auseinandersetzung über den künftigen Regierungssitz Berlin im Sommer 1991.

Bei Gruppenanträgen sind die üblichen Fraktionsgrenzen aufgehoben, es gibt keine Vorgaben der Fraktionsführungen, und die Abgeordneten von Regierung und Opposition arbeiten in die eine oder andere Richtung zusammen. Sie sind allerdings die große Ausnahme im parlamentarischen Alltag – wenngleich die rhetorischen Auseinandersetzungen im Reichstag, aller üblichen Rituale enthoben, zumeist in großer Ernsthaftigkeit und eng am Thema entlang geführt, gerne als »Sternstunden« des Parlaments bezeichnet werden.

Für mehr Unruhe im Fraktionsgetriebe sorgen andere Abstimmungen. Wenn es um Kriegseinseinsätze geht, um Asylfragen, um Finanzhilfen für Südeuropa – und bei der Union auch mal um die Ehe für alle. Und für besondere Unruhe sorgen sie jeweils in den Regierungsfraktionen, und ganz besonders, wenn die Mehrheiten knapp sind.

Wie damals 2001, als Gerhard Schröder deutsche Truppen nach Afghanistan entsenden wollte. Für viele SPD- und Grünen-Abgeordnete war das undenkbar. Schröder wusste um die Widerstände und verband die Abstimmung über den Marschbefehl mit der Vertrauensfrage. Würde er die Abstimmung nicht gewinnen, würde er sein Amt niederlegen. Rot-Grün wäre am Ende. So weit die Drohung.

Die Vertrauensfrage ist eine Art Erstschlagsdrohung im parlamentarischen Betrieb, die maximale Erpressung für alle Abgeordneten der Regierungsfraktionen: Du stimmst jetzt mit der Regierung oder die gemeinsame Zeit ist vorbei.

In der erregten Debatte über den »Krieg gegen den Terror« und die Entsendung von Bundeswehrsoldaten nach Afghanistan ist Christa Lörcher nicht allein. Eine Reihe von SPD-Abgeordneten will ebenfalls nicht mitstimmen. Aus Gewissensgründen. Aus ganz grundsätzlichen Erwägungen. Auch bei den Grünen kündigen acht Abgeordnete ein Nein an. Aber sie wollen die Koalition auch nicht platzen lassen. In der Nacht vor der Abstimmung verständigen sie sich darauf, dass vier von ihnen mit Nein stimmen, stellvertretend für alle Gegner, die anderen vier mit Ja.

Zu diesem Zeitpunkt hat Lörcher das Vier-Augen-Gespräch

beim Kanzler längst hinter sich, die Gehirnwäsche von Peter Struck, die Überredungsversuche und Beschimpfungen der Kollegen, das Scherbengericht in der Sondersitzung der Landesgruppe Baden-Württemberg, die verlangt, dass sie ihr Mandat abgeben soll. Schließlich sei sie über die Landesliste in den Bundestag eingezogen. Am Abend vor der Abstimmung tritt sie aus der Fraktion aus. Eine Stunde später ist sie vom SPD-Intranet abgehängt, so erzählt sie später. Die Landesgruppe streicht sie aus sämtlichen Listen.

Schröder erhält schließlich 336 Stimmen, zwei mehr als nötig. Dass der Kanzler die abtrünnige Lörcher vor aller Augen reflexhaft umarmt, trägt ihm eine Spitze des Fraktionsvorsitzenden Peter Struck ein, der zuvor alles gegeben hatte, um Lörcher umzustimmen: »Sach' mal, spinnst du?«

Das Verfahren ist bis heute das gleiche: Normalerweise müssen Abgeordnete, die von der Fraktionslinie abweichen wollen, sich vorab beim Fraktionsvorsitzenden oder Parlamentarischen Geschäftsführer melden, wo sie jenes Einzelgespräch erhalten, auf das sie gerne verzichten würden. Denn die Abgeordneten müssen sich erklären, und die Führungskräfte sind dabei in der Regel nicht in Plauderlaune – Brüllen, Beleidigungen und auch Tränen gehörten jedenfalls bei Union und SPD lange zum Standard.

René Röspel, SPD, seit 1998 im Bundestag, hat genau diese Erfahrung gemacht – und seinen Preis bezahlt. 1999, als es um deutsche Militäreinsätze auf dem Balkan ging, saß er das erste Mal zum Beichtgespräch im Büro von Fraktionschef Struck. Röspel hatte aus tiefer Überzeugung und mit gutem Gewissen den Wehrdienst nachträglich verweigert – »und dann sollte ich als Sozialdemokrat einem Kriegseinsatz zustimmen?« Röspel erinnert sich an die beklemmenden Momente vor der entscheidenden Abstimmung: »Es ging den langen Weg vom Wasserwerk in den Plenarsaal, eine Kollegin hat neben mir geheult und geschluchzt und sagte: ›Ich kann doch hier nicht zustimmen.‹ Das war für viele Sozialdemokraten und Grüne schrecklich damals.«

Auch Röspel stand vor der sehr grundsätzlichen Frage, bleibt er sich treu »und dem, was für mich lange Zeit richtig war, oder passe ich mich dem Regierungsspiel an«? Hält er an den Wertmaßstäben und Prinzipien fest, die ihm in seinem vorherigen Leben ein wichtiges Geländer waren? Viele in der Fraktion habe der Konflikt damals bewegt, »und auch ich war schnell nicht mehr auf der Seite derer, die da gut gelitten waren. Obwohl ich das eigentlich wollte. Ich bin nicht als Konflikt-Juso in diesen Bundestag gekommen.«

Tapfer marschierte Röspel also in der Frage Bundeswehreinsatz zu Struck, »er wurde laut, er hat mich angeschrien, ich habe Kontra gegeben, immer mit gleicher Münze, sodass wir uns irgendwo eingependelt haben.« Drei-, viermal musste Röspel später vor Abstimmungen noch bei Struck wegen seines Gewissens vorsprechen. »Dann war es auch erledigt – da hatte ich dann wohl verschissen.« Für einen herausgehobenen Posten kam der Westfale dann trotz grundsolider Arbeit im Forschungsausschuss nicht mehr in Betracht.

Wer zu häufig dem Warnruf seines Gewissens nachgibt oder aus anderen Gründen von der Fraktionslinie abweicht, kann seine Karriere in den Wind schreiben. Staatssekretär oder Ministeramt? Nie und nimmer mit unsicheren Kantonisten, die sich nicht verlässlich auf Linie der Regierung oder Fraktionsführung bewegen. Schlimmer noch, ihnen haftet ein Stigma an, das sie nicht mehr loswerden. Selbst Jungabgeordnete staunen über die informelle Ausgrenzung. Wiebke Esdar fiel nach gut zwei Jahren im Parlament auf, dass Kollegen, die öfter abweichen, zwar fachlich sehr gut sein können, »irgendwann aber nicht mehr wirklich ernst genommen werden.«

Einen anderen Weg schlug deshalb Ulla Schmidt ein. Auch sie quälte sich, allerdings mit anderem Ausgang. In den neunziger Jahren waren für die SPD die Änderung des Asylparagrafen oder der Kosovo-Einsatz der Bundeswehr hochheikle Themen. »Beide Debatten waren ausgesprochen schwierig für mich«, sagt Schmidt heute. »Solche Entscheidungen machen einen nicht glücklich. Du

brauchst ein Grundvertrauen zu denen, die oben stehen und entscheiden.« Das hatte sie – und stimmte letztlich Asylverschärfung
und Bundeswehreinsatz zu. Ihrer Karriere hat es nicht geschadet:
Fraktionschef Peter Struck erlebte sie als verlässliche Kollegin,
machte sie erst zu einer seiner Stellvertreterinnen und empfahl sie
im Jahr 2001 Gerhard Schröder als Gesundheitsministerin.

Was von außen oft als eine Frage der Macht, der Mehrheiten
oder der Autorität von Regierung und Fraktionsführung daher-
kommt, treibt die einzelnen Abgeordneten durchaus um. Und insbesondere jene der Regierungsfraktionen – denn auf ihre Stimmen
kommt es an, wenn es um neue Gesetze oder Auslandseinsätze
deutscher Soldaten geht. »Ich habe mein Gewissen immer gespürt
bei Militäreinsätzen, Spätabtreibung oder Sterbehilfe«, berichtet
auch Michael Hartmann. »Wenn es um Leben und Tod ging. Da
war mir die Orientierung an meinem katholischen Glauben
womöglich wichtiger als an einem Parteiprogramm.«

Auch Hartmann stimmte der ersten Verlängerung des Bundes-
wehreinsatzes in Afghanistan zu. Die Mehrheit war knapp, seine
Stimme hätte den Ausschlag geben können. Tat sie dann doch
nicht, aber Hartmann kam ins Grübeln, als die Meldung von
den ersten gefallenen Bundeswehrsoldaten eintraf. Die Nachricht
erschütterte ihn, über Nacht war eine zunächst abstrakte politische
Entscheidung zur Realität mit tödlichem Ausgang geworden: »Es
hat mich getroffen, als ob ich selbst einer Mutter in der Nachbar-
schaft die Nachricht hätte überbringen müssen.«

Später sagte er: »Ich weiß nicht, ob ich mit dem Wissen von
heute dem Einsatz noch einmal zustimmen würde.« Es ist das Dilemma, von dem viele Abgeordnete berichten: »Du weißt bei einer
Gewissensentscheidung nie, ob du es richtig oder falsch gemacht
hast. Du hast nie das überzeugte Gefühl, dich für das Richtige entschieden zu haben.« Es sei eher ein Gefühl der Hoffnung, jeweils
die richtige Entscheidung getroffen zu haben. Oder zumindest
nicht eine falsche. Und dann sagt Hartmann noch den Satz: »Eine

Meinung kann man sich immer bilden, zu jedem Thema – aber wenn du wirklich abstimmen und damit Verantwortung übernehmen musst, gilt es noch mal ganz anders.«

In der Union verlaufen Debatten traditionell pragmatischer und weniger grundsätzlich als bei SPD, Grünen und Linkspartei. Aber auch dort gibt es immer wieder strittige Punkte, etwa, wenn es um Flüchtlingsfragen, Finanzhilfen oder überhaupt das Europathema geht. Und es gibt auch da Verweigerer. Weil sich Abgeordnete überrumpelt fühlen. Weil es mit ihrem Weltbild nicht vereinbar ist. Weil sie schon immer anderer Meinung waren oder weil sie es im Wahlkampf anders versprochen hatten.

Michael Hennrich ist so einer. Christdemokrat, konservativ, wie er selbst bekennt. Hennrich haderte mit seiner Kanzlerin, als die im Sommer 2017 plötzlich die Ehe für alle abräumen wollte – nur um den Sozialdemokraten im Wahlkampf ein Thema abspenstig zu machen. Innerhalb einer Woche sollten die Unionsabgeordneten eine Entscheidung treffen. »Ich fühlte mich überrumpelt, weil ich gar nicht die Zeit hatte, alles abzuwägen und in mich hineinzuhören«, sagte Hennrich später. Viele in der Fraktion seien damals wütend gewesen, mehr über Eile und Druck als über die Gesetzesvorlage.

Merkel gab die Abstimmung frei, Hennrich stimmte dagegen, wie viele andere auch. Heute ärgert er sich: »Ich habe einfach eine katholische Prägung, das will ich gar nicht verschweigen.« Und dennoch würde er mit dem Abstand von heute anders entscheiden. »Ich hätte mich einfach gerne intensiver damit beschäftigt. Das war würdelos.« Nicht immer ist die Nein-Stimme also eine Frage des Gewissens. Manchmal ist es ein Wink an die Fraktionsführung, manchmal an die Regierung, manchmal eine deutliche Absage an den Stil, wie Entscheidungen vorbereitet werden.

Und oft geht es schlicht um die eigene Überzeugung. Klaus-Peter Willsch, CDU, aus dem hessischen Limburg war überzeugt davon, dass Griechenland aus der Eurozone hätte ausscheiden müssen. Also stimmte er, der 2009 zum Obmann der CDU/CSU-Fraktion im Haushaltsausschuss aufgestiegen war, mehrfach gegen weitere Hilfen für Griechenland. Willsch wusste, dass er eigentlich auf einem Karriereweg war: »Aus dem Haushaltsausschuss wird in der Regel nach oben ausgestiegen, der ist das Sprungbrett für eine Karriere als Staatssekretär oder Minister«, sagte er einmal der *FAZ*.

Willsch stieg nach unten aus. Er hatte seinen Fraktionschef mit seinen Voten dermaßen verärgert, dass der ihn in den Wirtschaftsausschuss strafversetzen ließ. Und Willsch wusste auch, warum: »Wenn Sie gegen den Strich bürsten, dann wissen Sie, dass Sie was riskieren.«

Oder Wolfgang Bosbach, das CDU-Urgestein aus dem Rhein-Bergischen Kreis. In 23 Parlamentsjahren habe er fünf-, vielleicht sechsmal gegen die Fraktion gestimmt, sagt er. Dutzende Male sei er anderer Meinung als die Fraktion gewesen – weil es aber keine Gewissensentscheidung war, habe er sich der Mehrheit angeschlossen.

Aufsehen, vor allem innerparteilich, erregte Bosbach 2011, als das dritte Hilfspaket für Griechenland auf die Tagesordnung geriet. Eigentlich kein Gewissensthema, aber Bosbach war von Grund auf überzeugt, dass es Griechenland ökonomisch nicht mehr gelingen werde, sich ein eigenes stabiles Fundament zu erwirtschaften. Schon die Aufnahme Griechenlands in den Reigen der Euroländer sei ein fundamentaler Fehler gewesen. Vor allem ist Bosbach ein Gegner von Regelverletzungen. Sei er immer gewesen. Sagt er.

Und dann war da noch ein gewichtiger Grund: Auch im Wahlkreis, den er sechsmal direkt gewonnen hat, hatte er immer gegen weitere Griechenlandhilfen argumentiert: »Das hatte ich meinen Wählern im Wahlkreis immer so gesagt. Und auf einmal sollte ich genau das Gegenteil von dem tun, was ich immer für richtig gehalten und im Wahlkreis vertreten habe?« Bosbach war empört: Tief im Innern und nach außen. »Da habe ich gesagt: Das mache ich nicht mit!« Trotz großer Zweifel hatte er dem ersten Rettungspaket noch zugestimmt. Das Geld reichte nicht – »und ich war strikt dagegen, dass wir in einen Rettungsautomatismus kommen, in dem nicht mehr der Schuldner das Problem hat, sondern der Gläubiger, weil er immer frisches Geld nachschießen muss.« So sagte er es auch in der Fraktion – und erhielt viel Applaus. Danach fiel der Bann über ihn: »Das war das letzte Mal, dass mir die Fraktion zu diesem Thema applaudiert hat.«

Am Ende stimmte er trotz massiven Drucks, von Kollegen, Fraktionsspitze bis hin zur Kanzlerin, mit Nein: »Für mich war wichtiger, was die Leute zu Hause im Wahlkreis denken, als das, was die Leute im Kanzleramt sagen. Auf meine Leute im Wahlkreis bin ich angewiesen, die haben mich in den Bundestag gewählt.« Für andere, insbesondere jüngere Kollegen, lief es damals anders. Ihnen machte die Fraktionsführung klar: Wenn du hier was werden willst, musst du anders auftreten. So geht das gar nicht! Auch Bosbach bestätigt: »Es ist ein Riesenunterschied, ob man auf die Partei angewiesen ist, weil man einen guten Listenplatz braucht, oder ob man seinen Wahlkreis direkt gewinnen kann.«

Es ist ein Phänomen, das man auch unter Sozialdemokraten und Mitgliedern der Linkspartei gut kennt. Erstaunlicherweise sprechen dort aber vor allem solche Abgeordnete mit einem Gewissenskonflikt bei ihren Führungsleuten vor, die über die Landesliste in den Bundestag eingezogen sind. Empirisch betrachtet fallen sie jedenfalls deutlich häufiger mit einem abweichenden Votum auf als die Kollegen, die mit einem Direktmandat ausgestattet sind. Nicht wenige Landesverbände, insbesondere bei SPD und Linkspartei, scheinen das Abweichen von der Fraktionslinie mit guten Listenplätzen geradezu zu belohnen.

Unter den Kolleginnen und den Kollegen ihrer Partei machen sich die Nonkonformisten zumeist nicht viele Freunde. Nicht nur, weil sie ausscheren und mit der Opposition stimmen, sondern weil sie sich für ihre Gewissensnot und Konsequenz im Wahlkreis gerne auch noch feiern lassen. Ein altgedienter Sozialdemokrat erinnert sich an frühere Zeiten, in denen schon die gleichen Mechanismen Gültigkeit hatten: »Das war schon unter Gerhard Schröder so. Hast du Schröder kritisiert, hat das in vielen Landesverbänden für einen guten Listenplatz gereicht. Und so ist es bis heute. Sie stimmen in Berlin heldenhaft gegen die Fraktion und kriegen so zu Hause ihren sicheren Listenplatz. Ich finde das ein bisschen arm.«

Als Christa Lörcher an jenem Novemberfreitag 2001 nach einem langen Tag gegen Mitternacht auf dem verlorenen Bahnhof von Villingen eintraf, wurde sie am Gleis von einer Gruppe von etwa 50 Friedensfreunden empfangen. Einer hatte einen roten Teppich unter dem Arm, andere hatten rote Nelken und Transparente mitgebracht. Lörcher wusste in diesem Moment: Sie hatte die Regierungskoalition an den Rand des Scheiterns gebracht – aber ihre Entscheidung gegen den Krieg war die richtige Entscheidung.

17 »Davon willst du nicht lassen«

Über den schwierigen Prozess des Abnabelns von der Politik

Und auf einmal ist alles weg. Von einem Tag auf den anderen. Der Dienstwagen mit Chauffeur, der Bundesadler auf dem Briefkopf, der so manches Problem lösen half, das Personal, das einen verlässlich durch den Tag gelotst hat, die Terminhatz, das eiserne Korsett, dem sich alles unterordnete. Über Nacht ist das Diktat des Kalenders implodiert. Jahrelang war der Zwang lästig – und nun auf einmal fehlt er.

Die große Leere hat begonnen. Und jeder Parlamentarier, der bisher nur von ihr gehört hat, wird sie irgendwann selbst erfahren. Vielleicht nur ein bisschen schmerzhaft. Oder aber sehr leidvoll.

Alle Abgeordneten in Demokratien wissen um die Begrenztheit des Mandats. Theoretisch jedenfalls. Für den Bundestag vier Jahre, manchmal auch weniger – dann muss das Volk wieder entscheiden, und dann kann es auch schon zu Ende sein. »Gewählt werden und nicht mehr gewählt sein, der Wechsel von Sieg und Niederlage – das ist ein Stück normaler Demokratie«, sagt Franz Müntefering in der ihm eigenen Nüchternheit.

Es gibt, noch einmal nüchtern betrachtet, jenseits von Krankheiten, Schicksalsfällen und anderen jähen Begleitumständen drei Typen von Ausstiegen:

Erstens: der rüde Rausschmiss aus dem Bundestag oder schon

vorher bei der Kandidatenaufstellung im Wahlkreis, in der Regel unfreiwillig.

Zweitens: der freiwillige Ausstieg mit gleichzeitigem Einstieg in eine neue berufliche Laufbahn.

Drittens: der lange geplante und vorbereitete Abschied in den Ruhestand.

Eine Wahlniederlage, der Rausschmiss, wie ihn Nina Hauer erlebt hat, ist eine Variante, den Bundestag zu verlassen. Es ist die mit Abstand schmerzhafteste. »Mir war klar«, erinnerte sie sich später, »du musst jetzt einen Schritt nach dem andern machen, nicht über irgendwas nachdenken, sondern eins nach dem andern, sonst legst du dich nämlich ins Bett und fängst an, dir leidzutun. Und dann verfällst du in ein Elend, dessen Ende du nicht absehen kannst.«

Nach jenem Wahlsonntag im September 2009 bleiben Hauer vier Wochen, um elf Jahre Abgeordnetenleben abzuwickeln. Dann beginnt die neue Legislaturperiode, sie muss Platz und Büro geräumt haben. Bis dahin darf sie noch den Fahrdienst in Anspruch nehmen und Dienstflüge buchen. Sie sortiert ihre Unterlagen, sichtet, was ihr wichtig erscheint – und bricht das Ganze irgendwann ab. Ihre Akten übergibt sie der Friedrich-Ebert-Stiftung, den Rest wirft sie weg. Was soll's noch?

Im Kreisverband drängen sie viele dazu, jetzt nicht hinzuschmeißen. In vier Jahren könne sie ja noch mal antreten. Hauer wird sehr schnell klar, dass das nicht infrage kommt, dass sie ein solches Leben nicht führen will: vier Jahre auf etwas warten – und dann springt am Ende eine junge Genossin auf und sagt: »Die Hauer haben wir doch schon gesehen – ich bin die Zukunft. Ich trete gegen sie an.« So was will sie sich nicht antun.

Aber da ist noch etwas anderes, das sie umtreibt: »Was ist mit meinen Leuten?« Bei einem normalen Übergang hätte etwa ihr Wahlkampfleiter sicher nach wenigen Wochen ein neues Angebot erhalten. Aber die SPD hatte so viele Mandate verloren, dass der Markt überschwemmt war mit qualifiziertem Personal. »Dieses

Gefühl, die Mitarbeiter sind deinetwegen rausgeflogen, habe ich als unheimlich erdrückend empfunden«, sagt Hauer, »dazu kommt die eigene Existenzangst.« Mag sich das Gerücht auch hartnäckig halten – die Übergangsregelung für ausscheidende Parlamentarier ist keineswegs kommod. Und längst nicht alle fallen in eine finanzielle Hängematte. Elf Monate lang, für jedes Parlamentsjahr eine Monatszahlung, bekommt Hauer Übergangsgeld. Nicht wenig, aber die Unsicherheit bleibt: »Dieses Gefühl, was kommt jetzt danach und wie ist es eigentlich dazu gekommen, hat mich noch Jahre begleitet.«

Nina Hauer benennt ein typisches Gefühl der Wahlverlierer unter den Abgeordneten. »Für die meisten Befragten war das Mandatsende ein tiefer Einschnitt in ihr Leben«, beschrieb die Politikwissenschaftlerin Maria Kreiner die Gefühlslage von Politaussteigern. »Für manche, insbesondere für diejenigen, die ihr Mandat wegen einer Wahlniederlage verloren haben, bedeutete das Mandatsende einen psychischen Schock.« Ihre Studie spricht von »Entzugserscheinungen«, die mit dem »plötzlichen Verlust an Bedeutung und Wichtigkeit« einhergingen.

Die größten Schlagzeilen produzierte vor Jahren Lilo Friedrich. Nachdem sie 1998 und 2002 im Wahlkreis Mettmann zweimal als Direktkandidatin in den Bundestag gewählt worden war, flog die Sozialdemokratin 2005 mit der Niederlage von Gerhard Schröder wieder hinaus. Sieben Monate lang bekam sie Übergangsgeld, dann gab es nichts mehr. Die gelernte Schneiderin wollte in den Verkauf, schrieb 100 Bewerbungen – und erhielt 100 Absagen. Zu alt und überqualifiziert, hieß es, einen Mindestlohn gab es noch nicht. Sie wurde Putzfrau, doch 1,70 € Lohn pro Hotelzimmer waren ihr auf Dauer zu wenig. Als Ex-Abgeordnete, die putzen gehen muss, war sie gefragter Gast in Talkshows. Schließlich machte sie sich selbstständig – mit einem Putzdienst.

So viel Aufmerksamkeit ist die Ausnahme, normalerweise findet der Abschied diskreter statt, und oft ist die Ankunft in der Wirklichkeit hart. SPD-Führungsmann Carsten Schneider kennt »viele, die dann Schwierigkeiten hatten, einen Job zu finden«. Er benennt einen Ex-Kollegen, »der kratzt am Existenzminimum«, ein anderer, der als Parlamentarier in der ganzen Welt unterwegs war, ausschied und später einen Selbstmordversuch unternahm.

In der FDP gilt Wolfgang Kubicki wegen seiner Erfahrung und vielfältigen Kontakte im ganzen Land als eine Art Feuerwehrmann bei Notfällen aller Art. Als es für die Liberalen 2013 im Bundestag zu Ende ging, hätte Kubicki in Kiel eine Dependance der Agentur für Arbeit eröffnen können. Er telefonierte, spendete Trost, versuchte Parteikollegen zu vermitteln. Bei Uber und Flixbus brachte er zwei Ex-Abgeordnete unter. Als vor einigen Jahren in einem Bundesland die Regierung mit FDP-Beteiligung zerbrach, musste allerdings auch er passen. »Was soll ich meinen Mandanten anbieten? Wer braucht einen Minister mit sechs Jahren Parlamentserfahrung?«, fragt er und gibt sich die Antwort gleich selbst: »Das ist kein Kriterium – kein Unternehmen stellt jemanden ein, nur weil er mal Abgeordneter war.«

Otto Fricke, der beim FDP-Exodus 2013 als einer von drei Liquidatoren der Fraktion dabei war, kann sich gut entsinnen. An die Schockstarre der gesamten Fraktion, an den Auszug aus den Büros, das Ausmisten und Räumen, die grabesschweren Gedanken über die eigene Zukunft, die Sorgen um die Mitarbeiter, die kollektive Tristesse, die über allem lag. Es gab den Kollegen, der dann Rettungssanitäter wurde, nicht weil er wollte, sondern weil er keine Alternativen hatte. Ein anderer schied ohne abgeschlossene Berufsausbildung oder Studium aus, er musste bei null anfangen, nachdem er vorher Fahrdienst, Sekretariat und B6-Besoldung hatte. Er absolvierte dann eine Lehre als Landschaftsgärtner, bis er an einer Fachhochschule Landschaftsarchitektur studierte und den schwiegerelterlichen Betrieb als Geschäftsführer übernahm.

Den wenigsten gelingt es, sich während ihrer Zeit als Abgeordneter ein berufliches Fundament aufzubauen, das nach dem Ausscheiden trägt. Wer ohne einen sichernden Unterbau anfängt, geht – im Falle der Abwahl – auch ohne Perspektiven raus. Deshalb arbeiten so viele Ex-Abgeordnete danach auch als Lobbyisten – aber auch das hat eine Halbwertszeit. Man ist so lange interessant, bis das Notiz- und Adressbuch abgeschrieben ist.

Heute blickt Fricke auf den Rausschmiss mit der Gelassenheit der dazwischenliegenden Jahre. Er hat alles erlebt und beschreibt den Abschied so: »Es ist ja auch schwer, sich zu lösen. Das Tollste am Bundestag ist doch, dass man an diesem Ort mit so vielen anderen klugen Leuten über die Grundlagen unseres Zusammenlebens diskutieren und sie damit auch mitgestalten darf. Davon willst du nicht lassen.«

Lassen wollten es vor der Wahl 2013 auch Norbert Geis, CSU, und Klaus Riegert, CDU, nicht, erzkonservativer Innenpolitiker der eine, Sportpolitiker der andere. Zwei bombensichere Wahlkreise, wie man so sagt, zwei fest eingeplante Direktmandate, der Aschaffenburger Geis hatte da schon 26 Jahre im Bundestag zugebracht, Riegert aus dem baden-württembergischen Göppingen immerhin 20 Jahre. Dann kam die Kandidatenaufstellung im Wahlkreis, es gab Konkurrenz, und in beiden Fällen stoppte die Basis die Prominenz – Geis und Riegert unterlagen in Kampfabstimmungen.

Beide waren schockiert, ja, sie hatten die Wettbewerber aufmarschieren sehen, gegen Geis traten zunächst sogar drei Widersacher an; doch wirklich mit einer Abwahl hatten sie beide nicht gerechnet. Gefragt bei den Medien war der eine, gut vernetzt als Vorsitzender des Sportausschusses und Ehrenspielführer des FC Bundestag der andere. Doch 280 Tore für die Abgeordneten-Nationalelf reichten für Riegert genauso wenig wie das Law-and-Order-Image für Geis.

»Schockiert und absolut enttäuscht«, zeigte sich Riegert unmittelbar nach der Wahl. Später erklärte er seine Enttäuschung so: »Das hieß ja, ich bin nicht mehr gut genug.« So empfand wohl ein Teil der Mitglieder tatsächlich. Und es bleibt auch bei Geis und

Riegert dabei: Niederlagen schmerzen immer. Aber die Niederlagen, die einem die eigenen Leute zufügen, sind noch bohrender, als wenn Wählerinnen und Wähler den Daumen senken.

Zurück zu Nina Hauer. Sie lernt einige Wochen nach der Bundestagswahl einen Menschenschlag kennen, den sie bis dato nur vom Hörensagen kennt: Headhunter. In einem Beitrag für das frühere Debattenmagazin *Berliner Republik* beschreibt sie ihre Erfahrungen. »Die Begegnungen laufen fast immer gleich ab: Anruf, Lebenslauf per Mail, Terminabsprache, elegantes Café, Restaurant oder Büro.« Hauer wundert sich über die Fragen, die ihr gestellt werden: »Schon mal am Wochenende gearbeitet?«, »Wie schnell arbeiten Sie sich in ein Thema ein?« Noch mehr aber wundert sie sich über die völlige Unkenntnis der Arbeit von Abgeordneten, über die Ignoranz, die ihr aus diesen Fragen entgegenschlägt.

Hauer glaubt, die Verachtung zu spüren, sie hat den Eindruck, die Headhunter wollen es dieser Politiktante mal zeigen. Andererseits erlebt sie, wie nicht wenige Wirtschaftsgrößen nach dem Glamourfaktor prominenter Politiker gieren. Mehr als einmal bekommt sie zu hören: »Kennen Sie den eigentlich wirklich persönlich?« Der Wirtschaftsboss als Politikgroupie.

Ein Jahr lang ist Hauer auf Jobsuche – dann tritt sie in ein Beratungsunternehmen ein, leitet die Niederlassung in Berlin. Ihre Aufgabe: Unternehmern die Politik erklären. Und sie soll für große Firmen ihre alten Verbindungen nutzen und Termine im politischen Epizentrum vermitteln. Von ihrem Büro sind es nur 500 Meter zum Bundestag. Sie trifft ehemalige Kollegen, geht im Parlament ein und aus und spürt dabei, nicht mehr Teil des Getriebes zu sein, fragt sich, wie die Abgeordneten sie jetzt wahrnehmen. Als eine, die nicht loskommt von der Aura der Mächtigen? Als eine, die sich immer noch dort bewegt, wo sie nicht mehr hingehört?

Nina Hauer war, so sagt sie über sich selbst, fast ihr gesamtes Berufsleben immer von etwas getrieben, hat für etwas gebrannt, früher als Lehrerin, dann als Abgeordnete. Im neuen Job ist das weg, sie fühlt sich fremd, nicht eins mit sich selbst. Die Leidenschaft fehlt. Sie spürt schmerzhaft: »Der Verlust des Zugehörigkeitsgefühls, der Sinnhaftigkeit dessen, was ich tue, ist schlimmer als der Verlust des Mandates selbst.«

Nach wenigen Monaten weiß sie, dass die Beratung kein Job auf Dauer ist, kein Beruf im Sinne einer Berufung. Sie muss da raus. Sie wundert sich nun darüber, warum öffentlich so oft die Frage diskutiert wird, ob ein erfolgreicher Politiker es auch in der Wirtschaft zu etwas bringen kann. Ihrer Meinung nach gehört die Frage eher andersherum gestellt.

Eines Morgens liest sie, dass Berlin dingend Lehrer sucht, die Not ist in der Hauptstadt größer als anderswo. Weniger, dafür umso schwierigere Schüler. »Das«, denkt sie sofort, »ist mein Beruf.«

Sie hatte es früher geliebt, Lehrerin zu sein. Doch das ist elf Jahre her. Sie bewirbt sich, wird eingeladen zu einer zweiten Einstellungsrunde – und bekommt den Job. »Kann man da überhaupt wieder ankommen?«, fragt ein früherer Kollege, ein Abgeordneter, bevor es losgeht. In diesem Moment fragt sie sich das auch, kann es da ja noch nicht wissen. Mittlerweile hat sie längst eine Antwort parat: »Man kann. Und zwar am ersten Tag, zur ersten Stunde!«

Nina Hauer leitet heute als Direktorin eine Integrierte Sekundarschule mit gymnasialer Oberstufe, wie man das in Berlin nennt. 2013 wurde sie noch mal gefragt, ob sie nicht doch für den Bundestag kandidieren wolle. Sie hat abgelehnt. So ganz losgeworden ist sie das Parlament und den politischen Betrieb trotzdem nicht. In zweiter Ehe ist sie mit dem Leiter des Hauptstadtbüros der *Süddeutschen Zeitung* verheiratet. Den Bundestag mag sie hinter sich gelassen haben, nicht aber, was dort passiert.

Carsten Schneider hatte inzwischen über 20 Jahre Zeit, seine Kollegen und Kolleginnen zu beobachten. »Das Schwierige ist die Öffentlichkeit; du bist sie gewohnt, stehst immer im Mittelpunkt, bist wichtig und hast Aufmerksamkeit.« Was die geschätzten Kollegen nur zu häufig vergäßen: dass die Aufmerksamkeit nie der Person gilt, sondern immer dem Amt. Sein Fazit: »Viele Leute sind interessiert an dir und finden dich interessant – und sofort total uninteressant, wenn du hier rausgehst.« Auch die Grüne Kerstin Andreae, die den Bundestag nach 17 Jahren aus eigener Entscheidung verlassen hat, hat sich früh klargemacht: »Die Menschen honorieren einzig das Amt, nicht die Person. In dem Moment, in dem das Amt weg ist, sind Glamour, Honorieren und Hofieren auch weg.«

Andreae gehört zu denjenigen, die sich nach zwei, drei oder mehr Legislaturperioden noch einmal für eine persönliche und berufliche Weichenstellung entschieden haben. Die ihre Erfahrung und vor allem ihre Verbindungen als Abgeordnete nutzen und in die Privatwirtschaft wechseln – selten zum finanziellen Nachteil. Andreae wechselte Ende 2019 als Hauptgeschäftsführerin zum Bundesverband der Energie- und Wasserwirtschaft (BDEW). Überhaupt fällt auf, dass es viele Grünen-Parlamentarier sind, die sich vorzeitig und selbstbestimmt mit neuem, klar definiertem Ziel aus der Politik verabschieden. Der Prominenteste war wohl Matthias Berninger, Ex-Staatssekretär und Landesvorsitzender in Hessen, der 2007 im Alter von 36 Jahren – damals allerdings schon in seiner vierten Legislaturperiode – sein Mandat abgab und zum US-Nahrungsmittelriesen Mars wechselte. Anfang 2019 heuerte er beim Chemie-Multi Bayer an.

Es gibt natürlich auch die anderen: Rainer Wend, SPD, der 2008 aus dem laufenden Bundestagsbetrieb heraus zur DHL wechselte, genauso wie Ex-Staatssekretär Sigmar Mosdorf, der 2002 seinen Staatssekretärsposten hinwarf und bei einer Unternehmensberatung anfing. Eckart von Klaeden, CDU, immerhin Staatsminister im Kanzleramt, heuerte bei Daimler an, Steffen Kampeter, CDU, warf ebenfalls zuerst den Posten des Parlamentarischen Staatssekretärs, dann das Mandat als Abgeordneter hin und ließ sich 2016, mitten in der Legislaturperiode, zum Hauptgeschäftsführer der Bundesvereinigung der Arbeitgeberverbände berufen.

Und es gibt Gerhard Schick, den Mannheimer Grünen-Abgeordneten, der Ende 2018 ebenfalls auf eigenen Wunsch aus dem Bundestag ausschied. 46 Jahre war er damals alt, davon hatte er 13 Jahre – zumindest in den Sitzungswochen – im Bundestag zugebracht. Schick trat nicht ab, um in einem besser dotierten Job abzukassieren. Schick stieg aus, um eine NGO zu gründen, die sich kritisch mit Steuertricksern und Investmentfonds, mit Graumärkten und Knebelverträgen befasst. Schick sagt: »Ich bin begeisterter Parlamentarier, bin aber trotzdem ausgestiegen.« Auch weil er, der Volksvertreter, immer wieder der Ohnmacht und den Mängeln des parlamentarischen Systems begegnet ist.

So explizit will er es nicht formulieren, aber mutmaßlich spielt auch bei Schick, wie bei den meisten freiwilligen Aussteigern, eine gehörige Portion Frustration eine Rolle. Die Erkenntnis, dass in politischen Prozessen selten in langen Linien und nachhaltig gedacht wird; die Wahrnehmung, dass auch das Parlament bisweilen ziemlich ohnmächtig ist; die Einsicht, dass trotz aller Sonntagsreden die Macht auch in demokratischen Systemen ungleich verteilt bleibt. Und vielleicht ist es – nicht nur bei Schick – am Ende immer auch ein bisschen Frust über die eigene Partei, die so schwer zu überzeugen ist von den eigenen Zielen, vielleicht sind es die Konkurrenz- und Grabenkämpfe, die viele Abgeordnete in allen Fraktionen mürbe machen.

Schick blickt zurück: »Nach der Krise wollten viele die Finanzmärkte besser regulieren. Das ist nicht gelungen, weil die Lobby am Ende zu wirkmächtig war.« Teilweise wörtlich würden Gesetze vom Bankenverband und der Versicherungswirtschaft formuliert – und auch so durch den Bundestag geschleust. »Wenn der Bundestag organisieren würde, dass er die Ressourcen hat, um diese komplizierten Dinge zu durchdringen, wenn viele bereit gewesen wären, sich Cum-Ex anzugucken und an einem Strang zu ziehen, hätte dieses Parlament gigantische Arbeit leisten können.« Hätte, würde, könnte – Schick wollte nicht mehr mit Konjunktiven in seinem

Politikerleben ringen. Und dass er nie mitregieren durfte, immer aus der Opposition heraus kämpfen musste und obendrein keine Familie zu ernähren hatte, dürfte seinen Entschluss auch erleichtert haben.

Sein ganzes Parlamentarierdasein lang hatte sich Schick dem Kampf gegen den übermächtigen Banken- und Versicherungssektor gewidmet. Eine Branche, die sich immer neue Produkte einfallen lässt, die sich nur unter Zwang um Verbraucherrechte schert, die munter an Gesetzen mitschreibt, fast immer im eigenen und selten im Gemeinwohlinteresse, kurz, die in Deutschland eine Macht innehat wie lange die Automobilindustrie. Eine Branche zudem, die in Parlament und Regierung viele Unterstützer und wenige Kontrahenten hat.

Den letzten Anstoß gab Schick der Cum-Ex-Skandal, bei dem zahlreiche Geldinstitute hilfreich zur Seite standen, um über eine Gesetzeslücke viele, viele Steuermilliarden zur Seite zu schaffen. »Keine zivilgesellschaftliche Organisation hat zu diesem großen Skandal gearbeitet«, sagt Schick. »Es gab nicht wie beim Dieselskandal den BUND, Greenpeace oder die Deutsche Umwelthilfe.« Also wühlte er sich selbst durch Hunderte von Aktenordnern.

Schick schloss sich einer Initiative an, die angetreten ist, den Finanzmarkt zu kontrollieren, und gründete die dazugehörige NGO »Bürgerbewegung Finanzwende«. Man darf Schick glauben, dass ihn vor allem ideele Motive zu dem Schritt bewegt haben. Geld kann es jedenfalls nicht gewesen sein. Er dachte zunächst: »Ich stoße diese Finanzmarkt-NGO an – und andere machen das dann.« Doch dann merkte er: »Entweder ich mache das oder es wird zumindest kurzfristig nur ein lockeres Netzwerk, das nichts bringt.«

Nun residiert er mit einem knappen Dutzend Mitarbeitern in einem schnell zu klein gewordenen Büro in Berlin-Wilmersdorf, eng vernetzt mit Kollegen in Brüssel. Wenn er ein kritisches Papier zur Bafin (Bundesanstalt für Finanzdienstleistungsaufsicht) veröffentlicht, kann er davon ausgehen, dass er zeitnah eine hochrangige

Einladung ins Finanzministerium erhält. Noch ist die Frage nicht entschieden, ob er an Durchschlagskraft gewonnen oder verloren hat. Aber Schick ist zufrieden: »Auf praktisch jede Aktivität von uns gibt es eine Reaktion.« Er sehe eine Chance, an die Bedeutung etwa der Umwelt-NGOs heranzukommen. »Wir sind auf einem guten Weg – der Schritt war richtig.«

Allerdings gibt es nun ein neues Problem: Früher, als er noch im Bundestag saß, hätte Schick draußen einen Widerpart haben müssen. Und jetzt, da er selbst der Widerpart draußen geworden ist, fehlt ihm einer drinnen.

Und dann ist da noch die Variante des Abschieds, die so unkompliziert erscheint – und trotzdem so wehtun kann.

Wenn nämlich das Abgeordnetenmandat die letzte berufliche Herausforderung ist und danach die Freiheiten der Rente oder Pension warten. Wenn man sich die Zeit wieder einteilen kann, Pflichttermine zur Ausnahme werden und keine nölenden Wähler mehr die Sprechstunde zur Last machen.

Der Freiburger Sozialdemokrat Gernot Erler war ziemlich genau 30 Jahre lang Bundestagsabgeordneter, bevor er 2017 im Alter von 73 Jahren ausschied. Er war Parlamentarier, er war Staatsminister im Auswärtigen Amt, er war Russland-Beauftragter der Bundesregierung. Sein Entschluss, aus dem Bundestag auszuscheiden, stand seit Längerem fest. Er hatte ihn über ein Jahr vor der Wahl öffentlich gemacht. Zeit genug, sich vorzubereiten auf die Freiheiten des Ruhestandes. Um dann, als es so weit war, doch den Phantomschmerz zu spüren. »Es war schwierig«, bekennt er. »Ich hatte mich selbst für den Ausstieg entschieden, ich wusste, dass es auf mich zukommt – und trotzdem war ich zwei, drei Monate lang in einer körperlichen Depression.«

Auch Erler hatte bis zuletzt unter Volllast gearbeitet. Die Abstimmung zwischen Auswärtigem Amt und Kanzleramt, die Reisen nach Moskau, St. Petersburg und Kiew, die Verpflichtungen im Wahlkreis, dann noch mal Wahlkampf 2017 für Martin Schulz:

»Du bist bis zur letzten Minute im Betrieb drin«, sagt er, »es gucken ja auch alle, ob du die Flügel schon hängen lässt oder ob du dich noch einbringst.« Der pflichtbewusste Erler brachte sich ein, bis zur letzten Minute.

»Und auf einmal war alles weg. Mein Aufgabe, meine drei Büros gab es nicht mehr, meine Freunde waren weg, weil meine Mitarbeiter zum Teil auch meine Freunde waren – es war nicht einfach.« Die Lästigkeiten des Alltags, die ihm viele Jahr lang seine Büros abgenommen hatten, Routen planen, Tickets kaufen, Hotels buchen, waren jetzt sein Job. Immerhin, nach einem Marsch durchs mehrwöchige mentale Tal fing er sich wieder. Erler ist immer noch gefragt in der Partei, wegen seiner Erfahrung, Expertise und seines besonnenen Auftritts, und so erhielt er quer durch die Republik Einladungen. Zu Vorträgen, Lesungen, Diskussionen. Er schrieb ein Buch, saß auf Podien – »insofern ist es ein eigentlich normaler Vorgang«, sagt er. Von außen und nüchtern betrachtet. Subjektiv und gefühlsmäßig, so entfährt es ihm zwischendurch, sei es »schon ein sehr schroffer Schlusspunkt« gewesen.

Es lohnt sich also, den Ausstieg zu planen. Und selbst dann kann er schwerfallen.

Einer, dem der Abgang von der Bühne gelungen scheint, ist Franz Müntefering. Ein bewegtes Politikerleben lag hinter dem Sauerländer, als er 2013 sein Abgeordnetenbüro räumte. Bundestagsabgeordneter, Landesminister, Bundesminister, SPD-Generalsekretär, SPD-Parteivorsitzender, SPD-Fraktionschef – kaum eine Ebene, die Müntefering nicht erlebt hat. Mit dem Höhepunkt – natürlich – der rot-grünen Regierungszeit und der engen Zusammenarbeit als Partei- und Fraktionschef mit Kanzler Gerhard Schröder. Und dann führte er die SPD 2005 noch einmal als Juniorpartner in eine Große Koalition mit Angela Merkel.

Als 2008 seine zweite Frau verstarb, wollte Müntefering seine aktive Zeit eigentlich mit dem Ende der Legislaturperiode 2009 abschließen. »Für mich war klar, dass danach Schluss sein würde.«

Aber dann, nach dem Abgang von Kurt Beck, lässt er sich überreden, so sagt er, noch einmal den Posten zu übernehmen, den er einst »den schönsten neben Papst« nannte – den Parteivorsitz. Und schon war er wieder mittendrin im politischen Leben. Ein Jahr später scheitert Frank-Walter Steinmeier mit seiner Kanzlerkandidatur und einem schwachen Ergebnis. Auch Müntefering als Parteichef muss gehen, bleibt aber im Bundestag. »Da habe ich entschieden, ich bleibe dabei, aber im Hintergrund.« Es sei auch ein Statement gewesen, sagt er: »Ich wollte zeigen, der haut nicht sofort ab.«

Eine Ikone war er noch, aber nicht mehr unantastbar: »Manche drängten mich zu Beginn der Legislaturperiode zu verzichten, damit ein Jüngerer nachrücken könnte. Ich bin aber gegen Altersdiskriminierung. Und da bin ich hart geblieben.« Es gebe vernünftige Alte und vernünftige Junge und Vernünftige dazwischen. Ein typischer Müntefering-Satz. »Wenn ein 80-Jähriger gut drauf ist, und die Bürger wählen ihn, dann ist er auch dran. Da hatte ich kein schlechtes Gewissen.«

Aber er ließ es gezielt ausgleiten. Nutzte noch einmal die Möglichkeiten, die sich ihm boten, widmete sich noch einmal den Dingen, die ihn interessierten und die er auch für die Gesellschaft für wichtig erachtete. Als Fraktionsvorsitzender hatte er Jahre zuvor einen Parlamentarischen Beirat für nachhaltige Entwicklung initiiert. Nach der Wahl 2009 meldete er sich für den Beirat, in seiner Fraktion ließ er sich in der Arbeitsgruppe Demografischer Wandel und beim Projekt Generationenpolitik zum Sprecher wählen. Er wurde Präsident des Arbeiter-Samariter-Bundes und Mitglied im Beirat der Deutschen Hospiz- und PalliativStiftung. Keine Frage, die alternde Gesellschaft und alles, was sich an Herausforderungen damit verbindet – Müntefering hatte in der Schlusskurve seiner politischen Laufbahn noch einmal ein Thema, sein Thema, gefunden.

Als er das Parlament 2013 nach insgesamt 31 Jahren im Bundestag verließ, war er gewissermaßen schon entwöhnt. Die enge Taktung, die Termindichte, die Anfragen der Medien hatten deutlich nachgelassen. »Der Titel und der Dienstwagen – das hat mir nicht gefehlt«, sagt er. Auch den turnusmäßigen Wechsel von Sitzungswochen und Nichtsitzungswochen nahm er wieder bewusst wahr. Da war nicht mehr dieser Mahlstrom an Ereignissen, die er in höchster Frequenz mit seinen Leuten abzuarbeiten hatte. »Ich hatte wieder Zeit zum Lesen und zum Nachdenken. Das war einer der Punkte, die mich vorher am meisten beschäftigt haben, dass man keine Zeit mehr zum Nachdenken hat.«

Nun war wieder Zeit, um morgens auszuschlafen. »Ich habe vorher bis an den Rand des Möglichen in dem Ganzen dringehangen«, es sei schon »ziemlich randständig« gewesen, sagt er. »Ich habe angefangen, wieder Sport zu machen, mir gesagt, du musst gucken, dass du wieder richtig klarkommst.« Selbst wieder Ideen zu entwickeln, sie niederzuschreiben – Müntefering musste auch das wieder neu entdecken. »Du hast, wenn du da vorne stehst, nicht mehr die nötige Ruhe, nachzudenken, Ideen zu entwerfen, Arbeiten zu korrigieren, dich weiterzuentwickeln. In der aktuellen Politik ist immer alles gleich aufs Umsetzen ausgerichtet …«

Letztlich hat Müntefering nur umgesetzt, was er schon als SPD-Vorsitzender einmal gesagt hat: »So wie du in der Politik deinen Aufstieg planst, so musst du auch deinen Ausstieg planen. Dann bleibst du heil.«

Und dann sind da schließlich die, die der ständige Wettbewerb zermürbt, denen die Öffentlichkeit zu anstrengend wird oder die noch ein paar Jahre mit der Familie leben wollen – die aber aus verschiedenen Gründen den Sprung nicht riskieren. Wenn der Anschein nicht trügt, nimmt ihre Zahl zu. Geredet wird darüber allerdings kaum. Kerstin Andreae, die Aussteigerin, ist da inzwischen freier: »Ich glaube zu spüren, dass es viele im Bundestag gibt, die eigentlich gerne rauswollen, aber nicht genau wissen, wohin. Dann bleibst du halt kleben. Darüber redet keiner, es ist ein schwieriges Feld. Denn was machst du danach?« Für viele, die nach dem für die

Grünen schlechten Wahlergebnis von 2013 herausgefallen sind, sei die Zeit danach »richtig hart« gewesen.

»Zwei Sorten von Abgeordneten leiden am meisten«, sagt Wolfgang Bosbach (CDU), der Wahlkreiskönig aus Bergisch Gladbach. »Diejenigen, die anschließend nicht viel zu tun haben, und diejenigen, die nicht mehr in den Beruf zurückgekehrt sind.« Leichter tun sich deshalb die Abgeordneten mit dem Ausstieg, die sich ein zweites Standbein erhalten haben. Oft sind es Selbstständige, häufig Rechtsanwälte mit eigenen Kanzleien, in seltenen Fällen auch Lehrer, Richter oder andere Beamte, die ein Rückkehrrecht in den früheren Beruf haben. »Wer existenziell bedroht ist, wenn er sein Mandat oder Amt verliert, verhält sich anders als jemand, der nicht davon abhängig ist«, sagt Wolfgang Kubicki. Er hat gut reden, weil seine Tätigkeit als Anwalt ihm mutmaßlich immer schon ein höheres Einkommen bescherte als die schlichte Abgeordnetendiät: »Man muss bei niemandem betteln und sich unter Wert verkaufen, wenn man nicht mehr gewählt wird. Je mehr Abgeordnete im Parlament von der Politik finanziell abhängig sind, desto mehr reagieren sie auf Druck von oben.« Für seinen Ex-Kollegen Bosbach, der gegen Druck von oben auch stets immun war, zahlt sich die Verankerung im Beruf gerade dann aus, wenn es mit dem Abgeordnetendasein vorbei ist: »Von 100 auf 50 ist einfacher als von 100 auf null.«

Die Unabhängigkeit, die Kubicki meint, versucht sich auch Matthias Miersch, Fraktionsvize der SPD, zu erhalten. Sein Privileg: Auch er ist Rechtsanwalt und Partner einer Kanzlei. Und er ist klug genug zu wissen, dass die Zeit in Berlin abrupt zu Ende gehen kann. Er will vorbereitet sein auf diesen Moment, macht regelmäßig Fortbildungen und könnte jederzeit wieder in seinen Beruf als Strafrechtler einsteigen. »Aber es würde mir schwerfallen«, sagt er, »da ich auf Dinge verzichten müsste, die ich gern mache.«

Das tägliche Getümmel im politischen Berlin zum Beispiel. Kompromisse schmieden, festgefahrene Konstellationen aufknoten, der Umwelt zu ihrem Platz auf der Agenda verhelfen, und auch die

Wahlkreisarbeit nennt er. »Das Gefühl von Bedeutungsverlust wäre sicher da«, gesteht er, aber er spürt auch den Verschleiß. »Ich erwische mich immer öfter dabei, dass ich denke: Das ewig frühe Aufstehen und späte Insbettgehen macht einen auf Dauer fertig. Es wäre durchaus auch reizvoll, irgendwann wieder einer ganz normalen Beschäftigung nachzugehen.«

Die Zeit danach ist für alle eine Herausforderung. Ob sie lang im Reichstag saßen oder nur kurz, ob sie freiwillig Abschied nahmen oder vom Wähler nach Hause geschickt wurden, es ist da ein Loch: die Zuwendung, die ausbleibt; die Aufmerksamkeit, die verflogen ist; die Eitelkeit, die nicht mehr bedient wird. Selbst für einen wie Gerhard Schröder. Rauschende Siege, bittere Niederlagen, der Brioni-Kanzler und Reformen für die Ewigkeit – alles verbindet sich mit ihm. Wertschätzung erfährt er von der Kanzlerin, die ihn lange diskret immer noch nach Moskau, Ankara und andere Krisenherde dieser Welt geschickt hat, ohne dass es gleich publik wurde. »Es ist brutal für jeden, der einmal umjubelt wurde, wenn sich plötzlich oder auch nach und nach keiner mehr für dich interessiert, wenn du als Mann von gestern giltst«, sagt einer, der ihn gut kennt. Schröder, der immer davon lebte, dass er eine Bühne bekommt, »da fühlt er sich pudelwohl. Umso mehr leidet er heute, wenn er sieht, wie sich seine Partei von ihm abwendet. Er versteht das nicht. Er ist bis heute einer der beliebtesten Sozialdemokraten – und in seiner Partei hassen ihn so viele.«

So machen sie sich alle ihre Gedanken, wie es wohl sein wird, wenn es mal zu Ende geht im Parlament. Hausausweis abgeben, keine Fraktionssitzungen mehr, kein Smalltalk mehr mit den Kollegen, keine Begegnung mehr mit lauernden Medienleuten. Und alle haben den festen Vorsatz: nicht so zu enden wie die Kollegen, die immer mal wieder vorbeischauen bei Fraktionssitzungen, was in allen Parteien gestattet ist. Der Form halber werden sie dann höflich begrüßt, hintenherum aber mit einer Mischung aus Häme und Mitleid bedacht: »Die Ex-Abgeordneten, die hier durch die

Flure schleichen, zum Teil als Lobbyisten – der Phantomschmerz muss ausgeprägt sein, das gönnt man keinem«, spottet Karl Lauterbach. Und Kubicki drückt es noch deutlicher aus: »Es gibt nichts Unbedeutenderes als Ehemalige.«

Wolfgang Bosbach hat nach seinem Ausscheiden 2017 an keiner Fraktionssitzung mehr teilgenommen. Der Mechanismus ist ihm nur zu vertraut. »Im ersten Jahr heißt es noch: ›Mensch Willi, lange nicht gesehen, wie schön, dass du mal wieder da bist.‹ Im zweiten Jahr dann : ›Ach, hallo!‹ Und im dritten dreht man sich zum Nachbarn hin und fragt leise: ›Wer ist das noch mal?‹«

Störstellen

**Statt eines Nachworts:
ein Mängelbericht**

Die parlamentarische Demokratie steckt in einer Krise. Nicht nur in Deutschland. Immer mehr Menschen, so belegen Umfragen, sind davon überzeugt, dass jenes politische System, das ihnen nie gekannten Wohlstand und eine höhere Lebenserwartung als allen Generationen zuvor beschert hat, die Probleme der Gegenwart nicht wird lösen können. Die Frage, woran das liegt, sprengt den Rahmen dieses Buches – und war auch nie Gegenstand der Betrachtung. Doch bei den Recherchen und Gesprächen wurden Probleme deutlich, Störungen des parlamentarischen Betriebs – Defizite und Versäumnisse bei jenen, die ihn am Laufen halten sollen, den Abgeordneten.

Die folgenden Punkte verstehen sich nicht als Anleitung zur Optimierung des Deutschen Bundestages. Sondern eher als eine Problembeschreibung ohne Anspruch auf Vollständigkeit: Was funktioniert nicht im Parlament – und warum funktioniert es nicht. Und wenn hier und da womöglich doch eine Idee aufblitzt, was und wie es besser funktionieren könnte, schadet das auch nicht.

1. Problem: dynamische Welt, erstarrtes Parlament

»Die Welt ist aus den Fugen« – als Frank-Walter Steinmeier Außenminister und noch nicht Bundespräsident war, hat er mit diesem Bild den verheerenden Zustand der globalen Ordnung mehrfach beschrieben, etwa beim Internationalen Bertelsmann Forum in Berlin im Februar 2016. Mit seiner Besorgnis zielte Steinmeier auf eine Vielzahl tiefgreifender internationaler Konflikte wie etwa die Annexion der Krim durch Russland, den Vormarsch des »Islamischen Staates« in Irak und Syrien, die Terroranschläge von Paris und Istanbul, die Atomwaffentests in Nordkorea, die weltweite Flüchtlingsbewegung sowie die Reaktionen, die sie auslöste. Vier Monate später kam der Brexit hinzu, fünf weitere danach ein US-Präsident namens Donald Trump, der die Nato für obsolet erklärte, einen Handelskrieg mit Verbündeten in Europa entfachte und die Konfrontation mit China suchte.

Doch das ist noch nicht alles. Die Digitalisierung der Arbeitswelt wirft immer mehr Fragen auf, auf die noch keine Antworten gefunden sind; der Klimawandel hat sich weiter beschleunigt und die Corona-Pandemie hat aufgezeigt, wie verletzlich eine global vernetzte Wirtschaft ist, wie leicht nationale Gesundheitssysteme kollabieren, wie schnell sich krudeste Verschwörungstheorien ausbreiten und sich ihre Anhänger radikalisieren können. Die Gesellschaften in zahlreichen demokratischen Staaten sind heute tief gespalten, Rechtspopulisten vielerorts auf dem Vormarsch. Autoritär ist sogar schon in Teilen der Europäischen Union, in Ungarn und Polen, das neue Normal. Hält die liberale Demokratie den doppelten Druck aus? Den immer stärkeren von innen durch Populisten und Wutbürger sowie den bereits starken von außen durch das autoritäre Gegenmodell China mit seiner enormen wirtschaftlichen Dynamik? 2016 hatte der Außenminister Steinmeier diese Frage noch nicht gestellt, weil sie sich damals schlicht noch nicht stellte. Heute stellt sie sich und wirft damit eine neue auf: Wenn die Welt 2016 bereits aus den Fugen war – was ist sie dann heute?

Auf diese fundamentale Veränderung der Welt reagiert der Bundestag mit Erstarrung in seinen Strukturen und seinen Ritualen. Die Welt brennt – und in den Fraktionen fragen sie erst mal nach, ob die Feuerwehrleute auch aus der richtigen Region kommen, das passende Geschlecht mitbringen und der politischen Unterströmung angehören, die zuletzt bei der Postenvergabe zurückstecken musste. Laut Proporz ist jetzt nämlich zunächst einmal ein eher konservativer Mann mittleren Alters aus Südhessen an der Reihe. Ob er löschen kann, ist nicht so wichtig.

Die Frage, die sich daraus ableitet, lautet: Ist der Bundestag, eingepfercht in festgelegten Abläufen und Ritualen, beherrscht von Fraktionshierarchien und Karrieremustern, überhaupt dazu bereit und in der Lage, auf die Dynamik der Veränderung angemessen zu reagieren? Besitzt er noch Kraft und Kompetenz, auf die fundamentalen Fragen unserer Zeit Antworten zu finden? Können sich die Abgeordneten behaupten gegen Bundesregierung und Bundesverfassungsgericht, gegen Brüssel und Ministerpräsidenten? Sind sie dazu fähig, die Debatten über Klimakrise, Nationalismus, Ressourcenverbrauch, Migration und die digitale Vermessung aller Lebensbereiche mitzuprägen? Die Coronakrise im Frühjahr und Sommer 2020 hat einen Hinweis gegeben: Es waren Monate der Exekutive, das Parlament hatte eine Statistenrolle. Und weil der Krisenmodus womöglich gewöhnlicher wird, als wir es bisher gewohnt waren, stellt sich die Frage umso mehr: Welche Rolle spielt das Parlament noch in Zeiten einer immer hektischeren Krisenabfolge? In einer Zukunft, in der sich die Deutschen daran gewöhnen müssen, dass in immer kürzeren Abständen – wie es dann stets heißt – »nichts mehr so sein wird, wie es einmal war«.

Parteien und Fraktionen denken in Vierjahresrhythmen. Koalitionsverträge sind auf jeweils eine Legislaturperiode angelegt. Die großen Herausforderungen aber sind Generationenaufgaben. Sie bedürfen einer grundlegenden Analyse und Planung, mit Denkansätzen und Perspektiven weit über die Vierjahrespläne hinaus. Kluge Antworten auf die großen Fragen sind in Koalitionsvereinbarungen Mangelware. Schlimmer noch: Weil es sich immer um kontroverse Themen handelt und innerhalb von dreieinhalb Jahren ohnehin kein Ergebnis erzielbar scheint, befasst sich auch die jeweilige Regierungskoalition nur halbherzig damit. Und wenn mal jemand versucht, wie Franz Müntefering einst mit der Rente mit 67, aus der Logik auszubrechen, wird er abgestraft: von der eigenen Partei, von den Gewerkschaften, vom Koalitionspartner, der das Thema in den Koalitionsverhandlungen mitangestoßen hatte. Und am Ende vom Wähler. Hier zeigt sich ein Kernproblem für alle, die von den politischen Trampelfaden abweichen und Neues wagen wollen: Die Erstarrung des Politikapparates Bundestag spiegelt sich in den Köpfen vieler Wähler wider.

2. Problem: Der Bundestag ist zu groß

709 Abgeordnete umfasst der Bundestag in der 19. Legislaturperiode, 111 von ihnen verdanken ihren Sitz unter der Reichstagskuppel einem Überhang- oder Ausgleichsmandat. Gesetzlich vorgesehen sind lediglich 598. In den 20. Bundestag könnten sogar 815 Parlamentarier einziehen. Damit ist das deutsche Parlament eines der größten der Erde. Ist es damit auch eines der besten, der effektivsten – oder gar ein zukunftsweisendes? Wohl kaum.

Bereits im Juli 2012 erklärte das Bundesverfassungsgericht eine Wahlrechtsreform der damaligen schwarz-gelben Bundesregierung für verfassungswidrig, da es unter anderem zu viele Überhangmandate ermögliche. Der Gesetzgeber solle, so der Auftrag des obersten deutschen Gerichts, schnellstmöglich eine Neuregelung verabschieden, sodass die Bundestagswahl im Herbst 2013 nicht zu einer Aufblähung des Parlaments führe. Doch die Abgeordneten ließen die Zeit verstreichen. In der nächsten Legislaturperiode, der von 2013 bis 2017, geschah – nichts. Und schließlich, im achten Jahr nach dem Urteil des Verfassungsgerichts, wird die Zeit zu knapp, um bis zur Wahl 2021 noch eine grundlegende Reform hinzubekommen. Für eine Reduzierung der Wahlkreise – viele von ihnen müssten dafür neu zugeschnitten werden – ist es bereits zu spät.

Durch ihre Verzögerungstaktik haben die Abgeordneten zugelassen, dass der Eindruck entsteht, ihr eigenes Mandat und die

Pfründe ihrer Partei seien ihnen wichtiger als ein funktionierender Deutscher Bundestag. Der Vorwurf, die Parteien machten sich den Staat und seine Organe untertan, ist in der jüngeren Vergangenheit durch nichts anderes so untermauert worden wie durch das Versagen der Parlamentarier bei der Neuregelung des Wahlrechts. Damit haben die Abgeordneten nicht nur sich selbst geschadet, sondern auch der Demokratie.

3. Problem: … und macht sich zu klein

Der Bundestag, die Legislative, ist eines der zentralen Verfassungsorgane der Bundesrepublik. Doch er hat in den vergangenen Jahrzehnten schleichend, systematisch und nahezu widerstandslos an Gestaltungswillen und politischer Macht abgegeben. Koalitionsvertrag, Ministerpräsidentenkonferenz oder Koalitionsausschuss stehen zwar nicht im Grundgesetz, stellen inzwischen in zentralen Fragen aber nachhaltiger – und häufig auch schneller – die Weichen der Politik als der Bundestag. Selbstbewusste und gestaltungswillige Parlamentarier sollten sich diesen Raum zumindest zurückerobern wollen. Zu sehen und zu spüren ist davon bisher allerdings wenig.

Es sind aber nicht nur Ministerpräsidenten und Koalitionsausschüsse, die Macht an sich ziehen: Der Bundestag muss sich vor allem gegenüber einer übermächtigen Ministerialbürokratie Gestaltungsraum zurückerkämpfen. Der Erfahrungs- und Wissensvorsprung der einzelnen Ministerien gegenüber dem Parlament ist über die Jahre immer größer geworden. Und das Parlament hat dieser Tendenz, über die stetig wachsenden Stellenpläne der Einzelressorts, auch noch Vorschub geleistet. Warum entstehen kaum noch Gesetzesinitiativen im Parlament? Fast alle Gesetze entwirft mittlerweile der Regierungsapparat. Damit wird die Gewaltenteilung zugunsten der Exekutive ausgehöhlt. Wieso lassen die Abgeordneten das zu? Ist es die fehlende Manpower? Akzeptanz der eigenen Ohnmacht? Das Parlament hat das Haushaltsrecht, es könnte sich, wie in den USA, mit maximalem Sachverstand ausstatten, mit wissenschaftlichen Mitarbeitern, mit Experten und Knowhow. Es verzichtet darauf und stattet eher die Ministerien mit zusätzlichem Personal aus. Warum?

Es gibt Ministerien, Minister und Ministerinnen, die sind anspruchsvoll, gestaltungswillig, zukunftsorientiert. In der 19. Legislaturperiode gehörten das Gesundheits-, das Familien- und das Justizministerium dazu. Es gibt andere Ressorts und deren Leitungen, die – wenn nicht gerade eine Coronakrise ausbricht – eher dazu neigen, das Bestehende zu verwalten. Traditionell sind das Finanz-, das Wirtschafts- und das Verkehrsministerium solche Ressorts. Auch hier setzt das Parlament kaum eigene Impulse, zwingt die Häuser nicht zu eigenen Aktivitäten, zu kreativerem Handeln. Warum nicht?

Das Selbstbewusstsein des Parlaments schimmert allein noch im Haushaltsausschuss durch. Er legt den Etat für jedes neue Jahr fest. Er gestaltet noch – aber nicht die langen Linien, sondern er verteilt Geld und fördert Einzelprojekte. Ist das ein politischer Gestaltungsanspruch?

4. Problem: Mangel an Mut

Während sich die Gesellschaft mehr und mehr ausdifferenziert und Debatten zunehmend polarisiert verlaufen, verlieren die Abgeordneten (mitsamt der Bundesregierung) allzu oft den Mut. Wo früher gestritten und schließlich eine Entscheidung getroffen wurde, werden heute Kommissionen eingesetzt, um ein Ergebnis – und einen jeweils möglichst breiten Konsens – zu erzielen. Je strittiger ein Thema, umso größer die Wahrscheinlichkeit einer Konsens suchenden Runde. Ob Stuttgart 21, atomares Endlager, Kohleausstieg oder CO_2-Minderungspfad – kaum noch ein Großthema wird ohne Kommission entschieden. Mehr noch als der Bundestag verschanzt sich die Exekutive hinter neu erschaffenen Gremien oder Auto-, Klima- und Digitalgipfeln, die selten mehr produzieren als schöne Bilder. Aber auch das Parlament scheut die entschiedene Kontroverse vor wegweisenden Entscheidungen. Damit untergräbt es schleichend die eigene Autorität.

Ja, es stimmt: Viele Fragen, Klima, Flüchtlinge, Pandemien und andere mehr, sind national und im Alleingang nicht mehr zu lösen. Ihre Bewältigung bedarf der internationalen Koordination und Kooperation. Doch allzu oft ist der Verweis auf die internationale Dimension – und hier vor allem auf die Herausforderung für »Europa« – das Alibi zum Nichtstun. Deutschland als Führungsmacht der EU ist zu einem Player in der Weltpolitik aufgestiegen. Politik hat immer auch mit Symbolik zu tun. Und nationale Entscheidungen haben im Guten wie im Schlechten immer auch Strahlkraft nach außen. Der Bundestag darf den Umgang mit diesen großen Fragen nicht allein der Exekutive überlassen, um sie dann mal mit mehr, mal mit weniger Gegenstimmen abzunicken. Er muss sie selbst ins Zentrum rücken und nach Antworten suchen.

5. Problem: Fetisch Koalitionsvertrag

Koalitionen hat es immer gegeben, aber detaillierte Koalitionsverträge lange nicht. Detailliert festgeschriebene Vereinbarungen sind eine vergleichsweise neue Einrichtung – und sie werden immer umfangreicher. Ob die Ergebnisse auch überzeugender geworden sind, ist eine andere Frage. Es hat sich eingebürgert, dass jede Seite ihre Wunschliste aufschreibt, die Wünsche werden aufsummiert und in einen langen Text gegossen. Nach der Halbzeit des Regierens wird ein Strich gezogen, abgerechnet und in »erledigt« und »noch zu bearbeiten« abgelegt. Und die Bertelsmann Stiftung vergibt dafür Noten. Aber das ist nicht Politik, sondern Bürokratie. Politik muss flexibler arbeiten. Wie kann ein Vierjahresplan in eine Zeit passen, in der sich Krise an Krise reiht und sich alle Abläufe beschleunigen – und die Kommunikation sowieso? In der es nach drei Großen Koalitionen in vier Legislaturen im Parlament nicht an Konsens mangelt, sondern an Persönlichkeiten, an Führung und

Charisma. Und wenn in künftigen, womöglich klügeren Regierungen, die sich nicht durch ausladende Koalitionsverträge selbst knebeln, die Koalitionspartner mal nicht einer Meinung sind, dann machen sie vielleicht das, was Politik ausmacht: Sie streiten um den richtigen Weg.

6. Problem: überholte Rituale

Es gibt eine Reihe von Ritualen im Bundestag. Rituale, die nicht vermittelbar sind. Rituale, die sich überlebt haben, Rituale auch, die die politische Kultur beschädigen. Zum Beispiel, dass Regierungsfraktionen reflexhaft jeden Vorschlag ablehnen, der von einer Oppositionspartei vorgelegt wird. So bringt die Union wortgleich den gleichen Antrag ins Parlament ein wie die Linkspartei – nur um ihn nicht gemeinsam mit den Linken einbringen zu müssen. Wenn Grüne und Linkspartei als Opposition gleichlautende Anträge der Regierungsfraktionen ins parlamentarische Verfahren einspeisen, werden auch die abgelehnt. Claudia Roth, die grüne Bundestagsvizepräsidentin, fordert ihre Fraktion heraus: »Die Nagelprobe für uns und unseren Willen, es anders und besser zu machen, kommt, wenn wir mitregieren. Nur dann wird sich an Stil und den falschen Ritualen etwas ändern.«

In der Unions-Fraktion gilt der Grundsatz: Wir bringen nie gemeinsame Anträge mit AfD und Linkspartei ein. Diese Äquidistanz spaltet das demokratische Spektrum. Man muss nicht eine einzige politische Forderung der Partei Die Linke teilen, um anzuerkennen, dass sie – anders als die AfD – sich klar zur repräsentativen Demokratie bekennt. 30 Jahre nach der Deutschen Einheit und in einer Phase, da die parlamentarische Demokratie auf dem Prüfstand steht, die Abgeordneten der Linken immer wieder auszugrenzen, schwächt das System als Ganzes. Und es treibt die zunehmende Aufsplitterung der Gesellschaft in immer weniger miteinander verbundene Einzelteile und ihre jeweiligen Echokammern weiter voran.

7. Problem: Querdenken unerwünscht

Der Bundestag hat sich bewegt. Er hat sich nach vielen Jahren einen Ruck gegeben – und Überkommenes hinter sich gelassen. So beginnen die Plenumssitzungen inzwischen statt am Donnerstagmorgen bereits am Mittwochnachmittag, um so Nachtsitzungen bis in den frühen Freitagmorgen möglichst zu vermeiden. Der Tagesablauf ist anders, aber die Intransparenz die gleiche. So tagen Ausschüsse immer noch – abgesehen von Ausnahmefällen – nicht öffentlich. Die Protokolle bleiben weiterhin unter Verschluss. Warum? Und warum kann nicht überhaupt eine Reihe von Themen in den Ausschüssen verhandelt und final entschieden werden? Auch im Plenum fallen zahlreiche Entscheidungen in stark verminderter Besetzung.

Die Bundestagsausschüsse bilden im Großen und Ganzen die jeweiligen Ministerien ab. Einige Ausschüsse etwa für Digitales, Europa, Kultur und Medien oder Tourismus kommen noch dazu. In einer komplex gewordenen Welt ist diese Struktur womöglich nicht mehr zeitgemäß. Genauso wenig wie die Strukturen der Arbeitskreise und -gruppen in den Fraktionen, die sich nach dem gleichen Muster sortieren wie die Ausschüsse.

Eine Möglichkeit wäre, sich mehr projekt- und prozessbezogen zu organisieren. Das Thema Wohnen zum Beispiel ist längst keines mehr für Bauingenieure und Architekten. Die Themen Verkehr, Soziologie, Recht und Ökonomie müssen gleichberechtigt mitbedacht werden. Auch das Thema Mobilität reicht weit über den lange gültigen verengten Verkehrsbegriff hinaus.

Ralph Brinkhaus hat in der CDU/CSU-Fraktion Projektgruppen eingeführt, um so eine höhere Problemlösungskompetenz zu erzielen. Die Idee: Verschiedene Abgeordnete unterschiedlicher Arbeitsgruppen sollen einzelne, relevante Themen bearbeiten. Die Resonanz in der Unionsfraktion war überwiegend so, wie man sie aus anderen Zusammenhängen und aus anderen Berufssparten kennt: Was soll das jetzt? Haben wir ja noch nie so gemacht! Vielleicht ist die Initiative von Brinkhaus noch nicht die perfekte

Lösung. Aber ein Ansatz, die Dinge neu zu denken und im eigenen Kopf all das zu entrümpeln, was man immer schon gedacht und gesagt hat, ist sie allemal.

8. Problem: fehlende Repräsentanz

Nur noch 31 Prozent aller Abgeordneten waren im 19. Bundestag Frauen, so wenige wie zuletzt zwischen 1994 und 1998. Eine beschämende Quote. Grüne und Linkspartei kommen dem eigenen Anspruch mit der Frauenquote nach, die SPD leidlich. Union und FDP haben weniger weibliche Abgeordnete als zuvor, bei der AfD kommt auf acht Männer eine Frau. Insbesondere für FDP und AfD wäre es ein Leichtes, über eine Quote auf den Landeslisten den Frauenanteil zu erhöhen – wobei die AfD diesen Anspruch gar nicht erhebt. Für die Union ist die Forderung nach mehr weiblichen Abgeordneten schwieriger zu erfüllen. Alle CSU-Abgeordneten im Bundestag sind über ihre jeweiligen Wahlkreise direkt gewählt, bei der CDU sind es sehr viele. Und die Direktmandate sind ganz überwiegend in Männerhand. Aufforderungen von der Parteispitze, mehr Frauen zu nominieren, fruchten in aller Regel wenig. In die Kandidatenaufstellung im Wahlkreis will sich keine Partei auf Kreis- oder Unterbezirksebene hineinreden lassen.

Auch sonst spiegelt der Bundestag längst die gesellschaftlichen Verhältnisse nicht mehr wider. Migranten, Arbeiter, Muslime – sie haben keine oder eine nur unzureichende Lobby im Parlament. Selbst die Eltern der Abgeordneten sind inzwischen ganz überwiegend Akademiker. Auch die Interessen der Kommunen werden in Berlin nicht adäquat vertreten. Die Bundesländer, die laut Verfassung auch die Kommunen mitrepräsentieren sollen, haben im Bundesrat ihre ganz eigenen Interessen; Städte und Gemeinden kommen da nur am Rande vor. Das Erstarken außerparlamentarischer Bewegungen ist zwar nicht neu in der bundesdeutschen Geschichte; es müsste aber immer im Bestreben eines Parlamentes sein, solche Bewegungen frühzeitig zu erkennen, die Interessen aufzunehmen und einzubinden. Eine Legislative, die das versäumt oder dazu nicht in der Lage ist, schwächt sich selbst. Die Gründung der Grünen und der AfD, aber auch die Stärke der Linkspartei hat ihren Ursprung in ebensolchen Versäumnissen.

9. Problem: Proporz-Lust

Es ist zwar eher eine eingespielte Attitüde der Exekutive, aber auch das Parlament ist nicht frei davon: das Ritual des Proporzes. Frauen müssen vertreten sein, Nachwuchskräfte sollen Sitzanteile erhalten, die großen Landesverbände müssen integriert werden, und Rechte und Linke in den jeweiligen Parteien und Fraktionen wollen auch zu ihrem Recht kommen. Der Proporz ist sinnvoll, aber nur, wenn er atmen kann, wenn er flexibel gehandhabt wird und nicht zum Ritual erstarrt. Wenn sich aus der SPD in Nordrhein-Westfalen oder aus der baden-württembergischen CDU mal keine geeigneten Kandidaten oder Kandidatinnen für die Fraktionsspitze aufdrängen, dafür aus Niedersachsen gleich mehrere, dann wäre es sinnvoll, die Qualifikation entscheiden zu lassen und nicht die landsmannschaftliche Verankerung. Wenn ein Kabinett in Afrika 30 Minister aus unterschiedlichen Volksgruppen umfasst, begleiten wir die Nachricht mit amüsiertem Augenzwinkern, Afrika halt. Das Prinzip in Berlin folgt exakt dem gleichen Muster: über eine breite personelle Vertretung möglichst alle Regionen und Ethnien einzubinden. Es ist ein Ritual der Entscheidungs- und Machtabsicherung, es ist jedenfalls nicht der Versuch, Problemlösungskompetenz zu optimieren und die besten und nachhaltigsten Entscheidungen zu treffen. Nur, kann man sich als Industriestaat und eine der leistungsstärksten Wirtschaftsnationen der Erde zu Zeiten von Pandemien und Klimakrise solch kleine Karos noch leisten?

10. Problem: Macht der Lobbyisten

Lobbyisten und Interessenvertreter aller Art sind Teil des politischen Geschäfts. Und sie haben, ob aus der Rüstungsindustrie oder aus Umweltorganisationen, Familienbetrieben oder Gewerkschaften, alle ihre Existenzberechtigung. Sie erweitern das Knowhow von Abgeordneten und deren Mitarbeiterstäben, sie bringen andere Perspektiven in Entscheidungsprozesse ein, sie stellen (scheinbare) Gewissheiten infrage. Tausende von Lobbyisten gehen in Berlin ihrer Tätigkeit nach, und es werden immer mehr. Entscheidend ist die Transparenz. Und die Waffengleichheit. Es kann nicht sein, dass die Finanzindustrie ganze Gesetzestexte schreibt und Verbraucherverbände nicht einmal zur Anhörung eingeladen werden. Es kann nicht sein, dass Mitarbeiter von Unternehmen, Verbänden und Aufsichtsbehörden in Ministerien entsandt werden, dieser Umstand nach außen aber nicht erkennbar wird.

Ein Lobbyregister wäre ein erster, überfälliger Schritt. In Brüssel ist es längst eine Selbstverständlichkeit. Ein zweiter Schritt könnte die Kennzeichnungspflicht von Gesetzen sein, also die Nachweispflicht, wer in welchem Stadium Einfluss auf den Gesetzestext genommen hat. Eine Fürsprache, wie sie Karl-Theodor zu Guttenberg für den Wirecard-Konzern im Kanzleramt unternommen hat, wäre damit nicht erfasst. Aber ein Register wäre ein Anfang und ein entscheidender Beitrag zur Sensibilisierung für das Thema.

11. Problem: Falle Dauerkommunikation

Die Medienwelt ändert sich rasend schnell – und ein Ende des Verwandlungsprozesses ist nicht in Sicht, da es ihn womöglich gar nicht gibt. Auch die Erwartungen und Anforderungen an Politiker durchlaufen einen permanenten Wandel. Momentan herrscht der »Sofortismus« vor – so nennt der Politikwissenschaftler Karl-Rudolf Korte die mediale Erwartungshaltung an Politiker, die keinen Sendeschluss mehr kennt. Die Mitteilungsmaschinen Twitter, Facebook und Instagram verlangen nach einer persönlicheren Kommunikation, aber auch nach einem Ende der »apparatschikhaften Sprache«. Für Korte hat das Grünen-Duo Annalena Baerbock und Robert Habeck auch deshalb Erfolg, weil beide einen eher räsonierend-suchenden Ton anschlagen. Dauerkommunikation und Ad-hoc-Erreichbarkeit, so glaubt der Medienwissenschaftler Bernhard Pörksen, gelten inzwischen als politische Kernkompetenzen. Frei nach dem Motto: Nur wer rund um die Uhr auf Sendung ist, erfüllt die Anforderungen der neuen Zeit – »aber wer mal danebenliegt, den machen wir so richtig fertig«. Für Pörksen ist die Lust an der Demontage der Gegenpol zur Sehnsucht nach dem starken Mann, dem Erlöser.

Für Pörksen hat die Kombination aus Beobachtungsdruck und Reaktionszwang, Authentizitätsverlangen und Perfektions-sehnsucht fatale Folgen: Für viele seien politische Spitzenämter keine Traumjobs mehr, eine Bestenauslese finde nicht mehr statt. »So züchtet diese Gesellschaft, ob sie will oder nicht, den Typus des kleinmütigen, visionsfeindlichen, sich hinter Phrasen verschan-zenden Angstpolitikers, den sie dann verachtet.«

Noch etwas kommt dazu. In der Dauerkommunikation ist das entscheidende Kriterium nicht mehr, was stimmt und was nicht, was wahr und was falsch ist, sondern: Womit erreiche ich Auf-merksamkeit – und womit nicht. Die Wahrheit ist oft langweiliger als die Lüge, weshalb Donald Trump nur oft genug behaupten muss, bei seiner Vereidigung seien so viele Menschen gewesen wie bei keinem anderen US-Präsidenten – und am Ende glauben das, wie Umfragen beweisen, mehr als 60 Prozent der Amerikaner. Man muss sich nur noch einmal die Fernsehbilder anschauen – und schon sieht man die Lüge. Dass dieses Phänomen zunehmend auch in Deutschland um sich greift, zeigte die Coronakrise: Wenn die Infiziertenzahlen unter den Erwartungen bleiben, wenn die Toten-zahlen im Vergleich zu anderen Ländern niedrig ausfallen, wenn zusätzlich bereitgestellte Krankenhausbetten am Ende leer bleiben, dann kann man das zwar als Ergebnis einer erfolgreichen Präven-tionspolitik beschreiben. Eine ganz andere Durchschlagskraft er-reichen aber Medien – und auch Demonstranten –, die alle Maß-nahmen als maßlos übertrieben attackieren. Aufmerksamkeit schlägt Wahrheit: Noch kein seriöser Politiker hat eine Antwort darauf gefunden, wie man diesem neuen Kommunikationsphänomen erfolgreich begegnet. Mundschutzmasken reichen jedenfalls nicht.

12. Problem: leichte Sprache, schwere Sprache

Nicht nur die Medienwelt wandelt sich, auch das politische Sprechen selbst verändert sich. Die einen, allen voran die AfD, überschreiten regelmäßig und gezielt die Grenze des Sagbaren und pflegen den beabsichtigten Tabubruch. In einem ersten Schritt wird mit Reizvokabeln wie »alimentierte Messermänner«, »Überschwemmung mit Ausländern« oder »Vogelschiss der Geschichte« gezielt gegen eine angeblich überall verortete politische Korrektheit verstoßen, um in einem zweiten Schritt offen völkisches, antisemitisches oder rassistisches Vokabular wie »Umvolkung«, »Meinungsdelikt« (Leugnung des Holocaust) oder »Neger« wieder salonfähig zu machen.

Die andere Seite dieses Strukturwandels der öffentlichen Debatte markieren all jene, die eine sprachliche Hypersensibilität entwickeln. Überall wittern sie Rassismus, Antisemitismus, Rechtsradikalismus, Sexismus. Jeder AfD-Wähler ist gleich ein Nazi; jeder, der in einer multikulturellen Gesellschaft keine Verheißung sieht, ein Rechtsradikaler, und jeder, der beim Anblick von Natalie Portman nicht als Erstes denkt »Die kann aber viele Sprachen«, ein Sexist. Aus oft edlen Motiven heraus grenzt das Vorurteil den Diskurs ein – zuweilen wird auch versucht, Menschen damit mundtot zu machen

Der ständig vorgetragene Maximalvorwurf verhindert Differenzierung und beendet die Diskursmöglichkeit. Politische Auseinandersetzungen müssen hart, vielleicht gelegentlich sogar brutal geführt werden, um Unterschiede deutlich zu machen. Aber die Kraft des Arguments erlahmt, wenn ständig das Großgeschütz mitgeführt und eingesetzt wird.

Neben der Gleichzeitigkeit von Entgrenzung und Hypersensibilität gibt es ein weiteres Problem mit der politischen Sprache: Sie verliert sich im Fachchinesischen. Wenn etwa der CDU-Finanzexperte Carsten Linnemann bei Anne Will die »Abschaffung der Vorfälligkeit« verlangt, um die Liquidität von Firmen in Coronanot zu erhöhen, fragt sich selbst der interessierte Zuschauer vor dem Bildschirm nur: »Hä?« Ungern erinnert man sich da an die Tage der Eurorettung, als Abgeordnete gern mal sagten: »Die Faszilität der Kreditlinie für Griechenland wird von der Troika nicht akzeptiert werden.« Eine derer, die verstanden haben, dass Politiker mit einer solchen Sprache niemanden erreichen, ist Familienministerin Franziska Giffey. Kollegen und Journalisten lächelten abfällig, als Giffey zuerst ein »Gute-Kita-« und dann ein »Starke-Familien-Gesetz« vorstellte. Andere, die glauben, eine abgehobene Sprache sei ein Kompetenzbeleg, hätten wahrscheinlich ein »Kinderbetreuungsverbesserungsgesetz« und ein »Lebensgemeinschaftsförderungsergänzungsgesetz« präsentiert. Doch nicht sie, sondern Giffey weiß, wie Politik funktioniert: indem sie nahbar und erfahrbar wird. Auch sprachlich.

13. Problem: fehlender Lernwille

Die Coronakrise hat den Unterschied zwischen Wissenschaft und Politik unfreiwillig, aber entlarvend offengelegt. Wissenschaftler arbeiten ständig nach dem Prinzip von Versuch und Irrtum. Dazu gehört, Dinge und Prozesse nicht zu kennen und das auch nicht zu verschweigen. Und aus Fehlern anderer Wissenschaftler zu lernen und dann die eigene Anordnung zu optimieren.

Politik funktioniert anders. Ihre Akteure versuchen erstens, recht zu haben. Und zweitens, schon immer recht gehabt zu haben. Auf Lernprozesse ist Politik nicht eingerichtet, das Lernen aus Fehlern anderer gehört nicht zu ihrer dominierenden Tugend. Im Bundestag ist das in jeder Sitzungswoche aufs Neue zu besichtigen. Was auch deshalb erstaunt, weil ausgerechnet jene politischen Auseinandersetzungen, die nicht stereotyp und in bekannten Mustern geführt werden, sondern die Gräben aufbrechen, Fragen zulassen und nicht alle Antworten gleich zur Hand haben, als die großen Debatten gefeiert werden.

Warum ist der Bundestag so wenig lernfähig? Vielleicht, weil er zu sehr erstarrt ist in seinen Regeln und Ritualen. Vielleicht, weil zu wenig Frauen teilhaben. Vielleicht weil zu viele Abgeordneten zu müde oder zu frustriert sind, um sich gegen Macht- und Gestaltungsanspruch der Exekutive zu wehren und verlorenes Terrain zurückzuerobern. Vielleicht aber auch, weil sich die Abgeordneten zwischen Macht, Sucht und Angst allein fühlen.

»Du kannst vor Kraft kaum laufen«, sagt Sören Bartol, SPD, über die ersten Wochen nach seiner Wahl in den Bundestag. Bis er Bekanntschaft mit den ungeschriebenen Gesetzen des Parlaments macht. »Dann geben dir die älteren Kollegen zu verstehen, ›so Kleiner, jetzt setz' dich erst mal hinten hin, fang' mal von vorn an‹.«

»Politik absorbiert einen extrem, inhaltlich wie zeitlich«,
sagt Johannes Vogel, FDP, über den Versuch, sich trotz
Dauerdruck eine eigene innere Balance zu erhalten. »Die
große Kunst ist es, sich einen warmen inneren Ort abseits
der Politik zu bewahren. Nimmt einem die Politik diesen
Ort, übersteht man das nicht – und vereinsamt.«

»*Wenn Frauen im Plenum reden, geht der Geräuschpegel hoch. Das ist so. Quer durch alle Fraktionen*«, sagt Bundestags-Vizepräsidentin Petra Pau von den Linken. »*Plötzlich haben die Männer dringend was zu besprechen.*« *Eine Erfahrung, die die weiblichen Abgeordneten aller Fraktionen teilen.*

»Die nächste AfD-Fraktion wird deutlich mehr nach Björn Höcke klingen als die jetzige«, prophezeit Uwe Kamann, 2017 für die AfD in den Bundestag eingezogen, 2018 aus der Fraktion ausgetreten. »Und da gibt es dann nur schwarz oder weiß, Freund oder Feind.«

Gerhard Schick, der ehemalige Grünen-Abgeordnete, blickt zurück auf seinen Kampf gegen die Lobby: »Es gibt sicher eine Handvoll Beispiele, bei denen ich nachweisen könnte, dass das Gesamtwerk – von der Regelungsidee bis zur Formulierung – von Lobbyisten kam.« Teilweise wortwörtlich seien Gesetze vom Bankenverband und der Versicherungswirtschaft formuliert – und auch so durch den Bundestag geschleust – worden.

»Wenn die Regierung überprüft, was vom Koalitions-vertrag umgesetzt wurde, dann ist das nicht Politik, sondern Bürokratie«, sagt Wolfgang Schäuble. Für den Bundestagspräsidenten ist das schlichte Abarbeiten von Koalitionsverträgen alles andere als hohe Politikkunst. »Das hat mit politischer Führung, mit Charisma, mit all dem, was die repräsentative Demokratie braucht, nichts zu tun.«

Aktuelle Stunde: Kann von einer Fraktion oder von fünf Prozent der Abgeordneten beantragt werden oder der Ältestenrat setzt sie an. Oder, was selten der Fall ist, sie wird im Anschluss an eine Fragestunde beantragt und abgehalten. Sie soll zu einem Thema von allgemeinem, aktuellem Interesse stattfinden und die Dauer von einer Stunde nicht überschreiten – die Beiträge von Regierungs- und Bundesratsvertretern und -vertreterinnen nicht eingerechnet. Deren Beiträge sind insgesamt auf 30 Minuten begrenzt. Die einzelnen Beiträge sollen nicht länger als fünf Minuten dauern.

Ältestenrat: Hat nichts zu tun mit den Senioren im Bundestag. Runde des Parlamentspräsidiums mit rund zwei Dutzend weiteren von den Fraktionen entsandten Abgeordneten, entsprechend der Stärke der Fraktionen im Parlament. Er regelt die Geschäfte des Bundestages und legt – meistens eine Woche im voraus – die Tagesordnung für die jeweilige Sitzungswoche fest. Zuletzt bestand der Ältestenrat aus 29 oder 30 Mitgliedern.

Anhörung: Wird bei umstrittenen Themen von den jeweiligen Fachausschüssen des Bundestages angesetzt. Experten und Interessenvertreter, jeweils von den Fraktionen benannt, stellen das Thema aus ihrer Sicht dar. Manche Anhörungen sind öffentlich. Die Fraktionen benennen in der Regel Sachverständige, die die eigene Position unterstützen.

Arbeitsgruppe: In den Arbeitsgruppen oder Arbeitskreisen bereiten die Experten der jeweiligen Fraktionen ihre fachspezifischen Inhalte vor. Diese tragen sie dann in die Parlamentsausschüsse hinein. Die Mitglieder einer Arbeitsgruppe sind in der Regel auch die Vertreter der jeweiligen Fraktion im korrespondierenden Ausschuss (Wirtschaft, Justiz, Äußeres etc.).

Arbeitsgruppensprecher: In der Regel ist der Sprecher einer Arbeitsgruppe auch der Sprecher der Fraktion im jeweiligen Ausschuss.

In der CDU/CSU-Fraktion ist der AG-Sprecher verantwortlich für die Inhalte und Mitglied des erweiterten Fraktionsvorstandes, sein Stellvertreter (Obmann, Obfrau) zuständig für Tagesordnung und Organisatorisches. AG-Sprecherposten sind in der Regel intern umkämpft, sie sind auf mittlerer Ebene die ersten Funktionen, die auch mediales Interesse erwecken und so überregionale Profilierungsmöglichkeiten bieten.

Ausgleichsmandate: Gibt es erst seit der Wahlrechtsänderung 2013. Sollten mehr Gerechtigkeit schaffen und haben in Folge zu einer enormen Aufblähung des Bundestages geführt. Überhangmandate werden nun über Ausgleichsmandate so lange ausgeglichen, bis das bundesweite Zweitstimmenergebnis präzise abgebildet wird.

Ausschuss: Die eigentliche Arbeitsebene des Parlaments. In der 19. Wahlperiode gab es 25 Fachausschüsse. Sie sollen Gesetzesvorlagen inhaltlich beraten und den Beschluss des Plenums vorbereiten. Die ständigen Ausschüsse werden entsprechend der Stärke der einzelnen Fraktionen im Bundestag besetzt. Jedem Ministerium steht ein Fachausschuss gegenüber. Hinzu kommen unter anderen immer der Petitions- und der Immunitätsausschuss. Im Grundgesetz festgeschrieben sind die Ausschüsse für Verteidigung, Äußeres, Europa und Petitionen.

Berichterstatter: Sind in allen Fraktionen für die Detailthemen eines Ressorts zuständig. Also etwa für den Luftverkehr im Verkehrsressort, die Krankenhäuser im Gesundheitswesen oder das Thema Atomkraft im Umweltbereich. Sie bereiten ihr Thema für die Debatte im Ausschuss auf und bereiten mehr oder weniger überzeugend in Abstimmung mit den Kollegen die Fraktionslinie vor.

Beschlussfähigkeit: Ist für den Bundestag hergestellt, wenn mehr als die Hälfte seiner Mitglieder im Plenum anwesend ist. Das ist im Alltagsbetrieb nicht immer der Fall, weshalb die Parlamentarischen Geschäftsführer ihre Abgeordneten vor Abstimmungen über interne Lautsprecheranlagen in bisweilen strengem Ton zur Präsenz verpflichten.

Bundesrat: Die Länderkammer. Jede Landesregierung entsendet – je nach Einwohnerzahl – zwischen drei und sechs Vertreter in den Bundesrat. Er hat insgesamt 69 Mitglieder.

Bundesregierung: Besteht aus Kanzler/in und Ministern und hat die Exekutivgewalt inne. So wie Bundestag und Bundesrat hat auch die Bundesregierung nicht nur das Recht, Gesetzentwürfe in den Bundestag einzubringen; sie macht auch ordentlich Gebrauch davon und bringt mit Abstand die meisten Gesetze ein.

Bundestag: Ebenfalls Verfassungsorgan. Das einzige, das direkt vom Volk gewählt wird. Zu seinen Aufgaben gehören die Gesetzgebung, die Wahl des Bundeskanzlers, die Kontrolle der Bundesregierung und die Bewilligung (und ggf. Änderung) des Haushalts. Auch Auslandseinsätze der Bundeswehr sind ohne das Plazet des Bundestages nicht möglich.

Bundestagspräsident(in): Wird zu Beginn der Legislaturperiode vom Plenum gewählt. Immer die stärkste Fraktion hat das Recht, einen Kandidaten oder eine Kandidatin zu benennen. Er oder sie leitet das Parlament, vertritt es mit den (im Jahr 2020 fünf) Stellvertretern nach außen und steht an der Spitze der Bundestagsverwaltung. Zuständig für Rügen und Ordnungsrufe für Abgeordnete, die das parlamentarische Regelwerk verletzen. Weiter gehende Sanktionen sind der Entzug des Wortes oder Ausschluss von bis zu 30 Sitzungstagen.

Diäten: Hat nichts mit Kuren oder Abnehmen zu tun. Früher wurden damit Sitzungsgelder bezeichnet, heute bekommen Abgeordnete eine monatliche Vergütung. Diese ist zu versteuern und beträgt im Jahr 2020 monatlich 10 083 €. Die Höhe orientiert sich im Wesentlichen an der Höhe der Richterbezüge an Obersten Bundesgerichten und wird jährlich zum 1. Juli auf Grundlage des Nominallohnindexes angepasst. Der Bundestagspräsident spricht eine Empfehlung aus, die dann vom Bundestag beschlossen werden muss. 2020 verzichteten die Fraktionen wegen der Corona-Pande-mie auf eine Erhöhung. Fehlt der Abgeordnete an Sitzungstagen, wird ihm das Strafgeld von den Diäten abgezogen.

Hinzu kommt für Ausgaben wie das Wahlkreisbüro, Fahrten im Wahlkreis und Ähnliches eine steuerfreie Aufwandspauschale, die zum 1. Januar 2020 auf 4497,62 € erhöht wurde.

Büro- und Kommunikationskosten, aber auch Fachbücher oder Laptops bis maximal 1000 € pro Monat übernimmt der Bundestag.

Direktkandidaten: (auch: Wahlkreiskandidaten) Aspiranten für den Bundestag, die sich um das Direktmandat in einem Wahlkreis bemühen. Gewählt ist der Kandidat mit den absolut meisten Stim-men. Die Kandidaten müssen von den Mitgliedern ihrer Partei innerhalb des Wahlkreises oder einer Delegiertenversammlung nominiert werden. Bestrebungen, das Nominierungsverfahren für Nichtmitglieder zu öffnen, waren bisher nicht erfolgreich.

Direktmandat: Geht bei jeder Bundestagswahl an 299 Wahlkreis-sieger. Wahlkreis und Direktmandat gewinnt jeweils der Kandidat mit den absolut meisten Erststimmen. Hat eine Partei mindestens drei Direktmandate errungen, entfällt die Fünfprozentklausel, und sie erhält in ganz Deutschland Mandate über die Landeslisten ent-sprechend ihrer Zweitstimmenprozente.

Erststimme: Erste von zwei Stimmen auf dem Wahlzettel (bei Bun-destags- und vielen Landtagswahlen). Mit der Erststimme werden der Kandidat oder die Kandidatin des Wahlkreises gewählt. Wer die meisten Erststimmen auf sich vereint, erobert das Direktman-dat. Für die Sitzverteilung im Bundestag ist allerdings die Vertei-lung der Zweitstimmen maßgeblich.

Fragestunde: Findet immer mittwochs statt. In der Fragestunde können Abgeordnete die Bundesregierung zu aktuellen Vorhaben befragen. Sie dürfen pro Sitzungswoche bis zu zwei Fragen stel-len, plus Zusatzfragen. Die Fragen werden vorher eingereicht. Un-beliebter Termin für die Parlamentarischen Staatssekretäre oder Staatsminister, die in der Regel von ihren Ministern zu den Antworten verpflichtet werden. Der Ritualcharakter der Fragestunde ist hoch, der Informationsgewinn zumeist begrenzt.

Fraktion: Gruppe aller Abgeordneten einer Parteienfamilie. Fraktion darf sie sich nennen, wenn sie mindestens fünf Prozent aller Abgeordneten im Bundestag umfasst. Fraktionen haben eigene Rechte, sie dürfen Ausschüsse besetzen, Gesetze initiieren, einen Untersuchungsausschuss beantragen und haben natürlich entsprechend ihrer Größe Rederecht im Bundestag (siehe auch Fraktionsstatus).

Fraktionslose Abgeordnete: Die Outcasts des Bundestages. Sitzen im Bundestag ohne Pult ganz hinten im Halbrund. Meistens über eine Partei in den Bundestag gekommen, zunächst in einer Fraktion organisiert und dann ausgetreten. Ausnahmen waren 2002 Gesine Lötzsch und Petra Pau, die für die PDS zwei Direktmandate gewannen, nicht genug zur Bildung einer Fraktion. Die Rechte der Fraktionslosen sind begrenzt. Sie können keine Plenardebatten beantragen oder Gesetze initiieren. In Bundestagsausschüssen haben sie Rede- und Antragsrecht, dürfen aber nicht abstimmen. Begrenztes Rederecht im Parlament.

Fraktionssitzung: Die Sitzung aller Bundestagsabgeordneten einer Partei. Findet in der Regel einmal in jeder Sitzungswoche statt, üblicherweise Dienstag um 15 Uhr. Jede Fraktion hat die Möglichkeit zu Sondersitzungen, in politisch bewegten Zeiten nicht unüblich.

Fraktionsstatus: Eine Fraktion hat – anders als eine Gruppe im Bundestag oder fraktionslose Abgeordnete – besondere Rechte. Sie ist im Ältestenrat vertreten, hat Anspruch auf einen Sitzungsraum und erhält zusätzliche Finanzmittel für die Fraktionsführung. Sie kann eine Aktuelle Stunde beantragen oder Große Anfragen stellen. Auch die Redezeit wird maßgeblich über die Fraktionen organisiert. Fraktionsstatus erhält eine Partei, sobald sie mindestens fünf Prozent der Abgeordneten stellt.

Fraktionsvize: Stellvertreter des oder der Fraktionsvorsitzenden. Die Zahl bleibt den Fraktionen überlassen. Sie wird gerne aufgestockt, um den inneren Frieden zu erhalten. Die CDU/CSU-Fraktion hat sich in der 19. Wahlperiode zwölf Vizes gegönnt, Grüne und AfD kommen mit jeweils fünf aus.

Fraktionsvorsitzende/r: Chef oder Chefin aller Abgeordneten einer Partei (auch CDU/CSU als Fraktionsgemeinschaft) im Bundestag.

Fünfprozenthürde: Schwelle, um in den Bundestag einzuziehen. Eine Partei muss mindestens fünf Prozent aller abgegebenen Zweitstimmen einsammeln. Oder sie gewinnt drei Direktmandate, und dann werden die restlichen Mandate gemäß ihres Zweitstimmenanteils über die Landeslisten aufgefüllt.

Geschäftsordnung: Legt die Regeln für den parlamentarischen Betrieb fest und listet darin Funktionen, Rechte und Pflichten der Parlamentarier auf. Der Bundestag gibt sich sein Regelwerk selbst und muss die Geschäftsordnung zu Beginn jeder Legislaturperiode neu beschließen.

Gesetzentwurf: Wird im Bundestag oder in den Ministerien (der Regelfall) entworfen. Der Gesetzentwurf kann auch vom Bundesrat eingebracht werden, was eher selten vorkommt. Er geht nach der ersten Lesung (ohne Aussprache) in den entsprechenden Ausschuss, wird nach der dritten Lesung verabschiedet und wird damit vom Entwurf zum Gesetz.

Große Anfrage: Instrument, mit dem Abgeordnete von den Ministerien Auskunft über Sachfragen oder -stände einfordern können. Sie zählt zu den stärksten parlamentarischen Waffen, weil die Antworten öffentlich im Plenum diskutiert werden können. Die Große Anfrage kann von einer Fraktion oder mindestens fünf Prozent der Abgeordneten gestellt werden. Üblicherweise haben die Ministerien sechs Monate Zeit zu antworten. Kann in gegenseitigem Einvernehmen auch verlängert werden. In den Ministerien ist die Große Anfrage wenig beliebt, weil Beantwortung und interne Abstimmung viel Zeit und Kräfte binden.

Gruppe: Abgeordnete einer Partei, deren Zusammenschluss nicht zur Bildung einer Fraktion reicht. Der Bundestag kann einen solchen Zusammenschluss als Gruppe anerkennen – oder auch nicht. Eine Gruppe hat in geringem Umfang weniger Rechte als eine Fraktion – allerdings wechselten diese Rechte in der Vergangenheit und mussten vom Bundestag jeweils neu beschlossen werden.

Gruppenantrag: Gesetzentwurf, der von Abgeordneten verschiedener Fraktionen und quer zu den üblichen Fraktionslinien eingebracht wird. Meist bei kontroversen, ethisch-moralisch aufgeladenen Themen wie Sterbehilfe, Präimplantationsdiagnostik oder Abtreibung.

Immunität: Sonderrecht für Abgeordnete und Schutz vor Strafverfolgung. Strafverfolger dürfen gegen Bundestagsabgeordnete nur ermitteln und diese gegebenenfalls verhaften, wenn der Bundestag zuvor die Immunität aufgehoben hat. Ausnahme: Der oder die Abgeordnete wird unmittelbar bei einer Tat oder am Tag nach der Tat festgenommen. Dem Plenumsbeschluss gehen Beratung und eine Empfehlung des Immunitätsausschusses voraus.

Kernzeit: Zeitfenster, in dem – in der Regel donnerstags und freitags – die wichtigsten Themen der Sitzungswoche besprochen werden. Parallel zur Kernzeit finden keine Sitzungen anderer Gremien statt. Absicht: Der gesamte Bundestag soll sich auf die Plenumsdebatte konzentrieren.

Kleine Anfrage: Möglichkeit für Parlamentarier, der Exekutive einen begrenzten Katalog an Fragen zu stellen. Beliebtes Mittel der Opposition, die Regierung öffentlichkeitswirksam vorzuführen. Weshalb sich die Ministerien bemühen, möglichst nichtssagend zu antworten. Formal haben die Ministerien zwei Wochen Zeit, die Fragen zu beantworten. Häufig stellen die Ministerialen einen Antrag auf Verlängerung – was in gegenseitigem Einvernehmen auch genehmigt wird. Die Zahl der Kleinen Anfragen hat in den vergangenen Jahren stark zugenommen. Werden von den federführenden Oppositionsabgeordneten gerne über die Medien öffentlich gemacht, um so das eigene Profil zu schärfen.

Landesgruppe: In größeren Fraktionen schließen sich Abgeordnete eines Bundeslandes gerne in Landesgruppen zusammen, um sich abzustimmen, ihre Interessen zu bündeln und so mehr Durchschlagskraft in der eigenen Fraktion zu erzielen. Hat nur eine Funktion in der eigenen Fraktion, darüber hinaus nicht.

Landesliste: Regelt die Verteilung der Zweitstimmen. Die Abgeordneten, die ihren Wahlkreis nicht direkt gewonnen haben, kommen über die jeweilige Landesliste ins Parlament. In jedem Bundesland stellen die Parteien vor der Wahl eine Listenfolge von Kandidatinnen und Kandidaten auf, die je nach prozentualer Verteilung der Zweitstimmen in den Bundestag einrücken sollen. Abhängig von ihren Prozenten im jeweiligen Bundesland gelingt dann der Einzug – oder auch nicht. Wer weit oben auf einer Landesliste steht, hat schon vorab eine hohe Wahrscheinlichkeit, in den Bundestag einzuziehen. Wer weit unten steht, bleibt in der Regel chancenlos. Abzuziehen sind von jeder Landesliste vorab die erfolgreichen Direktkandidaten. Was heißt: In Landesverbänden mit vielen Direktkandidaten ist die Chance auf einen Einzug über die Liste gering.

Legislaturperiode: Beginnt mit der konstituierenden Sitzung des Bundestages, spätestens am 30. Tag nach der Bundestagswahl, und endet mit der konstituierenden Sitzung des nächsten Bundestages. Die Zeit dazwischen ist die Legislaturperiode.

Lesung: Entspricht Beratungsrunden für die Verabschiedung von Gesetzen, in der Regel gibt es drei davon. In der ersten Lesung wird der Gesetzentwurf an den betreffenden Ausschuss überwiesen. In der Regel eine reine Formalie, ohne Debatte. In der zweiten Lesung wird der Gesetzentwurf in der Fassung beraten, wie ihn zuvor der Ausschuss verabschiedet hat. Wird er genau so angenommen, folgen sofort dritte Lesung und Schlussabstimmung. Gibt es in der zweiten Lesung Änderungen, was sehr selten der Fall ist, muss eine Drucksache gefertigt werden, worauf dritte Lesung und Schlussabstimmung stattfinden. In der Regel entscheidet die einfache Mehrheit.

Listenmandat: Besitzt jeder Abgeordnete, der seinen Wahlkreis nicht direkt gewonnen hat, sondern über die Landesliste in den Bundestag eingezogen ist. Kleine Parteien haben ausschließlich Listenmandate.

Lobbyisten: Vertreter gesellschaftlicher oder gewinnorientierter Interessengruppen, die versuchen, auf Politiker und Gesetzestexte Einfluss zu nehmen. Dazu gehören die Automobilkonzerne genauso wie der Bauernverband, der Verband der Familienunternehmen, die Kirchen, Gewerkschaften oder Greenpeace. Rund ums Regierungsviertel versuchen mehrere Tausend Lobbyisten, sich bemerkbar zu machen, davon haben einige Hundert einen Hausausweis für den Reichstag und die Abgeordnetenbüros.

Lobbyregister: Lange von der Union abgelehnt, durch Philipp Amthor 2020 wieder ins Spiel gebracht. Unter anderem in den USA, Kanada und der EU längst Praxis. Ein Verzeichnis, in dem alle Lobbyisten angeben müssen, zu welchem Thema, in wessen Auftrag und gegebenenfalls mit welchem Budget sie Einfluss nehmen. Der (zusätzliche) exekutive Fußabdruck würde die Kontakte von Lobbyisten in die Ministerien bei der Gesetzesarbeit auflisten. Beim (weiter gehenden) legislativen Fußabdruck muss ein MdB alle Lobbyisten aufführen, mit denen er im Rahmen eines Gesetzentwurfs in Kontakt stand.

Mitarbeiter: Personal, das das parlamentarische System am Laufen hält und in eine Dreiklassengesellschaft gegliedert ist. Es gibt die Angestellten der Bundestagsverwaltung, mit geregelten Arbeitszeiten und unbefristeten Arbeitsverträgen und nahezu unkündbar. Es gibt die Mitarbeiter der Fraktionen, ebenfalls fast mit den üblichen Arbeitnehmerrechten, und es gibt die Mitarbeiter, die ihre Verträge mit ihrem und ihrer Bundestagsabgeordneten schließen. Womit sie ihren Chefs nahezu schutzlos ausgeliefert sind. Und viele von ihnen müssen alle vier Jahre um ihren Job zittern.

Namentliche Abstimmung: Nicht der Normalfall. Üblicherweise sind Abstimmungen nicht namentlich, das heißt, hinterher ist einem Abgeordneten sein Stimmverhalten nicht mehr zuzuordnen. Jede Fraktion oder eine Mindestanzahl von Abgeordneten kann jedoch ohne Begründung eine namentliche Abstimmung verlangen. Wird in der Regel bei wichtigen Entscheidungen oder auch Gruppenanträgen beantragt. Bei Verfahrensfragen, zum Beispiel Anträge zur Geschäftsordnung, sind namentliche Abstimmungen in der Regel unzulässig.

Nebentätigkeiten: Immer wieder Gegenstand besonderen öffentlichen Interesses. Denn für den Abgeordneten muss die Ausübung des Mandats im Mittelpunkt seiner Tätigkeit stehen. So steht es im Abgeordnetengesetz. Aber Nebentätigkeiten sind zulässig. Jede Nebentätigkeit, sofern die Einkünfte mehr als 1000 € im Monat oder 10 000 € im Jahr übersteigen, muss zeitnah beim Bundestagspräsidenten hinterlegt werden und wird öffentlich gemacht – in zehn Stufen, beginnend ab 1000 € bis über 250 000 €.

Obleute: Sind in den jeweiligen Ausschüssen die Sprecher ihrer Fraktion. Sie sollten inhaltssicher sein und bestimmen den Kurs der Fraktion zum jeweiligen Thema entscheidend mit.

Parlamentariergruppen: Die internationale Abteilung des Bundestages. Die Abgeordneten pflegen Beziehungen zu den verschiedensten Parlamenten anderer Länder. Dazu organisieren sie sich in der deutsch-kanadischen, deutsch-chilenischen oder deutsch-südafrikanischen und in vielen anderen Parlamentariergruppen. Ein- bis zweimal pro Legislaturperiode reist eine Delegation dann ins Partnerland oder die Partnerregion; nicht ganz so häufig gibt es auch Gegenbesuche.

Parlamentarischer Abend: Meist von Interessenverbänden ausgerichteter Abend, um mit den Parlamentariern, Mitarbeitern und Ministerialbeamten in Kontakt zu kommen. Ziel der Veranstalter ist es, Andockstationen zu finden, Informationen auf der politischen Seite zu hinterlegen – und letztlich natürlich auch Einfluss auf den Gesetzgebungsprozess zu nehmen. Zumeist sind die Abende geschlossene, nicht öffentliche Veranstaltungen.

Parlamentarischer Geschäftsführer: Sind die engsten Mitarbeiter ihrer Fraktionsvorsitzenden und zugleich die Steuerleute des Parlamentsbetriebs. Sie reichen die Themen ein, verantworten die Rednerliste ihrer Fraktionen und planen die Tagesordnung für die nächsten Sitzungswochen vor. Sie tragen die Verantwortung, dass Mehrheiten stehen und die jeweiligen Fraktionen zahlenmäßig im Plenum angemessen vertreten sind.

Plenum: Vollversammlung der Abgeordneten. Das Plenum wählt den Parlamentspräsidenten und den Bundeskanzler. Plenarsitzungen sind eigentlich öffentlich. Auf Antrag von zehn Prozent seiner Mitglieder kann der Bundestag mit zwei Dritteln seiner Mitglieder die Öffentlichkeit ausschließen. Kommt so gut wie nie vor.

Proporz: Mit seiner Hilfe wird versucht, bei der Besetzung von Gremien auf eine gleichmäßige Repräsentation und einen Ausgleich konkurrierender Gruppen zu achten. Im Bundestag spielt der Proporz (im Wesentlichen Geschlecht, Landesverband, Alter) vor allem bei der Besetzung der Fraktionsführungen (Vorsitz, Vizes, PGFs) und der Ernennung Parlamentarischer Staatssekretäre eine Rolle.

Protokoll: Stenografen schreiben sämtliche Reden im Plenum des Bundestages mit, inklusive der Zwischenrufe (so weit hörbar). Redner haben die Möglichkeit, Unklarheiten und Ungenauigkeiten ihrer Reden im Protokoll nachzubessern. Dabei darf der Sinn der Rede oder einzelner Teile nicht verändert werden. Die Protokolle sämtlicher Plenarsitzungen sind am nächsten Werktag auf der Internetseite des Bundestages abrufbar.

Rechtsverordnung: Ein Gesetz, das nicht im üblichen Verfahren vom Bundestag verabschiedet wird, sondern von der Bundesregierung oder einem Minister erlassen wird. Die Rechtsverordnung darf nicht gegen EU-Recht, die Grundrechte, den Gleichheitssatz oder die Verhältnismäßigkeit verstoßen.

Referentenentwurf: Gesetz im Embryonalstadium. Die Mehrzahl aller Gesetzentwürfe stammt aus den Ministerien. Im Ministerium wird ein Gesetz in der Regel auf Referatsebene vorbereitet. Heißt

Referentenentwurf, weil es die erste Stufe im Entstehungsprozess ist. Im Ministerium durchläuft der Entwurf mehrere Stationen, bevor er in Justiz- und Innenministerium auf seine Rechtsförmlichkeit überprüft und dann vom Kabinett verabschiedet wird.

Sitzungswochen: Pro Jahr gibt es davon 22 oder 23 (in Wahljahren meist weniger). Für Abgeordnete besteht in den Sitzungswochen Präsenzpflicht. Wer sich nicht in die Anwesenheitslisten einträgt, muss Abzüge bei seinen Diäten hinnehmen.

Der Verlauf einer Sitzungswoche ist bis auf wenige Ausnahmen (z. B. Haushaltswoche) immer gleich: Am Montag tagen die Fraktionsführungen, am Dienstag, 15 Uhr, treffen sich die Abgeordneten in den Fraktionssitzungen. Mittwoch ist der Tag der Ausschüsse, Mittwoch- bis Freitagnachmittag ist Plenumszeit. Die Nichtsitzungswochen verbringen die Abgeordneten im Wahlkreis oder auf Reisen im Ausland.

Staatssekretär: Unter Abgeordneten gefragter Job, weil mit Dienstwagen, Chauffeur, Renommee und erhöhter Vergütung verbunden. Es gibt zwei Typen, den beamteten und den parlamentarischen Staatssekretär. Der beamtete Staatssekretär ist der höchste Beamte eines Ministeriums. Die Zahl variiert zwischen einem (Umwelt) und fünf (Innen/Wohnen) Staatssekretären pro Ressort. Der Staatssekretär vertritt den Minister in seiner Funktion als Leiter des Hauses. Sämtliche Vorlagen an das Ministerbüro durchlaufen zuvor das Büro des beamteten Staatssekretärs. Wird ein Ministerium von einer neuen Partei übernommen, wechseln in der Regel – weil sie sogenannte politische Beamte sind – auch die beamteten Staatssekretäre. Zudem hat jedes Ministerium mehrere Parlamentarische Staatssekretäre. Sie kommen aus dem Parlament, sind Mitglieder der Regierungsfraktionen und vertreten den Minister nach außen, im Plenum, in Ausschüssen, in Fraktion und bei Außenterminen. Bei der Berufung Parlamentarischer Staatssekretäre durch die jeweilige Regierungspartei spielt der Proporz (Geschlecht, Landesverband) eine zentrale Rolle.

Tagesordnung: Wird in der Vorwoche einer Sitzungswoche von Parlamentarischen Geschäftsführern und Ältestenrat festgelegt. Die Fraktionen dürfen Themen entsprechend ihrer Stärke im Parlament einbringen. Dabei bemüht sich der Ältestenrat, inhaltsverwandte Anträge möglichst zu bündeln und in eine Debatte zu packen.

Übergangsregelung: Steht jedem Abgeordneten zu, der ausscheidet und mindestens ein Jahr Abgeordneter war. Gezahlt wird für jedes Jahr Parlamentszugehörigkeit ein Monat Übergangsgeld, in Höhe der jeweils aktuellen Abgeordnetenentschädigung. Bezugsberechtigt sind Abgeordnete nach einer Wahlperiode, also dann für vier Monate. Maximal bezahlt die Bundestagsverwaltung 18 Monate. Zusätzliche Erwerbseinkünfte werden angerechnet.

Überhangmandate: Ergeben sich, wenn eine Partei mehr Direktkandidaten in den Bundestag schicken kann, als ihr nach dem Zweitstimmenergebnis zustehen. Weil für die Zusammensetzung des Parlaments laut Wahlgesetz das Zweitstimmenergebnis ausschlaggebend ist, muss das Parlament dann über Überhang- und Ausgleichsmandate so aufgefüllt werden, bis die Zweitstellenrelation hergestellt ist. Daraus erklären sich die 709 Mandate der 19. Wahlperiode, so viele wie nie zuvor.

Untersuchungsausschuss: Kann auf Antrag eines Viertels seiner Mitglieder vom Bundestag eingesetzt werden, um strittige Prozesse, Entscheidungen und Sachverhalte aufzuklären. Ein Untersuchungsausschuss kann Zeugen und Sachverständige vorladen und durch Verwaltungsbehörden oder Gerichte sonstige Ermittlungen einleiten lassen. Ein Untersuchungsausschuss muss seinen Abschlussbericht spätestens zum Ende einer Legislaturperiode vorlegen.

Vermittlungsausschuss: Besteht aus 16 Mitgliedern des Bundestages, besetzt entsprechend der jeweiligen Fraktionsstärken, und 16 Mitgliedern des Bundesrates. Er soll bei Gesetzen, die zwischen Bundestag und Bundesrat strittig sind, einen Kompromiss erarbeiten. Weicht der Beschluss des VA von dem des Bundestages ab, muss der noch einmal darüber entscheiden.

Verpflichtungsermächtigung: Instrument des Finanzministers und der Haushälter. Verpflichtungsermächtigungen sind Festlegungen für künftige Haushalte, mit deren Hilfe vorab entschieden wird, dass auch in den kommenden Jahren Zahlungen stattfinden. Sie dienen der Planung und Finanzierung langfristiger Vorhaben.

Versorgung: Altersgeld für Abgeordnete. Nach einem Jahr Zugehörigkeit zum Bundestag haben Abgeordnete Anspruch auf eine Art Rente, die sogenannte Altersentschädigung. Pro Jahr steigt sie um 2,5 Prozent des Diätensatzes, bei 65 Prozent der Diätenhöhe ist Schluss. Auch für Abgeordnete steigt das Jahr der Anspruchsberechtigung vom ursprünglich 65. auf das vollendete 67. Lebensjahr.

Vertrauensfrage: Ist in Art. 68 des Grundgesetzes festgelegt und war ursprünglich gedacht für eine Bundesregierung, um zu überprüfen, ob sie noch eine Mehrheit im Parlament hinter sich hat. Hat sich unter Helmut Schmidt und Gerhard Schröder auch zu einem Instrument der Disziplinierung der sie tragenden Fraktionen entwickelt.

Wahlkreis: Kleinste regionale Einheit bei Bundestagswahlen. 299 gibt es davon, so will es das Bundeswahlgesetz. Weicht die Bevölkerungszahl eines Wahlkreises um mehr als 25 Prozent vom Durchschnitt ab, wird der Wahlkreis (betroffen sind dann zumeist mehrere) neu zugeschnitten. Eine Wahlkommission erstattet zu Beginn der Legislaturperiode dem Bundesinnenministerium Bericht, ob und wo sie Änderungen für nötig hält. Entscheiden muss letztlich der Bundestag.

Wahlperiode: Siehe Legislaturperiode.

Personenregister